Das

Reichs-Preß-Gesetz

vom 7. Mai 1874

mit Einleitung und Kommentar

herausgegeben

von

Dr. H. Marquardsen,

Mitglied des Reichstags und Berichterstatter über den Preßgesetz-Entwurf.

Berlin.

Verlag von J. Guttentag.

(D. Collin.)

1875.

Dem Wunsche des Herrn Verlegers, eine kommentirte Ausgabe des neuen Reichs-Preßgesetzes auszuarbeiten, bin ich gerne nachgekommen, da der Gegenstand mich schon früher vielfach beschäftigt hat, und die Stellung als Berichterstatter über den ursprünglichen Entwurf und die Kommissionsarbeiten mir das Material besonders geläufig machen mußte.

Leider hat die doppelte parlamentarische Thätigkeit auf dem Reichstag und in der bayerischen Abgeordnetenkammer der raschen Vollendung des kleinen Werks Abbruch gethan und die Ausgaben des Preßgesetzes durch die Herren Reichstagskollegen Dr. Schwarze und Thilo sind ihm vorausgeeilt; aber die wesentlich breitere Anlage des hier gebotenen Kommentars und manche andere Verschiedenheit dürften die Hoffnung rechtfertigen, daß die vorliegende Arbeit auch noch neben den verdienstvollen Werken der genannten Freunde sich nützlich erweisen wird.

Einige der Hauptfragen sind über den Raum des bloßen Kommentars hinaus hier in förmlichen Abhandlungen erörtert worden; andere behielt ich mir zur besonderen Bearbeitung vor; dies gilt namentlich von dem sogenannten belgischen System der Verantwortlichkeit bei Preßerzeugnissen, dessen falsche Auffassung in den Vorstadien der deutschen Reichs-Preßgesetzgebung vielfach störend gewirkt hat, und wobei eine ausführliche Richtigstellung an der Hand der wirklichen belgischen Rechtsprechung mittelbar auch der besseren Würdigung unseres Reichs-Preßgesetzes zu Hülfe kommen wird.

Nach der in der Einleitung S. 38 von mir vertretenen und, wie ich sagen darf, von dem Reichstage selber gebilligten Grundanschauung ist jetzt der deutsche Richterstand berufen, unbekümmert um die Präjudizien der älteren Landesrechtsprechung, auf Grund des neuen Gesetzes und in seinem wahren Geiste uns eine Reichsjurisprudenz in Preßsachen auszubilden. Ich werde mich bemühen, die maßgebenden Entscheidungen nach dem neuen Gesetze möglichst vollständig zu sammeln, darf aber wohl hier die Bitte aussprechen, daß mir dazu von Seiten der Betheiligten freundliche Beihülfe geleistet werde.

München, Ende Februar 1875.

Dr. Marquardsen.

Einleitung.

I. Von dem buntschedigen Zustand der in Deutschland geltenden Preßgesetzgebung vor dem neuen Reichspreßgesetz, welches seit 1. Juli d. J. in Kraft getreten ist, geben die Motive zu der betreffenden Gesetzesvorlage ein anschauliches Bild.

Bekanntlich hatte die in der alten Bundesakte von 1815 versprochene „Abfassung gleichförmiger Verfügungen über die Preßfreiheit" (A. XVIII d) ihre eigenthümliche Erfüllung durch den auf die Karlsbader Beschlüsse gegründeten Bundesbeschluß vom 20. Sept. 1819 und die darin enthaltene Einführung der Zensur erhalten, bis der Bundesbeschluß vom 3. Febr. 1848 die letztere als Bundespflicht der Einzelstaaten aufhob. Kehrte man später auch nicht zur unmittelbaren Zensur zurück, so hat doch der Bundesbeschluß vom 6. Juli 1854, den man häufig fälschlicher Weise als das Bundespreßgesetz bezeichnete, obgleich die Bundesversammlung keine gesetzgebende Gewalt besaß, eine Reihe der einschneidendsten Beschränkungen und Erschwerungen der Preßgewerbe als Normativbestimmungen aufgestellt. Seitdem mit dem Untergang des deutschen Bundes die Verbindlichkeit dieses Beschlusses für die deutschen Einzelstaaten aufgehört, haben einige derselben im Wege der eigenen Gesetzgebung den Gegenstand mehr oder minder ausführlich neu geordnet. Einzelne Staaten, so namentlich die größeren, hatten es trotz des Bundesbeschlusses von 1854 bei der eigenen älteren

Gesetzgebung über die Presse bewenden lassen, theils weil die Forderungen des Bundesbeschlusses materiell in den Gesetzen erfüllt waren, theils auch im Widerspruch mit dem ersteren, wie z. B. Bayern die im Bundesbeschluß verpönte vorzugsweise Zuständigkeit der Geschwornen bei Preßvergehen bis zum Ende des Bundes 1866 unverbrüchlich aufrecht erhalten hat.

In dem Anfang der dem Reichstag mitgetheilten „Motive zum Preßgesetzentwurf" werden die deutschen Staaten nach dem bisherigen Zustand ihrer Preßgesetzgebung folgender Maßen gruppirt:

„I. Staaten, in welchen der Bundesbeschluß — sei es durch wörtliche Publikation unter Hinzufügung einzelner Ausführungsbestimmungen, sei es durch vollständige auf der Grundlage desselben redigirte Gesetze — ausgeführt worden ist:

Hessen (Gesetz vom 1. August 1862),
Oldenburg (Verordnung vom 4. Februar 1856),
Braunschweig (Verordnung vom 9. Februar 1855),
Schwarzburg-Rudolstadt (Gesetz vom 30. März 1858),
Waldeck (Gesetz vom 31. Dezember 1855),
Schaumburg-Lippe (Gesetz vom 30. Juni 1855),
Lippe (Gesetz vom 1. Juli 1857).

II. Staaten, welche ihre älteren Preßgesetze auch nach dem Bundesbeschlusse beibehalten haben:

Preußen (Gesetz vom 12. Mai 1851, mit Aenderungen durch Gesetze vom 6. März 1854 und 21. Mai 1860),
Bayern (Edikt vom 4. Juni 1848, Preßgesetz vom 17. März 1850),
Sachsen-Gotha (Gesetz vom 31. März 1853),
Anhalt (Gesetz vom 26. Dezember 1850),
Schwarzburg-Sondershausen (Gesetz vom 8. August 1852),
Hamburg (Gesetz vom 20. September 1849).

Diesen Staaten ist noch hinzuzufügen:

Württemberg (Edikt vom 30. Januar 1817 mit Vorbehalt

der Revision wieder hergestellt durch Verordnung vom 24. Dezember 1864),

Lauenburg (Verordnung vom 9. November 1819 und provisorische Verordnung vom 10. März 1848).

III. Staaten, welche in neuerer Zeit von dem Bundesbeschlusse abweichende Preßgesetze erlassen haben:

Königreich Sachsen (Gesetz vom 24. Mai 1870),

Baden (Gesetz vom 2. April 1868 und Gesetz vom 23. Dezember 1870),

Mecklenburg-Schwerin (Gesetz vom 20. Dezember 1870),

Großherzogthum Sachsen (Gesetz vom 25. Juli 1868),

Mecklenburg-Strelitz (Gesetz vom 20. Dezember 1870),

Sachsen-Meiningen (Gesetz vom 8. Juni 1867),

„ Altenburg (Gesetz vom 30. Dezember 1868),

„ Koburg (Gesetz vom 9. August 1865),

Reuß ältere Linie (Gesetz vom 12. Mai 1870),

Reuß jüngere Linie (Gesetz vom 15. Juni 1868),

Lübeck (Gesetz vom 25. September 1869),

Bremen (Novelle vom 18. Juli 1870).

Manche jener Preßgesetze haben zugleich strafrechtliche Bestimmungen bezüglich derjenigen Verbrechen und Vergehen aufgenommen, bei welchen die Presse betheiligt ist. Diese Bestimmungen sind gegenwärtig durch das Strafgesetzbuch für das Deutsche Reich — innerhalb der durch das Einführungsgesetz bestimmten Grenzen — ersetzt worden."

Daß in einem Bundesstaat, wo den Angehörigen der Einzelstaaten so viele politische Rechte und Pflichten gemeinsam sind, ein so wichtiger Faktor für das öffentliche Leben, wie es die Presse ist, nicht wohl durch die Gesetzgebung der Einzelstaaten nach vielleicht ganz verschiedenen Gesichtspunkten behandelt werden darf, ist einleuchtend, und so finden sich auch in den Verfassungsurkunden bundesstaatlicher Gemeinwesen regelmäßig Normativbestimmungen darüber; so z. B. in der nordamerikanischen Konstitution Zusatz I (allerdings nur sehr lakonisch durch den Satz: „Der Kongreß soll kein Gesetz erlassen, welches die Freiheit der Rede oder der Presse verkümmert", über dessen konstitutionelle Bedeutung Story, Commentaries on the Constitution of the United States II, S. 597 ff. zu vergleichen ist) und der schweizerischen Bundesverfassung Art. 45 („Die Preßfreiheit ist gewährleistet. Ueber den Mißbrauch derselben trifft die Kantonalgesetzgebung die erforderlichen Bestimmungen, welche jedoch der Genehmigung des Bundesraths bedürfen. Dem Bunde steht das Recht zu, Strafbestimmungen gegen den Mißbrauch der Presse zu erlassen, der gegen die Eidgenossenschaft und ihre Behörden gerichtet ist". Dieser Artikel ist bei der jüngsten Verfassungsrevision materiell unverändert geblieben). Ebenso hatte der Entwurf der deutschen Reichsverfassung von 1849 die Bestimmung aufgenommen: „Die Preßfreiheit darf unter keinen Umständen und in keiner Weise durch vorbeugende Maßregeln, namentlich Zensur, Konzessionen, Sicherheitsbestellungen, Staatsauflagen, Beschränkungen der Druckereien oder des Buchhandels, Postverbote oder andere Hemmungen des freien Verkehrs beschränkt, suspendirt oder aufgehoben werden. Ueber Preßvergehen, welche von Amtswegen verfolgt werden, wird durch Schwurgerichte geurtheilt. Ein Preßgesetz wird vom Reiche erlassen werden."

Nichtsdestoweniger enthielt der Entwurf der Verfassung für den norddeutschen Bund weder die Einfügung der Preßgesetzgebung unter die zur Kompetenz des Bundes gehörenden Gegenstände, noch irgend welche darauf bezügliche Grundbestimmungen. In den Verhandlungen des zur Berathung des Regierungsentwurfs berufenen Reichstags wurden mehrere Anträge eingebracht, welche mit anderen, den ehemaligen deutschen Grundrechten entnommenen Bestimmungen auch die darin enthaltenen

Grundsätze über die Rechtsstellung der Presse der Verfassungsurkunde einverleiben wollten. Aber bei dem Widerstande der Regierungen, diese Materien zu Verfassungsbestimmungen zu machen und aus der Sphäre des Einzelstaatsrechts unter die Zuständigkeit des Bundes zu bringen, blieben diese Versuche erfolglos. Es ist schon bemerkt worden, daß verschiedene Einzelstaaten bald darauf zur selbständigen Reformirung der in ihnen geltenden Preßgesetzbestimmungen schritten.

In Preußen, wo namentlich die Zeitungskautionen und der Zeitungsstempel als schwere Belästigungen der Preßgewerbe empfunden wurden, versuchte man durch die Initiative des Landtags Wandel zu schaffen, während im norddeutschen Reichstage die Frage sehr kontrovers war, ob nicht wenigstens die von der Gesetzgebung eines Einzelstaats verlangte Stellung von Kautionen für den Zeitungsverlag mit dem § 1 der norddeutschen Gewerbeordnung im Widerspruch stehe, und somit auf einem Umwege auch eine einzelne Frage der Preßgesetzgebung schon zur Bundeskompetenz gehöre. Diese Meinungsverschiedenheit wurde gegenstandslos, als bei dem Abschluß der Verträge mit den süddeutschen Staaten und der Erweiterung des norddeutschen Bundes zum deutschen Reich in dem Art. 4 der jetzigen Reichsverfassung zu den in die Kompetenz des Reichs gehörenden Materien auch als Nr. 16 „die Bestimmungen über die Presse und das Vereinswesen" gefügt wurden.

Wenn dadurch auch nicht den einzelnen Staaten die rechtliche Möglichkeit benommen wurde, so lange das Reich von dieser Kompetenzerweiterung keinen Gebrauch gemacht, in die bisherige eigene Preßgesetzgebung regelnd einzugreifen, so unterblieb dieses doch, weil, wie schon ausgeführt wurde, die Gesammtgesetzgebung für das ganze Preßwesen in einem Bundesstaate ganz natürlich ist. Die inzwischen wiederholten Versuche, in Preußen der finanziellen Fesseln, welche auf die dortige Zeitungspresse drückten, entledigt zu werden, hatten keinen Erfolg.

Um so lebhafter wurde das Drängen in dem deutschen Reichstage, daß die Bundesregierungen von der neuen Kompetenz durch Vorlage eines zeitgemäßen Preßgesetzes Gebrauch machen sollten. Schon in der ersten Session des vollen deutschen Reichstags, wo ein Antrag der Abgeordneten Völk, Wiggers und Genossen mit 231 gegen 37 Stimmen angenommen wurde, welcher die Forderung von Zeitungskautionen, sowie das nach der deutschen Gewerbeordnung noch zulässige Untersagen des Preßgewerbebetriebs kraft Richterspruch durch Reichsgesetz aufheben wollte, aber an der Weigerung der Reichsregierung, dem künftigen Reichspreßgesetz durch Erledigung dieser Einzelfragen vorzugreifen, scheiterte, wurde anläßlich einer Petition beschlossen, „den Reichskanzler zu ersuchen, dem Reichstage in der nächsten Session den Entwurf eines für das ganze Bundesgebiet geltenden Preßgesetzes vorzulegen" und „den betreffenden Entwurf auch der öffentlichen Kritik rechtzeitig vorher zu unterbreiten" (Sitzung vom 10. Mai 1871, St. Ber. S. 638). In der ersten Berathung des Völk-Wiggers-schen Antrags hatte der Präsident des Reichskanzleramts übrigens schon erklärt: „die verbündeten Regierungen haben, indem sie den Art. 4 in der neuen Reichsverfassung dadurch ergänzten, daß sie der Gesetzgebung des Reichs die Preßangelegenheiten unterstellten, nicht blos einen theoretischen Satz aufstellen wollen, sondern sie sind sich bewußt, daß, indem sie die Verfassung in dieser Weise ergänzten, sie damit ihrerseits auch die Verpflichtung übernahmen, die gesetzliche Regelung dieser Materie in die Hand zu nehmen. Dieser Verpflichtung werden sie nachkommen" (Sitzung vom 2. Mai 1871, St. Ber. S. 532).

In der darauf folgenden Wintersession gab eine Interpellation des Abgeordneten Völk, welche sich, anknüpfend an die Nichtzustimmung des Bundesraths zu dem erwähnten fragmentarischen Gesetzentwurf, nach dem Schicksal des zu erwartenden Preßgesetzes erkundigte, dem Präsidenten des Reichskanzleramts

Veranlassung zu der Erklärung: „Der Entwurf, der nach dem Beschluß des Bundesraths auszuarbeiten war, ist mit den Motiven fertig und wird an die einzelnen Bundesregierungen mitgetheilt; und ich glaube mit Bestimmtheit voraussetzen zu dürfen, daß er in der Frühjahrssession des nächsten Jahres dem Reichstag wird vorgelegt werden können" (Sitzung vom 25. Okt. 1871, St. Ber. S. 55).

Da sich in der Thronrede, womit der im Frühjahr 1872 zusammentretende Reichstag eröffnet worden war, unter den Vorlagen der Bundesregierungen der Entwurf eines Preßgesetzes für das Reich nicht erwähnt fand, wurde eine aus fast allen Fraktionen des Reichstags zahlreich unterstützte Anfrage darauf gerichtet, „in welchem Stadium sich jetzt diese Angelegenheit befinde." Auf die Begründung dieser Interpellation durch den Abg. Wiggers sprach sich der Präsident des Reichskanzleramts dahin aus, daß auf die in seiner früheren Aeußerung berührte Versendung eines Entwurfs von allen Bundesregierungen, bis auf eine, Rückäußerungen erfolgt seien. „Auf Grundlage dieser Aeußerungen wird es darauf ankommen, dem Beschlusse des Bundesraths weiter entsprechend, dem Bundesrath eine wirkliche amtliche Vorlage zu machen. Die Ausarbeitung dieser Vorlage unter Berücksichtigung der von den einzelnen Bundesregierungen zu dem vorläufigen Entwurfe gemachten Bemerkungen und die Berathung der solchergestalt zu Stande gekommenen Vorlage im Bundesrathe wird so viel Zeit erfordern, daß ich mit Bestimmtheit annehmen kann, es wird nicht möglich sein, dem jetzt versammelten Reichstage den Gesetzentwurf über die Materie vorzulegen" (Sitzung vom 22. April 1872, St. Ber. S. 108).

Mittlerweile hatte sich in einem mit der Presse im engsten Zusammenhang stehenden sachverständigen Kreise, auf den verschiedenen Versammlungen des deutschen Journalistentages die Frage der Preßgesetzgebung zum Mittelpunkt und zur Hauptaufgabe der Vereinsbemühungen gestaltet, nachdem sich auch der deutsche Juristentag besonders in zwei bemerkenswerthen Gutachten von John und Glaser (Verhandlungen des 6. Juristentags 1865, I. S. 68 ff. u. 318 ff.) noch auf der Basis des älteren Verfassungs- und Gesetzgebungszustandes in Deutschland mit einigen Kernfragen der Materie beschäftigt hatte. Auf dem 6. am 9. Juli 1871 und dem folgenden Tage zu Breslau abgehaltenen deutschen Journalistentage war die Aufstellung der Grundzüge für ein deutsches Reichspreßgesetz die Hauptaufgabe. Unter Zugrundelegung eines Entwurfs des Professors und Reichstagsabgeordneten Dr. Biedermann, der auch schon auf früheren Journalistentagen die Sache vertreten hatte, wurde schließlich eine aus 13 Paragraphen bestehende Vorlage angenommen. Der § 1 beseitigt das Konzessionserforderniß für den Preßgewerbebetrieb und führt die betreffenden Bestimmungen der Gewerbeordnung für den norddeutschen Bund auch da ein, wo dieses Gesetz sonst noch keine Geltung hat. Der § 2 schließt die in der Gewerbeordnung noch zugelassene richterliche Entziehung des Rechts zum Preßgewerbebetrieb aus. Im § 3 wird für die Preßkolportage auf die Bestimmungen der Gewerbeordnung verwiesen, jedoch abweichend davon vorgeschlagen, daß den legitimirten Kolporteuren gestattet werde, ihr Geschäft auch durch andere, selbst minderjährige Personen ausüben zu lassen. In Bezug auf den Inhalt der zu verbreitenden Schrift sowie bei Plakaten in Bezug auf den Ort des Anschlags sollen, abgesehen von privatrechtlichen Rücksichten, keine Beschränkungen stattfinden dürfen. Der § 4 stellt als Prinzip auf: „Strafbare Handlungen, welche durch Verbreitung eines Preßerzeugnisses verübt werden, unterliegen den einschlagenden Bestimmungen des deutschen Strafgesetzbuchs." Eine weiter darin enthaltene Definition der „Verbreitung" hebt namentlich hervor, daß die Ablieferung an die Post zum Zweck der Versendung noch nicht als „Verbreitung" gelten solle. Nach § 5 soll für den Inhalt eines Schrift- oder Bildwerks zunächst der Verbreiter (Sortimentsbuchhändler, Antiquar, Kolporteur,

Leihbibliothekar u. s. w.) haften. Wenn jedoch auf dem Schrift- oder Bildwerk der Name des Druckers oder Herstellers (Photographen, Lithographen) oder des Verlegers, Redakteurs (Herausgebers) oder Verbreiters angegeben ist, oder wenn der Verbreiter vor dem Schlusse der gerichtlichen Verhandlung eine dieser Personen dem Gerichte namhaft macht, und die betreffende Person sich im Bereiche der Gerichtsbarkeit des Reichs befindet oder zur Zeit der Gesetzesübertretung sich befand, so soll angenommen werden, der Verbreiter habe im guten Glauben gehandelt und von der Strafbarkeit des Inhalts keine Kenntniß gehabt. Diese Präsumption soll jedoch nicht gelten, wenn „die Beschaffenheit des verbreiteten Schriftwerks oder die Art der Verbreitung" die Annahme der Unkenntniß vom Inhalt Seitens des Verbreiters ausschließt. In gleicher Weise sollen auch resp. Drucker, Verleger und Redakteur durch Nennung ihres Vormannes sich decken können. Beim Verfasser muß nachgewiesen werden, daß die Veröffentlichung mit seiner Genehmigung oder Zulassung geschah. Keine der genannten Personen kann gezwungen werden, ihren Vormann zu nennen.

Die folgenden Paragraphen schließen bei dem Urtheil auf Vernichtung einer Druckschrift (§§ 41 und 42 des Reichsstrafgesetzbuchs) das Verbot einer ganzen Zeitschrift, sei sie inländisch oder ausländisch, aus, verlangen für die Aburtheilung aller Preßvergehen Geschworne, lassen nur die richterliche Beschlagnahme zu (auf dem nächsten Journalistentag in München 1872 wurde jede vorläufige, d. h. dem Strafurtheil vorangehende Beschlagnahme verworfen; vgl. die Broschüre: „Der siebente deutsche Journalistentag in München", München 1873), und fordern die Aufhebung aller Auflagen wie Kautionen, Zeitungsstempelsteuer u. s. w. Neben diesen Forderungen der Presse wird im § 11 zugestanden, daß jede Druckschrift den Namen und Wohnort des Druckers oder Verlegers zu tragen habe, und im § 12 die Verpflichtung zur kostenfreien Aufnahme thatsächlicher Berichtigungen anerkannt. Dagegen soll die Aufnahme einer solchen die strafrechtliche Verfolgung wegen des berichtigten Artikels ausschließen. Der letzte (13) Paragraph der Skizze bestimmt für die Uebertretungen des § 12 eine Strafe bis zu 4 Wochen Gefängniß und eine Verjährungsfrist von 3 Monaten, während ein früherer Paragraph (8) bei Preßverbrechen eine Verjährungsfrist von 6, bei Vergehen der Art auch von 3 Monaten statuirt.

Die ausführlichere Erwähnung dieses Entwurfs rechtfertigt sich nicht blos deshalb, weil er ein, wenn auch nicht immer ganz unbefangenes Sachverständigenurtheil enthält, sondern namentlich auch, weil er dem nächsten Schritte auf dem Wege der Reichsgesetzgebung zur Grundlage diente.

Am 12. März 1873 wurde dem soeben zu seiner IV. Session zusammengetretenen Reichstag von den Abgeordneten Windthorst (Berlin), Herz, Duncker, Dr. Biedermann, Dr. Elben, Freiherr Schenck von Stauffenberg und Dr. Völk, unterstützt von einer großen Zahl liberaler Reichstagsmitglieder, ein Antrag auf den Erlaß eines Reichspreßgesetzes vorgelegt, dessen Entwurf, wie die Motivirung des Antrags ausdrücklich hervorhebt, der nur in einigen Punkten abgeänderte Antrag des 6. resp. 7. Journalistentages war. Diese Abänderungen bestanden im Wesentlichen darin, daß einmal die im § 5 normirte successive Verantwortlichkeit der an der Hervorbringung der Druckschrift Betheiligten etwas anders behandelt war, ohne den zu Grunde liegenden Gedanken zu verlassen. Es hieß darin: „Für den Inhalt eines Schrift- oder Bildwerks haftet zunächst der Verfasser, in zweiter Linie der Herausgeber (Redakteur), in dritter Linie der Verleger und endlich der Verbreiter (Sortimentsbuchhändler, Antiquar, Kolporteur, Leihbibliothekar u. s. w.). Außerdem war die Verpflichtung, auf der Druckschrift den Drucker oder Verleger zu benennen, sowie Berichtigungen aufzunehmen, in Wegfall gebracht. Ueber die Weglassung der drei letzten Paragraphen des Journalistentags-

Entwurfs bemerkte der erste Antragsteller Windthorst (Berlin): „Die wesentlichste Aenderung besteht darin, daß wir die drei letzten Paragraphen, die nach unserer Ansicht das Gesetz mehr oder weniger verunstalten, einfach gestrichen haben.“ Dagegen äußerte sich mit mehr Recht in der zur Berathung des Entwurfs eingesetzten Kommission der Abg. Wiggers über den Charakter desselben dahin: „daß der vorliegende Entwurf dem beabsichtigten Zweck eines einheitlichen Preßgesetzes keineswegs genüge; derselbe sei vielmehr nur wie eine Zusammenfassung der hauptsächlichsten Wünsche der Presse aufzufassen, und bedürfe namentlich nach der Richtung der Verantwortlichkeit der Presse sehr wesentlicher Abänderungen und Ergänzungen.“ (Protokoll der Kommissions-Sitzung vom 24. März 1873.) Der so modifizirte Entwurf (Drucksachen der IV. Session Nr. 11) gelangte in der Reichstags-Sitzung vom 19. März 1873 zur ersten Berathung (St. Ber. S. 31 ff.). Motivirt wurde das Hervortreten mit dem Vorschlag aus der Reichstagsinitiative durch die Thatsache, daß auch dieses Mal die Thronrede eine solche Regierungsvorlage nicht in Aussicht gestellt habe. Am Schluß der ersten Berathung, in welcher sich Niemand gegen den Antrag prinzipiell aussprach, wenn auch Einzelheiten der Vorlage angefochten wurden — die Reichsregierung trat gar nicht in die Debatte ein — ward der Antrag einer Kommission von 21 Mitgliedern zugewiesen. Dieselbe, bestehend aus den Abgeordneten Dr. Völk, Duncker, Graf v. Kleist, v. Kusserow, Lesse, Eckhard, Dr. Marquardsen (an dessen Stelle trat, da er beurlaubt war, Dr. Brockhaus), Schroeder (Lippstadt), Bernards, Graf v. Walderndorff, Dr. Biedermann, Dr. Wehrenpfennig, Dr. Bamberger, v. Helldorff, Dr. Grimm, v. Kardorff, v. Lindenau, Dr. Elben, Wiggers und Willmanns, wählte Dr. Völk zum Vorsitzenden, der dem Abgeordneten Dr. Biedermann das Referat für die Kommission übertrug — insofern eine sehr glückliche Wahl, als der Entwurf des Journalistentags vorwiegend das Werk Dr. Biedermanns gewesen war und dieser auch auf dem sächsischen Landtage von 1870 die Berichterstattung über das neue sächsische Preßgesetz übernommen hatte. Der Referent veranlaßte eine werthvolle Zusammenstellung der in den verschiedenen deutschen Ländern geltenden Preßgesetze und von sonstigen die Presse berührenden Gesetzbestimmungen, sowie eine Uebersicht „Geschichtliches und gesetzgeberisches Material zu der Frage wegen der strafrechtlichen Verantwortlichkeit der Verfasser, Herausgeber, Verleger u. s. w. von Preßerzeugnissen.“ In acht Sitzungen, deren ausführliche Protokolle von dem Eifer und der Meinungsverschiedenheit der Kommissionsmitglieder gleich sehr Zeugniß ablegen, ward die Vorlage berathen, über deren wechselnde Schicksale und endliche Gestalt der von Biedermann als Referent für das Plenum erstattete Bericht (Reichstags-Drucksachen von 1873 Nr. 59) genaue Auskunft giebt. Von der zweiten Kommissionssitzung an hatte sich der Geh. Regierungsrath Starcke als Vertreter des Bundesraths, aber wesentlich nur als Zuhörer betheiligt. In der allgemeinen Diskussion wurde, wie der Bericht angiebt, weder die Opportunität der Vorlage, als wenn eine freiere Regelung der Presse vor den neuen Reichstagswahlen bedenklich sein könnte, oder eine von der Reichstagsmehrheit eingenommene prinzipielle Stellung bei dem etwaigen Nichtzustandekommen dieses Entwurfs als Gesetz für eine spätere Regierungsvorlage präjudiziren würde, ernstlich bestritten, noch dem allgemeinen der Vorlage als Prinzip dienenden Repressivsystem, im Gegensatz zu den bisherigen Praeventivmaßregeln, ein Widerspruch entgegengesetzt.

Es erscheint angemessen, auf die Ausführungen des damaligen Referats zu den einzelnen Bestimmungen des darin vertheidigten Gesetzentwurfs hier nicht näher einzugehen, da dieselben, gleichviel ob ihnen in dem neuen Reichsgesetz zugestimmt oder entgegengetreten wird, besser bei den Erläuterungen zu den einzelnen Paragraphen des Gesetzes ihre Stelle finden. Ganz besonders gilt dies von den beiden Hauptfragen: der Verantwortlichkeit für strafbare Preßerzeugnisse und des Rechts der Beschlagnahme. Nur sei bemerkt, daß die Kommission schließlich das sogenannte belgische System der ausschließenden successiven oder stufenweisen Verantwortlichkeit annahm, welches dem Vorschlage des Journalistentags zu Grunde lag, aber in der präziseren Wortfassung Annahme fand, welche die oktroyirte preußische Preßverordnung vom 30. Juni 1849 demselben gegeben hatte. Dr. Biedermann hatte diesem System auch schon als Berichterstatter der II. sächsischen Kammer lebhaft das Wort geredet (vgl. Bausch: Das sächsische Preßgesetz S. 95 ff.) Dagegen hatte sich auf dem X. zu Frankfurt a. M. Ende August 1872 abgehaltenen deutschen Juristentag nach einem Referat des Dr. Jacques aus Wien die strafrechtliche Abtheilung gegen das s. g. belgische System ausgesprochen (vgl. Verhandl. des 10. Juristentages. Bd. II. S. 119 ff.). In Bezug auf die vorläufige Beschlagnahme, welche der vorgelegte Antrag unbedingt verwarf, ward Seitens der Kommission die Beschränkung beschlossen, daß sie nur vom Richter ausgehen solle. Auch für diesen Fall wurde eine Reihe von Garantien ausdrücklich aufgestellt. Mit einem neuen einleitenden Paragraphen: „Das Recht, durch Schrift, Abbildung oder Darstellung seine Meinung frei zu äußern, unterliegt nur denjenigen Beschränkungen, welche durch dieses Gesetz vorgeschrieben oder zugelassen sind“, bestand der Kommissionsentwurf, wie er für die zweite Lesung im Plenum vorgeschlagen war, aus 12 Paragraphen.

In der materiellen Diskussion hatte sich nach dem Bericht der Regierungskommissar gar nicht geäußert; dagegen liegen über den Standpunkt des Bundesraths zu der Gesetzgebungsfrage überhaupt zwei Erklärungen vor, die nicht ohne Interesse sind. Nach der ersten hatte die Verzögerung einer Preßgesetzvorlage Seitens der Regierungen wesentlich darin ihren Grund, „daß bei den zwischen den Bundesregierungen stattgehabten Vorverhandlungen es sich als räthlich herausgestellt, bezüglich der Aburtheilung der durch die Presse begangenen Verbrechen und Vergehen zunächst den Abschluß der Verhandlungen über den Erlaß einer allgemeinen Strafprozeßordnung abzuwarten, da man präjudizirende Festsetzungen in einem Spezialgesetz nicht wohl treffen könne. Das wünschenswerthe Zustandekommen eines Reichspreßgesetzes werde unter diesen Umständen leider noch etwas verzögert werden" (Protokoll der Kommission von 1873, Sitzung vom 1. April; im Bericht S. 12 und 13).

Diese gelegentlich der Berathung des § 7 in erster Lesung, welcher die Verweisung der Preßverbrechen und von Amtswegen zu verfolgenden Preßvergehen an Schwurgerichte aussprach, abgegebene Erklärung wurde durch eine spätere bei Beginn der zweiten Lesung in der Kommission wesentlich modifizirt. Darnach war das Bedenken, daß man jene allgemeine Grundlage für den Strafprozeß erst abwarten müsse, unter Andern auch von der preußischen Regierung getheilt worden. „Dieselbe sei jetzt, zum Theil in Folge der vom Reichstag ergriffenen Initiative in der Sache, von dieser Meinung bedingt zurückgekommen. In Folge dessen haben die Berathungen über die Feststellung eines zunächst dem Bundesrathe vorzulegenden Entwurfs wieder aufgenommen werden können." (Kommissionsbericht von 1873 S. 25.)

Nach dieser Andeutung schien sich ein Konkurrenzverhältniß zwischen dem von der Kommission ausgearbeiteten Entwurf und einer künftigen Regierungsvorlage anbahnen zu wollen, das natürlich für die unmittelbare Gesetzwerdung des ersteren wenig Aussicht bot. Es kam dazu, daß bei aller Anerkennung der verdienstlichen Arbeit in den nicht zur Kommission gehörenden Reichstagskreisen erhebliche Zweifel darüber laut wurden, ob namentlich die in dem Entwurf enthaltene Regelung der Verantwortlichkeit principiell, sei es vom theoretischen oder praktischen Gesichtspunkt aus, annehmbar sei; anderer mehr auf Einzelheiten sich beziehender Einwürfe, die zum Theil die Gestalt von Verbesserungsanträgen annahmen, zu geschweigen.

Für die Reichstagssitzung vom 29. Mai 1873 stand die zweite Berathung des Gesetzentwurfs auf der Tagesordnung, allein kaum war in dieselbe eingetreten worden, als der Reichskanzler mit Rücksicht auf die veränderte Sachlage im Bundesrath, dem ein preußischer Antrag auf Erlaß eines Reichspreßgesetzes am selben Tage zugekommen war, eine Vertagung der weiteren Berathung über den Kommissionsentwurf für wünschenswerth erklärte. Man werde dadurch den Bundesrath in die Lage bringen, sich bei der späteren Verhandlung autoritativ zu betheiligen, während jetzt, ehe derselbe sich über seine eigene Vorlage schlüssig gemacht, nur die persönliche Ansicht Einzelner ausgesprochen werden könne. Auch mit dem Reichstag werde dann eine Verständigung eher möglich sein, wenn derselbe seine Vota nicht schon festgelegt. Dem Reichstag stehe es ja zu jeder Zeit frei, die unterbrochene Berathung des Kommissionsentwurfs selbständig wieder aufzugreifen.

Obgleich einzelne Bedenken gegen solchen Aufschub geltend gemacht wurden, erklärte sich das Haus doch damit einverstanden. Als dann am 11. Juni es wieder vor der Frage stand, ob ein Eintreten in die II. Berathung mit Aussicht auf einen Abschluß der Sache auch nur in dem Reichstage selber möglich sei, wurde schließlich davon abgesehen, nachdem die angeblichen Bestimmungen der preußischen Vorlage für den Bundesrath und die Verzögerung der Entscheidung bis auf den nächsten Reichstag zu sehr erregten Debatten Anlaß gegeben hatten.

Um bei den schlechten Aussichten auf ein vollständiges Preßgesetz einige der schreiendsten Uebelstände schon gleich zu beseitigen, hatte der Abg. Windthorst (Meppen) in derselben Weise, wie in einer früheren Session die Abgeordneten Völk und Wiggers es versucht, am 10. Juni 1874 ein sogenanntes Nothpreßgesetz vorgeschlagen, wodurch die Zeitungskautionen, der Zeitungs- und Kalenderstempel, die Inseratensteuer, sowie jede andere neben der allgemeinen Gewerbesteuer noch bestehende Belastung oder

Besteuerung einzelner Preßerzeugnisse aufgehoben erklärt wurden. Allein auch dieser Antrag kam in der Session von 1873 nicht weiter zur Berathung.

II. Damit schließt die Vorgeschichte der neuen Reichspreßgesetzgebung ab. Statt der Privatvorschläge, sei es innerhalb oder außerhalb des Reichstags, begann der neue Reichstag von 1874 seine Arbeit mit einer entsprechenden Regierungsvorlage, welche gleich in der Thronrede angezeigt und folgender Maßen charakterisirt wurde:

„Die rechtliche Stellung der Presse ist bereits im verflossenen Jahre Gegenstand der Berathungen des Bundesraths und des Reichstags gewesen. Das Bedürfniß eines gemeinsamen Gesetzes über diese Materie ist außer Zweifel. Die verbündeten Regierungen haben den von der königl. preußischen Regierung gestellten Antrag ihrer Berathung unterzogen und sind bemüht, in dem Ihnen vorzulegenden Ergebnisse Ihrer Beschlüsse die berechtigten Ansprüche auf freie Meinungsäußerung durch die Presse mit den Anforderungen in Einklang zu bringen, welche das öffentliche Interesse mit nicht minderem Rechte gegen den Mißbrauch dieser Freiheit erhebt."

Der Entwurf (Drucksachen der 2. Legislaturperiode I. Session 1874, Nr. 23), welcher in seiner ursprünglichen Gestalt aus 30 Paragraphen bestand und allerdings die Aufgabe etwas weiter gesteckt hatte, als die bisher besprochenen Vorschläge, wurde am 20. Februar d. J. zur ersten Berathung gestellt. Die Einleitung im Namen der verbündeten Regierungen übernahm der königl. sächsische Geh. Justizrath Held, welcher die neue Vorlage kurz dahin skizzirte, daß sie das Konzessionswesen, wo es noch bestanden, beseitigt, die außerordentliche Besteuerung der Preßgewerbe sowie das Kautionenstellen aufhebe, die Entziehung der Befugniß zum

Gewerbebetrieb durch richterlichen Spruch in Wegfall bringe, und die Bestimmungen über Pflichtexemplare und Berichtigungen auf das mindest mögliche Maß zurückführe. Für die vorläufige Beschlagnahme seien entsprechende Kautelen getroffen, dagegen das Plakatwesen sowohl im Interesse des Publikums als der Presse nicht begünstigt. Als System der strafrechtlichen Verantwortlichkeit haben die Bundesregierungen das von der vorjährigen Reichstagskommission empfohlene angenommen (Sten. Ber. S. 149). Mit Recht nennt der Redner die Frage der Verantwortlichkeit den Schwerpunkt in der Preßgesetzgebung, aber auch den schwierigsten in derselben. Ueber den in der Vorlage enthaltenen Vorschlag, vermittelst des § 20 auch in das materielle Strafrecht durch Strafschärfung bei Angriffen auf die Religion, sowie durch Schaffung eines neuen Verbrechensbegriffs: „Ungehorsam gegen das Gesetz als etwas Erlaubtes oder Verdienstliches mittelst der Presse darzustellen" eine Aenderung gelegentlich zu bringen, ging der Bevollmächtigte kurz hinweg; um so ausführlicher suchten die dem Gesetzentwurf beigegebenen Motive diese Hereinziehung zweier materieller und allgemein strafrechtlicher Punkte in das Spezialgesetz über die Presse zu rechtfertigen.

Gegen diese Aufstellung, sowie gegen das vorgeschlagene Verantwortlichkeitssystem wurden in der allgemeinen Diskussion von verschiedenen Seiten lebhafte Einwendungen erhoben, bis schließlich auf den Antrag des Abg. Freih. von Stauffenberg die Gesetzesvorlage einer Kommission von nur 14 Mitgliedern überwiesen wurde, „da", wie der Antragsteller bemerkte, „die im Reichstag gemachten Erfahrungen es gezeigt, daß derartige Gesetze, bei denen das juristische Interesse überwiegend ist, in einer kleineren Kommission viel besser bearbeitet werden" (Sten. Ber. S. 161). Die gewählte Kommission bestand aus den Abgeordneten Dr. Völk (als Vorsitzender), Dr. Schwarze (Stellvertreter desselben), Hullmann (Schriftführer), Dr. Jörg (Stellvertreter), Graf zu Eulenburg, Dr. Erhard, Wiggers, Sonnemann, Dr. Elben, Dr. Brockhaus, Dr. Forcade de Biaix, Majunke, Dr. Marquardsen und Dr. Kapp. Von dem Vorsitzenden wurden für die Kommissionsberathungen Dr. Marquardsen zum Referenten, Dr. von Forcade zum Korreferenten ernannt. Die Berichterstattung für das Plenum wurde später ebenfalls dem Abg. Marquardsen durch Kommissionsbeschluß übertragen. In dem Bericht, welchen derselbe dem Reichstagsplenum erstattete (Drucksachen Nr. 67), findet sich über den Charakter und Gang der Kommissionsberathungen einleitend bemerkt:

„Die 7. Kommission, welcher die Vorberathung des von den Bundesregierungen vorgelegten Preßgesetzentwurfs zugewiesen wurde, hat, nachdem sie sich in ihrer ersten Sitzung konstituirte, in sechs weiteren Sitzungen die Berathung der Vorlage in erster Lesung zum Abschluß gebracht. Nachdem eine Subkommission die redaktionelle Feststellung der Ergebnisse dieser Vorberathung in zwei Sitzungen vorgenommen, hat dann das Plenum der Kommission in einer sechsstündigen Sitzung die zweite Lesung der Vorlage beendigt. Das Resultat ihrer Berathung liegt in der angeschlossenen Zusammenstellung mit der ursprünglichen Regierungsvorlage vor. Als Vertreter des Bundesraths hat der königl. preußische Landrath, Herr von Brauchitsch, an sämmtlichen Verhandlungen ununterbrochen Antheil genommen. Mit Rücksicht darauf, daß im vorigen Jahre eine Kommission des Reichstages sich mit den prinzipiellen Erörterungen, welche die Preßgesetzgebung berühren, ausführlich beschäftigt hat und die Ergebnisse der damaligen Verhandlungen in einem ausführlichen Kommissionsberichte niedergelegt sind, fand man es diesmal nicht nothwendig, in eine allgemeine Diskussion einzutreten; nur in Bezug auf die wichtigen Fragen der Verantwortlichkeit für Preßerzeugnisse, sowie der Beschlagnahme hat ausnahmsweise vor dem Eintritt in die Spezialdiskussion der betreffenden Paragraphen eine allgemeine Erörterung in der Kommission stattgefunden."

Die Zusammensetzung der Kommission aus Juristen und einer Reihe von die verschiedensten politischen Standpunkte einnehmenden Vertretern hervorragender Preßorgane ließ erwarten, daß die allgemein legislatorischen Gesichtspunkte, die im Rechtsstaat an die Presse zu stellenden Anforderungen, sowie die berechtigten Ansprüche dieses wichtigen Kultur- und Industriezweigs ihre volle Würdigung finden würden, und in der That beweisen die Protokolle der Kommission, daß mit der größten Umsicht und Unermüdlichkeit alle wichtigen Fragen wieder und wieder diskutirt und oft in einer ganzen Reihenfolge von Amendements die dem richtigen Gedanken am besten entsprechenden Ausdrücke gesucht worden sind. Selbstverständlich waren es die schon mehrfach hervorgehobenen Punkte der strafrechtlichen Verantwortlichkeit und der Beschlagnahme, welche die meisten Schwierigkeiten machten. Dagegen waren die Gründe gegen den vielgenannten § 20 der Vorlage für die Kommission fast in Einmüthigkeit gleich Anfangs so entscheidend, daß auf diese Fragen später nicht zurückgegriffen ward. Die erwähnte Subkommission bestand aus den Abgeordneten Dr. Marquardsen und Forcade als Referenten und Korreferenten und den Herren Schwarze, Wiggers und Hullmann. Die von ihnen auf Grund der Beschlüsse erster Lesung formulirte Gestalt des Gesetzentwurfs wurde in der letzten Kommissionssitzung mit wenigen, meist redaktionellen Aenderungen adoptirt. Verglichen mit dem Regierungsentwurf waren die Hauptänderungen, abgesehen von der Eliminirung der besprochenen materiellen Strafrechtsbestimmungen: die ausdrückliche Hervorhebung des Prinzips der Preßfreiheit als beherrschende Regel (§ 1), die Gestattung der Kolportage durch Minderjährige über 16 Jahren (§ 4), Freigabe der nichtgewerbsmäßigen öffentlichen Verbreitung (§ 5), Einschiebung einer Provokation auf richterliches Gehör Seitens der Redakteure bei verlangten Berechtigungen und Beschränkung der letzteren (§ 12), Freigabe des politischen Plakats unter der Verpflichtung, vorher der Ortspolizeibehörde ein Exemplar zu überreichen (§ 15), Beseitigung eines besonderen Strafminimums bei allen Strafandrohungen (§§ 21, 22), völlige Umgestaltung des Verantwortlichkeitssystems (§§ 23—25), ausdrückliche Hervorhebung der Befreiung vom Zeugenzwang für Redakteure u. s. w. (§ 24), Beschränkung der Zulässigkeit nichtrichterlicher Beschlagnahme auf wenige ganz bestimmte Fälle mit leicht erkennbarem Thatbestand (§ 27). Endlich wurde die von den Betheiligten auch in der Presse und in Eingaben an den Reichstag lebhaft behandelte Frage über die Verpflichtung der Verleger und Schriftsteller zur Abgabe sogenannter Pflicht- oder Freiexemplare an Universitäten, Bibliotheken und andere öffentliche Stellen (wohl zu unterscheiden von den Pflichtexemplaren für polizeiliche und strafrechtliche Zwecke), deren Bestand auf Grund der Landesgesetzgebungen die Regierungsvorlage ausdrücklich aufrecht hielt, durch die in der Kommission bei der Abstimmung eingetretene Stimmengleichheit vorläufig dahin erledigt, daß der betreffende Vorbehalt in § 34 der Kommissionsvorlage in Wegfall kam.

Auf Grund des Kommissionsberichtes trat das Plenum des Reichstages am 16. März 1874 in die zweite Berathung des Gesetzentwurfs ein, welche am 18., 19., 21., 23. und 24. desselben Monats fortgesetzt und beendigt wurde. Das Interesse, welches der Reichstag dem Gegenstande entgegenbrachte, wurde durch eine überaus große Zahl von Verbesserungsvorschlägen an den Tag gelegt, nicht sowohl von Seiten der in dem einen oder anderen Punkte in der Minderheit verbliebenen Kommissionsmitglieder (nach der Mittheilung des Referenten wurden die meisten Beschlüsse der Kommission einmüthig oder fast einstimmig gefaßt) als von solchen Abgeordneten, welche außerhalb des Kreises der Kommissionsarbeiten standen. Eine Vergleichung der Kommissionsvorlage mit der Zusammenstellung der Beschlüsse des Plenums bei der zweiten Berathung zeigt jedoch, daß eigentliche prinzipielle Aenderungen nicht vorgenommen worden sind, wenn man nicht als solche bezeichnen will, daß die Kommission eine ungetrennte solidarische Verantwortlichkeit mehrerer Redakteure für dasselbe Blatt auf den Wunsch aus Kreisen der Presse für zulässig erklärt hatte, während das Plenum darin zur Regierungsvorlage zurückkehrte. In diesem sowie einigen anderen Punkten hatten sich Referent und andere Kommissionsmitglieder persönlich mit der Aenderung einverstanden erklärt.

Die Schwierigkeit, in den Sitzungen selber rasch einige redaktionelle Aenderungen der Intention des Reichstags gemäß zum prägnanten Ausdruck zu bringen, hatte schon im Lauf der zweiten Berathung zu dem Wunsche geführt, daß die Kommissionsmitglieder, deren offizieller Auftrag mit der Beendigung der zweiten Berathung erlosch, zur Vorbereitung der dritten Berathung wieder zusammentreten möchten. Dieser Schritt schien zur Nothwendigkeit zu werden, als durch offizielle Erklärungen in der Regierungspresse sowie durch andere zuverlässige Mittheilungen bekannt wurde: die Bundesregierungen würden den Entwurf, wie er aus der zweiten Berathung des Reichstags hervorgegangen war, unverändert unter keinen Umständen als annehmbar ansehen. Es muß dabei bemerkt werden, daß, wenn auch die Kommissionsvorschläge überall da, wo sie von prinzipieller Natur waren, z. B. bei der Regelung der Verantwortlichkeit, von dem Reichstage mit großer Mehrheit acceptirt wurden, doch für mehrere andere Punkte, z. B. die Befreiung vom Zeugnißzwang und die gestatteten Fälle polizeilicher Beschlagnahme von hervorragenden Reichstagsmitgliedern Modifikationen in der dritten Berathung vorbehalten waren.

Hand in Hand ging damit das allen Richtungen im Reichstage gemeinsame Bestreben, nach wiederholten vergeblichen Anläufen endlich der Presse im Reich einen gemeinsamen Rechtsboden zu verschaffen und namentlich die schweren Bedrückungen zu beseitigen, welche in Gestalt von Kautionspflicht und Zeitungssteuer noch auf dem größten Theil der deutschen Presse, allerdings fast nur in dem einen Staate Preußen, lasteten.

Jedenfalls mußte der Versuch gemacht werden, ob vor der dritten Lesung des Gesetzentwurfs nicht zwischen den Bundesregierungen und dem Reichstage — man braucht nicht zu sagen Reichstagsmehrheit, so sehr war das ganze Haus in der Unterstützung der Kommissionsvorschläge einiggegangen — eine Verständigung zu erzielen sei. Die bisherigen Kommissionsmitglieder waren bereit, diesen erneuten, vertraulichen Auftrag zu übernehmen, und in einer Reihe von Sitzungen, in welchen der Bundesrath durch den Geheim. Justizrath von Schelling und den bisherigen Regierungskommissar von Brauchitsch vertreten war, wurden die Vereinigungsversuche unternommen. Mittlerweile hatte der Justizausschuß des Bundesraths die Reichstagsbeschlüsse zweiter Berathung seinerseits begutachtet und dem Plenum des Bundesraths theilweise Zustimmung zu den neuen Beschlüssen des Reichstags, in einer Reihe von Punkten aber Abänderungen oder Beharren auf der ursprünglichen Regierungsvorlage vorgeschlagen. Obgleich nicht offiziell mitgetheilt, dienten diese doch bei den Berathungen zwischen den Kommissarien des Hauses (so nannte man nach Analogie der bei der Budgetberathung im Plenum als Referenten thätigen Mitglieder die Kommissionsmitglieder in ihrer neuen vertraulichen Stellung) und den Vertretern des Bundesraths zur Grundlage. Nicht ohne Schwierigkeiten kam zwischen der Mehrheit der Kommissarien (eine Reihe von Punkten wurde einmüthig erledigt) und den Bundesrathsvertretern, die allerdings auch nicht offizielle Erklärungen abgeben konnten, eine Vereinbarung soweit zu Stande, daß man den einen oder anderen noch zweifelhaften Punkt der Entscheidung im Plenum glaubte anheimgeben zu können. Die betreffenden Abänderungen, welche nach der Sachlage im Interesse des Zustandekommens des Gesetzes die Kommissarien in ihrer Mehrheit glaubten dem Reichstag zur Annahme empfehlen zu können und bei deren Annahme durch den Reichstag das Gesetz gesichert erschien, wurden von den Abgeordneten Marquardsen, Schwarze und von Forcade für die dritte Lesung redigirt und formell als Abänderungsanträge von Dr. Marquardsen und Genossen eingebracht, nachdem man sich vergewissert, daß auf eine Mehrheit im Hause dafür in ihrer Gesammtheit zu rechnen sei. Am Beginn der entscheidenden dritten Berathung am 24. April 1874 motivirte der frühere Berichterstatter die von ihm und anderen Kommissarien vorgeschlagenen, durch die eigenthümliche Sachlage unerläßlich gewordenen Abänderungsvorschläge folgendermaßen:

Meine Herren! Als ich vor einigen Wochen Ihnen die Kommissionsanträge in Bezug auf das Preßgesetz vorzulegen und zu vertheidigen hatte, Anträge, denen ja das Haus in seiner größten Mehrheit seine Zustimmung nicht versagt hat, konnte wohl darüber kein Zweifel sein, daß eine unbedingte Annahme des von uns Vorgeschlagenen von Seiten der verbündeten Regierungen nicht sogleich zu erwarten sein würde. Schon die Regierungsvorlage, wenn sich auch der Kommissionsvorschlag derselben so viel wie möglich zu nähern suchte, hatte doch für wesentliche Punkte andere Anschauungen zu Grunde gelegt, und bei einer so wichtigen Materie, wie es das Preßgesetz ist, dürfte es auch nicht Wunder nehmen, wenn die Anschauungen derjenigen höchsten Verwaltungsbehörden, welche verantwortlich sind für die Ruhe und Ordnung im Staate, sich etwas unterscheiden von denjenigen einer Volksvertretung, die naturgemäß etwas mißtrauisch ist, den Gewaltträgern größere Einräumungen zu machen, die es für ihre Pflicht hält, vor Allem auch Garantien der individuellen Freiheit zu suchen. Gerade in einer Zeit, wie die unsrige, wo die Gegensätze sehr stark aufeinander platzen und namentlich auch in der Presse zum Auskämpfen und zum Austrage kommen, ist eine solche Divergenz der Meinungen nicht unnatürlich. Es hat sich nun auch herausgestellt, daß zwischen den Bundesregierungen und den Mehrheitsbeschlüssen dieses hohen Hauses in einigen Punkten ein solcher Gegensatz bestand. Wenn ich diese Thatsache anerkenne, so gebe ich damit gar kein Urtheil darüber ab, ob die eine oder die andere Auffassung die berechtigtere ist.

Ich zunächst bin auch heute noch der Meinung, daß mit den

Vorschlägen, welche Ihre Kommission Ihnen ursprünglich gemacht hat und welche im Reichstage hier zur Annahme gekommen sind, eine Regierung, die existenzberechtigt ist, recht wohl existiren könnte. Aber, meine Herren, damit schaffen wir die Thatsache nicht aus dem Wege, daß in Bezug auf einige Punkte Divergenzen bestehen blieben, und so kamen wir zuletzt vor die Frage, ob die Vorlage, welche hier im Hause im Großen und Ganzen einer so günstigen Aufnahme sich zu erfreuen gehabt hat, wie so vieles Andere als schätzbares Material in die Registratur wandern soll. Daß dies wo möglich zu vermeiden sei, ist eine Empfindung gewesen, die sowohl in den Kreisen des Reichstags als in denen der Regierung getheilt worden ist, und man ist dadurch naturgemäß zu dem Versuche geführt worden, ob nicht auf Grundlage der Beschlüsse des Reichstages eine Vereinigung für die dritte Lesung erzielt werden könnte. Mit Zustimmung sämmtlicher Fraktionen des hohen Hauses haben nun diese Versuche stattgefunden in einer Reihe von Sitzungen, zum Theil unter uns, die wir früher Mitglieder der offiziellen Preßkommission waren, zum Theil mit den Vertretern der Regierungen. Das Resultat dieser Besprechungen — mit einer Hoffnung, wie ich glaube, auf definitive Verständigung — liegt Ihnen in den Anträgen vor, welche mit mir eine Anzahl von Herren, die der betreffenden Kommission angehörten, gestellt haben.

Was diese Verhandlungen anbelangt, so glaube ich, nicht befürchten zu müssen, daß man ihnen den Vorwurf macht, sie seien „hinter den Koulissen" getrieben worden. Ich könnte höchstens zugeben, daß wir eine Privatvorstellung gegeben haben, denn offiziell beauftragt haben wir nicht handeln können, und zu meiner Beruhigung kann ich sagen, daß mir der Herr Abgeordnete Windthorst (Meppen) persönlich als Souffleur ganz vortreffliche Dienste geleistet hat. Sie finden unter den Anträgen, wie gesagt, nicht die Namen aller Mitglieder der früheren Preßkommission; ich bedaure das sehr, muß aber hervorheben, daß bis zuletzt die Arbeit eine gemeinsame war, daß an allen Sitzungen, welche wir gepflogen haben, die betreffenden Vertreter der Fraktionen rechts und links sich mit uns betheiligt haben; und daraus schöpfe ich die Hoffnung, daß bei der endlichen Entscheidung wir auch auf die Stimmen der verehrten Herren und ihrer Parteifreunde werden zählen können.

Ich bin als Berichterstatter der früheren Preßkommission beauftragt, Ihnen eine allgemeine Skizze des Verhandlungsganges zu geben, um die Anträge, welche zu stellen die freie Kommission sich veranlaßt sah, zu charakterisiren, und gleichzeitig dadurch darzuthun, daß wir, die Kommissionsmitglieder, die Arbeit als eine Fortsetzung der früheren betrachten, daß wir nicht von der Meinung ausgehen, es ständen die Abänderungen, welche wir jetzt vorschlagen, im Widerstreit mit den Grundprinzipien unserer früheren Arbeit; wir halten sie für Modifikationen, die auf der Basis der früheren Beschlüsse allerdings annehmbar sind.

In Bezug auf das weitere Schicksal des Entwurfes, wie er sich vielleicht unter Annahme der von uns gestellten Amendements stellen wird, möchte ich nur sagen: ich glaube nach reifem Urtheil, das sich auf eine lange Beschäftigung und ernste Prüfung dieses Gegenstandes gründet, erklären zu können, daß keine Partei hier im Hause, wenn sie sich vergegenwärtigen will, was der gegenwärtige Zustand des Preßrechtes in Deutschland ist, und wenn sie sich vorstellt, was in den nächsten Jahren auf diesem Gebiete sich irgendwie wird erreichen lassen, Bedenken tragen kann, für die Vorlage, wie sie mit wesentlicher Annahme der von uns gestellten Anträge sich schließlich ergeben wird, zu stimmen.

Ich bitte nun, meine Herren, um die Erlaubniß, Ihnen ganz kurz die Aenderungen zu skizziren, welche wir zu den einzelnen Paragraphen zu stellen uns veranlaßt gesehen haben. Es ist das ein Ganzes, welches zusammenhängt, und ich werde dadurch nicht der Arbeit vorgreifen, welche der Eine oder Andere der verehrten Herren Kollegen sich etwa vorgenommen hat, bei den betreffenden Artikeln noch des Näheren auf die kritischen Fragen einzugehen.

Wenn Sie so freundlich sein wollen, die Nr. 176 zur Hand zu nehmen, so finden Sie, daß wir zunächst beantragen, in dem § 4 den Absatz 2 zu streichen. Es wurde gegen diese Fassung des früheren Reichstagsbeschlusses von Seiten des Bundesraths geltend gemacht, daß wir hier abweichen von einem allgemeinen Prinzip der Gewerbegesetzgebung, in Bezug auf solche Gewerbe, die im Umherziehen gepflogen werden, nicht Personen unter 21 Jahren einen Erlaubnißschein dazu als eine rechtliche Nothwendigkeit zuzugestehen. Es kann auch bei dem jetzigen Stande der Gewerbegesetzgebung einer solchen Person dies Recht gegeben werden, sie hat aber keinen absoluten Anspruch darauf, und man hat geltend gemacht, daß gerade das Kolportiren mit Druckschriften häufig in einer Weise geschehen könne, wodurch die Sittlichkeit jugendlicher Personen in Gefahr kommt. Wenigstens kann man sagen, daß mit der eigentlichen Preßfreiheit eine solche Erweiterung, ein solches Privilegium über die allgemeinen Grundsätze der Gewerbeordnung hinaus nicht unmittelbar und nothwendig verbunden sei. In diesem Punkte also schlagen wir Ihnen vor, auf die Intentionen des Bundesraths einzugehen.

In dem § 11, der sich auf das Berichtigungswesen bezieht, geht unser Vorschlag zunächst dahin, in der Richtung gegen die ursprünglichen Kommissionsvorschläge und zu Gunsten derselben einen früher hier gefaßten Beschluß zu rektifiziren. Es hatte dem hohen Hause gefallen, die Fassung zu wählen, daß die Berichtigung sich thunlichst in dem Umfange des Angriffs zu halten habe. Im Einverständniß mit sehr vielen Herren, welche der Presse sehr nahe stehen, haben wir geglaubt, auf unseren früheren Vorschlag zurückgreifen zu sollen, in welchem ein bestimmtes Maß aufgestellt wird, bis zu welchem die Berichtigung unentgeltlich aufgenommen werden soll. Wir haben geglaubt, daß jene Unbestimmtheit sich nicht empfehle. Das ist kein Punkt, der von Verhandlungen abhängt, die mit der Regierung gepflogen worden sind, sondern eine sachliche Verbesserung, welche Ihnen die Kommission glaubt vorschlagen zu sollen, und irre ich nicht, so ist es im Schoße des Reichstags selber nicht als unerwünscht erachtet worden, daß wir auf diesen Beschluß wieder zurückkommen.

Dann, wie Sie sehen, ist im § 11 das Provoziren auf gerichtliches Gehör weggefallen — wenn ich mich kurz ausdrücken darf, die badische Praxis. Es haben sich auch hier im Hause gewichtige Stimmen dagegen erhoben. Ich habe mir damals erlaubt, mich auf die badische Praxis, soweit sie mir durch Sachverständige bekannt geworden war, zu beziehen, und ich sagte: meiner Wahrnehmung nach hat dieses System sich bewährt. Von Seiten der Regierung wird geltend gemacht, daß ihr ganz andere Erfahrungen hierüber mitgetheilt sind. Es steht also Erfahrung gegen Erfahrung, Autorität gegen Autorität. Auf keinen Fall haben wir die Sache von der Bedeutung gehalten, um daran die Einigung scheitern zu lassen, und es wird Ihnen der Vorschlag unterbreitet, nicht darauf zu bestehen, daß eine Einrichtung, welche, wie ich zugeben muß, zunächst nur in einem kleineren Theile von Deutschland in Wirksamkeit sich befindet, auf das ganze deutsche Reich ausgedehnt werde.

Es ist dann unter Nr. 3 der weitere Vorschlag gemacht, die §§ 14 und 15 zu streichen. Auch hierin kann ich, glaube ich, Ihrem Gedächtniß rasch zu Hülfe kommen, wenn ich sage: es handelt sich um das politische Plakat. Die Benutzung des Plakats zu rein gewerblichen Zwecken ist überall frei, in der Benutzung des Plakats zu politischen Zwecken stehen sich aber die süddeutsche und norddeutsche Gewöhnung diametral gegenüber. In Süddeutschland hat man sich seit vielen Jahren an die Wirksamkeit des Plakats in Bezug auf politische Dinge gewöhnt; ich erinnere nur daran, daß bei den Wahlen ein sehr reichlicher Gebrauch davon gemacht wird. In Preußen wird diesem System entgegengehalten, daß man es selber so lange nicht habe, und daß es auch im Fall der Ausdehnung auf Preußen von zweifelhafter Güte sei. Es war nicht möglich, meine Herren, zu einer anderen Einigung zu gelangen, als daß man positiv sagte: lassen wir die Zustände im Süden und Norden bestehen, wie sie sind. Wir erlauben uns deshalb den Vorschlag, die §§ 14 und 15 zu streichen. Ich bemerke hierbei, daß das frühere Preßgesetz, welches im vorigen Jahre von einer Kommission dieses Hauses ausgearbeitet wurde, sich mit dieser Materie nicht beschäftigte, wir also insofern einem Präzedenzfall gefolgt sind, und daß namentlich diejenigen Herren, welche im weitesten Sinne für die Freiheit der Presse einzustehen wünschen, sich in der Kommission dafür ausgesprochen haben, daß man diese Materie im Preßgesetz nicht zu berühren brauche. Um nun aber die Landesgesetzgebung in dieser Materie aufrecht zu erhalten, ist in dem vorletzten Paragraphen des Gesetzes eine salvatorische Klausel enthalten, wo gesagt wird:

> „Das Recht der Landesgesetzgebung, Vorschriften über das öffentliche Anschlagen, Anheften, Ausstellen, sowie die öffentliche, unentgeltliche Vertheilung von Bekanntmachungen, Plakaten und Aufrufen zu erlassen, wird durch dieses Gesetz nicht berührt."

Im § 21, betreffend das Berichtigungswesen, ist, abgesehen von einer redaktionellen Aenderung, nach unserem Vorschlag nur noch hinzuzufügen, daß bei unberechtigter Verweigerung, wenn sie in gutem Glauben geschehen ist, unter Freisprechung von Strafe und Kosten lediglich die nachträgliche Aufnahme anzuordnen ist. Es sollte dies gleichsam ein Ersatz dafür sein, daß die Provokation auf gerichtliches Gehör und Entscheidung durch den Richter von Seiten des Redakteurs nicht mehr zugelassen wird. Ich weiß nicht, in wie weit das hohe Haus hierauf eingehen will, jedenfalls kann das hier Vorgeschlagene als Ersatz für das in Wegfall kommen sollende Institut erscheinen.

Wir kommen dann zum § 22, der von der Verantwortlichkeit spricht. Es ist da zunächst nur die Aenderung von uns vorgeschlagen, daß, wenn die Druckschrift eine periodische ist, der verantwortliche Redakteur „als Thäter" zu betrachten ist, während es in dem Paragraphen heißt: „mit der Strafe des Thäters zu belegen." Außerdem haben wir im Gegensatz zu dem Beschlusse in der vorigen Lesung Ihnen auch empfehlen zu sollen geglaubt, daß wir die Ausnahme bezeichnen mit den Worten: „wenn nicht durch besondere Umstände die Annahme seiner Thäterschaft ausgeschlossen wird." Es ist dieses eine etwas präzisere Fassung gegenüber derjenigen, welche in der vorigen Berathung angenommen wurde.

In Bezug auf den § 24, der von der Fahrlässigkeit handelt, ist von uns vorgeschlagen, daß die Schlußworte in Wegfall kommen: „wenn nicht" bis „ausgeschlossen wird", und dafür vorn gesetzt wird: „wegen Fahrlässigkeit." Ich bemerke noch, daß diese Bezeichnung „wegen Fahrlässigkeit" nach den Intentionen Derjenigen, welche dies vorschlagen, den Sinn haben soll, daß eine Fahrlässigkeit vorliegen muß, daß also nicht eine absolute Strafandrohung darin enthalten ist, sondern die Strafandrohung dann nicht wirksam ist, wenn das Nichtvorhandensein der „Fahrlässigkeit" im konkreten Falle sich darstellt.

In Bezug auf den § 26, der die Beschlagnahme ordnet, ohne Zweifel zunächst außer der eben genannten wohl die wichtigste Materie, geht unser Vorschlag dahin, daß Sie das System, welches Sie in der zweiten Lesung adoptirt haben, auch beibehalten, speziell diejenigen Artikel des Strafgesetzbuchs zu bezeichnen, wegen deren Sie ausnahmsweise gegenüber der richterlichen Beschlagnahme die polizeiliche Beschlagnahme zulassen wollen. Zu den Fällen, welche wir in der zweiten Lesung vorzuschlagen uns erlaubten und die Ihren Beifall fanden, haben wir aber es leider nicht ändern können, — weil hier ein Punkt war, wo die Vereinbarung nothwendig erzielt werden mußte, — hinzuzufügen die §§ 85, 95, 111 und 130 des Reichsstrafgesetzbuchs. Sie behandeln bekanntlich die Materie der Aufforderung zum Hoch- und Landesverrath, die Majestätsbeleidigung, die Aufforderung zu strafbaren Handlungen und die Aufreizung zu Gewaltthätigkeiten der Klassen gegen einander. Der § 184 war schon enthalten in der Vorlage, die wir machten, und der Sie Ihre Zustimmung gaben. In Bezug auf diese Paragraphen haben wir aber geglaubt, daß es nothwendig sei, eine weitere Beschränkung eintreten zu lassen, in welchen Fällen die polizeiliche Beschlagnahme nur zulässig sein soll, da es sich hier um Paragraphen handelt, deren Interpretation leicht eine dehnbare werden könnte. Ich weise zurück auf die Diskussion von neulich, wo der § 130, den der Herr Abgeordnete von Kardorff in seinem Amendement vorgeschlagen hatte, in dieser Weise charakterisirt worden ist. Um solchen Fällen vorzubeugen, schlagen wir vor, zu sagen:

> „in den Fällen der §§ 111 und 130, jedoch nur dann, wenn dringende Gefahr besteht, daß bei Verzögerung der Beschlagnahme die Aufforderung oder Anreizung ein Verbrechen oder Vergehen unmittelbar zur Folge haben werde."

Wir haben geglaubt, daß die darin enthaltene Klausulirung genügen wird, und daß, wenn in extremen Fällen selbst bei dieser Fassung dagegen verstoßen wird, es dann Sache der betreffenden Oberbehörde sein wird, zu rektifiziren. Vor allen Dingen haben wir aber geglaubt, daß die Kontrole, welche der Reichstag über die Ausführung der von ihm beschlossenen Gesetze in den einzelnen deutschen Landestheilen übt, genügen wird, um uns dagegen zu verwahren, daß nicht ein System tendenziöser Mißbräuche in Bezug auf den betreffenden Artikel eintreten kann.

Das ist, was ich zur Einleitung der Diskussion mir zu bemerken erlaube. Ich kann im Namen der Freunde, welche mit mir diese Anträge unterzeichnet haben, Ihnen nur dringend empfehlen, denselben Ihre Zustimmung zu geben.

Die Antwort darauf oder die Acceptation der Vorschläge Seitens der Regierung enthielt die sich daran schließende Aeußerung des Präsidenten des Reichskanzleramts Dr. Delbrück:

Ich glaube im Anschluß an die Ausführungen des Herrn Vorredners mir einige Worte erlauben zu dürfen. Die Wünsche, welche die verbündeten Regierungen in Beziehung auf den Entwurf des Preßgesetzes, wie er aus der zweiten Lesung hervorgegangen war, hegten, sind Ihnen bekannt, es sind ja die Anträge des Ausschusses für Justizwesen als ein bereits allgemein bekanntes Dokument auch hier schon im Hause erwähnt worden. Ich glaube mit Rücksicht hierauf mich zur Zeit auf die Mittheilung beschränken zu dürfen, daß von uns gegen die Anträge, welche der Herr Vorredner soeben charakterisirt hat — und ich schließe hier zugleich ein den Antrag der Herren Dr. Schwarze und Hullmann auf 176 II —, irgend eine Einwendung nicht erhoben werden wird, mit Ausnahme eines Antrages, welcher sich auf die Ergänzung des § 21 bezieht. Ich schweige für jetzt von diesem speziellen Punkte; es wird bei der Spezialdiskussion darauf zurückgekommen werden.

Der Reichstag schloß sich in allen Punkten den Vorschlägen der freien Kommission an.

Da jedoch eine von dem Abgeordneten Marquardsen und Genossen vorgeschlagene, von den Regierungen angenommene Wortfassung im § 24, wie sich in der Debatte herausstellte, in verschiedenem Sinn aufgefaßt wurde, schien es wünschenswerth, eine neue, zu keiner solchen Ausstellung Anlaß gebende Formulirung aufzusuchen. Dies gelang vor der nächsten Sitzung und nach Annahme des betreffenden Amendements Forcade in der Sitzung vom 25. April durfte man das Einigungswerk als gesichert betrachten, wenn auch über diesen letzten Punkt eine offizielle Erklärung dahin von Seiten der Bundesregierungen nicht erfolgt war, als die definitive Abstimmung über das ganze Gesetz stattfand.

Der Diskussion darüber, ob es nothwendig war, wenn man überhaupt das Gesetz in dieser Session zu Stande bringen wollte, die von den Kommissarien vereinbarten Abänderungen der Beschlüsse zweiter Lesung anzunehmen, ward durch die darauf bezüglichen, bündigen Erklärungen des Präsidenten des Reichskanzleramts, daß die verbündeten Regierungen ohne diese Abänderungen das Gesetz nicht annehmen würden (St. B. 1103), ein Ende gemacht, und so wurde der Entwurf, wie er jetzt als Reichsgesetz erscheint, in der Schlußabstimmung, wie der Präsident bemerkte „mit außerordentlich großer Mehrheit des Reichstags“ angenommen.

Nachdem der Entwurf die Zustimmung des Bundesraths erhalten, wurde das Gesetz am 7. Mai 1874 vom Kaiser vollzogen und im Reichsgesetzblatt vom 10. Mai 1874 (Nr. 16) publizirt. Seine Gültigkeit begann mit dem 1. Juli 1874, und eine zunächst nur theoretische Kontroverse, ob für die Zeitungskautionen, welche bis dahin bestanden, der Rückgabetermin nach den älteren Preßgesetzen, welche eine längere Frist vorschrieben, zu bestimmen sei, oder nach der absoluten Aufhebung der Kautionspflicht durch das allgemeine Reichsgesetz die Rückgabe der Kautionen unmittelbar zu erfolgen habe, ist durch die betreffenden preußischen Behörden richtig in dem letzteren Sinne entschieden worden.

III. In dem Kommissionsvorschlag von 1873 war, wie erwähnt, die Fassung des Journalistentags bezüglich der Aburtheilung der Preßvergehen durch die Schwurgerichte mit einiger Beschränkung als § 10 zur Annahme gelangt. Wie der diesjährige Regierungsentwurf eine solche Bestimmung nicht enthielt, hatte auch die Kommission geglaubt, um nicht durch diese

Vorwegnahme einer Einzelbestimmung aus dem Strafprozeßrecht in ein Spezialgesetz dem Gesetzwerden des Entwurfs Schwierigkeiten zu bereiten, eine derartige Einschiebung nicht vornehmen zu sollen. Auch im Reichstage wurde kein darauf gerichteter Antrag gestellt. Dagegen war schon in der Kommission von Dr. Völk, Wiggers, Eckard, Marquardsen, Kapp, Elben, Sonnemann, Brockhaus und Jörg die nachfolgende Resolution beantragt worden: Der Reichstag wolle beschließen: „Es sei der Bundesrath aufzufordern, in den Entwurf des Gesetzes, das Verfahren in Strafsachen betreffend, eine dahingehende Bestimmung aufzunehmen, daß über die durch die Presse begangenen Verbrechen und von Amtswegen zu verfolgenden Vergehen die Schwurgerichte aburtheilen." Von den anwesenden 13 Kommissionsmitgliedern erklärten sich ausweislich des Berichts (S. 17) bei der Abstimmung 11 für, 2 gegen die Annahme dieser Resolution. Bei der zweiten Berathung des Gesetzentwurfs im Plenum wurden Diskussion und Abstimmung darüber bis zur dritten Berathung vertagt, da dergleichen Resolutionen nicht wie integrirende Theile der Gesetzesvorlage, mit der sie etwa in materieller Verbindung stehen, einer doppelten Abstimmung bedürfen. Erst nach Schluß der Verhandlungen über die dritte Berathung des Preßgesetzentwurfs trat der Reichstag am 25. April in die Berathung der Resolution ein. Da die Session zu Ende ging, war die Debatte sehr kurz. Der Resolution wurde eine motivirte Tagesordnung folgenden Inhalts von den Abgeordneten Hullmann, Gneist, Beseler gegenüber gestellt: „In Erwägung, daß über die Beibehaltung der Institution der Geschwornen grundsätzlich in der deutschen Prozeßordnung entschieden werden wird, im Uebrigen aber es weder geboten noch rathsam erscheint, über die Kompetenz der Geschwornen in Betreff einzelner strafbarer Handlungen vorweg eine Entscheidung zu treffen, geht der deutsche Reichstag über den von der siebenten Kommission auf S. 17 ihres Berichts gestellten Antrag zur Tagesordnung über." Nachdem die motivirte Tagesordnung mit 145 Nein gegen 135 Ja abgelehnt worden war, wurde die Resolution selber mit 164 gegen 119 Stimmen angenommen. Während dieselbe dem Reichstag zur Entscheidung vorlag, war übrigens bekannt geworden, daß der Bundesrath sich entschlossen habe, im Widerspruch mit den früheren Anträgen seines Justizausschusses, für das Reichsstrafverfahren die Beibehaltung der Schwurgerichte vorzuschlagen.

IV. Im Unterschiede von den vorjährigen Verhandlungen war, während der Reichspreßgesetzentwurf am Reichstage schwebte, eine erhebliche Anzahl von Petitionen in dieser Angelegenheit eingelaufen; wahrscheinlich, weil das Publikum durch die Thatsache der Regierungsvorlage das Zustandekommen des Gesetzes für näher gerückt ansah. Der Reichstag beschloß, sämmtliche Eingaben durch die gefaßten Beschlüsse für erledigt zu erklären. Bemerkenswerth ist darunter eine Eingabe des Börsenvereins der deutschen Buchhändler, die gegen den ursprünglichen Regierungsentwurf eine Reihe von zum Theil berücksichtigten Ausstellungen erhob und namentlich in der Frage der Freiexemplare den Standpunkt der Verleger vertrat. Sehr lebendig wurde der letztere Standpunkt in einer Petition des Buchhändlers O. Bertram in Halle geltend gemacht, wogegen eine Reihe von Bonner Professoren die Aufrechthaltung der bestehenden landesgesetzlichen Vorschriften zu Gunsten der Bibliotheken im Sinne der ursprünglichen Regierungsvorlage vertheidigten. In gleichem Sinne äußerte sich eine von einer Anzahl Universitätsbibliothekaren und Professoren unterstützte Eingabe des Bibliothekars Th. Oelsner in Breslau. Der Pfarrer Quistorp zu Ducherow an der Spitze des „deutschen Vereins zu Schutz und Trutz gegen die Entchristlichung und Entsittlichung unseres Volks" zu Berlin beantragte, bei Berathung des Preßgesetzes die Bestrafung der Fabrikanten, Verleger,

Verkäufer unzüchtiger Bilder, Bücher, Inserate u. s. w. in Erwägung zu ziehen. In der Eingabe, zu welcher Beitrittserklärungen aus fast allen Theilen Deutschlands einliefen, wird gegen die Verbreiter und Begünstiger solcher Sittenlosigkeiten „körperliche Züchtigung und eventuell Ausstellung am Schandpfahl" vorgeschlagen, wogegen sich jedoch einige der Beitrittserklärungen ausdrücklich verwahren. Eine andere Eingabe des Pfarrers Liebrecht zu Dudweiler bei Saarbrücken unterbreitet dem Reichstage eine Reihe von Vorschlägen, die wissenschaftliche und politische Qualifikation der Zeitungsredakteure betreffend. Einige weitere Petitionen, z. B. des „allgemeinen deutschen Schriftstellervereins zu Leipzig", nehmen den prinzipiellen Standpunkt ein, die Presse ausschließlich und ohne besondere Preßgesetzgebung unter die Herrschaft des allgemeinen Straf- und Gewerberechts stellen zu wollen, eine Auffassung, welche nach der Mittheilung des Kommissionsberichts von 1873 im Schoße dieser Kommission vorübergehend laut wurde (K. B. v. 1873, S. 3), in der diesjährigen Kommission aber keinerlei Vertretung fand. In der That wäre die ausschließliche Stellung der Presse unter das gemeine Recht ohne jede Berücksichtigung ihrer Eigenthümlichkeiten ein schlimmer Dienst, den man ihr erweisen würde. Man braucht nur an die allgemeinen prozessualischen Bestimmungen über Beschlagnahme von Gegenständen zu erinnern, um ein schlagendes Beispiel dafür zu haben, daß hier die Presse, wie wir meinen, allerdings mit Recht privilegirt wird. Es giebt auch kein Land der Welt, in dem nicht, sei es durch ausdrückliche Gesetzgebung oder im Wege des Gewohnheitsrechts, besondere Vorschriften für die Presse gelten.

V. Braucht das neue Reichspreßgesetz seine Existenzberechtigung unter diesem allgemeinen Gesichtspunkt nicht näher nachzuweisen, so ist dagegen ein Urtheil, in wie fern das vorliegende den berechtigten Ansprüchen an eine im Geiste des modernen Rechtsstaats gehaltene Gesetzgebung über die Presse nachkommt, nicht so leichter Hand abgethan. Eine Hauptquelle gerechter Beurtheilung fehlt uns zur Stunde noch gänzlich: die Erfahrung. Manche Einzelbestimmung wird erst durch sie in's rechte Licht gestellt werden. Daß, am abstrakten idealen Maßstab gemessen, das einheitlich das ganze Reichsgebiet, mit der vorübergehenden Ausnahme von Elsaß-Lothringen, umfassende Gesetz einen schweren Stand haben würde, ergiebt sich schon aus der mühsamen Art seiner Entstehung — und wir verweisen in Bezug auf die letzten entscheidungsvollen Schwierigkeiten besonders auf die oben mitgetheilte Darlegung des Berichterstatters in der dritten Berathung. Aber bei der Würdigung keines praktisch gesetzgeberischen Werkes ist die abstrakte Beurtheilung gerecht. Zu einem anderen Resultate gelangt man, wenn der bestehende Preßrechtszustand in Deutschland, an dessen Stelle das Reichsgesetz mit seinen Vorschriften jetzt gilt, in's Auge gefaßt wird. Schon darin liegt ein großer Fortschritt, daß sämmtliche bei Preßerzeugnissen betheiligte Personen in Deutschland jetzt aus einem kurzen, gemeinsamen Gesetze das Maß ihrer Pflichten und Begünstigungen entnehmen können, und die Buntscheckigkeit der Gesetze und Verordnungen aufgehört hat, welche die Regierungsmotive und danach diese Einleitung in ihrem Anfang schildern. Aber dieser formale Vorzug wird keineswegs durch wirkliche materielle Einbußen erkauft. Im Gegentheil hat die Aufhebung der Zeitungskautionen, der Zeitungs- und Kalenderstempelsteuer, der Inseratensteuer die deutsche Presse in ihrem Hauptbestandtheil von einem finanziellen Alp befreit, dessen Beseitigung man sowohl in der preußischen Landesvertretung als im Reichstage durch Einzelgesetze wiederholt vergebens angestrebt hatte. Die innere Ungerechtigkeit dieser Auflagen, welche unter dem Schein von finanziellen Bedürfnissen und Zielen die stärksten Präventivmaßregeln gegen die freie Bewegung der Presse waren, muß ihre endliche Aufhebung durch das vorliegende Gesetz nur um so willkommener machen. Was in der deutschen Gewerbeordnung noch nicht erreicht werden konnte, die Sicherung der Preßgewerbetreibenden gegen die Untersagung des ferneren Gewerbebetriebs durch Richterspruch — ein gesetzgeberischer Mißgriff seltener Art — hat durch das Reichspreßgesetz ebenfalls seine Erledigung gefunden. Indem die Ordnung des Plakatwesens, welches in der That auf das Engste mit der Straßenpolizei und lokalen Verhältnissen und Gewöhnungen zusammenhängt, der Landesgesetzgebung überlassen bleibt, wird denjenigen deutschen Ländern, wo nach der bisherigen Gesetzgebung und Uebung eine freiere Bewegung darin gestattet war, von ihrem Besitzstande Nichts genommen. Ebenso ist in Bezug auf die Pflicht zur Berichtigung thatsächlicher Angaben materiell kein Theil der deutschen Presse schlechter als bisher gestellt, dagegen überall — auch z. B. in Baden — die Verbindlichkeit erleichtert worden. Daß das neue Reichsgesetz die Pflicht zur Berichtigung nicht aufhob, wie es der vorjährige Kommissionsbericht vorschlug, wird einen gerechten Tadel nicht zu fürchten haben; die dafür geltend gemachten Gründe können als stichhaltig nicht anerkannt werden, und auch der Umstand kann zur Beruhigung dienen, daß der deutsche Journalistentag in seinem Entwurf eines Preßgesetzes die Berichtigungspflicht beibehielt. Die Pflicht einer Zeitung oder Zeitschrift, welche gegen Bezahlung Anzeigen aufnimmt, amtliche Anzeigen ebenfalls gegen den üblichen Entgelt aufzunehmen und dadurch dem öffentlichen Interesse zu dienen, kann ebenso wenig als eine wirkliche Beschwerung des Preßgewerbes bezeichnet werden. Die Rechtfertigung des von der diesjährigen Reichstagskommission angenommenen Systems der Verantwortlichkeit wird Aufgabe eines besonderen Exkurses zu den betreffenden Paragraphen sein. Hier mag nur konstatirt werden, daß sich über den gewählten Weg die Nächstbetheiligten in großer Ueberzahl zustimmend erklärt haben, wie denn der Journalistentag von 1874, der in Baden-Baden stattfand, die durch das neue Gesetz gebotenen Verbesserungen freudig anerkannt hat. Vielleicht ist auch die Bemerkung am Platze, daß die im Referat von 1874 S. 12 angegebene Stimmenzahl bei der Kommissions-Entscheidung über das anzunehmende Verantwortlichkeitssystem damals allerdings richtig war, daß aber später die Mehrzahl der Dissentirenden nach reiflicher Ueberlegung ihre volle Zustimmung zu dem Majoritätsbeschluß erklärt haben. Bezüglich sämmtlicher Strafdrohungen ist hervorzuheben, daß überall nur das allgemeine Strafminimum besteht, somit der Richter auch dem geringsten Grade der Verschuldung gerecht werden kann. Dies und die volle Freiheit der richterlichen Würdigung in der Beurtheilung des Thatsächlichen sind erhebliche Vorzüge des neuen Gesetzes. Die Fälle, in welchen die vorläufige Beschlagnahme noch zulässig sein soll — geboten ist sie nirgends — haben allerdings, wie schon oben bemerkt, um vier bestimmte Verbrechensanschuldigungen erweitert werden müssen, um nicht das Gesetz zum Scheitern zu bringen; allein trotzdem ist gegen das in Deutschland bisher waltende System ein außerordentlicher Fortschritt erzielt worden. Wenn auch z. B. bisher in Hamburg nur der Richter zur Beschlagnahme schreiten konnte, so ist bei der geringen räumlichen Ausdehnung des Stadt- und Staatsgebiets von Hamburg die Raschheit des richterlichen Eingriffs ebenso wirksam als der jetzt durch den Staatsanwalt provozirte polizeiliche. Es ist ein offen einzugestehender Mangel des Gesetzes, daß den Verwaltungsbehörden, abgesehen von den Verstößen gegen die Preßordnung, das Recht der Beschlagnahme nicht entzogen werden konnte, aber hier lag eine der Fragen vor, welche über das Sein oder Nichtsein des Gesetzes entschieden, wie dies auch der Reichstag vollkommen erkannte.

Von viel weniger Gewicht ist der Umstand, daß eine ausdrückliche Befreiung der Redakteure u. s. w. vom Zeugnißzwang bei der Verfolgung von Preßvergehen, wie sie die Kommission und der Reichstag bei der zweiten Lesung beschlossen hatten, unter dem gleichen Präjudiz bei der dritten Berathung ausfallen mußte. Durch die Art und Weise, wie die Verantwortlichkeit des Redakteurs bestimmt ist, ergiebt sich die Konsequenz, daß derselbe als präsumtiver Mitschuldiger niemals wider seinen Willen als Zeuge vernommen werden kann. Eine Ausdehnung der Befreiung von der Zeugnißpflicht auf andere Untersuchungen, welche kein Preßvergehen zur Grundlage haben, ist nicht gefordert worden und konnte im Interesse der Rechtsordnung auch nicht gefordert werden. Ueber diesen Punkt sind namentlich die Ausführungen der Abgeordneten Lasker und Schwarze (Sten. Berichte S. 1090 und S. 1095) bemerkenswerth. In der Kommission ist man sich auch von Anfang an bewußt gewesen, daß die besondere Erwähnung der Befreiung vom Zeugenzwang praktisch wenig ändere. Auch der von dem Abg. Meyer (Thorn) erhobene und von den Bundesregierungen ebenfalls betonte Einwurf, daß die betreffende Bestimmung in den Strafprozeß gehöre, war nicht leicht abzuweisen.

Will man bei einer gerechten Beurtheilung des Erreichbaren und Erreichten mit einem Blick das Gesammtergebniß überschauen, so darf man sich nur der betreffenden Forderung in den deutschen Grundrechten erinnern: „Die Preßfreiheit darf unter keinen Umständen und in keiner Weise durch vorbeugende Maßregeln, namentlich Zensur, Konzessionen, Sicherheitsbestellungen, Staatsauflagen, Beschränkung der Druckereien oder des Buchhandels, Postverbot oder andere Hemmungen des freien Verkehrs beschränkt, suspendirt oder aufgehoben werden. Ueber Preßvergehen, welche von Amtswegen verfolgt werden, wird durch Schwurgerichte geurtheilt. Ein Preßgesetz wird vom Reich erlassen werden“ (Art. IV, § 13).

Mit alleiniger Ausnahme der Bestimmung über die Aburtheilung durch Geschworene, wofür der Reichstag eine entsprechende Resolution angenommen hat, erfüllt das gegenwärtige Reichspreßgesetz die sämmtlichen in der deutschen Reichsverfassung von

1849 gestellten Bedingungen; trotz einzelner Mängel wird man deshalb dem Gesetze den Vorwurf der Illiberalität mit Grund nicht machen können.

Und selbst wenn man die Mängel des jetzt publizirten Gesetzes viel höher anschlagen wollte, als irgend gerechtfertigt erscheint, muß doch dringend vor der Illusion gewarnt werden, als wenn irgend eine gegründete Aussicht vorhanden war, in der nächsten und auch entfernteren Zukunft ein größeres Maß von Beschränkungen der Repressivmittel gegen die Presse — denn mit dem Präventivsystem ist ganz gebrochen — zu erhalten. Ein kurzer Blick auf den jetzt Deutschland nach allen Richtungen durchwühlenden Parteikampf und ein ebenso kurzes Nachdenken über die Einflüsse und Eindrücke dieser Situation auf die verschiedenen gesetzgeberischen Faktoren des Reichs genügen, um die Ueberzeugung zu festigen, daß vom Standpunkt der freien Presse selber aus der Gesetzentwurf noch zu rechter Zeit unter Dach gebracht worden ist.

VI. Als Hülfsmittel zur Auslegung und Anwendung des neuen Gesetzes müssen in erster Reihe die Motive zum Gesetzentwurf, soweit seine ursprünglichen Bestimmungen aufrecht erhalten wurden, dann die Kommissionsprotokolle, der Kommissionsbericht und die Plenarverhandlungen des Reichstags selber dienen. Dagegen würde es nicht richtig sein, der Spruchpraxis eines einzelnen deutschen Staates auf Grund der früher bestandenen Partikulargesetze bei der Auslegung des Reichsgesetzes einen besonderen Einfluß zu gestatten. Eine solche Erbschaft, die zum Theil von sehr zweifelhaftem Werth sein würde, ist von den Faktoren der Reichsgesetzgebung nicht mit übernommen worden. Das Gesetz muß aus sich selber und seinen eigenen unmittelbaren Hülfsquellen der Auslegung erklärt werden. Nur in ganz freier Weise, wie die Aeußerungen angesehener Schriftsteller das eigene frei gewonnene Urtheil des Richters zu stützen vermögen, lassen sich auch die früheren Urtheile von Gerichten in der Auslegung von älteren Partikulargesetzen verwerthen. Wenn wir oben das freie pflichtmäßige Erachten der Richter, dem der Entwurf zu walten verstattet, in der Beurtheilung des Thatsächlichen für so werthvoll erklärten, gilt ganz dasselbe von der Würdigung der juristischen Momente. Das vorliegende Gesetz ist kein preußisches, bayrisches oder sächsisches, und eine Spruchpraxis, welche den einzelnen Gerichten und Richtern belehrend und helfend zur Seite treten kann, wird sich erst zu bilden haben*). Den stärksten Rückhalt für eine wohlerwogene und gleich-

*) Wir verweisen für die hier vertretene Auffassung zur Unterstützung auf die vortreffliche Auseinandersetzung des Präsidenten, jetzigen Unterstaatssekretärs Dr. Friedberg über das Verhältniß der preußischen Judikatur zum norddeutschen, jetzt Reichsstrafgesetzbuch (Stenogr. Ber. v. 1870, S. 442):

„Es ist wiederholt auf die Jurisprudenz des höchsten preußischen Gerichtshofes zurückgegriffen worden. Diesem Argument gegenüber möchte ich an dieser Stelle nnd ein für alle Mal doch darauf aufmerksam machen, wie wenig gerathen es ist, bei der Berathung eines Gesetzes, das für den norddeutschen Bund bestimmt ist, bei einem Gesetzbuche, das demnächst als ein ganz neues, lediglich aus sich selbst heraus selbständig zu erklärendes Werk in die Welt treten soll, auf die Jurisprudenz irgend eines einzelnen Staates im Norddeutschen Bunde Bezug zu nehmen. Ich darf vielleicht hier erwähnen, daß bei der ersten Aufstellung des Entwurfs mir vielfach die Meinung entgegen getragen wurde, es müßten dabei diese und jene Kontroverse der Gerichtshöfe, diese und jene Auslegung des preußischen Obertribunals berichtigt oder beseitigt werden; ich habe eine solche Auslegung immer absolut zurückgewiesen, weil ich davon ausging, daß das Gesetz, welches wir für den Norddeutschen Bund schaffen, ein Gesetz sein müsse, welches seine Erklärung aus sich selbst ermöglichen und dereinst durch die Jurisprudenz der dasselbe anwendenden Gerichte finden müsse und werde. Wenn ich auch anerkenne, daß der neue Entwurf, weil er sich dem alten preußischen Strafgesetzbuche anschließt, wohl für solche Richter, die entweder nicht gern selbständig denken wollen oder die sonst geneigt sind, in den alten breit getretenen Bahnen zu gehen, die Verführung sehr nahe liegt, auf die Jurisprudenz des Obertribunals zurückzugreifen, so meine ich doch, daß es in diesem Hause, wo Gesetzgeber das Recht für die Zu-

heitliche Anwendung der neuen Gesetzesnormen wird uns auch auf diesem Gebiete die Reichsgerichtsorganisation und das höchste Reichsgericht bringen.

---

kunft schaffen, nicht wohl gethan ist, auf eine Jurisprudenz zurückzugehen, die, wenn der Entwurf Geltung bekommt, in einem beseitigten Partikulargesetzbuche wurzelt."

Gesetz über die Presse.

Vom 7. Mai 1874.

(Reichs-Gesetzblatt S. 65)*).

Wir **Wilhelm**, von Gottes Gnaden Deutscher Kaiser, König von Preußen ꝛc.

verordnen im Namen des Deutschen Reichs, nach erfolgter Zustimmung des Bundesraths und des Reichstags, was folgt:

I. Einleitende Bestimmungen.

§ 1. Die Freiheit der Presse unterliegt nur denjenigen Beschränkungen, welche durch das gegenwärtige Gesetz vorgeschrieben oder zugelassen sind.

§ 2. Das gegenwärtige Gesetz findet Anwendung auf alle Erzeugnisse der Buchdruckerpresse, sowie auf alle anderen, durch mechanische oder chemische Mittel bewirkten, zur Verbreitung bestimmten Vervielfältigungen von Schriften und bildlichen Darstellungen mit oder ohne Schrift, und von Musikalien mit Text oder Erläuterungen.

Was im Folgenden von „Druckschriften" verordnet ist, gilt für alle vorstehend bezeichneten Erzeugnisse.

§ 3. Als Verbreitung einer Druckschrift im Sinne dieses Gesetzes gilt auch das Anschlagen, Ausstellen oder Auslegen derselben an Orten, wo sie der Kenntnißnahme durch das Publikum zugänglich ist.

§ 4. Eine Entziehung der Befugniß zum selbständigen Betriebe irgend eines Preßgewerbes oder sonst zur Herausgabe und zum Vertriebe von Druckschriften kann weder im administrativen, noch im richterlichen Wege stattfinden.

---

*) Da bei der nachfolgenden kommentarischen Bearbeitung der Text des Gesetzes im Zusammenhange nicht gegeben werden konnte, so ist er zur leichteren Uebersicht hier nochmals abgedruckt.

Im Uebrigen sind für den Betrieb der Preßgewerbe die Bestimmungen der Gewerbeordnung maßgebend.

§ 5. Die nichtgewerbsmäßige öffentliche Verbreitung von Druckschriften kann durch die Ortspolizeibehörde denjenigen Personen verboten werden, welchen nach § 57 der Gewerbeordnung ein Legitimationsschein versagt werden darf.

Zuwiderhandlungen gegen ein solches Verbot werden nach § 148 der Gewerbeordnung bestraft.

II. Ordnung der Presse.

§ 6. Auf jeder im Geltungsbereich dieses Gesetzes erscheinenden Druckschrift muß der Name und Wohnort des Druckers und, wenn sie für den Buchhandel, oder sonst zur Verbreitung bestimmt ist, der Name und Wohnort des Verlegers, oder — beim Selbstvertriebe der Druckschrift — des Verfassers oder Herausgebers genannt sein. An Stelle des Namens des Druckers oder Verlegers genügt die Angabe der in das Handelsregister eingetragenen Firma.

Ausgenommen von dieser Vorschrift sind die nur zu den Zwecken des Gewerbes und Verkehrs, des häuslichen und geselligen Lebens dienenden Druckschriften, als: Formulare, Preiszettel, Visitenkarten und dergleichen, sowie Stimmzettel für öffentliche Wahlen, sofern sie nichts weiter als Zweck, Zeit und Ort der Wahl und die Bezeichnung der zu wählenden Personen enthalten.

§ 7. Zeitungen und Zeitschriften, welche in monatlichen oder kürzeren, wenn auch unregelmäßigen Fristen erscheinen (periodische Druckschriften im Sinne dieses Gesetzes), müssen außerdem auf jeder Nummer, jedem Stücke oder Hefte den Namen und Wohnort des verantwortlichen Redakteurs enthalten.

Die Benennung mehrerer Personen als verantwortliche Redakteure ist nur dann zulässig, wenn aus Form und Inhalt der Benennung mit Bestimmtheit zu ersehen ist, für welchen Theil der Druckschrift jede der benannten Personen die Redaktion besorgt.

§ 8. Verantwortliche Redakteure periodischer Druckschriften dürfen nur Personen sein, welche verfügungsfähig, im Besitze der bürgerlichen Ehrenrechte sind und im Deutschen Reiche ihren Wohnsitz oder gewöhnlichen Aufenthalt haben.

§ 9. Von jeder Nummer (Heft, Stück) einer periodischen Druckschrift muß der Verleger, sobald die Austheilung oder Versendung beginnt, ein Exemplar gegen eine ihm sofort zu ertheilende Bescheinigung an die Polizeibehörde des Ausgabeorts unentgeltlich abliefern.

Diese Vorschrift findet keine Anwendung auf Druckschriften, welche ausschließlich Zwecken der Wissenschaft, der Kunst, des Gewerbes oder der Industrie dienen.

§ 10. Der verantwortliche Redakteur einer periodischen Druckschrift, welche Anzeigen aufnimmt, ist verpflichtet, die ihm von öffentlichen Behörden mitgetheilten amtlichen Bekanntmachungen auf deren Verlangen gegen Zahlung der üblichen Einrückungsgebühren in eine der beiden nächsten Nummern des Blattes aufzunehmen.

§ 11. Der verantwortliche Redakteur einer periodischen Druckschrift ist verpflichtet, eine Berichtigung der in letzterer mitgetheilten Thatsachen auf Verlangen einer betheiligten öffentlichen Behörde oder Privatperson ohne Einschaltungen oder Weglassungen aufzunehmen, sofern die Berichtigung von dem Einsender unterzeichnet ist, keinen strafbaren Inhalt hat und sich auf thatsächliche Angaben beschränkt.

Der Abdruck muß in der nach Empfang der Einsendung nächstfolgenden, für den Druck nicht bereits abgeschlossenen Nummer und zwar in demselben Theile der Druckschrift und mit derselben Schrift, wie der Abdruck des zu berichtigenden Artikels geschehen.

Die Aufnahme erfolgt kostenfrei, soweit nicht die Entgegnung den Raum der zu berichtigenden Mittheilung überschreitet; für die über dieses Maß hinausgehenden Zeilen sind die üblichen Einrückungsgebühren zu entrichten.

§ 12. Auf die von den deutschen Reichs-, Staats- und Gemeindebehörden, von dem Reichstage oder von der Landesvertretung eines deutschen Bundesstaats ausgehenden Druckschriften finden, soweit sich ihr Inhalt auf amtliche Mittheilungen beschränkt, die Vorschriften der §§ 6 bis 11 keine Anwendung.

§ 13. Die auf mechanischem oder chemischem Wege vervielfältigten periodischen Mittheilungen (lithographirte, autographirte, metallographirte, durchschriebene Korrespondenzen) unterliegen, sofern sie ausschließlich an Redaktionen verbreitet werden, den in diesem Gesetze für periodische Druckschriften getroffenen Bestimmungen nicht.

§ 14. Ist gegen eine Nummer (Stück, Heft) einer im Auslande erscheinenden periodischen Druckschrift binnen Jahresfrist zwei Mal eine Verurtheilung auf Grund der §§ 41 und 42 des Strafgesetzbuchs erfolgt, so kann der Reichskanzler innerhalb zwei Monaten nach Eintritt der Rechtskraft des letzten Erkenntnisses das Verbot der ferneren Verbreitung dieser Druckschrift bis auf zwei Jahre durch öffentliche Bekanntmachung aussprechen.

Die in den einzelnen Bundesstaaten auf Grund der Landesgesetzgebung bisher erlassenen Verbote ausländischer periodischer Druckschriften treten außer Wirksamkeit.

§ 15. In Zeiten der Kriegsgefahr oder des Krieges können Veröffentlichungen über Truppenbewegungen oder Vertheidigungsmittel durch den Reichskanzler mittelst öffentlicher Bekanntmachung verboten werden.

§ 16. Oeffentliche Aufforderungen mittelst der Presse zur Aufbringung der wegen einer strafbaren Handlung erkannten Geldstrafen und Kosten, sowie öffentliche Bescheinigungen mittelst der Presse über den Empfang der zu solchen Zwecken gezahlten Beiträge sind verboten.

Das zufolge solcher Aufforderungen Empfangene oder der Werth desselben ist der Armenkasse des Orts der Sammlung für verfallen zu erklären.

§ 17. Die Anklageschrift oder andere amtliche Schriftstücke eines Strafprozesses dürfen durch die Presse nicht eher veröffentlicht werden, als bis dieselben in öffentlicher Verhandlung kund gegeben worden sind oder das Verfahren sein Ende erreicht hat.

§ 18. Mit Geldstrafe bis zu eintausend Mark oder mit Haft oder mit Gefängniß bis zu sechs Monaten werden bestraft:

1. Zuwiderhandlungen gegen die in den §§ 14, 15, 16 und 17 enthaltenen Verbote;
2. Zuwiderhandlungen gegen die Bestimmungen der §§ 6, 7 und 8, welche durch falsche Angaben mit Kenntniß der Unrichtigkeit begangen werden.

Dieselbe Strafe trifft den Verleger einer periodischen Druckschrift auch dann, wenn er wissentlich geschehen läßt, daß auf derselben eine Person fälschlich als Redakteur benannt wird.

§ 19. Mit Geldstrafe bis zu einhundert und fünfzig Mark oder mit Haft werden bestraft:

1. Zuwiderhandlungen gegen die §§ 6, 7 und 8, welche nicht durch § 18 Ziffer 2 getroffen sind;
2. Zuwiderhandlungen gegen den § 9;
3. Zuwiderhandlungen gegen die §§ 10 und 11.

In den Fällen der Ziffer 3 tritt die Verfolgung nur auf Antrag ein, und hat das Strafurtheil zugleich die Aufnahme des eingesandten Artikels in die nächstfolgende Nummer anzuordnen. Ist die unberechtigte Verweigerung im guten Glauben geschehen, so ist unter Freisprechung von Strafe und Kosten lediglich die nachträgliche Aufnahme anzuordnen.

III. Verantwortlichkeit für die durch die Presse begangenen strafbaren Handlungen.

§ 20. Die Verantwortlichkeit für Handlungen, deren Strafbarkeit durch den Inhalt einer Druckschrift begründet wird, bestimmt sich nach den bestehenden allgemeinen Strafgesetzen.

Ist die Druckschrift eine periodische, so ist der verantwortliche Redakteur als Thäter zu bestrafen, wenn nicht durch besondere Umstände die Annahme seiner Thäterschaft ausgeschlossen wird.

§ 21. Begründet der Inhalt einer Druckschrift den Thatbestand einer strafbaren Handlung, so sind

der verantwortliche Redakteur,

der Verleger,

der Drucker,

derjenige, welcher die Druckschrift gewerbsmäßig vertrieben oder sonst öffentlich verbreitet hat (Verbreiter),

soweit sie nicht nach § 20 als Thäter oder Theilnehmer zu bestrafen sind, wegen Fahrlässigkeit mit Geldstrafe bis zu eintausend Mark oder mit Haft oder mit Festungshaft oder Gefängniß bis zu einem Jahre zu belegen, wenn sie nicht die Anwendung der pflichtgemäßen Sorgfalt oder Umstände nachweisen, welche diese Anwendung unmöglich gemacht haben.

Die Bestrafung bleibt jedoch für jede der benannten Personen ausgeschlossen, wenn sie als den Verfasser oder den Einsender, mit dessen Einwilligung die Veröffentlichung geschehen ist, oder, wenn es sich um eine nicht periodische Druckschrift handelt, als den Herausgeber derselben, oder als einen der in obiger Reihenfolge vor ihr Benannten eine Person bis zur Verkündigung des ersten Urtheils nachweist, welche in dem Bereich der richterlichen Gewalt eines deutschen Bundesstaats sich befindet, oder falls sie verstorben ist, sich zur Zeit der Veröffentlichung befunden hat; hinsichtlich des Verbreiters ausländischer Druckschriften außerdem, wenn ihm dieselben im Wege des Buchhandels zugekommen sind.

IV. Verjährung.

§ 22. Die Strafverfolgung derjenigen Verbrechen und Vergehen, welche durch die Verbreitung von Druckschriften strafbaren Inhalts begangen werden, sowie derjenigen sonstigen Vergehen, welche in diesem Gesetze mit Strafe bedroht sind, verjährt in sechs Monaten.

V. Beschlagnahme.

§ 23. Eine Beschlagnahme von Druckschriften ohne richterliche Anordnung findet nur statt:

1. wenn eine Druckschrift den Vorschriften der §§ 6 und 7 nicht entspricht, oder den Vorschriften des § 14 zuwider verbreitet wird,
2. wenn durch eine Druckschrift einem auf Grund des § 15 dieses Gesetzes erlassenen Verbot zuwider gehandelt wird,
3. wenn der Inhalt einer Druckschrift den Thatbestand einer der in den §§ 85, 95, 111, 130 oder 184 des deutschen Strafgesetzbuchs mit Strafe bedrohten Handlungen begründet, in den Fällen der §§ 111 und 130 jedoch nur dann, wenn dringende Gefahr besteht, daß bei Verzögerung der Beschlagnahme die Aufforderung oder Anreizung ein Verbrechen oder Vergehen unmittelbar zur Folge haben werde.

§ 24. Ueber die Bestätigung oder Aufhebung der vorläufigen Beschlagnahme hat das zuständige Gericht zu entscheiden.

Diese Entscheidung muß von der Staatsanwaltschaft binnen vierundzwanzig Stunden nach Anordnung der Beschlagnahme beantragt und von dem Gericht binnen vierundzwanzig Stunden nach Empfang des Antrags erlassen werden.

Hat die Polizeibehörde die Beschlagnahme ohne Anordnung der Staatsanwaltschaft verfügt, so muß sie die Absendung der Verhandlungen an die letztere ohne Verzug und spätestens binnen zwölf Stunden bewirken. Die Staatsanwaltschaft hat entweder die Wiederaufhebung der Beschlagnahme mittelst einer sofort vollstreckbaren Verfügung anzuordnen, oder die gerichtliche Bestätigung binnen zwölf Stunden nach Empfang der Verhandlungen zu beantragen.

Wenn nicht bis zum Ablaufe des fünften Tages nach Anordnung der Beschlagnahme der bestätigende Gerichtsbeschluß der Behörde, welche die Beschlagnahme angeordnet hat, zugegangen ist, erlischt die letztere und muß die Freigabe der einzelnen Stücke erfolgen.

§ 25. Gegen den Beschluß des Gerichts, welcher die vorläufige Beschlagnahme aufhebt, findet ein Rechtsmittel nicht statt.

§ 26. Die vom Gericht bestätigte, vorläufige Beschlagnahme ist wieder aufzuheben, wenn nicht binnen zwei Wochen nach der Bestätigung die Strafverfolgung in der Hauptsache eingeleitet worden ist.

§ 27. Die Beschlagnahme von Druckschriften trifft die Exemplare nur da, wo dergleichen zum Zwecke der Verbreitung sich befinden. Sie kann sich auf die zur Vervielfältigung dienenden Platten und Formen erstrecken; bei Druckschriften im engeren Sinne hat auf Antrag des Betheiligten statt Beschlagnahme des Satzes das Ablegen des letzteren zu geschehen.

Bei der Beschlagnahme sind die dieselbe veranlassenden Stellen der Schrift unter Anführung der verletzten Gesetze zu bezeichnen. Trennbare Theile der Druckschrift (Beilagen einer Zeitung ꝛc.), welche nichts Strafbares enthalten, sind von der Beschlagnahme auszuschließen.

§ 28. Während der Dauer der Beschlagnahme ist die Verbreitung der von derselben betroffenen Druckschrift oder der Wiederabdruck der die Beschlagnahme veranlassenden Stellen unstatthaft.

Wer mit Kenntniß der verfügten Beschlagnahme dieser Bestimmung entgegenhandelt, wird mit Geldstrafe bis fünfhundert Mark oder mit Gefängniß bis zu sechs Monaten bestraft.

§ 29. Zur Entscheidung über die durch die Presse begangenen Uebertretungen sind die Gerichte auch in denjenigen Bundesstaaten ausschließlich zuständig, wo zur Zeit noch deren Aburtheilung den Verwaltungsbehörden zusteht.

Soweit in einzelnen Bundesstaaten eine Mitwirkung der Staatsanwaltschaft bei den Gerichten unterster Instanz nicht vorgeschrieben ist, sind in den Fällen der ohne richterliche Anordnung erfolgten Beschlagnahme die Akten unmittelbar dem Gericht vorzulegen.

VI. Schlußbestimmungen.

§ 30. Die für Zeiten der Kriegsgefahr, des Krieges, des erklärten Kriegs- (Belagerungs-) Zustandes oder innerer Unruhen (Aufruhrs) in Bezug auf die Presse bestehenden besonderen gesetzlichen Bestimmungen bleiben auch diesem Gesetze gegenüber bis auf Weiteres in Kraft.

Das Recht der Landesgesetzgebung, Vorschriften über das öffentliche Anschlagen, Anheften, Ausstellen, sowie die öffentliche, unentgeltliche Vertheilung von Bekanntmachungen, Plakaten und Aufrufen zu erlassen, wird durch dieses Gesetz nicht berührt.

Dasselbe gilt von den Vorschriften der Landesgesetze über Abgabe von Freiexemplaren an Bibliotheken und öffentliche Sammlungen.

Vorbehaltlich der auf den Landesgesetzen beruhenden allgemeinen Gewerbesteuer findet eine besondere Besteuerung der Presse und der einzelnen Preßerzeugnisse (Zeitungs- und Kalenderstempel, Abgaben von Inseraten ꝛc.) nicht statt.

§ 31. Dieses Gesetz tritt am 1. Juli 1874 in Kraft. Seine Einführung in Elsaß-Lothringen bleibt einem besonderen Gesetze vorbehalten.

Urkundlich unter Unserer Höchsteigenhändigen Unterschrift und beigedrucktem Kaiserlichen Insiegel.

Gegeben Berlin, den 7. Mai 1874.

(L. S.) **Wilhelm.**

Fürst v. Bismarck.

Gesetz über die Presse.

Wir Wilhelm, von Gottes Gnaden Deutscher Kaiser, König von Preußen ꝛc.

verordnen im Namen des Deutschen Reichs, nach erfolgter Zustimmung des Bundesraths und des Reichstags, was folgt:

I. Einleitende Bestimmungen.

Die Oekonomie des vorliegenden Gesetzes ist der Stoffvertheilung der bisherigen größeren Preßgesetze der Einzelstaaten nachgebildet und hat namentlich Aehnlichkeit mit der Anordnung in dem badischen Gesetz über die Presse vom 2. April 1868. Nach den „I. einleitenden Bestimmungen" werden die allgemeinen den Preßgewerben auferlegten Beschränkungen unter „II. Ordnung der Presse" zusammengefaßt. Der Abschnitt III behandelt die „Verantwortlichkeit für die durch die Presse begangenen strafbaren Handlungen", IV und V die an sich dem materiellen Strafrecht und dem Strafverfahren angehörigen Materien der „Verjährung" und „Beschlagnahme", während die Schlußbestimmungen in spezieller Ausführung des im § 1 aufgestellten Grundgedankens sowohl die dadurch aufgehobenen Hauptbestimmungen der älteren Partikulargesetze bezüglich der Preßbesteuerung u. s. w. bezeichnen, als auch die Ausnahmen hervorheben, in welchen es bei der bisherigen Landesgesetzgebung, d. h. sowohl ihrem gegenwärtigen Inhalt nach, als der Gesetzgebungsbefugniß der Einzelländer, verbleiben solle. So ist z. B. das Plakatenwesen, soweit das Plakat nicht als Druckschrift in Betracht kommt, der gegenwärtigen und künftigen Landesgesetzgebung unterworfen. Daneben findet sich die für das Reich selbst gemachte Ausnahme der materiellen Einwirkung des Belagerungsstandes, die vorläufige Nichtausdehnung der Gültigkeit des Reichspreßgesetzes auf Elsaß-Lothringen, sowie die Festsetzung des 1. Juli als Geltungsanfang für das übrige Reich.

§ 1.

Die Freiheit der Presse unterliegt nur denjenigen Beschränkungen, welche durch das gegenwärtige Gesetz vorgeschrieben oder zugelassen sind.

1. Der gegenwärtige Wortlaut des § 1 ist aus der Kommissionsberathung hervorgegangen. In der Regierungsvorlage lautete er: „Die rechtliche Stellung der Presse wird durch das gegenwärtige Gesetz geregelt und unterliegt nur denjenigen Beschränkungen, welche durch dasselbe vorgeschrieben oder zugelassen sind."

Man hielt diese Einführung weder für stylistisch gelungen, noch logisch unanfechtbar. Der Abg. Wiggers bemerkte mit Recht:

> „Ich glaube Ihnen die Annahme der Regierungsvorlage nicht empfehlen zu können. Der erste Absatz derselben sagt nach meiner Meinung etwas Ueberflüssiges. Es wird nämlich darin gesagt, daß die rechtliche Stellung der Presse durch das gegenwärtige Gesetz geregelt werde. Wenn man aber ein Preßgesetz macht, wird eben die rechtliche Stellung der Presse dadurch geregelt, es braucht also nicht besonders ausgedrückt zu werden. Der zweite Satz scheint aber nicht ganz logisch gefaßt zu sein. Derselbe bestimmt, daß die rechtliche Stellung der Presse nur denjenigen Beschränkungen unterliege, welche durch dies Gesetz vorgeschrieben oder zugelassen sind. Es scheint mir aber, daß die Regelung der rechtlichen Stellung der Presse zu gleicher Zeit auch die Beschränkungen mit umfaßt. Man kann also nicht die Beschränkungen der rechtlichen Stellung der Presse entgegensetzen, sondern der rechtliche Gegensatz ist die Freiheit der Presse, und darum rathe ich Ihnen auch, den § 1 so anzunehmen, wie er von der Kommission gefaßt worden ist. Er ist durchaus klar und setzt fest, daß die Freiheit die Regel und die Beschränkung die Ausnahme ist. Er entspricht übrigens auch dem sächsischen Preßgesetze, worin es heißt: „im Königreich Sachsen besteht Preßfreiheit u. s. w.", und er entspricht auch insbesondere dem § 1 der Gewerbeordnung, der dahin lautet:
>
> Der Betrieb eines Gewerbes ist Jedermann gestattet, soweit nicht durch dieses Gesetz Ausnahmen oder Beschränkungen vorgeschrieben oder zugelassen sind" (St. Ber. S. 374).

Mit der jetzigen Fassung hatte sich auch der Regierungsvertreter einverstanden erklärt. Gerade weil in der Reichsverfassung irgend eine Andeutung über den Geist des zu erlassenden Reichspreßgesetzes fehlt, wie z. B. auch noch die revidirte preußische Verfassung im Art. 27 eine allerdings ungenügende Bezeichnung hat, war es angemessen, „die Freiheit der Presse" als Prinzip des neuen Reichsgesetzes an die Spitze zu stellen. Es verbindet sich damit ein ganz bestimmter Begriff: Beseitigung der Präventivmaßregeln (auch die Motive der Regierung erkennen S. 10 an: „der vorliegende Entwurf hat das sogenannte Repressivsystem zur Grundlage genommen") und Beschränkung der Repression auf das gesetzlich bestimmte, von der öffentlichen Wohlfahrt nothwendig geforderte Maß. Die Vermuthung „in dubio pro libertate" wird auch auf diesem Gebiet Platz greifen müssen. Dagegen schien es nicht nöthig, die ganze Aufzählung der nicht mehr zulässigen Beschränkungen, wie sie noch die deutsche Reichsverfassung von 1849 enthielt, zu wiederholen. 1849 galt es, nach einem Zeitalter der Censur eine neue Aera der Preßfreiheit einzuführen; gegenwärtig gilt es, die seit damals bestandene Freiheit der Presse von einzelnen Beschränkungen, mit denen man sie ungerechtfertigter Weise umschnürt, zu entlasten und das Prinzip wieder rein zur Anerkennung zu bringen. Im Plenum des Reichstags wurde die Ausdrucksweise „Freiheit der Presse" bemängelt und die Wiederherstellung der Regierungsvorlage vorgeschlagen. Die Ausführungen der Abgeordneten Schwarze und Marquardsen traten dem entgegen. Ersterer bemerkte unter Anderm: „das ganze Gesetz entbindet die Presse von einer Mehrheit von Beschränkungen, welchen sie bisher unterlegen hat, und in den Worten, daß die Freiheit der Presse nur denjenigen Beschränkungen unterliegt, welche durch das gegenwärtige Preßgesetz vorgeschlagen oder zugelassen sind, ist ausdrücklich ausgesprochen, daß die Presse, insoweit diese Beschränkungen nicht eintreten, frei sein soll" (St. Ber. S. 380), und der Berichterstatter fügte hinzu: „Wir haben nicht geglaubt, mit diesem Ausdruck „Freiheit der Presse" nur einen schön illuminirten Initialbuchstaben an die Spitze zu stellen, wir waren der Meinung, damit wirklich ein Prinzip, das Prinzip der Freiheit der Presse, auszusprechen, das wir aber auch in den Bestimmungen, welche wir für dieses Gesetz vorschlagen, zum Ausdruck gelangt finden — eine Freiheit, die ihre gesetzlichen, rechtlichen Beschränkungen hat" (St. Ber. S. 382). Die von der Kommission vorgeschlagene Fassung, welche im Wesentlichen mit der Ausdrucksweise des sächsischen Preßgesetzes von 1870 gleichlautend ist, wurde gegen sehr wenige dissentirende Stimmen vom Reichstage angenommen.

2. In einer Petition des deutschen Buchhändlervereins wurde der Ausdruck „oder zugelassen sind" bemängelt, weil man irrthümlicher Weise dadurch der Willkür der Einzelstaaten einen größeren Spielraum

zum Nachtheil der Presse eingeräumt glaubte, und diese Auffassung gelangte auch in der Kommission zur Vertretung; es liegt auf der Hand, daß der Zusatz dies nicht bedeutet, aber nicht entbehrt werden kann, da eine Reihe von Beschränkungen nur zugelassen, nicht geboten sind. Dies gilt schon gleich von der ganzen Beschlagnahme, die für den einzelnen Fall weder der Polizeibehörde, noch dem Richter befohlen, sondern nur unter bestimmten Voraussetzungen durch das Gesetz gestattet ist.

§ 2.

Das gegenwärtige Gesetz findet Anwendung auf alle Erzeugnisse der Buchdruckerpresse, sowie auf alle anderen, durch mechanische oder chemische Mittel bewirkten, zur Verbreitung bestimmten Vervielfältigungen von Schriften und bildlichen Darstellungen mit oder ohne Schrift, und von Musikalien mit Text oder Erläuterungen.

Was im Folgenden von „Druckschriften“ verordnet ist, gilt für alle vorstehend bezeichneten Erzeugnisse.

I. 1. Während ältere Preßgesetze eine solche Erklärung des materiellen Wirkungskreises ihrer Bestimmungen zum Theil vermissen lassen und dem richterlichen Ermessen freien Spielraum geben, ist die hier gegebene Anweisung ganz zweckmäßig. Sie schließt z. B. die Auslegung aus, welche dem bayrischen Preßgesetz seiner Zeit gegeben worden ist, weil dieses allgemein von Schriften spricht und deshalb auch auf von der Hand Geschriebenes bezogen worden ist*); andererseits umfaßt sie alle Arten mechanischer Vervielfältigungen in Wort und Bild, welche zur Verbreitung bestimmt sind. Sollten durch neuere Erfindungen andere als die bisher üblichen Wege mechanischer Vervielfältigung eingeschlagen werden, so fallen auch diese ohne Weiteres unter das Gesetz.

---

*) Brater in seiner Erläuterung des bayerischen Gesetzes zum Schutz gegen den Mißbrauch der Presse vom 17 März 1850 bemerkt dazu: „Andere Gesetze gehen von dem Begriff der Druckschrift aus und beschränken die analoge Anwendbarkeit auf andere in ähnlicher mechanischer Weise wirklich vorgenommene Vervielfältigungen. Aus diesem Zusammenhalte wird deutlich, wie weit das bayerische Gesetz geht“, und „Eine einfache, in einem Exemplar vorhandene Handschrift ist zur Vervielfältigung (durch Abschrift oder Druck) geeignet, sie fällt deshalb, sobald sie irgendwie veröffentlicht, z. B. als Plakat angeheftet wird, unter das Preßgesetz“ (a. a. O. S. 42).

Da die Photographien nicht blos auf chemischem, sondern zugleich auch auf mechanischem Wege hergestellt werden, wäre streng genommen die ausdrückliche Hinzufügung „oder durch chemische Mittel" nicht nothwendig gewesen, doch empfahl sie sich durch die Erfahrung, daß die Frage, ob Photographien unter die Bestimmung der Preßgesetze sonst fallen, hier und da kontrovers geworden war.

2. Während hier nur von zur Verbreitung bestimmten (nicht etwa blos geeigneten) die Rede ist, setzen andere Artikel des Gesetzes die wirklich stattgehabte Verbreitung zu ihrer Anwendbarkeit im einzelnen Fall voraus. Die in § 3 gegebene, allerdings nicht ausschließende, sondern exemplifizirende Bestimmung von „Verbreitung" bezieht sich jedoch auf beide Fälle. Strafbar macht nur die stattgehabte Verbreitung.

3. Der Begriff Erläuterungen bei Musikalien unterliegt der verständigen richterlichen Auslegung, bloße Taktbezeichnungen u. s. w. fallen nicht darunter. Es muß in der Anwendung der allgemeine Zweck der für die Preßgewerbe gegebenen Vorschriften in's Auge gefaßt werden.

4. Die vorjährige Reichstagskommission hatte die von dem Journalistentag vorgeschlagene, dem sächsischen Preßgesetze von 1870 entlehnte Bezeichnung, welche das Reichspreßgesetz wieder aufgenommen hat, beseitigt und dafür die Ausdrücke des Reichsstrafgesetzbuchs: Schriften, Abbildungen oder Darstellungen gewählt, wogegen die oben erwähnte Einwendung Brater's ebenfalls Platz greifen würde; wenigstens ist die von der Regierung vorgeschlagene und von der Kommission und dem Reichstag unbeanstandete Ausdrucksweise jedem Mißverständniß entrückt.

§ 3.

Als Verbreitung einer Druckschrift im Sinne dieses Gesetzes gilt auch das Anschlagen, Ausstellen oder Auslegen derselben an Orten, wo sie der Kenntnißnahme durch das Publikum zugänglich ist.

1. Das preußische Preßgesetz hatte statt des Worts Verbreitung das an sich richtigere „Veröffentlichung" gebraucht und eine förmliche ausschließende Definition in § 33 zu geben versucht:

„Die Veröffentlichung des Preßerzeugnisses ist erfolgt, sobald die Druckschrift verkauft, versendet, verbreitet oder an Orten, welche dem Publikum zugänglich sind, ausgestellt oder angeschlagen worden ist."

Bemerkenswerth ist, daß hier der Gattungsbegriff verbreitet als eine Unterart der Veröffentlichung betrachtet wird. Aehnlich lautete das bayerische Preßgesetz Art. 1:

„Die strafrechtliche Verantwortlichkeit für den Inhalt einer Schrift tritt ein, sobald dieselbe veröffentlicht, ausgestellt, ausgegeben oder sonst in Umlauf gesetzt ist."

Die Regierungsvorlage hat sich dagegen an den Wortlaut des sächsischen Preßgesetzes Art. 5 gehalten und bemerkt darüber in den Motiven Folgendes:

„Der Begriff der „Verbreitung" bildet ein wesentliches Moment im Thatbestande derjenigen Verbrechen und Vergehen, welche durch den Inhalt einer Druckschrift begangen werden und eben hierdurch einen eigenthümlichen Charakter erhalten. (Die für diese Delikte häufig vorkommende, übrigens vieldeutige Bezeichnung „Preßverbrechen" oder „Preßvergehen" ist im Gesetzentwurf vermieden.)

Das Strafgesetzbuch für das deutsche Reich definirt den Begriff der Verbreitung nicht näher und stellt ihm nur den „öffentlichen Anschlag" oder „die öffentliche Ausstellung" von Schriften ꝛc. als gleichbedeutend zur Seite (§§ 85, 110 und 184 des Strafgesetzbuchs). Auch das Gesetz vom 11. Juni 1870, betreffend das Urheberrecht an Schriftwerken (§§ 18, 21, 25, 34, 35) enthält sich einer Definition. Eine solche ist auch in erschöpfender Weise kaum zu geben. Deshalb und um nicht mit der an andere (d. h. hier Reichs-) Gesetze sich knüpfenden Spruchpraxis in Widerstreit zu gerathen, empfiehlt es sich, hier von einer Definition oder Exemplifikation ganz abzusehen und nur Vorsorge zu treffen, daß der Ausdruck „Verbreitung", wo er in diesem Gesetze auftritt, zugleich auf das im Strafgesetzbuche nebenher genannte „Anschlagen, Ausstellen und Auslegen" mit bezogen werde." (Motive S. 14).

2. Mit Rücksicht darauf, daß es sich, wie schon zu § 2 erwähnt, hier nicht um eine erschöpfende Legaldefinition, sondern um erläuternde Beispiele handelt, hat die Kommission den Wortlaut der Regierungsvorlage unverändert beibehalten. Der Abg. Sonnemann hatte den Zusatz beantragt: „Die Ablieferung an die Post zum Zwecke der Versendung gilt nicht als Verbreitung", wie denn auch der deutsche Journalistentag und die Kommission von 1873 die gleiche Regel aufgestellt hatten. In den Protokollen der diesjährigen Kommission ist nur bemerkt, daß der Antragsteller Sonnemann den Antrag „für jetzt" wie-

der zurückgezogen habe. Doch ist er auch später nicht wieder zur Verhandlung gekommen. Es würde unrichtig sein, daraus schließen zu wollen, daß unter allen Umständen die Ablieferung an die Post als Verbreitung angesehen werden müßte. Regelmäßig wird sie der Beweis weiterer Verbreitung sein, aber der Fall ist recht wohl denkbar, daß die Verbreitung der übrigen Exemplare, z. B. wenn nachträglich eine Gesetzwidrigkeit irgend welcher Art entdeckt wurde, von dem Verleger oder Redakteur zurückgehalten worden. Die bloße Thatsache allein, daß ein Ballen anderer Exemplare sich noch auf der Post zur Versendung bestimmt befindet, würde dann nicht schon eine „Verbreitung" bedeuten, und es müßte dem Verleger freistehen, die dort befindlichen Exemplare sich zurückgeben zu lassen und dadurch der Strafe zu entgehen. Die in der Einleitung allgemein ausgesprochene Warnung, in der Auslegung dieses Gesetzes sich nicht durch die ältere Spruchpraxis in den Einzelstaaten beirren zu lassen, kann hier gleich durch ein Beispiel belegt werden. Die preußischen Gerichte haben die Versendung per Post allgemein als Veröffentlichung betrachtet; allein abgesehen davon, ob diese Auslegung selbst nach dem Wortlaut des Preßgesetzes von 1851 richtig ist, findet sich in dem letzteren die Versendung ausdrücklich als eine Art der Veröffentlichung aufgeführt. Da dies in dem Reichspreßgesetz nicht der Fall ist, sind schon aus diesem Grunde die betreffenden älteren Entscheidungen für die Auslegung des Reichspreßgesetzes völlig irrelevant. In dem so häufig als Muster empfohlenen sächsischen Preßgesetz von 1870 in Art. 5 gilt es „als Verbreitung eines Preßerzeugnisses", wenn dasselbe u. A. „zum Vertriebe versendet, zu gleichem Zwecke auf die Post gegeben" ist. An dieser ausdrücklichen Bestimmung fehlt es gerade in dem neuen Reichspreßgesetz. Mit dieser auch in der Kommission zum Ausdruck gelangten Ansicht, daß hier ein Gegenstand für die thatsächliche Würdigung des Richters vorliegt, stimmt überein Brater a. a. O. S. 4, der in Bezug auf die nach der älteren bayrischen Preßgesetzgebung von Zeitungsverlegern verlangten zwei Pflichtexemplare bemerkt: „Es wird durch diese Uebergabe die natürliche Vermuthung begründet, daß die Austheilung und Versendung, d. h. die Veröffentlichung, gleichzeitig begonnen habe, weil eine freiwillige frühzeitigere Uebergabe dem Interesse des Redakteurs entgegen wäre. Es ist dem Ermessen des Gerichts überlassen, ob dasselbe im einzelnen Fall diese Vermuthung, wenn sie nicht ohnehin durch Gegenbeweis entkräftet ist, für einen ausreichenden Beweis der Veröffentlichung erkennt."

3. Wie sich aus der Brater'schen Auseinandersetzung ergiebt,

sieht er die Uebergabe der Pflichtexemplare selber nicht als Verbreitung oder Veröffentlichung an, da dieselbe nur als Beweismittel für die Thatsache, daß durch Vertheilung anderer Exemplare die Verbreitung geschehen sei, diskutirt wird. Diese Auffassung ist entschieden richtig und wird auch für die Anwendung des neuen Reichspreßgesetzes maßgebend sein müssen. Ebenso wenig wie die Mittheilung eines Abzugs an Mitredakteure oder den Verfasser als Verbreitung anzusehen ist, gilt dies von der vorgeschriebenen Handlung der Uebergabe an die Behörde, die der Betreffende auch vor der „Verbreitung" vornehmen kann.

4. Die Druckschrift u. s. w. selbst muß verbreitet, angeschlagen, ausgestellt oder ausgelegt sein, daher ist selbstverständlich das Anzeigen einer Schrift als erscheinend oder erschienen keine Verbreitung derselben, wodurch nicht ausgeschlossen ist, daß sogenannte Catalogues raisonnés zu selbständigen Schriften werden können. Ebenso gewiß kann aber durch ein einziges Exemplar, welches an Orten, wo es der Kenntniß des Publikums zugänglich ist, ausgelegt wird, der Thatbestand der Verbreitung erfüllt werden. Davon abweichend bestimmt Art. 15 des weimarischen Preßgesetzes: „Als Verbreitung im Sinne dieses Gesetzes ist nur die Mittheilung einer Mehrheit von Exemplaren an eine Mehrheit von Personen zu betrachten." Mit einer rationellen Auffassung des Zwecks der Preßgesetzgebung ist eine solche Norm schwerlich in Einklang zu bringen, da es gar nicht darauf ankommt, ob der Inhalt der Schrift durch die Verbreitung Anderen wirklich bekannt geworden ist. Deshalb ist auch die bloße Vorlesung einer Schrift keine Verbreitung im Sinne des Preßgesetzes, ebenso wenig wie das auswendige Hersagen ihres Inhalts.

5. Inwiefern die Ausstellung eines Buches oder einer sonstigen Druckschrift an Schaufenstern oder das Auflegen derselben auf den Ladentischen der Buchhändler als ein Ausgestellt- oder Aufgelegtsein im Sinne des vorstehenden Paragraphen zu betrachten ist, muß sich aus den Umständen des einzelnen Falls ergeben. Wie ein Bild gewiß durch eine solche Ausstellung oder Auflegung verbreitet ist, kann dies auch bei einer mit ihrem Inhalt gegen das Fenster gekehrten Druckschrift der Fall sein. Wenn dagegen im Schaufenster eines Buchhändlers sich ein unaufgeschnittenes Exemplar eines Buches befindet, so ist dies nicht anders, als wenn die Buchhändler, was sehr häufig geschieht, nur das Titelblatt eines Werks an's Fenster stellen. Durch diese Form der Auslegung kann das Buch mit seinem Inhalt noch gar nicht in's Publikum kommen. In den älteren Entscheidungen auf Grund der Partikulargesetze ist dies sehr häufig außer Acht gelassen. In der Auflegung eines

Buches in dem für das Publikum allgemein zugänglichen Laden eines Buchhändlers wird allerdings regelmäßig wohl eine Verbreitung auf Grund des § 3 gesehen werden müssen.

6. Aus dem Kommissionsbericht von 1873 mag noch erwähnt werden, daß „nicht schon der bloße juristische Akt des Verkaufs eines Preßerzeugnisses (wobei dieses vielleicht noch eine Zeit lang im Verschluß des Verkäufers bleibt oder doch nicht in die Oeffentlichkeit gelangt), vielmehr erst der faktische Akt der wirklichen Auslieferung an den Käufer als Kriterium der Verbreitung aufzufassen ist." Demgemäß hatte die Kommission dem entsprechenden § 5 ihres Entwurfs nachfolgende Fassung gegeben:

„Als Verbreitung im Sinne dieses Gesetzes gilt es, wenn das betreffende Erzeugniß an einen Käufer ausgeliefert, öffentlich angeschlagen, an öffentlichen Orten, in Leihbibliotheken, öffentlichen Lesekabinetten ausgelegt oder ausgestellt, oder wenn es öffentlich vertheilt worden ist."

Die Erwägung, daß der bloße Eigenthumsübergang nicht schon der Verbreitung gleich kommt, wenn der Verkäufer das Buch in seinem Gewahrsam behält, ist ganz richtig.

7. Es bedarf kaum der Bemerkung, daß der Inhalt des § 3 sich sowohl auf den gewerbsmäßigen Betrieb einer Verbreitung als auf das nichtgewerbsmäßige Verbreiten bezieht und die allgemeine Gesetzesbestimmung zu den nachfolgenden Paragraphen, welche diese beiden Fälle betreffen, darstellt. In den Motiven ist bemerkt, daß während die Gewerbeordnung nur den gewerbsmäßigen Betrieb ordnet, das Preßgesetz auch die nichtgewerbsmäßige „Verbreitung" von Druckschriften ins Auge fassen muß (M. S. 14). Darüber wird noch zu § 6 und später Einiges zu sagen sein.

8. Ueber die Frage, ob die geschäftliche Zusendung eines Werks an einen Sortimentshändler als Verbreitung betrachtet werden könne, äußert sich ausführlich Brater in seinen Nachträgen S. 59. „Der letztere (Sortimentshändler) erscheint in seiner Beziehung zum Verleger als Theilnehmer der strafbaren Handlung und ein Handeln, dessen Wirkung sich auf den Theilnehmer beschränkt, kann unmöglich zugleich den vollendeten strafrechtlichen Thatbestand in sich schließen. Es ist vielmehr an dem Gegensatze zwischen Denjenigen, die für die Veröffentlichung thätig sind und dem Publikum, auf welches die Veröffentlichung berechnet ist, festzuhalten. In die erstere Klasse gehört nicht allein der Verleger und der Sortimentshändler, sondern ebenso der Verfasser, Setzer, Korrektor, Drucker, Packer u. s. w. Wäre die Mittheilung vom Verleger an den Sortimentshändler als Veröffentlichung zu be-

trachten, so könnte man sich der Konsequenz nicht entschlagen, ebenso schon die Mittheilung des Manuskripts vom Autor an den Verleger, von diesem an den Setzer (dies bezieht sich auf den oben besprochenen weiteren Begriff der „Schrift" nach dem bayr. Preßgesetz) in gleicher Weise zu charakterisiren. In der That sind aber alle diese Handlungen nur entferntere oder nähere Vorbereitungen einer künftigen Publikation." Daß man in Preußen, weil der Ausdruck „versendet" in der Definition des Preßgesetzes stand, theilweise anders entschieden hat, kann die Richtigkeit dieses Raisonnements auch bei der Anwendung des neuen Reichspreßgesetzes nicht abschwächen.

§ 4.

Eine Entziehung der Befugniß zum selbständigen Betriebe irgend eines Preßgewerbes oder sonst zur Herausgabe und zum Vertriebe von Druckschriften kann weder im administrativen noch im richterlichen Wege stattfinden.

Im Uebrigen sind für den Betrieb der Preßgewerbe die Bestimmungen der Gewerbeordnung maßgebend.

I. 1. Die Regierungsvorlage hatte die in dem vorstehenden und nachfolgenden Paragraphen geordnete Materie in einem § 3 zusammen behandelt, der aber insofern die Zustimmung der Kommission und später des Reichstags nicht fand, weil er den nichtgewerbsmäßigen Betrieb der Kolportage mit Druckschriften von einer ausdrücklichen, an keine Bedingungen der Verweigerung geknüpften polizeilichen Erlaubniß abhängig machen wollte, während allerdings für den gewerbsmäßigen Betrieb die Bestimmungen der Gewerbeordnung als maßgebend gelten sollten. Außerdem war die im § 143 der Gewerbeordnung den Landesgesetzen vorbehaltene Befugniß, eine Entziehung des Rechts zum Gewerbebetrieb durch Richterspruch beizubehalten (verbis: „Ebenso bewendet es bei den Vorschriften der Landesgesetze, welche die Entziehung der Befugniß zum selbständigen Betrieb eines Gewerbes durch richterliches Erkenntniß als Strafe im Fall einer durch die Presse begangenen Zuwiderhandlung vorschreiben oder zulassen") einfach außer Kraft gesetzt, ohne sie ausdrücklich und inhaltlich zu erwähnen. Auf Antrag des Abg. Wiggers wurde um der größeren Deutlichkeit Willen die Bestimmung im Abschn. 1 in das Preßgesetz aufgenommen.

2. Dagegen ist ein anderer Antrag desselben Abgeordneten, welcher an die Beschlüsse der vorjährigen Kommission sich anlehnte, nach Vorschlag

des Abg. Marquardsen und Genossen in der dritten Berathung aus dem Gesetz wieder entfernt worden. Obgleich die Gewerbeordnung zur Betreibung der Kolportage und überhaupt des Hausirens die Volljährigkeit als eine der Vorbedingungen verlangt, um das Recht auf einen Legitimationsschein zu haben, war man in der Kommission davon ausgegangen, daß auch jüngere Personen recht wohl zur Druckschriftenkolportage zugelassen werden könnten. Nach dem ersten Gedanken, der auf den Journalistentag zurückzuführen ist, sollte dies der Art geschehen, daß solche Personen als Gehülfen von volljährigen Inhabern eines Legitimationsscheins und unter deren Verantwortlichkeit verwendet werden sollten; und dieser Vorschlag war auch in der Kommissionsvorlage von 1873 § 4 enthalten. In der diesjährigen Kommission fand dieser Vorschlag jedoch keine Annahme, weil, wie es im Bericht S. 2 heißt: „es nicht wohl angehe, in einem Spezialgesetz einen so wesentlichen Grundsatz der Gewerbeordnung zu alteriren, als welcher sich die Forderung eines persönlichen Legitimationsscheins für den einzelnen Kolporteur darstellt." Die statt dessen vorgeschlagene und von Kommission und Reichstag angenommene Bestimmung, daß auch Personen mindestens über 16 Jahre, denen die Gründe des § 43 der Gewerbeordnung nicht entgegen stehen, ein Legitimationsschein zur Kolportage gegeben werden müsse, wurde in der dritten Berathung im Plenum nicht blos deshalb fallen gelassen, weil dies eine Bedingung des Zustandekommens des Gesetzes war, sondern allerdings auch sittenpolizeiliche Gründe von Gewicht gegen jene absolute Gewährung des Legitimationsscheins an Minderjährige mit Recht geltend zu machen waren. Vgl. die oben abgedruckte Erörterung des Referenten S. 25. Ausdrücklich ist dabei hervorgehoben, daß es der Polizeibehörde unbenommen bleibt, solche Legitimationsscheine auch an geeignet scheinende Minderjährige zu geben; die Volljährigkeit ist keine absolute Bedingung, um denselben zu erhalten, sondern nur die Voraussetzung des Rechts, auf einen solchen, wenn die bestimmten Gründe des § 43 der Gewerbeordnung nicht entgegenstehen.

Wenn wirklich, wie mehrfach ausgesprochen worden ist, die Zeitungskolportage z. B. durch Knaben eine große Erleichterung des Geschäfts ist, kann dieselbe auch unter der Herrschaft des Reichsgesetzes nach dem verständigen Ermessen der Behörden gewährt werden, wobei natürlich auf die Schulpflicht gebührende Rücksicht genommen werden muß. Jedenfalls ist die praktische Bedeutung dieser Erleichterung nur auf wenige größere Städte beschränkt, was als ein weiterer Grund erscheint, den Gegenstand nach dem Lokalbedürfniß ordnen zu lassen.

II. Die hier namentlich in Anwendung kommenden Artikel der deutschen Gewerbeordnung sind §§ 14, 15, 43, 44, 55, 57, 63, 143 (vorbehaltlich der in dem § 4 enthaltenen Abänderung), 148, 149. Vergl. auch die Aeußerungen des Regierungskommissairs v. Brauchitsch in der Reichstagssitzung vom 16. Mai 1864 (St. B. S. 385).

§ 5.

Die nichtgewerbsmäßige öffentliche Verbreitung von Druckschriften kann durch die Ortspolizeibehörde denjenigen Personen verboten werden, welchen nach § 57 der Gewerbeordnung ein Legitimationsschein versagt werden darf*).

Zuwiderhandlungen gegen ein solches Verbot werden nach § 148**) der Gewerbeordnung bestraft.

In der Regierungsvorlage lautete der entsprechende Absatz des § 3:

„Von andern als den hiernach berechtigten Personen dürfen Druckschriften auch dann, wenn ein Gewerbebetrieb nicht beabsichtigt

---

*) Gewerbe-Ordnung § 57: Einem Bundesangehörigen, welcher innerhalb des norddeutschen Bundesgebietes einen festen Wohnsitz besitzt und das 21. Lebensjahr überschritten hat, darf der Legitimationsschein nur dann versagt werden, wenn er:

1. mit einer abschreckenden oder ansteckenden Krankheit behaftet ist;
2. oder wegen strafbarer Handlungen aus Gewinnsucht, gegen das Eigenthum, gegen die Sittlichkeit, wegen vorsätzlicher Angriffe auf das Leben und die Gesundheit der Menschen, wegen vorsätzlicher Brandstiftung, wegen Zuwiderhandlungen gegen Verbote oder Sicherungsmaßregeln, betreffend Einführung oder Verbreitung ansteckender Krankheiten oder Viehseuchen, zu Gefängniß von mindestens 6 Wochen oder zwar zu einer geringeren Strafe verurtheilt, aber in der Ausübung der bürgerlichen Ehrenrechte beschränkt worden ist, innerhalb zweier Jahre nach erfolgter Verurtheilung, und im Falle der Gefängnißstrafe nach verbüßtem Gefängniß;
3. oder unter Polizei-Aufsicht steht;
4. oder wegen gewohnheitsmäßiger Arbeitsscheu, Bettelei, Landstreicherei, Trunksucht übel berüchtigt ist.

Die Behörde muß innerhalb 14 Tagen dem Nachsuchenden entweder den Legitimationsschein ertheilen oder unter Angabe des gesetzlichen Hinderungsgrundes schriftlich versagen. Gegen die Versagung steht der Rekurs zu. Wegen des Verfahrens und der Behörden gelten die Vorschriften der §§ 20 und 21.

Ausländern kann der Gewerbebetrieb im Umherziehen gestattet werden. Der Bundesrath ist befugt, die deshalb nöthigen Bestimmungen zu treffen.

**) Strafe: Geldbuße bis zu 50 Thalern und im Falle des Unvermögens Gefängnißstrafe (jetzt Haft) bis zu 4 Wochen.

wird, ohne besondere polizeiliche Erlaubniß weder auf Straßen, öffentlichen Plätzen und an anderen öffentlichen Orten verkauft, vertheilt oder ausgestreut, noch im Herumziehen verbreitet werden."

Als Ausnahme von dieser Beschränkung waren dann nur Stimmzettel für öffentliche Wahlen zugelassen.

Mit Recht hat die Kommission sich diesem Vorschlage: jede nicht gewerbsmäßige Verbreitung, sowohl die an einem Orte, als im Herumziehen beabsichtigte, von der willkürlichen polizeilichen Erlaubniß abhängig zu machen, widersetzt. Die jetzt gewählte Beschränkung, daß die Erlaubniß nur da versagt resp. der Vertrieb verboten werden darf, wo einer der Gründe des § 57 der Gewerbeordnung vorliegt, genügt dem öffentlichen Interesse und der Nichtbelästigung des Publikums vollkommen in dem einen wie in dem andern Falle. Die Deduktion des Regierungskommissars a. a. O. führt auch zu keinem andern Resultat und es ist deshalb begreiflich, daß die von der Kommission beschlossene Fassung später keiner Anfechtung mehr unterlag. Gegen die Regierungsvorlage wurde das Prinzip einfach umgekehrt. Nach ihr war das Verbot die Regel, die Gestattung die Ausnahme. Nach dem jetzigen Wortlaut des Gesetzes ist der freie Betrieb das Regelmäßige und das Verbot die gesetzlich beschränkte Ausnahme. Ueber den Sinn der Worte „öffentliche Verbreitung" vgl. die Erläuterung zu § 6.

II. Ordnung der Presse.

Die unter diesem Titel zusammengestellten Vorschriften müßten, wenn man nicht ein besonderes Preßgesetz will, soweit sie nicht für nothwendig erachtet werden, in dem allgemeinen Strafgesetzbuch untergebracht werden. Besonders deutlich wurde dies durch die ursprüngliche Regierungsvorlage, welche zwei Ergänzungen des Strafgesetzbuchs in ihrem vom Reichstage nicht angenommenen § 20 vorschlug. In dem preußischen Preßgesetz sind die Vorschriften über die Ordnung der Presse im engeren Sinn und die Bestimmungen über die Bestrafung der durch die Presse verübten Gesetzesübertretungen von einander getrennt (Abschnitt II und Abschnitt IV des preußischen Gesetzes vom 12. Mai 1851), während der Abschnitt III des preußischen Gesetzes nur in den besonderen Abschnitten „von der Beschlagnahme" und „von der Verjährung" des Reichspreßgesetzes erscheint. Die Bestimmungen über die „Verantwortlichkeit" gehören natürlich ihrem Wesen nach auch dem materiellen Strafrechte an und würden, wenn man sie in dem allgemeinen Strafgesetzbuch behandeln wollte, im allgemeinen Theil ihre Stelle zu finden haben.

Für praktische Zwecke erscheint die hier gewählte Anordnung ganz empfehlenswerth trotz der Buntheit der in diesem Abschnitt berührten Materien; und die Kommission hat deshalb auch nur einige wenige Aenderungen in der äußeren Anordnung des Stoffes für nöthig gefunden, die der Reichstag acceptirte.

§ 6.

Auf jeder im Geltungsbereich dieses Gesetzes erscheinenden Druckschrift muß der Name und Wohnort des Druckers und, wenn sie für den Buchhandel, oder sonst zur Verbreitung bestimmt ist, der Name und Wohnort des Verlegers, oder — beim Selbstvertriebe der Druckschrift — des Verfassers oder Herausgebers genannt sein. An Stelle des Namens des Druckers oder Verlegers genügt die Angabe der in das Handelsregister eingetragenen Firma.

Ausgenommen von dieser Vorschrift sind die nur zu den Zwecken des Gewerbes und Verkehrs, des häuslichen und geselligen Lebens dienenden Druckschriften, als: Formulare, Preiszettel, Visitenkarten und dergleichen, sowie Stimmzettel für öffentliche Wahlen, sofern sie nichts weiter als Zweck, Zeit und Ort der Wahl und die Bezeichnung der zu wählenden Personen enthalten.

I. 1. Im Geltungsbereich dieses Gesetzes. Diese Bezeichnung wurde deshalb gewählt, weil nach dem Schlußartikel des Gesetzes seine Einführung in Elsaß-Lothringen einem besonderen Gesetze vorbehalten bleibt. Allerdings wäre es auch möglich gewesen, wie der Abg. Brockhaus in der Kommission vorschlug, zu sagen „im deutschen Reich“, aber dann hätte man den wahren Sinn des gesetzgeberischen Wollens immer erst aus den §§ 6 und 13 im Zusammenhalt als Regel und Ausnahme sich konstruiren müssen.

2. erscheinenden. Damit ist jede Druckschrift, welche anderswo erschienen ist oder erscheint, ausgeschlossen. Das Vorkommen oder Verbreitetwerden im Geltungsgebiet dieses Gesetzes ist kein „Erscheinen“,

welches den bestimmten technischen Sinn des Herauskommens bei Drucker oder Verleger hat. Nach der französischen Preßgesetzgebung sind auch die in Frankreich in fremder Sprache erscheinenden, für das Ausland bestimmten Druckschriften ausgeschlossen. Auf die Sprache der Druckschrift kommt es nach dem Reichspreßgesetz nicht an.

2. In früheren Verhandlungen über die Presse, so namentlich auch in dem Kommissionsbericht 1873 ist die Frage aufgeworfen worden, ob die von der Gesetzgebung gestellte Forderung, daß auf Druckschriften der Name und Wohnort des Druckers genannt werde, sich rechtfertigen lasse, wogegen aus den Verhandlungen der damaligen Kommission noch die Aeußerung des Abg. Wiggers hier ergänzend Platz greifen mag: „er wünsche, daß zum Mindesten die Namen der Drucker und Verleger auf jeder Druckschrift stehen, denn auch vom liberalen Standpunkt sei nicht zu wünschen daß die Verantwortlichkeit für Preßerzeugnisse durch Anonymität illusorisch gemacht werde" (Protokoll vom 24. März 1873). In Uebereinstimmung mit den Gesetzen fast aller civilisirten Länder und der bisherigen deutschen Gesetzgebung hat dieses Erforderniß auch in das vorliegende Gesetz Aufnahme gefunden. Allerdings wird es gestellt, um bei möglichem verderblichen Wirken der Presse eine Handhabe zur Verfolgung strafbaren Handelns zu haben, aber ein Verstoß gegen das Prinzip der Preßfreiheit liegt darin ebensowenig, als die Drucker darin ein Mißtrauen gegen ihren ganzen Beruf zu erblicken haben oder die Presse dadurch als „gefährlich" anerkannt wird.

3. Unter Drucker ist hier der Inhaber der Druckerei zu verstehen, der selbstverständlich nicht der Eigenthümer zu sein braucht. Ist ein Geschäftsführer oder Stellvertreter im technischen Sinne der Gewerbeordnung § 45 vorhanden, so bezieht sich die Bezeichnung auf ihn. Auf Veranlassung des Abg. Brockhaus, der besonders an den möglichen und schon wahrgenommenen Einfluß der Strikes auf den hier berührten Punkt erinnerte, wurde sowohl in der Kommission als im Plenum die Frage erörtert, wie es zu halten sei, wenn ein Werk in mehreren Druckereien gedruckt werde. Hat eine derselben das eigentliche Geschäft übernommen, so erscheinen die anderen nur als hülfeleistend und es genügt Name oder Firma des Inhabers der Hauptdruckerei. Anders, wenn ein Werk in selbständigen Theilen in verschiedenen Druckereien durch Verleger oder Herausgeber zum Druck befördert wird. Dann wird für jeden Theil der Name der betreffenden Druckerei anzugeben sein. So äußerte sich namentlich auch der Regierungskommissar in der Sitzung vom 18. März 1874 (St. B. S. 394).

4. Wie das Verlangen, daß auch der Wohnort genannt werde, nur den Zweck hat, die Nennung des Namens wirksam zu machen, (ähnlich wie später durch ein Amendement für Wahlzettel „die Bezeichnung" der Kandidaten statt des bloßen „Namen", wie es in der Vorlage hieß, zugelassen wurde — vgl. unten), so ist andererseits dem Erforderniß auch dann Genüge geschehen, wenn in beiden Fällen bei Drucker oder Verleger, „die in das Handelsregister eingetragene Firma" angegeben wird. Manche Gesetzgebungen stellen — mit zweifelhafter Richtigkeit vom Standpunkt der Gesetzgebungspolitik aus — die Forderung auf, Drucker oder Verleger zu nennen. Ein darauf gerichteter Antrag des Abg. Sonnemann, der darin den Beschluß der vorjährigen Kommission reproduzirte, wurde von der Kommission 1874 abgelehnt (Protokoll der zweiten Sitzung vom 26. Febr.).

5. Während die Preßgesetzgebung fast aller Länder demnach die Nennung des Druckers oder des Druckers oder Verlegers verlangt, steht es insofern anders mit dem hier aufgestellten Erforderniß, daß, „wenn die Druckschrift für den Buchhandel oder sonst zur Verbreitung bestimmt ist, auch der Name und Wohnort des Verlegers eventuell beim Selbstvertrieb der des Verfassers oder Herausgebers genannt sein muß, als eine Reihe von Preßgesetzen diese weitere Vorschrift nicht oder nur für bestimmte Publikationen, z. B. Zeitungen und Zeitschriften enthalten. Für den Regierungsentwurf sprach, daß in Folge der preußischen Bestimmungen in dem größten Theile von Deutschland, wenn auch nur in einigen der deutschen Preßgesetze die erweiterte Forderung bestand, und daß sie bezüglich der im buchhändlerischen Vertrieb befindlichen Druckschriften nur mit Dem zusammenfällt, was im Geschäftsinteresse der Betheiligten nothwendig ist. Außerdem erscheint es, wie der Berichterstatter in der Sitzung vom 18. März (St. B. S. 392) bemerkte, „als eine gewisse natürliche Verpflichtung des Verlegers, für den der Drucker nur als Gehülfe erscheint, daß er auf seinem Verlagsartikel bezeichnet werde." In der diesjährigen Kommission hat die in das Gesetz aufgenommene Bestimmung, daß bei den durch den Buchhandel oder sonst zur Verbreitung bestimmten Druckschriften Drucker und Verleger angegeben werden müssen, nach Ablehnung des Antrages Sonnemann keine weitere Anfechtung gefunden, dagegen gaben in der zweiten Berathung Amendements der Abgeordneten Parisius und Hänel zu einer längeren Erörterung Anlaß. Das erstere wollte überhaupt nur die Nennung des Druckers auf allen Schriften fordern, das Hänelsche beschränkte sich darauf, nur den Satz „oder sonst zur Verbreitung" zum Abstrich vorzuschlagen, also für

den buchhändlerischen Vertrieb das Erforderniß beizubehalten. In den Debatten konnte nicht nachgewiesen werden, daß das Verlangen auch auf solche Druckschriften die Bezeichnung eines Verlegers zu setzen, eine wirkliche Belästigung sei, da es genügt, wenn der Drucker auch als Verleger aufgeführt wird — was freilich als Argument für die praktische Nutzlosigkeit der Forderung geltend gemacht wurde. Die Thatsache, daß jenes Erforderniß bisher da, wo es galt, vielfach ohne Ahndung unerfüllt blieb, beweist, daß der ähnliche Wortlaut des preußischen Gesetzes schon zu unsicherer Auslegung geführt hat. Von Seiten des Regierungskommissars wurde betont, daß gerade bei manchen Druckschriften, die nicht im gewöhnlichen Buchhändlerwege vertrieben werden, es für den Fall der Strafbarkeit des Inhalts von Werth sei, außer dem Drucker eine weitere kenntliche Persönlichkeit vor sich zu haben.

Vielleicht wurde der Bestimmung, ob sie so oder anders lautete, zu viel Bedeutung beigelegt und der Reichstag wenigstens fand keinen Grund, hier an dem Regierungsvorschlag zu ändern. Eine gewisse Schwierigkeit macht dagegen unläugbar — und der Abg. Thilo hat besonders darauf aufmerksam gemacht — die Frage, wo bei dem nichtbuchhändlerischen Vertriebe die Gränze zwischen dem im § 2, 3 und hier gemeinten „Verbreiten" und vertraulichen, für engere Kreise bestimmten Mittheilungen liegt. In den Motiven zum sächsischen Preßgesetz von 1870 heißt es in Bezug auf diese Unterscheidung: „Es kommt hiernach stets darauf an, ob die Handlung den Zweck hatte, die Schrift einer unbeschränkten Anzahl von Personen zur Kenntnißnahme zugänglich zu machen", und weiter „Dagegen ist die Fassung des Gesetzes eine solche, daß der Fall einer vertraulichen Mittheilung als ausgeschlossen zu betrachten ist (Sächsische Motive S. 146). Nach derselben Auffassung hat ein preußischer Gerichtshof ausgesprochen, daß das preußische Preßgesetz mit seiner gleichen Bestimmung Druckschriften voraussetzt, welche für Jedermann bestimmt seien (Goltdammer Archiv V S. 82). Die Jahresberichte von Korporationen, Gesellschaften, die der Abg. Thilo erwähnt, können wohl oft von beiden Gesichtspunkten betrachtet werden und es erklärt sich deshalb, wie derselbe in der betreffenden Sitzung (St. B. S. 395) zu der Meinung gelangte, daß, wenn solche Druckschriften im Selbstverlag erscheinen, neben dem Drucker auch ein Herausgeber genannt werden müsse. Darüber, daß auf solchen Drucksachen ein Drucker genannt sein muß, wie der Redner hervorhebt, kann kein Zweifel bestehen, aber der ferneren Schlußfolgerung wird nicht ohne Weiteres beizustimmen sein. Wenn der Abg. Thilo sich (St. B. S. 385) dahin ausspricht, „er glaube mit seiner Aeußerung die Absicht des Gesetzes fixirt zu haben, daß Schriften, wie Jahresberichte, unter den § 6 fallen, so ist dies doch nur soweit richtig, als es sich um die geforderte Nennung eines Druckers handelt. Ob dies auch für die von ihm angeführten Drucksachen, bezüglich der Bezeichnung eines Selbstverlegers gilt, wird auf die jedesmalige Bestimmung derselben ankommen. Das Entscheidende ist, ob sie im Sinne des Gesetzes „zur Verbreitung" bestimmt sind, wobei noch hinzugefügt werden mag, daß das Lübeckische Preßgesetz vom 25. Sept. 1869, welches in diesem Punkte eine Nachbildung des preußischen ist, den Ausdruck hat: „für den Buchhandel oder zur öffentlichen Verbreitung auf anderem Wege bestimmt." Schwerlich hat dabei die Absicht vorgewaltet, einen von der preußischen Bestimmung abweichenden Thatbestand zu konstruiren, sondern man hat darin den richtigen Sinn des preußischen Paragraphen nur deutlicher wiederzugeben geglaubt. So spricht auch der § 5 des Gesetzes selber von der „nicht gewerbsmäßigen öffentlichen Verbreitung", nicht minder auch § 21: „derjenige, welcher die Druckschrift gewerbsmäßig vertrieben oder sonst öffentlich verbreitet hat." Uebrigens möchte die Richtigkeit der hier geäußerten einschränkenden Auslegung noch dadurch gestützt werden, daß in den Motiven zur Regierungsvorlage für das Erforderniß der Nennung des Druckers und Verlegers ausdrücklich gesagt wird: „Die Angabe des Druckers und Verlegers auf den zur gewerbsmäßigen Verbreitung bestimmten Druckschriften entspricht so völlig der Gewohnheit, daß in der gesetzlichen Vorschrift dieser Formalität eine Belästigung für den Vertreter der Presse nicht gefunden werden kann" (Motive S. 14). In Uebereinstimmung damit betonte der Berichterstatter in der Sitzung vom 18. März 1874 (St. B. S. 391), „daß sowohl der Drucker als der Verleger auf einer Druckschrift bezeichnet sein muß, welche gewerbsmäßig durch den Buchhandel vertrieben werden soll. Man kann sich eine gewerbsmäßige Vertreibung auch noch neben dem Wege des Buchhandels im technischen Sinne denken, und so das „sonst zur Verbreitung bestimmte" erklären und damit wäre den gegen diese Bezeichnung gerichteten Einwendungen des Abg. Parisius (St. B. S. 392) zu begegnen. Für die Rechtssprechung ist jener Ausdruck der Motive ein wichtiger Fingerzeig nach der Intention des Gesetzgebers und allein schon genügend, um die Auffassung des Abg. Thilo als zu streng erscheinen zu lassen. Der Irrthum liegt unseres Erachtens darin, daß man glaubt, alle nicht in einem Verlage oder Kommissionsverlage erschienenen Drucksachen müßten nothwendig Selbstverlagsartikel des Verfassers oder Herausgebers sein. Als Drittes steht aber daneben die große Gruppe von Drucksachen, welche gar nicht „vertrieben" werden, so z. B. die Austheilungen innerhalb der Aktiengesellschaften, Manuskripte für Freunde gedruckt u. s. w. Hier genügt die Angabe des Druckers, da auch nicht einmal eine Analogie des „gewerbsmäßigen“ Vertriebes vorliegt, wie dies bei dem Selbstverlage der Fall ist.

Alles in Allem genommen, muß man von der verständigen Anwendung der betreffenden Vorschrift hoffen, daß die Gesetzgebungsfaktoren es nicht zu bereuen haben, auf den Hänelschen Antrag, wodurch allerdings diese Schwierigkeiten beseitigt wären, der aber in manchen Fällen auch eine weitere wünschenswerthe Handhabe für die Strafverfolgung hätte vermissen lassen, nicht eingegangen zu sein.

6. Beim eigentlichen „Selbstvertrieb“ wird ebenfalls für den Fall der Verbreitung im oben besprochenen Sinne neben dem Namen des Druckers auch der des Verfassers oder Herausgebers gefordert. Selbstvertrieb und Selbstverlag sind identische Begriffe; beides bezeichnet den Gegensatz zum Verlagsbetrieb durch einen Dritten und beides schließt die bloß private Vertheilung „anstatt Manuskripts“ und ähnliche Fälle aus. Der Herausgeber ist hier neben dem Verfasser genannt, weil der das Erscheinen eines Werks besorgende Schriftsteller häufig nur die Arbeiten eines anderen Autors in die Oeffentlichkeit bringt, z. B. bei Memoiren, Gesammtausgaben fremder Werke, gestorbener Autoren u. s. w. Für solche Fälle würde man den Ausdruck Verfasser als zu eng nicht anwenden können; die Hauptsache ist aber das Erscheinenlassen, Veröffentlichen. Frühere Gesetze haben häufig die Bezeichnung Herausgeber als identisch mit Redakteur gebraucht und in diesem Sinne von verantwortlichen Herausgebern gesprochen. Unser Gesetz scheidet streng die beiden Begriffe und wendet die Bezeichnung Herausgeber nur in der engeren Bedeutung an, so auch im § 21, wo der Herausgeber einer nicht periodischen Druckschrift dem Redakteur bei einer periodischen entgegengesetzt wird. Wenn anderswo auch wohl unter Herausgeber derjenige verstanden wird, welcher das literarische Eigenthum an einem Druckwerk, z. B. einer Zeitschrift, besitzt, so kommt in dem Rahmen dieses Gesetzes auf die Eigenthumsverhältnisse an einer Druckschrift nichts an, und deshalb wird auch dieser Nebensinn der Bezeichnung hier nicht weiter zu beachten sein. Die Bezeichnung, daß Verfasser oder Herausgeber die Druckschrift im Selbstvertrieb haben, muß nicht nothwendig von Selbstvertrieb oder Selbstverlag reden. Wenn sich Jemand als Verfasser oder Herausgeber nennt, ohne daß ein anderer Verleger benannt ist, wird die Intention des Gesetzes auch dadurch erreicht. Zu beachten ist aber, daß auch hier Name und Wohnort angegeben sein muß.

7. Die Regierungsvorlage hatte neben „dem Verleger“ auch den „Kommissionsverleger“ genannt. Der Zusatz ist von der Kommission mit der ausdrücklich konstatirten Begründung gestrichen worden, daß für die hier entscheidenden Gesichtspunkte Verleger und Kommissionsverleger als gleichbedeutend angesehen werden (Protokoll der Sitzung v. 7 März 1874 und Kommissionsbericht S. 2). Daß die den Verkehr zwischen den Verlegern und Sortimentsbuchhändlern vermittelnden Kommissionaire etwas Anderes sind, braucht kaum gesagt zu werden.

8. Die Vorschrift des § 6 gilt für alle seit dem 1. Juli d. J. in dem Geltungsbereich des Gesetzes erscheinende (der Druckort mag innerhalb oder außerhalb des Gebiets liegen) Druckschriften, mit der gleich zu besprechenden Ausnahme des Al. 2 des Paragraphen. Ob der neue Druck eine alte Ausgabe reproduzirt, eine im Auslande schon erschienene Schrift wiedergiebt, Original- oder Nachdruck ist, macht durchaus keinen Unterschied. Ebenso wenig ob der Druck in Ausübung des Druckereigewerbes oder auf Privatpressen erfolgt; ein Gegensatz, der nach Beseitigung der Konzessionspflichtigkeit keine andere Bedeutung mehr hat, als daß im ersteren Falle die allgemeinen Anforderungen der Gewerbeordnung und Gewerbebesteuerung befriedigt werden müssen.

9. Zum Unterschied von früheren Partikularbestimmungen, z. B. noch des sächsischen Preßgesetzes von 1870, welches die Verbreitung außerhalb des Königreichs gedruckter Preßerzeugnisse in Sachsen nur dann gestattete, wenn sie Name und Wohnort des Verlegers oder Druckereibesitzers trugen, beziehen sich die hier aufgestellten formellen Bedingungen des Erscheinens auf auswärts, d. h. im Auslande und zunächst auch in Elsaß-Lothringen, herausgekommenen Druckschriften nicht; ebenso wenig die speziellen Bestimmungen bezüglich der periodischen Presse. Dagegen finden die Verbote und Strafdrohungen des § 14 ff. auf alle im deutschen Reich betroffene Druckschriften Anwendung, einerlei wo sie gedruckt oder verlegt sind.

II. 1. Der Absatz 2 des Paragraphen zählt eine Reihe von Erzeugnissen der Druckerpresse und der ihr gleichgestellten mechanischen oder chemischen Prozesse auf, welche ausnahmsweise die im Absatz 1 aufgestellten Bedingungen nicht zu erfüllen brauchen. Die Aufzählung ist nur beispielsweise und soll in ihrer Fülle nur dazu dienen, die Intention des Gesetzgebers zu verdeutlichen. Daß irgend ein Schriftstück, Visitenkarte oder Preiskourant genannt wird oder die dafür gebräuchliche Form hat, ist natürlich nicht das Entscheidende. Wenn z. B. in Form eines Preiskourants oder Speisezettels ein politisches Pamphlet veröffentlicht wird, findet der Abs. 1 ohne Weiteres Anwendung. Das weimarische Preßgesetz hob dieses im Art. 4 ausdrücklich hervor: „Dasselbe (Straffälligkeit) gilt, wenn die Form der im Art. 3, Abs. 4 genannten Druckschriften zu Mittheilungen, welche ihrem anscheinenden Zwecke fremd sind, gemißbraucht wird.“ Nach einer Entscheidung des sächsischen Ministeriums des Innern waren Theaterzettel nicht unter die Ausnahmen auf Grund des älteren sächsischen Preßgesetzes gerechnet worden (Bausch, Das sächsische Preßgesetz von 1870, S. 29); es ist aber nicht abzusehen, weshalb die generelle Bezeichnung „zu Zwecken des geselligen Lebens dienenden Druckschriften“ nicht auch die Theaterzettel begreifen soll, da die erwähnten einzelnen Arten nur Beispiele und die nichtgenannten nicht ausgeschlossen sind. Auch hier wieder soll nach der Absicht der Gesetzgebung das richterliche Ermessen entscheiden, ob das Motiv, welches zur Aufstellung der Erfordernisse unter Abs. 1 führte, auf die konkrete Erscheinung Anwendung findet. Ein Erkenntniß des preußischen Obertribunals vom 15. Mai 1856 (Goltdammer, Archiv IV, S. 546), welches dieselbe Auffassung enthielt, bemerkt übrigens in den Erwägungsgründen: „die Möglichkeit, durch solche Druckschriften eine strafbare Handlung zu begehen, schließt die Annahme jener (im preußischen Preßgesetz enthaltenen, unserm Abs. 2 wesentlich entsprechenden) Ausnahmebestimmungen nicht aus.“

2. In der Kommission sowohl als im Plenum kam die Frage zur Sprache, ob die sogenannten Exemplare „Avant la lettre“ bei Kupfer- und Stahlstichen ausdrücklich als nicht unter die Bestimmung des Abs. 1 fallend hervorgehoben werden sollten. Man begnügte sich mit der Konstatirung, daß auch bisher die gleichlautenden Bestimmungen der älteren Partikulargesetze auf sie nicht angewendet worden sind, und der Erklärung der Regierung, daß es auch ferner so gehalten werden solle. Darauf wurde das anfangs gestellte Amendement in dieser Richtung zurückgezogen (Protokoll der Kommission vom 27. Febr. 1874; in der Reichstagssitzung vom 18. März 1874, die Auseinandersetzungen der Abgeordneten Brockhaus, Thilo, Reichensperger und des Regierungskommissars, St. Ber. S. 393 ff.)

§ 7.

Zeitungen und Zeitschriften, welche in monatlichen oder kürzeren, wenn auch unregelmäßigen Fristen erscheinen (periodische Druckschriften im Sinne dieses Gesetzes), müssen außerdem auf jeder Nummer, jedem Stücke oder Hefte den Namen und Wohnort des verantwortlichen Redakteurs enthalten.

Die Benennung mehrerer Personen als verantwortliche Redakteure ist nur dann zulässig, wenn aus Form und Inhalt der Benennung mit Bestimmtheit zu ersehen ist, für welchen Theil der Druckschrift jede der benannten Personen die Redaktion besorgt.

I. 1. Daß für periodische Schriften, welche das Gesetz als solche definirt, die in monatlichen oder kürzeren Fristen, wenn auch unregelmäßigen Fristen erscheinen, und die außerdem auch als Zeitschriften oder Zeitungen bezeichnet werden, außer der Erfüllung der im § 6 normirten Bedingungen noch weitere Garantien gefordert werden, ist ein allen Preßgesetzgebungen gemeinsamer Grundzug. Das Kriterion einer periodischen Schrift im Sinn des Gesetzes ist, abgesehen von der Periode des Erscheinens, daß jede Nummer, Stück oder Heft ein selbständiges Ganzes für sich bildet, was durch das Zusammenfassen in Jahrgängen, Semestern u. s. w. nicht ausgeschlossen wird. Eine Ausgabe eines Werks in Lieferungen oder einzelnen Druckbogen ist keine periodische Druckschrift. Ob die letztere als Zeitung oder Zeitschrift bezeichnet wird oder nicht, ist gleichgültig; ebenso wie der Sprachgebrauch zwischen Zeitungen und Zeitschriften unterscheidet, denn die hier auferlegte Verpflichtung trifft beide Erscheinungsarten gleichmäßig.

Das in Absatz I gestellte Erforderniß hat weder in der Kommission noch im Plenum Erörterungen veranlaßt. Es wird darin nur das längst Hergebrachte verlangt. Ausdrücklich muß darnach auf der betreffenden Einzelnummer u. s. w. enthalten sein, daß eine genannte Persönlichkeit, deren nähere Qualifikation der § 8 ausspricht, für die Redaktion verantwortlich sei. Diese kann nach der gesetzlichen Qualifikation nur eine physische Person sein und so genügt z. B. die Nennung der Verlagshandlung oder Firma hier nicht, wie dies im § 6 bei Drucker und Verleger anerkannt ist. Anders, wenn die Firma zugleich die Bezeichnung einer bestimmten lebenden und die betreffenden Bedingungen erfüllende Persönlichkeit enthält. Die häufig vorkommende Bezeichnung: Verantwortliche Redaktion B. in C. oder Redigirt unter Verantwortlichkeit von A. B. oder Für die Redaktion verantwortlich A. B. werden durch den Wortlaut des Reichsgesetzes ebensowenig ausgeschlossen, als dies unter den gleich lautenden Partikulargesetzgebungen bisher der Fall war. Dagegen bedeutet jeder dieser Ausdrücke, daß der Genannte sich als verantwortlichen Redakteur bezeichnet und die Wendung „Redigirt unter Verantwortlichkeit von A. B.“ würde nicht vor der Bestrafung nach § 18 schützen, wenn der Genannte in Wirklichkeit nicht die Redaktion führt. Juristisch kann dieser Ausdruck nur bedeuten, daß der Genannte der wirkliche Redakteur ist. Sonst müßte gestraft werden, weil der Redakteur nicht genannt ist.

2. Die in früheren Gesetzen vielfach vorkommende Vorschrift, einen Redakteur vor seinem Antritt der Behörde bezeichnen zu müssen, sind weggefallen, und Nichts steht entgegen, in beliebigen Fristen mit den Redakteuren zu wechseln, oder z. B. für das Abendblatt einen, für die Morgenausgabe einen anderen Redakteur zeichnen zu lassen. Auch die Vorschrift, daß der Redakteur bei Verhinderung einen Stellvertreter stelle, ist beseitigt. Der den Abwesenden ersetzende ist ad hoc selber Redakteur.

Genannt sein muß der Name und Wohnort auf jeder Nummer, Stück u. s. w., aber nicht nothwendig auf jedem die einzelne Nummer mit bildendem Blatt oder Bogen. Name und Wohnort genügt hier; während z. B. nach der englischen Zeitungspreßgesetzgebung viele Jahre noch die nähere Adresse im Wohnort verlangt wurde:

„Auf jedem Zeitungsblatt (diese Bezeichnung ist allerdings enger als unsere „Zeitungen und Zeitschriften") und auf jedem Supplement eines solchen soll Vor- und Familienname, Angabe des Wohnorts des Druckers und Herausgebers (Publisher vertritt den Redakteur, Editor, der juristisch nicht in Frage kommt und umfaßt unsere Bezeichnungen „Herausgeber und Verleger") und des Hauses oder Gebäudes, worin die Zeitung gedruckt und herausgegeben ist, mit Angabe des Tages nach Woche, Monat und Jahr, an welchem das Blatt herausgegeben ist." (Akte 7 William IV c. 76 — jetzt aufgehoben durch 32 und 33 Victoria c. 24).

3. Die Angabe der Zeit und des Orts des Erscheinens wurde in einzelnen deutschen Gesetzen früher auch verlangt und der vorjährige Kommissionsentwurf enthielt noch dieselbe Bestimmung in § 7. Natürlich ist auch diese Beschränkung, da sie das Reichsgesetz nicht reproduzirt, fortgefallen.

II. 1. In dem Absatz II, wie er jetzt lautet nnd aus den Plenarverhandlungen hervorgegangen ist, hat der Inhalt der Regierungsvorlage nur einen deutlicheren Ausdruck erhalten. Ursprünglich hieß es „— wenn dieselbe (Benennung mehrerer Redakteure) in einer Form bewirkt wird, aus welcher mit Bestimmtheit zu ersehen ist, für welchen Theil der Druckschrift jede der benannten Personen die Redaktion besorgt." Darnach war die gemeinsame Verantwortlichkeit mehrerer Redakteure für das Ganze einer Zeitung u. s. w. ausgeschlossen. Der vorjährige Kommissionsentwurf forderte in § 7 bei Zeitungen und Zeitschriften „3, den Namen eines im Reiche wohnhaften verantwortlichen Redakteurs oder Herausgebers"; der ursprünglich Biedermannsche, auch dem Journalistentage unterbreitete Antrag hatte auch von diesem Erforderniß der Nennung eines verantwortlichen Redakteurs abgesehen. Während darin die Frage der mehreren Redakteure ganz mit Stillschweigen übergangen wurde, hatte ein anderer, dem Journalistentag unterbreiteter Entwurf, der auch aus sachverständigen Kreisen stammte, nämlich von dem Verein „Berliner Presse" (vgl. die Schrift: „der 6. deutsche Journalistentag" S. 6) eine Bestimmung über die Zulässigkeit mehrerer zu nennender Redakteure angeregt (es war vorgeschlagen zu sagen „auch kann für einzelne Abtheilungen einer Zeitung oder periodischen Druckschrift ein besonderer verantwortlicher Redakteur benannt werden") und dadurch ist wohl der betreffende Passus in die Regierungsvorlage gekommen. Man wollte damit eine Erleichterung für die Presse schaffen. In der diesjährigen Kommission ward dann aus dem gleichen Motiv vorgeschlagen, eine solidarische Verantwortlichkeit Mehrerer für ein Blatt zuzulassen und bei Nennung mehrerer Redakteure diese Solidarhaft als vorhanden anzunehmen, wenn nicht die Bezeichnung deutlich ersehen läßt, daß eine Theilung der Verantwortlichkeit eingetreten sei. Darnach lautete der Kommissionsvorschlag:

„Eine Theilung der Verantwortlichkeit ist zulässig:

Wenn mehrere Personen als verantwortliche Redakteure benannt sind, so ist jeder für den gesammten Inhalt der Druckschrift verantwortlich, wenn nicht aus Form und Inhalt der Benennung mit Bestimmtheit zu ersehen ist, auf welchen Theil der Druckschrift die ausschließliche Verantwortlichkeit einer und jeder der betreffenden Personen sich beschränkt."

Da sich in der Kommission Vertreter von angesehenen Preßorganen der verschiedensten Parteirichtungen befanden, mußte angenommen werden, daß auch die Gestattung der Solidarhaft im Interesse der Presse selber liege und in der Plenarberathung vertheidigte noch der Abg. Klöppel (St. B. S. 402) diesen Standpunkt. Allein es wurden viele Gegenstimmen auch von Mitgliedern der Presse laut, welche jenes System als für die Presse selbst unanwendbar und schädlich erachteten, während Andere wieder vom staatlichen Standpunkte aus volle Bestimmtheit verlangten, daß entweder ein Redakteur für das Ganze der Zeitung und Zeitschrift, oder wenn Mehrere, dann Jeder für einen bestimmt bezeichneten Einzeltheil des Blattes als verantwortlicher Redakteur deutlich erkennbar sei. Demgemäß und da auch Mitglieder der Kommission selber sich den dafür geltend gemachten Gründen zuneigten, erhielt der Paragraph die jetzige Fassung, wodurch die ungeschiedene

Haftung mehrerer Redakteure ausgeschlossen ist. Der im Paragraph aufgestellten Forderung kann aber sowohl dadurch entsprochen werden, daß durch Ueber- oder Unterschrift des betreffenden Zeitungstheils der dafür verantwortliche Redakteur bezeichnet wird, oder daß z. B. gleich unter dem Titel angegeben wird, für welche Theile des Blattes der A. B. C. u. s. w. verantwortlich die Redaktion führen. Aber ausdrücklich bezeichnet muß dies werden und kein Theil darf ungedeckt durch die Hervorhebung und Nennung einer dafür verantwortlichen Person bleiben. Soll z. B. der Vertreter der Zeitungsexpedition für die Inserate verantwortlich sein, so muß dies in förmlicher Weise erklärt werden. Eine Verwahrung, daß die Redaktion einem genannten oder ungenannten Inserenten die Verantwortlichkeit für ein Inserat lasse, ist juristisch wirkungslos und kann nur bei etwaiger Verfolgung des Verfassers oder Einsenders von Werth werden.

Zwischen dem jetzigen § 7 und dem § 8 war in der Regierungsvorlage noch folgender Paragraph enthalten:

„Die Verbreitung von Druckschriften, welche vor dem Inkrafttreten dieses Gesetzes in einem deutschen Bundesstaate erschienen sind, ist gestattet, wenn sie den Vorschriften entsprechen, welche daselbst zur Zeit ihres Erscheinens bestanden."

In der Kommission nahm man Anstoß daran, daß hier eine ausdrückliche Erlaubniß ausgesprochen sei und wollte dafür den gleichen Inhalt in die Verbotsform fassen, damit auch hier der Grundsatz zur Anwendung komme, nur das ausnahmsweise Nichtgestattete ausdrücklich zu bezeichnen. Außerdem hielt man es für richtig, unter Anwendung einer im Recht sehr häufig vorkommenden Alternative, auch die materielle Erfüllung der von nun an gestellten Bedingungen des gesetzlichen Erscheinens durch ein schon früher publizirtes Werk der Erfüllung der damals geforderten gleichzustellen. So erhielt der Paragraph die nachstehende Fassung:

„Die Verbreitung von Druckschriften, welche den Vorschriften der §§ 6 und 7 nicht entsprechen, ist nicht gestattet. Dasselbe gilt von Druckschriften, welche vor dem Inkrafttreten dieses Gesetzes in einem deutschen Bundesstaate erschienen sind, sofern sie nicht den Vorschriften, welche daselbst zur Zeit ihres Erscheinens bestanden, oder den Vorschriften der §§ 6 und 7 entsprechen."

Uebrigens hatte schon in der Kommission der Abg. Hullmann sich für den Wegfall des ganzen Paragraphen ausgesprochen und der Berichterstatter bemerkt in der Reichstagssitzung (St. B. S. 406): „Ich glaube keine Felonie gegen die Kommission zu begehen, wenn ich erkläre, daß gerade dieser § 8 nicht zu den Lieblingskindern derselben gehört." Im Plenum wurde derselbe lebhaft angegriffen, weil er theils überflüssig, theils leicht mißzuverstehen sei. Ueberflüssig erklärte man den ersten Absatz, weil, wenn schon das Erscheinen einer nicht mit den gesetzlichen Erfordernissen versehenen Zeitung strafbar sei, dasselbe auch für die Verbreitung gelte (Abg. Hullmann und der Regierungskommissar St. B. S. 405). Vgl. dagegen unten. Mißverständlich, weil aus dem zweiten Satze die Schlußfolgerung gezogen werden könne, daß auch im Auslande erschienene Schriften den alternativ gestellten Bedingungen zu entsprechen hätten, um frei verbreitet zu werden. Letzteres war, wie schon oben ausgeführt, nicht die Absicht der Regierungsvorlage und der Kommission. Ausdrücklich bemerkte hier der Regierungskommissar (a. a. O.): „Die Absicht des Entwurfs ist gewesen, die Druckschriften, welche im Auslande erscheinen, ohne Rücksicht auf die Erfüllung dieser Vorschriften verbreiten zu lassen." Ein weiterer Einwand wurde mit Rücksicht auf ältere pseudonym und anonym oft mit falschen Ortsangaben, z. B. während der Franzosenherrschaft und in weiter zurückliegenden stürmischen Zeiten der Religionskämpfe u. s. w. erschienene Werke, welche jetzt nur mehr antiquarisch vertrieben werden, erhoben. Sie würden nach dem Wortlaut des Paragraphen nicht zirkuliren dürfen. In Folge dieser Einwendungen von Seiten der Abg. v. Schulte, Wehrenpfennig u. a. (St. B. S. 403, 406) wurde der ganze Paragraph gestrichen.

Der Kommissionsbericht machte zu demselben noch darauf aufmerksam, daß nach der Auffassung der Kommission die Fortsetzungen von am 1. Juli im Erscheinen begriffenen periodischen Schriften die in diesem Gesetze neugestellten Bedingungen zu erfüllen haben. Anlaß zu der betreffenden, vom Regierungskommissar gegebenen und von der Kommission getheilten Erklärung gab eine Anfrage des Abg. Jörg (Protokoll der Kommissionssitzung vom 27. Februar 1874).

Es steht die Sache jetzt einfach so, daß nach der allgemeinen Rechtsregel, daß Gesetze für künftige Fälle gegeben werden, das Gesetz nur auf die nach seinem Gültigkeitstermine erschienenen Zeitungen, Zeitschriften und ihre Fortsetzungen, welche im Inlande, ausgenommen Elsaß-Lothringen, herauskommen, in diesen das Erscheinen betreffenden Bestimmungen Anwendung findet, nicht aber auf Druckschriften, welche, einerlei wo, vor dem 1. Juli 1874 erschienen sind. Anders mit Druckschriften, welche fälschlich zurückdatirt sind, in Wirklichkeit aber unter der Herrschaft des neuen Gesetzes gedruckt wurden.

§ 8.

Verantwortliche Redakteure periodischer Druckschriften dürfen nur Personen sein, welche verfügungsfähig, im Besitze der bürgerlichen Ehrenrechte sind und im deutschen Reiche ihren Wohnsitz oder gewöhnlichen Aufenthalt haben.

1. Weder in der Kommission, noch in den Plenarberathungen hat dieser Inhalt des § 8 zu Erörterungen sachlicher Art Anlaß gegeben. Nur in einer Petition war es als eine besondere Beschwerniß bezeichnet worden, daß die Führung einer Redaktion im deutschen Reiche an den Wohnsitz oder gewöhnlichen Aufenthalt darin geknüpft ist; allein im Bericht wird namentlich dagegen bemerkt, daß diese Vorschrift durchaus dem leitenden Grundsatz entspricht, welcher in dem Gesetz für die Verantwortlichkeit der Redakteure aufgestellt ist.

Bei eigentlich politischen Zeitschriften kann man es als selbstverständlich annehmen, daß der Redakteur im Reiche wohnt (an dem Orte des Erscheinens der Zeitschrift braucht dies nicht zu sein); eine gewisse Unbequemlichkeit könnte vielleicht nur bei wissenschaftlichen Zeitschriften, aber sicher so selten vorkommen, daß darauf in einer allgemeinen Vorschrift keine Rücksicht genommen werden kann. Auch der Wohnsitz in Elsaß-Lothringen ist kein Hinderniß, eine Redaktion eines z. B. in Baden erscheinenden Blattes zu führen. Zum „Auslande" ist das Reichsland durch den vorläufigen Ausschluß vom Gültigkeitsgebiete des Reichspreßgesetzes nicht geworden.

2. So lange wir kein allgemeines bürgerliches Gesetzbuch haben, wird die Verfügungsfähigkeit nach den Landesgesetzen, d. h. den Bestimmungen desjenigen Landesrechts zu beurtheilen sein, welches den ganzen Status des Betreffenden beherrscht.

3. Ausländer, welche im Reiche ihren Wohnsitz haben und den anderen Bedingungen des Paragraphen entsprechen, können verantwortliche Redaktionen führen.

4. „Besitz der bürgerlichen Ehrenrechte" ist jetzt ein reichsrechtlicher Begriff und richtet sich nach dem Reichsstrafgesetzbuch.

5. Eines Nachweises der verlangten Eigenschaften vor oder bei Uebernahme einer solchen Redaktion bedarf es nicht. Wer ohne dieselben eine Redaktion führt und als Redakteur genannt ist, verfällt den betreffenden Strafbestimmungen; und jede Fortsetzung der Redaktion würde eine neue Strafe nach sich ziehen. Auch hier sind keine Präventivmaßregeln gestattet.

6. Selbstverständlich kann der Drucker und Verleger auch gleichzeitig Redakteur sein, wenn er die dazu erforderlichen Eigenschaften besitzt.

Während das französische Preßrecht zur Führung der Redaktion, d. h. für den gérant männliches Geschlecht verlangt (Gesetz vom 18. Juli 1828: il devra être mâle) und einzelne deutsche Gesetze früher den Besitz staatsbürgerlicher Rechte forderten, was im Effekt dasselbe war, ist nach dem neuen Reichspreßgesetz jetzt die Gleichstellung der Frauen mit dem männlichen Geschlecht in dieser Beziehung stillschweigend anerkannt. Unter Erfüllung der übrigen Bedingungen kann auch eine Frau die verantwortliche Redaktion einer periodischen Druckschrift führen.

§ 9.

Von jeder Nummer (Heft, Stück) einer periodischen Druckschrift muß der Verleger, sobald die Austheilung oder Versendung beginnt, ein Exemplar gegen eine ihm sofort zu ertheilende Bescheinigung an die Polizeibehörde des Ausgabeorts unentgeltlich abliefern.

Diese Vorschrift findet keine Anwendung auf Druckschriften, welche ausschließlich Zwecken der Wissenschaft, der Kunst, des Gewerbes oder der Industrie dienen.

I. 1. Der Kommissionsvorschlag von 1873 hatte das Erforderniß der Abgabe eines Pflichtexemplars, welches damals in den meisten Ländern von allen Druckschriften und häufig auch in mehreren Exemplaren gefordert wurde, ebenso wie es die Vorlage des Journalistentages gethan, in Wegfall gebracht. Ein Antrag in dieser Richtung wurde in der diesjährigen Kommission nicht gebracht; zwei Vorschläge, einer des Abg. Brockhaus statt „jedes" zu sagen „jedes ersten Stückes" u. s. w., sowie der des Abg. Sonnemann auf eine redaktionelle Aenderung des Satzes „sobald — beginnt", statt dessen „gleichzeitig mit —" gesagt werden sollte, wurden zurückgezogen. Dagegen heißt es im Bericht S. 4: „Von mehreren Seiten wurde die Beibehaltung der Verpflichtung, ein Pflichtexemplar abzuliefern, nur deshalb zugestanden, weil dadurch eine größere Beschränkung der vorläufigen Beschlagnahme ermöglicht werde." Im Plenum wurde vom Abg. Wiggers die Streichung dieses Paragraphen beantragt, allein der Reichstag hielt denselben aufrecht. Der Abg. Wiggers hatte besonders hervorgehoben, daß das Verlangen eines Pflichtexemplars bei dem jetzigen Repressivsystem nutzlos sei, der Presse eine Selbstdenunziationspflicht auferlege, welche anderen

Gewerben nicht zugemuthet werde, bei Flugschriften nicht mehr Platz greifen solle, die oft gefährlicher seien als regelmäßige Zeitungen u. s. w. Der Berichterstatter bemerkte dagegen:

„Was den Standpunkt anbelangt, den mein verehrter Freund Wiggers zu der in § 10 (der jetzige § 9) enthaltenen prinzipiellen Frage einnimmt, so muß er mir gestatten zu sagen, daß ich glaube, der Eindruck, unter dem er spricht, kommt weniger davon her, daß ein Pflichtexemplar verlangt werden soll, als von dem Gebrauche welcher früher von diesem Pflichtexemplar gemacht worden ist. Es ist die frühere Gesetzgebung in Bezug auf die Beschlagnahme und ihre Handhabung, welche einen so schlimmen Eindruck auch noch in der Erinnerung auf meinen verehrten Freund macht. Ich meinestheils stehe gar nicht an, mich einverstanden zu erklären mit der großen Mehrheit der Kommission, wenn sie für nothwendig gehalten hat, daß von der periodischen Presse ein Pflichtexemplar an die betreffende Polizeibehörde gegeben wird. Es kann darin kein Mißtrauen und kein Denunziationssystem gesehen werden, weil die betreffende Polizeibehörde gar nicht in der Lage ist, von den Exemplaren, welche ihr zukommen, einen solchen Gebrauch zu machen, wenn, wie wir hoffen, das Haus die Vorschläge acceptiren wird, welche wir in Bezug auf die Beschlagnahme demselben unterbreiten. Ich kann auch nicht die Deduktion des Herrn Wiggers annehmen, daß der materielle Schaden, welcher den einzelnen Verleger trifft, ein so gewaltiger ist, daß wir aus diesem Gesichtspunkt uns gegen das bestehende Recht erklären sollten.

Es ist noch hervorzuheben, daß insofern auch durch die Regierungsvorlage und die Kommissionsvorschläge eine Erleichterung für die Verleger und die Herausgeber geschaffen wird, als nach den meisten bestehenden Gesetzen eine förmliche Unterschrift des Herausgebers auf dem zu überliefernden Exemplar verlangt wird."

2. Von den bisherigen Preßgesetzen Deutschlands hatte nur dasjenige für das Großherzogthum Weimar von der Forderung eines Pflichtexemplars abgesehen. Eine Erleichterung für die Presse ist zunächst dadurch herbeigeführt worden, daß nur für *periodische Druckschriften* und auch für diese nur mit den in Abs. 2 bezeichneten Ausnahmen die Ablieferung *eines* Pflichtexemplars verlangt wird. Hätte man einen Schritt weiter thun mögen, so daß, wie in England bis zum Jahre 1869, der Preis für die Blätter bezahlt würde, die ja eine für Jedermann käufliche Waare sind, so würde auch von der pekuniären Belastung durch das in so engem Rahmen beibehaltene System nicht geredet werden können.

3. Verpflichtet zur Ablieferung ist, da es sich hier um einen zur äußeren Geschäftsführung gehörenden Schritt handelt, der Verleger; geschehen muß sie bei der Polizeibehörde des Ausgabeorts, wo sozusagen die Zeitung oder Zeitschrift selber ihre Heimath hat, der aber nicht der Druckort zu sein braucht.

4. Durch die Zurückziehung des Sonnemann'schen Amendements ist nicht etwa die gleichzeitige Abgabe des Pflichtexemplars und des Beginns der Versendung ausgeschlossen; im Gegentheil war das Motiv für die Zurückziehung, daß die Gleichbedeutung der Ausdrucksweisen anerkannt wurde.

5. Auf den Vorschlag von Kommissionsmitgliedern, welche glaubten, daß es im Interesse der Presse liegen könne, wenn die polizeiliche Bescheinigung der Ablieferung nur auf Verlangen des Verpflichteten abgegeben werde, hatte die Kommission diesen Zusatz gemacht. Im Plenum wurde dagegen bemerkt, daß es zum richtigen Geschäftsgang gehöre, die Bescheinigung in allen Fällen zu geben und jene Unsicherheit, wonach erst ein besonderes Verlangen laut werden müsse, gerade für die an dem Preßgeschäft Betheiligten selber unbequem werden könnte. Unter Zustimmung der Kommissionsmitglieder wurde deshalb nach einem Amendement des Abg. Träger „auf Verlangen" mit „sofort" vertauscht.

6. Im Kommissionsbericht wird zu diesem Paragraphen noch bemerkt (vgl. oben S. 56), daß man die Frage, ob die Uebergabe von Exemplaren an die Post als eigentliche Veröffentlichung zu betrachten sei, „der jeweiligen strafrichterlichen Entscheidung vorbehalten zu müssen glaubte."

II. 1. Die betreffenden periodischen Druckschriften müssen, um unter diese Ausnahme zu fallen, ausschließlich den angegebenen Zwecken dienen. Werden andere Gegenstände darin besprochen, so tritt von da an für das ganze Unternehmen die Pflicht des Verlegers zur Abgabe eines Exemplars an die Behörde ein. Die Zeitschrift selber, nicht bloß die einzelne Nummer, beschäftigt sich dann nicht ausschließlich mit den privilegirten Gegenständen. Die Aufzählung der Ausnahmen ist eine erschöpfende und läßt deshalb keine Ausdehnung zu, wie die bloß beispielsweise Hervorhebung in § 1 und a. a. O. Eine Anregung des Abg. v. Schulte, daß auch Werke der sog. schönen Literatur darunter begriffen sein sollten, wurde ausdrücklich, besonders durch den Abg. Reichensperger (Crefeld), zurückgewiesen (St. Ber. S. 410). Ob eine Zeitschrift u. s. w. sich ausschließlich mit den vorbehaltenen Materien beschäftigt, ist quaestio facti.

§ 10.

Der verantwortliche Redakteur einer periodischen Druckschrift, welche Anzeigen aufnimmt, ist verpflichtet, die ihm von öffentlichen Behörden mitgetheilten amtlichen Bekanntmachungen auf deren Verlangen gegen Zahlung der üblichen Einrückungsgebühren in eine der beiden nächsten Nummern des Blattes aufzunehmen.

Obgleich die Kommission von 1873 auf Anregung des Berichterstatters die Pflicht solcher Blätter, amtliche Anzeigen gegen Bezahlung aufzunehmen, ebenfalls beseitigt hatte, ist die von der diesjährigen Kommission vorgeschlagene Beibehaltung dieses Paragraphen der Vorlage, in der eine Belästigung der Presse ernstlich nicht zu erblicken ist, während das öffentliche Interesse sie gegen mögliche Parteisucht und Böswilligkeit sehr wünschenswerth machen kann, im Reichstage ohne Diskussion in zweiter und dritter Berathung angenommen worden.

§ 11.

Der verantwortliche Redakteur einer periodischen Druckschrift ist verpflichtet, eine Berichtigung der in letzterer mitgetheilten Thatsachen auf Verlangen einer betheiligten öffentlichen Behörde oder Privatperson ohne Einschaltungen oder Weglassungen aufzunehmen, sofern die Berichtigung von dem Einsender unterzeichnet ist, keinen strafbaren Inhalt hat und sich auf thatsächliche Angaben beschränkt.

Der Abdruck muß in der nach Empfang der Einsendung nächstfolgenden, für den Druck nicht bereits abgeschlossenen Nummer und zwar in demselben Theile der Druckschrift und mit derselben Schrift, wie der Abdruck des zu berichtigenden Artikels geschehen.

Die Aufnahme erfolgt kostenfrei, soweit nicht die Entgegnung den Raum der zu berichtigenden Mittheilung überschreitet; für die über dieses Maß hinausgehenden Zeilen sind die üblichen Einrückungsgebühren zu entrichten.

I. 1. Wenn man der in dem vorigen Paragraphen ausgesprochenen Verpflichtung der betreffenden Presse nicht den Charakter einer vom

Standpunkte der Preßfreiheit unzulässigen Beschwerung zusprechen konnte, hat dagegen die Erfahrung gelehrt, daß mit dem Berichtigungszwang ein großer Mißbrauch zeitweilig getrieben worden ist, und es ist sehr begreiflich, daß man auf den Gedanken verfiel, der Wiederkehr solcher Chikanen durch völlige Beseitigung der Berichtigungspflicht zu begegnen, obgleich z. B. auch das so allgemein als höchst freisinnig gepriesene belgische Gesetz vom 20. Juli 1831 die Berichtigungspflicht, und zwar umfangreicher als jetzt unser Reichspreßgesetz, anerkennt (Art. 13). Weder die Regierung, noch die große Mehrheit der Kommission und des Reichstags haben bei dem gegenwärtigen Zustande der Presse die Aufhebung des Rechts auf Berichtigung für zulässig gehalten, und vor der überwiegenden Mehrzahl der anständigen Organe, für oder gegen welche der Berichtigungszwang in der That unnöthig wäre, nicht die entgegengesetzte Haltung anderer Preßerzeugnisse aus den Augen lassen können. Im Kommissionsbericht heißt es darüber:

„In Bezug auf die Frage des sogenannten Berichtigungszwanges ist nicht zu verkennen, daß aus der früheren Praxis mancherlei Härten bekannt geworden sind. Andererseits darf die öffentliche Presse bei dem Einfluß, den sie besitzt, und der hohen Aufgabe, welche ihr gestellt ist, sich nicht der Pflicht entschlagen, nachweisbare Unrichtigkeiten, die sie gebracht hat, auch selber wieder in das rechte Licht zu stellen. Die Annahme, daß die Gesammtheit der Presse auf einer so hohen sittlichen Stufe steht, um dieser moralischen Pflicht auch ohne rechtlichen Zwang nachzukommen, ist leider mit den thatsächlichen Erfahrungen nicht in Einklang zu bringen, und der Staat erscheint daher vollberechtigt, für einen solchen Fall die Verpflichtung zur Berichtigung als eine Rechtspflicht auszusprechen und ihre Erfüllung zu sichern."

Ganz ähnlich sprach sich der Abg. Parisius aus (Sten. Ber. S. 498):

„Was nützt es, wenn nach so und so vielen Wochen die Berichtigung kommt? Aber die Berichtigung in einer bestimmten Zeitung kann unter Umständen dem Angegriffenen, sei es eine Behörde oder ein Einzelner, sehr wichtig sein, weil jede Zeitung einen bestimmten Leserkreis hat, eine Berichtigung an einem anderen Orte also denjenigen Leuten, welche den Angriff gelesen haben, gar nicht zu Gesichte kommen würde. Der Herr Abg. Bamberger meint, hier entstehe ein Privileg „für Narren und Flegel." Das würde der Fall sein, wenn er meint, daß die Presse stets wahrheitsgetreu wäre, oder wenn er meint, daß die Presse das Privilegium zu lügen und zu verleumden hat. Ich muß aber entgegnen, daß ich der Presse nur ein Recht zuerkenne, wahre Thatsachen zu verbreiten, nicht aber Unwahrheiten zu verbreiten, und da man kein anderes Mittel hat, gegen Verleumdungen der Presse aufzutreten, so muß dem Angegriffenen das Recht zuerkannt werden, zu verlangen, daß an demselben Orte die berichtigenden Thatsachen, nicht Deduktionen aufgenommen werden."

Dagegen mußte, eben um der erwähnten Erfahrungen Willen, das an sich zugelassene Prinzip der Berichtigungspflicht so viel als möglich gegen mißbräuchliche Geltendmachung gesichert werden. Einmal geschah dies Seitens der Kommission dadurch, daß die Berichtigung thatsächlicher Mittheilungen auch wieder nur durch Angabe von Thatsachen soll geschehen können, und daß die unentgeltliche Aufnahme sich nur auf den Raum „der zu berichtigenden Mittheilung", nicht, wie es im Regierungsentwurf heißt, „des zu berichtigenden Artikels" bezieht.

Dann wurde nach dem Vorgange der badischen Preßgesetzgebung (§ 11 des Gesetzes vom 2 April 1868) dem Redakteur — in Baden ist der Drucker genannt — wenn er die ihm zugemuthete Aufnahme einer Berichtigung für nicht gesetzlich geboten erachtet und sich dessen weigert, das Recht zugesprochen, auf richterliches Gehör zu provoziren und von dem zuständigen Civilrichter eine Entscheidung darüber zu verlangen, ob die ihm angesonnene Aufnahme im Recht begründet sei. Mitglieder der Kommission, welche sich um die praktische Bewährung dieser Einrichtung in Baden umgethan hatten, konnten berichten, daß dieselbe zwar nur sehr selten Anwendung gefunden habe, aber sich im Uebrigen bewähre. Ihr seltenes Anrufen konnte als Gegengrund gegen den geltend gemachten Einwand dienen, daß die betreffenden Richter überlaufen werden würden. In der Kommission wurde schließlich der hier zu Grunde liegende Gedanke in folgende Fassung gebracht:

„Beanstandet der Redakteur die Verpflichtung zur Aufnahme der eingesandten Berichtigung, so kann er innerhalb 24 Stunden nach der Einsendung die gerichtliche Entscheidung beantragen. Dieselbe ist nach Einsicht des zu berichtigenden Artikels und der Berichtigung ohne weiteres Gehör der Parteien mittelst schriftlicher, auch dem Einsender zuzustellender Verfügung unverzüglich zu ertheilen. Gegen diese Entscheidung findet ein Rechtsmittel nicht statt. Die zuständigen Gerichte werden von der Centralbehörde jedes Bundesstaats bestimmt."

In der so modifizirten Gestalt gelangte der Paragraph zur Verhandlung in zweiter Plenar-Berathung, wo ihm jedoch nicht weniger als 13 Amendements (nach der Angabe des Präsidenten v. Forckenbeck, St. Ber. S. 411) entgegentraten. In Bezug auf das, wie es in den Debatten genannt wurde, „badische System" wurde besonders eingewendet, daß es die Regel umkehre und den Beklagten (den Redakteur) zur Rolle des Klägers verdamme, und es ward demgemäß durch den Abg. Wolffson vorgeschlagen, die Anrufung des Richters dem sich über die Nichtaufnahme seiner Berichtigung beschwerenden Berichtiger zu überweisen. Der Abg. Bamberger, der es für nöthig hielt, der Presse gegen die Belästigung „Seitens der Narren und Flegel" beizuspringen, war es besonders, welcher diesen Vorschlag vertheidigte (Sten. Ber. S. 415). Andere Stimmen wollten die ganze Anrufung des Civilrichters als theoretisch und praktisch unzulässig hinstellen, man könne nicht wohl den Einzelrichter über eingesandte Berichtigungen, z. B. des ganzen Staatsministeriums, entscheiden lassen u. s. w. Der Abg. Ackermann fand, daß die Kommission viel zu zuvorkommend gegen die Presse gewesen sei und verlangte weitere Kautelen zum Schutz der durch die Presse Angegriffenen, z. B. Verbot jeder Anmerkung zur Berichtigung. Eingehend vertheidigte der Abg. Elben das von der Kommission empfohlene badische System der Berufung auf richterliches Gehör, obgleich er selber in der Kommission zu der Minderheit gehört hatte, welche jede Berichtigungspflicht ablehnen wollte (St. Ber. S. 412). Schließlich wurde der Paragraph mit einer kleinen, bei der dritten Berathung wieder entfernten Amendirung des Abg. Dr. Bähr (Kassel) in der von der Kommission angenommenen Gestalt beschlossen.

Als es aber zu den entscheidenden Berathungen über den Ausgleich zwischen den Beschlüssen des Reichstags und dem Standpunkte der Bundesregierung kam, mußte auf die Beibehaltung der Anrufung des richterlichen Gehörs verzichtet werden, wogegen in den Schlußsatz des § 19 die Bestimmung aufgenommen wurde, daß da, wo die Verweigerung der Aufnahme einer Berichtigung im guten Glauben geschah, keine Strafe oder Kosten auferlegt werden sollen (vgl. die Erörterung zu § 19). Bei der Frage, ob gegen diesen Ersatz auf das ursprünglich vorgeschlagene Recht des Redakteurs, auf den Richter zu provoziren, verzichtet werden könne, war auch in Anschlag zu bringen, daß, wie erwähnt, in der badischen Praxis die Geltendmachung dieses Rechts sehr selten gewesen ist. Seitens des Regierungskommissars war gegen die ursprünglich von der Kommission empfohlene Fassung besonders eingewendet worden, daß die Berichtigung, welche, wenn sie wirksam sein solle, rasch erfolgen müsse, durch die badische Prozedur oder ihre vorgeschlagenen Modifikationen sehr verlangsamt werden würde (St. Ber. S. 415). — Im Ganzen wird der Paragraph auch in seiner gegenwärtigen Gestalt den bisherigen Rechtszustand wesentlich verbessern.

2. Da es sich hier um die Bestimmung des Inhalts eines Blatts handelt, ist die Pflicht dem Redakteur und nicht, wie bei der Abgabe des Pflichtexemplars, dem Verleger auferlegt.

3. Auch diese Verpflichtung bezieht sich nur auf die periodische Presse; auf diese aber auch ohne Rücksicht darauf, ob für die betreffende Druckschrift die Einreichung eines Pflichtexemplars geboten ist oder nicht.

4. Wie schon hervorgehoben, muß das zu Berichtigende eine „Thatsache", welche angeblich unrichtig dargestellt wurde, sein. Zur Unrichtigkeit zählt natürlich auch eine Unvollständigkeit, wenn dadurch die Thatsache in ihrer Gesammtheit selber unrichtig erscheint. Eigentliche Angriffe sind durchaus nicht erforderlich, um eine Berichtigungspflicht herbeizuführen. Dagegen kann verlangt werden, daß die angeblich irrig dargestellten Thatsachen deutlich bezeichnet werden.

5. „Auf Verlangen einer öffentlichen Behörde oder Privatperson." Das Verlangen braucht nicht schriftlich gestellt zu werden, obgleich dies im Zusammenhang mit der Einsendung selber regelmäßig der Fall sein wird. — Auf eine Anfrage des Abg. v. Puttkamer (Lyck) erklärte der Berichterstatter, daß auch Korporationen, welche in dem bisherigen preußischen Preßgesetz ausdrücklich genannt werden, unter die hier gewählte allgemeinere Bezeichnung fallen sollen (St. Ber. S. 416. 420). Für eine solche haben die Vertreter und Vorsteher derselben das Recht zu üben.

6. Die auch in früheren Preßgesetzen enthaltene Vorschrift, daß der Abdruck ohne Einschaltungen und Weglassungen geschehen muß, soll den Einsender gegen Chikanen schützen. Dagegen wollte der Abg. Ackermann, ähnlich wie es das sächsische Preßgesetz vorschrieb, der Redaktion auch jede Hinzufügung von Bemerkungen, z. B. Noten, verbieten. Wie der Abg. Elben treffend nachwies, wäre dies eine durch den Zweck der Berichtigungsbefugniß durchaus nicht gebotene Fesselung der Redaktion, zumal sehr häufig doch nur Behauptung gegen Behauptung steht. Es genügt vollkommen, wenn dem Betheiligten das Recht gegeben wird, seine Widerlegung an demselben Orte im ungebrochenen Zusammenhang und vollständig abdrucken zu lassen, wo die ihm mißfällige Aeußerung erschien.

7 Kein Redakteur kann gezwungen werden, einen strafbaren Inhalt in sein Blatt aufzunehmen. Auch in Frankreich, wo nach

einem maßgebenden Urtheil des Kassationshofs vom 26 März 1841 die Rechte des Berichtigenden überaus weit gegriffen sind, wird diese Schranke anerkannt. Darüber, ob die ihm zugemuthete Berichtigung unter diesen Begriff fällt, muß der Redakteur sein eigenes Urtheil anwenden. Hier kann der von der Kommission und dem Reichstag angenommene Zusatz über die Weigerung im guten Glauben ganz besonders wirksam werden. Natürlich haftet der Redakteur dem Strafgesetz, wie für den übrigen Inhalt des Blattes, so auch für die Berichtigungen, zu denen er durch seine Art der Redaktion Anlaß gab.

8. Ob die Berichtigung sich auf thatsächliche Angaben beschränkt und die Aufnahme deshalb Pflicht ist, hat der Redakteur zunächst unter eigener Verantwortlichkeit zu ermessen. Wird er wegen Weigerung der Aufnahme unter diesem Gesichtspunkt angeklagt, so hat auch darüber der Richter zu befinden.

9. Ein Amendement Bähr wollte statt der festen Begrenzung des Umfangs der unentgeltlich aufzunehmenden Berichtigung die Bestimmung: „die Berichtigung müsse thunlichst in dem Umfang der zu berichtigenden Mittheilung gehalten sein." Bei der dritten Berathung wurde dafür auf Antrag der Abgeordneten Dr. Marquardsen und Genossen der frühere Beschluß der Kommission wiederhergestellt (vgl. zu Abs. III).

10. Der Abg. Donimirski stellte und motivirte ein Amendement, nach den Worten: „vom Einsender unterzeichnet" einzuschalten: „in der Sprache, in welcher die betreffende Druckschrift erscheint, verfaßt." Es wurde dasselbe mit der Härte begründet, daß im anderen Falle der Redakteur seinen Lesern auch noch eine Uebersetzung zu geben haben würde. In der Regel wird das in diesem Amendement Gewünschte gewiß eintreten, aber der Berichterstatter Dr. Marquardsen machte auf die Konsequenz aufmerksam, daß, wenn das Gesetz dies ausdrücklich vorschreibe, Behörden in die Zwangslage kommen könnten, sich einer anderen als ihrer Amtssprache bedienen zu müssen. Der Antrag wurde darauf vom Reichstage abgelehnt.

II. 1. Während die Einsendung der Berichtigung in ihrem Zeitverhältniß zu dem zu Berichtigenden an keine Frist gebunden ist, soll die Aufnahme der eingesendeten möglichst unmittelbar erfolgen. Aehnliche Vorschriften haben die meisten älteren Preßgesetze, z. B. das preußische § 26, das bayerische § 47, das sächsische § 12.

2. Durch die Einfügung: „für den Druck nicht bereits abgeschlossenen" hat man gegen Geschäftsstörung durch späte Berichti-

gungen schützen wollen. Anderswo heißt es: „zunächst oder zweitfolgendem Blatt" u. s. w.

III. 1. Wie schon bemerkt, ist das Maß für die kostenfreie Aufnahme die Länge der zu berichtigenden Mittheilung, nicht des Artikels, wie es in der Regierungsvorlage hieß. Der Unterschied ist augenfällig. Im Kommissionsbericht heißt es darüber „Die im Regierungs-Entwurf enthaltene Fassung „des zu berichtigenden Artikels" könne immerhin zu dem Mißverständniß Anlaß geben, als wenn der Raum eines ganzen Artikels, in dem vielleicht nur 6 bis 8 Zeilen das eigentlich zu Berichtigende enthalten, als Maß gemeint sei. Wenn in dem Reichstage darüber geklagt wurde, daß dadurch die Berichtigung zur Illusion werden könne (vgl. z. B. Abgeordnete Puttkamer [Lyck] und Dr. Bähr, St. Ber. S. 417), so muß auch hier, wie so oft, wo die Loyalität der Betheiligten nicht ausreicht, auf das loyale Ermessen des Richters verwiesen werden. Uebrigens ist diese Begrenzung (im sächsischen Preßgesetz war der doppelte Raum des zu berichtigenden Artikels das Maß der unentgeltlichen Aufnahme, § 12) auch nur auf die Unentgeltlichkeit von Einfluß. Wegen des weiteren Theils der Einsendung, welchen der Redakteur gegen Bezahlung aufnehmen muß, liegt der Schutz desselben darin, daß er auch gegen Bezahlung nur „thatsächliche Angaben" aufzunehmen braucht. Ein allgemeiner Zwang, wie bei der Aufnahme von amtlichen Anzeigen in dem Inseratentheil eines Blattes, findet hier nicht statt. Aeltere Preßgesetze hatten für die unentgeltliche Aufnahme amtlicher oder amtlich beglaubigter gar keine Grenze gesetzt, so z. B. das bayerische Preßgesetz a. a. O.

2. Uebliche Einrückungsgebühren. Bei Blättern mit Anzeigen ist es der dafür geltende Maßstab, sonst der orts- oder landesübliche anderer Anzeigeblätter. Wo Vorausbezahlung bei Anzeigen üblich ist, wird der Redakteur dieselbe auch bei dem zu bezahlenden Theil einer Berichtigung fordern können.

3. In der Kommission war vom Abg. Sonnemann ein Zusatzantrag zu Abs. 3 wiederholt worden, der sich auch in dem Vorschlage des Journalistentages fand und wonach die Aufnahme einer Berichtigung gegen den Strafantrag des Betheiligten wegen des Inhalts der berichtigten Aeußerung schützen sollte. Der Vorschlag wurde abgelehnt, und in der That wäre es ungerecht, einen vielleicht schmählich Angegriffenen vor die Alternative zu stellen, mit seiner Rechtfertigung vor dem Publikum des ihn angreifenden Blattes bis zur öffentlichen Prozeßverhandlung zu warten oder für die schwersten un-

wahren Beschuldigungen keine andere Sühne zu erhalten als den Abdruck seiner Berichtigung (Protokoll der Kommission vom 27. Febr.).

4. Ein weiterer im Plenum zu § 22 eingebrachter und discutirter, aber eigentlich hierher gehöriger Antrag des Abg. Abeken ging dahin, bei der vorgeschlagenen Anrufung des Civilrichters, um über die Verpflichtung, eine bestimmte Berichtigung aufzunehmen, zu erkennen, dem Redakteur den Beweis der Wahrheit seiner resp. der von ihm aufgenommenen Behauptung nachzulassen. Der Antrag lautete wörtlich: „Zuwiderhandlungen gegen § 12 sind straflos, wenn der Angeklagte die Wahrheit der in der Berichtigung bestrittenen Thatsache beweist.“ Dies würde dem Berichtigungsverfahren, welches nur dem Betheiligten die Möglichkeit sichern soll, die angeblich unrichtige thatsächliche Behauptung mit der Gegenbehauptung rasch an derselben Stelle erwiedern zu können, ohne Rücksicht darauf, wer von ihnen das thatsächlich Richtige behauptet, einen ganz andern Charakter gegeben haben. Man vergleiche dagegen die Ausführungen des Abg. Hullmann (St. Ber. S. 462) und des Berichterstatters (S. 463). Letzterer bemerkte:

„Ich muß Sie dringend bitten, sich gegen das Amendement Abeken zu erklären, das ein vollständig neues System in unsere Vorlage bringen würde. Es ist schon hervorgehoben worden, wir haben es rein mit einer formellen Berichtigung zu thun, und ich sehe auch gar nicht ein, wie wir die Gerichte damit belasten sollen, nach langen Verhandlungen mit Zeugen u. s. w. zu entscheiden, ob der Eine oder der Andere mit seiner Behauptung Recht hat. Handelt es sich um Beleidigungen, so ist der Strafrichter da, will man einen Civilanspruch auf falsche Angaben gründen, so ist der Civilrichter da, aber zur Entscheidung dieser das öffentliche Interesse gar nicht in Anspruch nehmenden Fragen sind wirklich die öffentlichen Gerichte nicht da.“

5. Auch hier giebt es keine polizeiliche Zwangsgewalt zur Erfüllung der auferlegten Pflichten, wie dies z. B. noch das sächsische Preßgesetz von 1870, § 13 gestattete, ohne daß eine solche Zwangsverfügung durch Einlegung eines Rechtsmittels aufgeschoben wurde. Es bewendet jetzt bei der Anrufung des Richters, um Bestrafung und Erfüllung der Verbindlichkeit durchzusetzen (vgl. § 19). Auf Letzteres beschränkt sich die richterliche Anordnung, wenn der die Aufnahme Verweigernde nach der Ueberzeugung des Richters in gutem Glauben gehandelt hat.

6. Wenn eine Zeitung aus einer anderen eine Mittheilung abdruckt, welche einen Betheiligten zu einer Berichtigung berechtigt, so

kann sich auch der die Behauptung bloß wiedergebende Redakteur nicht der Aufnahme weigern. Dagegen ist in der Kommission ausdrücklich anerkannt worden, „daß die wortgetreue Wiedergabe von Kammerverhandlungen, Gerichtsverhandlungen u. s. w. eine Berichtigungspflicht wegen darin enthaltener, angeblich unrichtiger Angaben nicht begründet" (Bericht S. 4). Die wortgetreue — dieses Wort im Bericht ist allerdings nur ein Schreibfehler — Bemerkung in dem Protokoll der Kommissionssitzung vom 28. Februar, worauf sich dieser Passus des Berichts bezieht, lautet: „Es wurde die Ansicht ausgesprochen, der Paragraph könne nicht Anwendung finden auf die wahrheitstreue Mittheilung von Kammerreden bezüglich der von den Rednern vorgetragenen Thatsachen, denn hier seien nicht diese Thatsachen selbst, sondern nur die Kammerrede als solche Gegenstand der in der Druckschrift gemachten Mittheilung. Die Ansicht fand keinen Widerspruch." Wir haben es hier mit einer Analogie des durch die Reichsgesetzgebung (Verfassung Art. 22, Strafgesetzbuch § 12) anerkannten Prinzips zu thun, daß wahrheitsgetreue Berichte über Verhandlungen des Reichstags oder eines Landtags keiner strafrechtlichen Verantwortung unterliegen. Was von dem Majus gilt, wird auch von dem Minus anzunehmen sein, als welches sich die Berichtigungspflicht darstellt. Der Reklamirende hat sich an den Redner selbst zu halten. Bloße Resumés, welche wieder zu selbständigen Artikeln des Blattes werden, und wobei das Urtheil des Redakteurs über Aufnahme oder Nichtaufnahme der einzelnen Aeußerungen frei einwirkt, bilden keine Ausnahmen von der allgemeinen Regel, daß der Redakteur einer Zeitung auch für ihre Nichtoriginalartikel verantwortlich ist.

Die allgemeinen Grundsätze über die Nichtstrafbarkeit wahrheitsgetreuer Berichte über Gerichtsverhandlungen und ihre Grenze wollten und konnten hier nicht geändert werden.

§ 12.

Auf die von den deutschen Reichs-, Staats- und Gemeindebehörden, von dem Reichstage oder von der Landesvertretung eines deutschen Bundesstaats ausgehenden Druckschriften finden, soweit sich ihr Inhalt auf amtliche Mittheilungen beschränkt, die Vorschriften der §§ 6 bis 11 keine Anwendung.

1. Die Kommission hat zu dem ursprünglichen Regierungsentwurf die Einschaltung gemacht: „soweit sich ihr Inhalt auf amtliche Mittheilungen beschränkt." In dem Bericht heißt es zu diesem Paragraphen:

„Innerhalb der Kommission war kein Zweifel darüber, daß die Ausnahme der amtlichen Druckschriften von der Befolgung der allgemeinen Vorschriften der Preßgesetzgebung sich nur auf denjenigen Theil solcher Drucksachen erstrecken könne, welcher selber amtlicher Natur ist. Um dies völlig klar zu stellen und nicht etwa Druckschriften, welche zum Theil amtliche Verkündigungen enthalten, außerdem aber auch Privatanzeigen aufnehmen oder anderes Material bringen, ihrem ganzen Inhalt nach vor den gewöhnlichen Zeitungen und Anzeigeblättern zu privilegiren, ist dem § 12 der Vorlage — dem § 13 der Kommission — die präzisere Fassung gegeben, daß solche Druckschriften nur insoweit den Vorschriften der §§ 6—12 nicht unterliegen, als sich ihr Inhalt auf amtliche Mittheilungen beschränkt." (Bericht § 4.)

2. Im Plenum brachte der Abg. v. Puttkamer (Lyck) noch zur Sprache, ob unter den hier angenommenen Publikationen auch solche zu verstehen seien, welche von „Kreisen, Provinzen, Bezirken, sowie kommunalständischen Verbänden" ausgehen. Er selber halte diese Auslegung für zulässig, wünsche aber entsprechende Zustimmung von Seiten des Referenten der Kommission und des Regierungskommissars. Beide erklärten darauf, daß hier „unter Gemeindebehörden Kommunalbehörden im weitesten Sinne des Worts zu verstehen seien" (St. Ber. S. 423).

§ 13.

Die auf mechanischem oder chemischem Wege vervielfältigten periodischen Mittheilungen (lithographirte, autographirte, metallographirte, durchschriebene Korrespondenzen) unterliegen, sofern sie ausschließlich an Redaktionen verbreitet werden, den in diesem Gesetze für periodische Druckschriften getroffenen Bestimmungen nicht.

Mit der einzigen Veränderung, daß statt Zeitungsredaktionen hier korrekter „Redaktionen" gesagt wird, ist der Paragraph aus der Regierungsvorlage in das Gesetz übergegangen. Die Motive (S. 17) bemerken dazu: „Die hier getroffene Bestimmung bezweckt die Entscheidung der bisher von den (preußischen) Gerichten schwankend beurtheilten Frage, inwiefern die sogenannten lithographirten u. s. w. Korrespondenzen den für die Zeitungen bestehenden Vorschriften unterworfen sind.“ Namentlich war es die Kautionspflichtigkeit dieser Mittheilungen, welche unter der Herrschaft des preußischen Preßgesetzes sehr kontrovers war. Der § 14 des preußischen Preßgesetzes lautete: „Den Zeitungen oder Zeitschriften stehen lithographirte oder auf irgend eine Weise technisch vervielfältigte Schriften gleich, welche in monatlichen oder kürzeren, wenn auch unregelmäßigen Fristen erscheinen.“ Ueber das Sachgemäße der hier getroffenen Entscheidung, daß diese an eine Reihe von Redaktionen gerichteten Privatmittheilungen, die erst Theile einer periodischen Druckschrift werden sollen, nicht selbst als solche zu behandeln sind, kann kein Zweifel bestehen.

§ 14.

Ist gegen eine Nummer (Stück, Heft) einer im Auslande erscheinenden periodischen Druckschrift binnen Jahresfrist zwei Mal eine Verurtheilung auf Grund der §§ 41 und 42 des Strafgesetzbuchs erfolgt, so kann der Reichskanzler innerhalb zwei Monaten nach Eintritt der Rechtskraft des letzten Erkenntnisses das Verbot der ferneren Verbreitung dieser Druckschrift bis auf zwei Jahre durch öffentliche Bekanntmachung aussprechen.

Die in den einzelnen Bundesstaaten auf Grund der Landesgesetzgebung bisher erlassenen Verbote ausländischer periodischer Druckschriften treten außer Wirksamkeit.

I. 1. In den früheren Berathungen über ein zu erlassendes Preßgesetz für das Reich hat man gewöhnlich nicht bloß das Verbot inländischer, sondern auch auswärtiger Zeitungen für ausgeschlossen erklärt. Seit Schaffung des norddeutschen Bundes und deutschen Reichs ist der Ausschluß der in anderen deutschen Staaten erscheinenden Blätter von dem Vertrieb in einem Einzelstaat in Folge des Postgesetzes nicht mehr zulässig, der in den älteren Preßgesetzen noch gestattet war. Zur Rechtfertigung der hier getroffenen Bestimmung äußern die Motive der Regierungsvorlage: „Um fortgesetzten straflos bleibenden Gesetzesverletzungen durch die ausländische Zeitungspresse wirksam zu begegnen, wird die Staatsgewalt die Befugniß, eine auswärtige Zeitung vorübergehend vom deutschen Gebiet auszuschließen, nicht gänzlich aufgeben können. Die Befugniß muß fortan in die Hand der Reichsbehörde gelegt werden, und wird unter den im Entwurf bestimmten, durch eine wiederholte gerichtliche Verurtheilung bedingten Voraussetzungen nicht bedenklich erscheinen." In der Kommission wurde demgemäß auch mit allen gegen eine Stimme der Paragraph angenommen. Es heißt darüber in dem Kommissionsbericht auch nur ganz kurz, „daß die große Mehrheit die Nothwendigkeit des Paragraphen nicht bestritten hat." (Motive S. 17.) Im Plenum wiederholte der Abg. Sonnemann seinen Antrag auf Streichung des Paragraphen und wurde darin durch den Abg. Guerber unterstützt, der einen eventuellen Antrag, die zulässige Zeitdauer des Verbots auf 6 Monate zu beschränken, gestellt hatte. In der Diskussion, welche sich zum Theil anch auf die prinzipielle Seite der Frage bezog — der Abg. Sonnemann konnte unter Anderm als Autorität für seinen Standpunkt eine Aeußerung Biedermanns anführen, welche die Länder aufzählt, nach deren Gesetzgebung ein solches Verbot einer ganzen Zeitschrift, also auch ihres künftigen Inhalts, absolut ausgeschlossen ist — und worin besonders auch die praktische Wirkungslosigkeit eines solchen Ausschlusses im Ganzen, verbunden mit großer Belästigung für Einzelne, z. B. im Handelsverkehr, für inländische Zeitungsredaktionen u. s. w., hervorgehoben ward, gaben vorerst die eigenthümlichen Verhältnisse in Elsaß-Lothringen den Ausschlag. Es wurde auch von Solchen, welche an sich dem Prinzip, daß nach zweimaliger richterlicher Verurtheilung einzelner Artikel die ausländische Zeitschrift in welcher sie erschienen waren, durch eine Verwaltungsbehörde, sei es auch die höchste des Reichs, verboten werden könnte, entgegen waren, doch zugestanden, daß in der nächsten Zeit für Elsaß-Lothringen eine solche Befugniß mit Rücksicht auf die französische Hetzpresse nicht entbehrt werden könne, so z. B. vom Abg. v. Hoverbeck (St. Ber. S. 436).

Die Frage, ob das Reichspreßgesetz auf Grundlage der französischen Preßgesetzgebung, das für die jetzigen bestehenden Preßzustände des Reichslands einen förmlichen Umschwung hervorrufen würde, nach dem Vorschlag der Regierung in Elsaß-Lothringen vorerst nicht Geltung haben solle, erschien von diesem Standpunkte aus als präjudiziell, und es wurde deshalb die Abstimmung über den § 14 bis zur Entscheidung über den andern Punkt vertagt. Richtig ist allerdings, wie der Berichterstatter bemerkte, daß die Nothwendigkeit für die Reichsregierung, eine solche außerordentliche Befugniß zu besitzen, vorwiegend auf die zur Zeit obwaltenden eigenthümlichen Beziehungen der französischen Presse zu Elsaß-Lothringen gestützt wurde, daß aber auch andere Eventualitäten, z. B. in Bezug auf die deutsche Presse in der Schweiz, in's Auge gefaßt wurden. In der That liegt die ganze Frage — wenigstens vorübergehend — für Deutschland etwas anders, als für andere Staaten, in deren Gebiet Zeitschriften in fremder Sprache viel weniger cirkuliren, ebenso viel weniger in der eigenen Sprache auswärts herausgegebene Journale. Dadurch wird auch der Affront gegen die Justiz, welcher in dem ferneren Cirkuliren von Zeitschriften liegt, deren Vertretern nach der Verurtheilung der Strafvollzug nicht beikommen kann, in einem solchen Fall größer. Wie der Abg. v. Hoverbeck richtig hervorhob, liegt darin eine Art Privilegirung der fremden Blätter, wenn die im Inlande ansäßigen Redakteure der inländischen Blätter in demselben Fall zur Strafe gebracht werden, wo der Herausgeber eines fremden Blattes der deutschen Justiz ein Schnippchen schlägt. Man soll doch auch bedenken, daß die Herausgeber ausländischer Blätter es in der Hand haben, ihre Zeitung durch Verbüßung der rechtskräftig erkannten Strafe von dem Verbot zu befreien. In früheren Partikulargesetzen, welche mit zweifelhafter Richtigkeit das Vorbot in die Hände des den Artikel verurtheilenden Gerichts legten, war dies ausdrücklich bestimmt; aber praktisch würde dies auch jetzt die Folge einer Gestellung zum Strafantritt sein, da das Verbot zu jeder Zeit rückgängig gemacht werden kann. Die Modalitäten der Bekanntmachung in beiden Fällen zu bestimmen, ist Sache des Reichskanzlers, dem die Befugniß gegeben ist. In Bezug auf Elsaß-Lothringen wurde noch hervorgehoben, daß die Ausdehnung des Preßgesetzes auf das Reichsland und die Beseitigung der drückenden französischen Preßgesetzgebung um so eher werde eintreten können, wenn durch Belassung der im § 14 gegebenen Befugniß für die Reichsregierung dieser im Nothfall eine solche Waffe zu Gebot stehe. Gegenwärtig gilt noch in Elsaß-Lothringen das französiche organische Dekret vom 11. Febr. 1852, wonach ausländische Journale nur mit Erlaubniß der Regierung cirkuliren dürfen. (Art. 2 des Dekrets.) Bei der Abstimmung in der Sitzung vom 24. März 1874 wurde, nachdem der präjudizirende Antrag wegen Ausdehnung der Geltung des Reichspreßgesetzes auf Elsaß-Lothringen am Tage vorher mit 129 gegen 174 Stimmen in der Minderheit geblieben und das Amendement Guerber, die Verbotsfrist von zwei Jahren auf sechs Monate zu beschränken, mit 156 gegen 162 Stimmen unterlegen war, der § 14 (damals 17) unverändert angenommen.

Ohne die besonderen Verhältnisse im Reichslande, die nicht verkannt werden durften, würde er, wenn man ihn auch prinzipiell nicht als unzulässig erklären kann, namentlich unter dem internationalen Gesichtspunkt, schwerlich zur Annahme gelangt sein.

2. Der Begriff der „periodischen Druckschrift" wird auch hier aus der Definition dieses Gesetzes in § 7 zu entnehmen sein.

3. Die angeführten Paragraphen des Strafgesetzbuches lauten:

§ 41. „Wenn der Inhalt einer Schrift, Abbildung oder Darstellung strafbar ist, so ist im Urtheil auszusprechen, daß alle Exemplare, sowie die zu ihrer Herstellung bestimmten Platten und Formen unbrauchbar zu machen sind.

Diese Vorschrift bezieht sich jedoch nur auf die im Besitze des Verfassers, Druckers, Herausgebers, Verlegers oder Buchhändlers befindlichen und auf die öffentlich ausgelegten oder öffentlich angebotenen Exemplare.

Ist nur ein Theil der Schrift, Abbildung oder Darstellung strafbar, so ist, insofern eine Ausscheidung möglich ist, auszusprechen, daß nur die strafbaren Stellen und derjenige Theil der Platten und Formen, auf welchem sich diese Stellen befinden, unbrauchbar zu machen sind."

§ 42. „Ist in den Fällen der §§ 40 und 41 die Verfolgung einer bestimmten Person oder die Verurtheilung nicht ausführbar, so können die daselbst vorgeschriebenen Maßnahmen selbständig erkannt werden."

Es müssen, damit die betreffende Maßregel überhaupt zulässig ist, die Voraussetzungen des § 42 vorhanden sein. Ist in irgend einer Weise, z. B. auch nur ein Verbreiter für die Justiz erreichbar, so darf das Verbot nicht ausgesprochen werden. Insofern bemerkte der Abg. Sonnemann ganz richtig: „Sogar für solche Blätter, die in Lesekabinetten ausgelegt werden, können die Inhaber der Lesekabinette zu einer Strafe herangezogen werden" (St. B. S. 433). Dadurch wird aber die praktische Bedeutung des administrativen Verbots wesentlich beschränkt. Der Abg. Sonnemann beklagte sich auch, allerdings ohne nähere Beweise dafür zu bringen und jedenfalls im Widerspruch mit der Intention der einschließenden Gesetzesbestimmungen, daß in einigen deutschen Staaten das hier eintretende gerichtliche Verfahren ohne jede materielle Würdigung vor sich gehe, während es anderswo besser sei. In Zukunft wird dafür die neue Strafprozeßordnung Vorsorge zu treffen haben, wie schon Dr. F. Meyer in seiner Erläuterung zum Strafgesetzbuch des norddeutschen Bundes S. 48

bemerkt*). In dem preußischen Preßgesetz § 50 war nur bestimmt, daß die Personen, bei welchen die Beschlagnahme erfolgt ist, zur Sitzung vorgeladen und auf ihr Verlangen gehört werden müssen, dagegen war nach § 52 schon eine einmalige Verurtheilung genügend, um dem Minister des Innern das Recht des Verbots auf unbestimmte Zeit zu geben. Insofern ist hier für Preußen eine wesentliche Verbesserung eingetreten. In Bayern erfolgte das Verbot, welches nach der Intention des Gesetzgebers nur bei höherer Strafbarkeit oder bei Wiederholung eintreten sollte, durch den Richter auch schon nach einmaliger Verurtheilung (Preßg. vom 17. März 1850 Art. 6).

4. Natürlich ist mit der Erklärung des Verbots auch solchen Zeitschriften der Postdebit entzogen. Wo ein solches Verbot überhaupt zulässig ist, wie in diesem Fall, kann sich auch eine Staatsanstalt mit dem Vertrieb nicht befassen und ausdrücklich garantirt das Postgesetz nur die Nichtentziehung des Postdebits bei inländischen Zeitungen und Zeitschriften. Auch die Kommission von 1873 bemerkt darüber in ihrem Bericht S. 12:

---

*) In dem soeben vertheilten Entwurf einer Strafprozeßordnung für das deutsche Reich lauten die betreffenden § 403 ff. wie folgt:

Fünfter Abschnitt.
Verfahren bei Einziehungen.

§ 403. In den Fällen, in welchen nach § 42 des Strafgesetzbuches oder nach anderweiten gesetzlichen Bestimmungen auf Einziehung, Vernichtung oder Unbrauchbarmachung von Gegenständen selbständig erkannt werden kann, ist der Antrag, soweit die Entscheidung nicht in Verbindung mit einem Urtheile in der Hauptsache erfolgt, seitens der Staatsanwaltschaft oder des Privatklägers bei demjenigen Gerichte zu stellen, welches für den Fall der Verfolgung einer bestimmten Person zuständig sein würde.

An die Stelle des Schwurgerichts tritt die an dessen Sitzungsorte bestehende Strafkammer.

§ 404. Die Verhandlung und Entscheidung erfolgt in einem Termine, auf welchen die Bestimmungen über die Hauptverhandlung entsprechende Anwendung finden.

Personen, welche einen rechtlichen Anspruch auf den Gegenstand der Einziehung, Vernichtung oder Unbrauchbarmachung haben, sind, soweit dies ausführbar erscheint, zu dem Termine zu laden.

Dieselben können alle Befugnisse ausüben, welche einem Beschuldigten zustehen, sich auch durch einen mit schriftlicher Vollmacht versehenen Vertheidiger vertreten lassen. Durch ihr Nichterscheinen wird das Verfahren und die Urtheilsfällung nicht aufgehalten.

§ 405. Gegen das Urtheil steht der Staatsanwaltschaft, dem Privatkläger und den im § 404 bezeichneten Personen die Revision zu.

„Was den Postdebit anbetrifft, so achtete es die Mehrheit der Kommission für bedenklich, in Bezug auf diesen, gegenüber dem Auslande eine derartige Bestimmung, wie sie § 6 des journalistischen Preßgesetzentwurfs enthielt, (verbis Ebensowenig darf ein derartiges Vertriebsverbot im administrativen Wege, auch nicht indirekt durch Entziehung des Postdebits verhängt werden. Dabei macht es keinen Unterschied, ob die betreffende Zeitung, Zeitschrift, Bilder-Serie u. dgl. im Inlande oder Auslande erschienen ist) ein für alle Mal auszusprechen."

II. Die bis jetzt noch bestandenen, auf der Grundlage der Partikulargesetzgebungen beruhenden Verbote ausländischer Zeitschriften sind, um jeden Zweifel zu beseitigen, hier ausdrücklich für aufgehoben erklärt.

§ 15.

In Zeiten der Kriegsgefahr oder des Krieges können Veröffentlichungen über Truppenbewegungen oder Vertheidigungsmittel durch den Reichskanzler mittelst öffentlicher Bekanntmachung verboten werden.

1. Die Motive bemerken dazu (S. 18):

„Die Aufnahme der in diesem Paragraphen vorgesehenen Bestimmung (welche sich zwar in vielen, doch nicht in allen bisherigen deutschen Preßgesetzen findet, und unter anderen dem preußischen Gesetze fehlt) wird keiner Rechtfertigung bedürfen. Hat auch die neuere Zeit im Allgemeinen eine anerkennenswerthe Zurückhaltung der vaterländischen Tagespresse in der Veröffentlichung von Nachrichten ergeben, welche die militärischen Interessen des Reichs hätten gefährden können, so wird doch das Gesetz die Mittel bereit halten müssen, um eintretenden Falls vereinzelten Ausnahmen entgegentreten zu können."

2. Zu diesem Paragraph hatte der Abg. Krüger (Hadersleben) das Amendement gestellt, den Ausdruck „Kriegsgefahr" zu streichen, weil nach seiner Meinung immer Kriegsgefahr vorhanden sei, so lange der Art. V des Prager Friedens wegen Nordschleswigs unausgeführt bleibt. Als Kuriosum mag hier daran erinnert werden.

3. Außerdem ist der Paragraph, welcher sich ähnlich auch in dem Bundesbeschluß vom 6. Juli 1854, dem badischen und sächsischen Preßgesetz findet, nicht beanstandet worden. Im sächsischen Preßgesetz ist noch hinzugefügt: Veröffentlichungen 2c., welche die militärischen Interessen

des Königreichs und des norddeutschen Bundes gefährden.“ Allerdings wird das Motiv des Verbots ein ähnliches sein, worüber aber im Einzelfalle die zum Erlaß des Verbots berechtigte Exekutive zu befinden hat.

4. Ob es sich um originale oder anderen, sei es ausländischen oder inländischen, Blättern entnommene Mittheilungen handelt, macht keinen Unterschied.

§ 16.

Oeffentliche Aufforderungen mittelst der Presse zur Aufbringung der wegen einer strafbaren Handlung erkannten Geldstrafen und Kosten, sowie öffentliche Bescheinigungen mittelst der Presse über den Empfang der zu solchen Zwecken gezahlten Beiträge sind verboten.

Das zufolge solcher Aufforderungen Empfangene oder der Werth desselben ist der Armenkasse des Orts der Sammlung für verfallen zu erklären.

I. 1. In der Regierungsvorlage hatte der entsprechende Paragraph folgenden Wortlaut:

„Oeffentliche Aufforderungen mittelst der Presse zur Aufbringung erkannter Geldstrafen und Kosten eines Strafverfahrens sind verboten. Das zufolge solcher Aufforderungen Empfangene oder der Werth desselben ist dem Staat für verfallen zu erklären“

und motivirt wird der Paragraph durch Folgendes (Motive S. 18):

„Wenn es auch an sich nicht unzulässig ist, daß einem Verurtheilten, der eine ihm zuerkannte Geldstrafe aufzubringen nicht im Stande ist, die Liberalität dritter Personen zu Hülfe kommt, so tragen doch darauf abzielende öffentliche Aufforderungen in der Regel den Charakter von Demonstrationen an sich, welche das Ansehen der Justiz gefährden und deshalb nicht zu dulden sind. Auf dieser Rücksicht beruht die Bestimmung des Paragraphen, welche Vorgänge in bestehenden Gesetzgebungen hat (Preußen § 23, Bayern §§ 27 und 52, Königreich Sachsen § 14) und bezüglich der Konfiskationsandrohung in der Fassung an § 335 des Strafgesetzbuchs sich anschließt.“

In der Kommission wurde der Antrag durch den Abg. Kapp gestellt, den Paragraphen zu streichen, da er, wenn erforderlich, in das Strafgesetzbuch gehöre und bei dessen Revision berücksichtigt werden könne; allein wenn jene Bemerkung auch an sich richtig ist, so steht sie doch der Einfügung des Paragraphen in das Preßgesetz nicht absolut entgegen. Im Lauf der Berathung war ein Antrag angenommen worden, das Verbot der Sammlungen auf solche Fälle zu beschränken, wo es sich um Verurtheilung wegen eines Preßvergehens handelt (so beschränkte z. B. auch das preußische Preßgesetz § 23 das Verbot); dies wurde jedoch bei der zweiten Lesung in der Kommission wieder beseitigt, da, wie es im Bericht S. 6 heißt, „in der That ein Unterschied nicht zu machen sei, ob es sich um eine durch ein Preßvergehen oder ein anderes Verbrechen verschuldete Geldstrafe handele; die Mißachtung des Gesetzes und der Gerichte sowie der demonstrative Charakter sei in beiden Fällen derselbe. In letzterer Beziehung wird ausgeführt, „daß eine solche demonstrative Parteinahme für einen Verurtheilten gegen die Würde und das Ansehen der Gesetze sei, wie denn in der That es dabei auch weniger auf das einzutreibende Geld, als die Demonstration gegen das Gesetz und den Richterspruch abgesehen sei." Ein weiterer Antrag, die öffentlichen Bescheinigungen über so empfangene Gelder ebenfalls unter Strafe zu stellen, wurde in der Kommission als nicht so dringend nothwendig abgelehnt, fand aber im Plenum Annahme.

2. Im Plenum wurde nach einem Amendement des Abg. Wehrenpfennig der Ausdruck „wegen einer strafbaren Handlung" statt „wegen eines Verbrechens und Vergehens" gesetzt, um nicht die „Uebertretungen" auszuschließen. Es muß zugegeben werden, daß z. B. bei Uebertretungen der Gesundheitspolizeivorschriften unter Umständen es trotz der geringen Höhe der zulässigen Geldstrafe (50 Thaler) von Werth sein mag, solchen Demonstrationen, die den Widerstand Anderer reizen und verstärken, mit Strafe entgegentreten zu können.

II. Die jetzige Fassung des Absatzes 2 stammt, wie der Berichterstatter (St. B. S. 440) bemerkte, von dem Abg. Schwarze, und sollte die in der Vorlage der Kommission gelassene Lücke — dort hatte man die Bestimmung des Regierungsentwurfs, als allzu fiskalisch klingend, beseitigt — ausfüllen. Die Nichtanwendbarkeit des § 40 des Strafgesetzbuchs auf diesen Fall, auf den man sich in der Kommission berufen hatte, behauptete der Abg. Schwarze in seiner Rede (St. B. S. 439), und so ward die gegenwärtige Bestimmung zur Ausfüllung der Lücke gewählt.

§ 17.

Die Anklageschrift oder andere amtliche Schriftstücke eines Strafprozesses dürfen durch die Presse nicht eher veröffentlicht werden, als bis dieselben in öffentlicher Verhandlung kund gegeben worden sind oder das Verfahren sein Ende erreicht hat.

1. In der Regierungsvorlage hatte der Paragraph, welcher eine dem französischen Gesetz vom 9. Sept. 1835 resp. vom 27. Juli 1849 nachgebildete Bestimmung des preußischen Preßgesetzes und eine der Normativvorschriften des alten Bundesrechts wiedergab, noch folgenden ersten Absatz:

„Die Namen der Geschwornen und Schöffen dürfen in Zeitungen nur in der Mittheilung über die Zusammensetzung des Gerichts genannt werden."

Diese Bestimmung ist in der Kommission gestrichen worden und der Bericht bemerkt darüber:

„Es wurde gegen den 1. Absatz des Regierungsentwurfs geltend gemacht, daß das darin enthaltene Verbot, die Namen der Geschwornen anders als bei Nennung des Gerichtes zu veröffentlichen, eine Reminiscenz aus der französischen Reaktionsgesetzgebung der 30ger Jahre sei, die man im Jahre 1848 bei uns angenommen habe, ohne den Umfang und die Nothwendigkeit der betreffenden Beschränkung näher ins Auge zu fassen. Es wurde ausgeführt, wie eine wörtliche Befolgung des betreffenden Verbotes nach der Gerichtsorganisation und den Gesetzen über die Bildung des Schwurgerichtes in verschiedenen deutschen Ländern völlig unmöglich sei."

In der Plenarberathung rechtfertigte der Berichterstatter den Beschluß der Kommission, dem der Reichstag auch beitrat, noch weiter, indem er ausführte:

„Während in dem Lande, wo das Geschwornengericht seit hunderten von Jahren besteht, eine solche Beschränkung, wie sie in dem betreffenden Vorschlage der Regierungsvorlage enthalten ist, nicht praktisch ist, hat man im Jahre 1851 für das preußische Preßgesetz aus der französischen Gesetzgebung vom Jahre 1835 die betreffende Bestimmung herübergenommen, sie hat aus dem preußischen Gesetze wieder Platz gefunden in dem Bundesbeschlusse über die Presse, man könnte vielleicht sagen gegen die Presse, vom Jahre 1854. Ihre Kommission kann nun nicht zugeben, daß die Erfahrungen, welche 1851 in ganz wenigen kurzen Jahren vorlagen, diese Beschränkung für Deutschland wirklich rechtfertigten, und wir sind dagegen der Meinung, daß die Erfahrungen, welche wir aus den Ländern nachweisen können, wo auf deutschen Boden diese betreffende Beschränkung nicht vorhanden war, ebenfalls dafür sprechen, daß hier eine unnöthige Belästigung der Presse vorgeschlagen ist.

Es ist noch hervorzuheben, daß auch die Ausdrucksweise in der Regierungsvorlage sehr leicht zu Mißverständnissen Anlaß geben kann, in welchem Umfange in der That hier die Nennung von Geschwornennamen ausgeschlossen sein soll. In der französischen Gesetzgebung fußte man auf einem einheitlichen System der Ernennung und Auswahl der Geschwornen, während wir im deutschen Reich bis jetzt noch eine ganze Reihe von verschieden lautenden Bestimmungen darüber haben. Von diesem Standpunkte ausgehend, und namentlich auch mit Rücksicht darauf, daß es sich in der That unseres Erachtens hier um eine sehr minutiöse Angelegenheit handelt, die man nicht in einem so allgemein angelegten Gesetz, wie das Preßgesetz ist, zu berühren braucht, war Ihre Kommission, ich glaube fast einstimmig, der Meinung, daß dieser Absatz fallen könnte" (St. B. Sitz. v. 21. März S. 455).

Nachdem der Regierungskommissar die Beibehaltung des ersten Absatzes noch zu vertheidigen gesucht, wurde der darauf gerichtete Antrag des Grafen Eulenburg fast einstimmig vom Reichstage abgelehnt.

2. Wenn bis jetzt einzelne Preßgesetzgebungen noch Bestimmungen von ähnlichem materiellem Inhalt hatten, so sind dieselben insoweit seit dem 1. Juli d. J. als aufgehoben zu erachten, da in einer solchen Anordnung eine weitere Einschränkung der freien Publikation, als sie das Preßgesetz gestattet, liegen würde; dergleichen aber durch den § 1 des Preßgesetzes ausgeschlossen sind: „Die Freiheit der Presse unterliegt nur denjenigen Beschränkungen, welche durch das gegenwärtige Gesetz vorgeschrieben oder zugelassen sind." Daß die betreffenden Bestimmungen sich zufällig in anderen Gesetzen statt in den die Presse regelnden (obgleich auch dies nicht selten der Fall ist) vorfinden, macht für die derogirende Kraft des Reichspreßgesetzes keinen Unterschied.

3. Auch der zweite, jetzt einzige Absatz der Regierungsvorlage fand in dem Reichstage selber Anfechtung. Im Kommissionsbericht ist darüber bemerkt: „Der zweite Absatz, dessen praktischer Werth auch von Solchen anerkannt wurde, deren heimische Gesetzgebung eine solche Vorschrift noch nicht kennt, wurde einstimmig angenommen."

Im Plenum stellten der Abg. Wiggers und Genossen einen Antrag auf Streichung, während von dem Abg. Schwarze und dem Berichterstatter der Standpunkt der Kommission vertheidigt wurde. Letzterer bemerkte (St. Ber. S. 453):

„Was den zweiten Absatz anbelangt, gegen den sich jetzt das Amendement meines Freundes Wiggers wendet, so muß ich in Bezug darauf konstatiren, daß eine Mehrheit in der Kommission der Meinung war, es könne sich diese Beschränkung allerdings empfehlen und zwar nicht etwa von einem Standpunkte aus, der der Presse unnöthige Fesseln anlegen will, sondern im Interesse einer unparteiischen Rechtspflege. Man ist der Meinung gewesen, daß das frühe Bekanntwerden solcher Anklageschriften, die sehr häufig nur ein vorweggenommenes Resumé im Sinne der Anklage sind, dazu führen könnte, die Verhandlungen zu trüben, daß es also eine Forderung einer korrekten Rechtspflege selber ist, wenn wir eine solche Beschränkung festhalten. Es ist dies von der großen Mehrheit der Kommission anerkannt worden."

Am Schluß der Diskussion (St. B. S. 458) fügte er noch hinzu:

„Was die Einwendung meines verehrten Freundes Herz anbelangt, welche auch der Herr Abg. Banks sich angeeignet hat (vom Standpunkte des englischen Prozesses aus), so stimme ich mit ihm vollständig überein, wenn wir einmal, wie ich auch hoffe, auf Grundlage des englischen Verfahrens eine neue deutsche Strafprozeßordnung haben. So lange dies aber nicht der Fall ist, bin ich mit der Kommission in ihrer großen Mehrheit vollständig einverstanden, daß das frühere Veröffentlichen einer Anklageschrift in dem bisherigen Sinn des Wortes, die ich auch nicht beizubehalten wünsche, in der That eine schwere Beeinträchtigung des Angeklagten zu sein pflegt und in diesem Sinne bitte ich Sie, dem Vorschlage der Kommission beizustimmen."

Der Abg. Schwarze hatte namentlich auch betont, wie sehr die vorherige Bekanntwerdung einer Anklageschrift, die bis jetzt noch alle Einzelheiten der Zeugenaussagen zu enthalten pflegt, die Selbständigkeit und Unabhängigkeit der einzelnen Zeugen zu beeinflussen im Stande ist, wenn sie nachher in öffentlicher Gerichtssitzung vernommen werden (St. Ber. S. 456). Der Paragraph wurde darauf in seiner jetzigen Gestalt mit sehr großer Mehrheit angenommen. Auch in Frankreich ist die betreffende Bestimmung im Interesse der Angeklagten in das Gesetz vom 27. Juli 1849 aufgenommen worden (vgl. die Ausführung des Berichterstatters Labordère im Receuil général des Lois et Arrêts 1849, S. 95), und es ist nicht ohne Interesse, daß die Fassung einem Vorschlage des Abg. Louis Blanc vom Jahr 1848 entnommen ist.

4. Was die praktische Anwendung des hier ausgesprochenen Prinzips anlangt, so ist zunächst die Motivirung der Regierungsvorlage in's Auge zu fassen. Es heißt in den Motiven (S. 18):

„Die hier getroffenen Bestimmungen, welche in ähnlicher Art anderwärts theils in Preßgesetzen, theils in Strafprozeßordnungen sich vorfinden, sollen die Unbefangenheit der bei Strafverhandlungen betheiligten Personen schützen.

Durch die Fassung des zweiten Absatzes ist Vorsorge getroffen, daß schon während des Ganges einer auf Tage oder Wochen sich erstreckenden Verhandlung der Presse die Erstattung vollständiger Referate möglich gemacht ist. Selbstverständlich bezieht sich die Bestimmung nur auf außeramtliche Veröffentlichungen und die landesrechtlichen Vorschriften über Bewahrung des Amtsgeheimnisses und über Ertheilung der Erlaubniß von Seite öffentlicher Behörden zur Veröffentlichung amtlicher Schriftstücke der hier fraglichen Art bleiben unberührt."

In dem preußischen Preßgesetz hatte derselbe Gedanke folgenden Ausdruck gefunden:

(§ 49) „— Gleiche Strafe trifft denjenigen, der eine Anklageschrift oder ein anderes Schriftstück eines Kriminalprozesses veröffentlicht, bevor die mündliche Verhandlung stattgefunden oder der Prozeß auf anderem Wege sein Ende erreicht hat."

Wie man sieht, ist die neue Ausdrucksweise allgemeiner und im Ganzen wird man sich zu vergegenwärtigen haben, was der Zweck dieser Vorschrift ist und nur soweit er durch eine Veröffentlichung der Art gefährdet werden kann, diesen Paragraphen als anwendbar erachten.

Im Einklang mit dieser allgemeinen Regel ist allerdings der Ausdruck Strafprozeß im weiteren Sinne zu verstehen, so daß er auch die Handlungen der Voruntersuchung, welche selber schon ein Theil des Strafprozesses ist, im Gegensatz zu dem Skrutinialverfahren der Polizei und Staatsanwaltschaft umfaßt. Es wurde von Seiten der Gegner des Paragraphen darauf hingewiesen, daß, wenn wir in der neuen Reichsstrafprozeßordnung die Oeffentlichkeit der Voruntersuchung wie in England erhielten, dann die ganze Bestimmung irrationell sein werde. Darauf bezieht sich die oben erwähnte Bemerkung des Berichterstatters. Aber so lange noch das gegenwärtige Verfahren obwaltet, können solche vorzeitige Veröffentlichungen die Unbefangenheit des Urtheils und zwar, wie schon wiederholt hervorgehoben, gerade zum Nachtheil des Angeschuldigten bedrohen. Uebrigens ist zu bemerken, daß z. B. die Frage, in wie weit die Veröffentlichungen aus der Voruntersuchung, obgleich diese selbst öffentlich gehalten wird, nach der Analogie wahrheitsgetreuer Berichte über das Hauptverfahren privilegirt sind, in England selbst theoretisch unentschieden ist. Vgl. Sixth Report of the Commissioners in Criminal Law S. 77.

5. Durch die Presse. Hier ist nicht bloß die periodische gemeint, wie bei dem weggefallenen Absatz 1 speziell die Zeitungen erwähnt waren, sondern in welcher Form, als Broschüre u. s. w., es auch geschehe. Ausgenommen sind natürlich die etwa zum Zweck des Ver-

fahrens selber von den Behörden veranlaßten Drucklegungen, z. B. bei Monstreprozessen.

6. Amtliche Schriftstücke. Der Ausdruck ist ganz allgemein, wird aber doch nach dem Grundgedanken der Motivirung auszulegen resp. zu beschränken sein.

7. In öffentlicher Verhandlung kundgegeben. Was in öffentlicher, aber auch nur in öffentlicher Verhandlung mitgetheilt worden, dafür tritt von dem Momente an Publikationsfreiheit ein, soweit es sich um die hier auferlegte Beschränkung handelt. Die ältere preußische Bestimmung war engherziger und wurde ebenso ausgelegt.

8. Das Verfahren sein Ende erreicht hat. Ueber den Sinn dieser Worte kann gestritten werden und die Reichstagsverhandlungen geben darüber, was die Meinung des Gesetzgebers war, keine nähere Aufklärung. Nach unserer Auffassung ist dies nicht eine Bestimmung, welche nach der öffentlichen Verhandlung zu wirken bestimmt ist. Der Ausdruck des preußischen Gesetzes stellt unserer Meinung nach die mündliche Verhandlung als den natürlichen Termin hin, von wo an die in der Prozedur mitgetheilten amtlichen Schriftstücke auch durch die Presse expost veröffentlicht werden dürfen. Von da an kann die Veröffentlichung den Interessen der Gerechtigkeitspflege nicht mehr schaden. Der Gegensatz dazu ist, daß auch vor der mündlichen Verhandlung der Strafprozeß zu Ende gehen kann, z. B. durch Außerverfolgungsetzung u. s. w. Für solche der mündlichen Verhandlung vorausgehende und sie ausschließende Beendigungen mußte ausdrücklich bestimmt werden, daß auch dann die Presse frei sein soll, solche Schriftstücke zu veröffentlichen. Wir glauben nicht, daß man durch die neue Bestimmung, wonach das einzelne Schriftstück, sobald es verlesen worden, gleich gedruckt werden kann, statt wie eine engherzige Auslegung des preußischen Gesetzes es gethan hat, die Veröffentlichung von der Beendigung der ganzen mündlichen Verhandlung abhängig zu machen, an diesem Grundsatz etwas ändern wollte. Die Veröffentlichung von Aktenstücken aus einem geheimen, mit Ausschluß der Oeffentlichkeit gepflogenen Verfahren nach demselben ist von dieser Frage wohl zu unterscheiden. Keinenfalls ist die Rechtsprechung, welche sich auf Grund dieses Paragraphen zu bilden hat, auf die Auffassung und Entscheidung preußischer Gerichtshöfe irgendwie angewiesen. Es mag noch bemerkt werden, daß gerade bei Strafbestimmungen, welche wie die vorstehende wesentlich auf Zweckmäßigkeitsgründen beruhen und kein Malum in se betreffen, die richterliche Würdigung des Thatbestandes eine viel freiere ist und der Sachlage nach sein muß. Es ist z. B. gar nicht abzusehen, weshalb dergleichen Aktenstücke,

die in der mündlichen Verhandlung nicht verlesen wurden, noch so lange zurückgehalten werden sollen, bis etwa in der rein juristische Fragen behandelnden Kassationsinstanz entschieden worden ist. Uebrigens kann auch die Fassung des französischen Gesetzes die Hinweisung bieten, wie vor Allem die mündliche Hauptverhandlung den Schlußtermin abzugeben bestimmt war: „Il est interdit, de publier les actes d'accusation et aucun acte de procédure criminelle avant qu'ils aient été lu en audience publique“ (Art. 10 des Gesetzes vom 29. Juli 1849).

§ 18.

Mit Geldstrafe bis zu eintausend Mark oder mit Haft oder mit Gefängniß bis zu sechs Monaten werden bestraft:

1. Zuwiderhandlungen gegen die in den §§ 14, 15, 16 und 17 enthaltenen Verbote;
2. Zuwiderhandlungen gegen die Bestimmungen der §§ 6, 7 und 8, welche durch falsche Angaben mit Kenntniß der Unrichtigkeit begangen werden.

Dieselbe Strafe trifft den Verleger einer periodischen Druckschrift auch dann, wenn er wissentlich geschehen läßt, daß auf derselben eine Person fälschlich als Redakteur benannt wird.

§ 19.

Mit Geldstrafe bis zu einhundert und fünfzig Mark oder mit Haft werden bestraft:

1. Zuwiderhandlungen gegen die §§ 6, 7 und 8, welche nicht durch § 18, Ziffer 2 getroffen sind;
2. Zuwiderhandlungen gegen den § 9;
3. Zuwiderhandlungen gegen die §§ 10 und 11.

In den Fällen der Ziffer 3 tritt die Verfolgung nur auf Antrag ein, und hat das Strafurtheil zugleich die Aufnahme des eingesandten Artikels in die nächstfolgende Nummer anzuordnen. Ist die unberechtigte Verweigerung im guten Glauben geschehen, so ist unter Freisprechung von Strafe und Kosten lediglich die nachträgliche Aufnahme anzuordnen.

I. 1. In der Vorlage der Regierungen waren die hier behandelten Strafbestimmungen in einen Paragraphen zusammengefaßt. Die Kommission hat die schwereren wegen der Strafdrohung als Vergehen erscheinenden von den leichteren durch die Strafhöhe als Uebertretungen charakterisirten Fällen geschieden, aber insofern auch bei den zu der ersteren Klasse gezählten die volle freie Würdigung der Verschuldung dem Richter gesichert, als die in der Vorlage enthaltenen höheren Minimalstrafen, z. B. Gefängniß von 1 Monat, beseitigt sind. Im Plenum wurde ein Antrag auf ihre Wiederherstellung bezüglich der Geldbuße eingebracht, aber vom Reichstag verworfen. Der Berichterstatter bemerkte dagegen:

„Nur eine ganz kurze Bemerkung möchte ich vorausschicken in Bezug auf das Amendement des Herrn Abg. v. Puttkamer (Lyck). Er will ein Minimum von 30 Mark einfügen. Dies würde ein Verstoß sein gegen das ganze System, welches die Kommission in Bezug auf die angedrohten Strafen angenommen hat, nämlich ein anderes als das gesetzliche Minimum der einzelnen Strafarten nicht einzufügen. Wir sind der Meinung gewesen, daß gerade die eigenthümliche Art der hier mit Strafe bedrohten Vergehen es für den Richter ganz nothwendig macht, wenn er volle Gerechtigkeit üben soll, im einzelnen Falle bis auf das gesetzliche Minimum herabgehen zu können" (St. Ber. S. 458).

2. Der Ausdruck „Zuwiderhandlungen" ist nicht in dem allgemeinen Sinne zu verstehen, als wenn Jeder, der mit einer Schrift verkehrt, bei welcher die eine oder andere der aufgestellten Vorschriften unbeachtet geblieben ist, deshalb ipso facto straffällig sei. „Zuwiderhandeln" kann nur Derjenige, dem durch das Gesetz die Erfüllung gewisser Verpflichtungen auferlegt ist oder der einem ihm gewordenen bestimmten Verbot zuwiderhandelt. Ob dies vorliegt, muß der Einzelfall zeigen. So ist z. B. die Forderung des § 6 die, daß jeder Drucker auf das von ihm gedruckte Werk seinen Namen und Wohnort setzt, daß der Verleger dasselbe mit seinem Verlagsartikel thut, daß der Selbstvertreiber sich als solchen kenntlich macht. Die Strafdrohungen für das Zuwiderhandeln beziehen sich in diesen Fällen stets auf die betreffende Persönlichkeit. So kann z. B. der Gehülfe des Druckers nicht bestraft werden, wenn er an dem Zustandekommen einer Druckschrift mitwirkt, worauf der Name des Druckereibesitzers nicht genannt ist. Ebenso haftet der letztere nicht für die Nichtnennung des Verlegers auf seinem Verlagsartikel; dagegen muß der Verleger auch dafür sorgen, daß auf seinem Verlagsartikel der Name und Wohnort des Druckers genannt ist, und er erscheint hier eventuell neben dem Drucker als Zuwiderhandelnder.

Die sich auf den Redakteur beziehenden Verpflichtungen werden an ihm allein geahndet; und nur durch die ausdrückliche Hervorhebung des Abs. 2 im § 18 ist in einem Falle auch der Verleger zur Strafe gezogen, „wenn er wissentlich geschehen läßt, daß auf der von ihm verlegten periodischen Druckschrift eine Person fälschlich als Redakteur benannt wird. Die Benennung mehrerer verantwortlicher Redakteure ohne die vom Gesetz verlangte Bestimmtheit wird dagegen nur an ihnen selber gestraft werden können. Es fehlt dann an der Erfüllung der in Abs. 1 des Art. 7 aufgestellten Forderung. Wenn einem aufgestellten Redakteur eine der Eigenschaften fehlt, welche § 8 verlangt, so ist auch nur er der „Zuwiderhandelnde." Der Verleger kommt dabei nicht in Betracht; dagegen ist dieser in dem Fall des § 9 der allein und ausdrücklich Verpflichtete und haftet allein für die Nichtübergabe des Pflichtexemplars, ebenso dann, wenn auf der von ihm verlegten Zeitung oder Zeitschrift die Angabe eines verantwortlichen Redakteurs fehlt. In dem § 10 und § 11 ist der Redakteur ausdrücklich als der zu gewissem Handeln Verpflichtete bezeichnet, die „Zuwiderhandlung", die natürlich auch in der Unterlassung bestehen kann, bezieht sich dabei ausschließlich auf ihn, z. B. Nichtaufnahme von amtlichen Inseraten gegen Bezahlung.

Von diesen Fällen sind sehr genau diejenigen in diesem Gesetz unter Strafe gestellten Handlungen zu unterscheiden, welche unter den allgemeinen Grundsatz des § 20 fallen, wonach die „Verantwortlichkeit" für Handlungen, deren Strafbarkeit durch den Inhalt einer Druckschrift begründet wird, sich nach den bestehenden allgemeinen Strafgesetzen bestimmt. An der Anwendung dieses Prinzips wird dadurch Nichts geändert, daß die betreffenden Verbote sich nicht in dem allgemeinen Strafgesetzbuch, sondern in dem Spezialgesetz über die Presse befinden. Dahin gehören die Verbote der §§ 15, 16, 17.

Zur Unterstützung der hier entwickelten Grundsätze bezüglich der Haftung für Zuwiderhandlungen mag darauf verwiesen werden, daß die älteren Preßgesetze die betreffenden Persönlichkeiten immer speziell bezeichnen, so z. B. das preußische Preßgesetz im § 39, ebenso das bayrische Preßgesetz passim. Vgl. dazu die Bemerkung Brater's a. a. O. S. 36: „Es ist zu beachten, daß hier von der Verantwortlichkeit des Verlegers, wo ein solcher vorhanden ist, ganz Umgang genommen und die Strafdrohung in allen Fällen auf den Drucker beschränkt wird."

Man war bei der Annahme des Reichspreßgesetzes durchaus nicht der Meinung, diese Bestimmungen durch die allgemeine, vielleicht etwas zu knappe Wortfassung zu verschärfen oder ihren Wirkungskreis auszudehnen.

3. Die Frage, ob, nachdem ein Preßerzeugniß unter Verletzung der Ordnungsvorschriften zur Entstehung gekommen, die Verbreitung desselben eine Zuwiderhandlung im Sinne der §§ 18 und 19 ausmacht, ist gelegentlich des ausgefallenen § 8 der Kommissionsvorlage zur Erörterung gelangt. Jener Paragraph wollte bekanntlich die Verbreitung solcher Schriften unter ein ausdrückliches Verbot stellen, während die Regierungsvorlage ein solches nicht enthielt, sondern sich ausdrückte: „Die Verbreitung von Druckschriften — — ist gestattet" u. s. w. (vgl. oben S. 76. 77). Selbstverständlich enthielt der § 19 der Regierungsvorlage deshalb auch keine Verweisung auf diesen Paragraphen. Der Abg. Parisius vertrat den Antrag auf Streichung des betreffenden Paragraphen mit den Worten: „Ich bitte, den § 8 hier ruhig zu streichen und zwar in dem Sinne, daß künftig der Verbreiter von Druckschriften, welche bloß gegen diesen Theil der Verordnung (§§ 6 und 7) verstoßen haben, nicht strafbar sein würde." Dagegen hat der Abg. Hullmann sich als Mitantragsteller gegen diese Auslegung der Streichung verwahrt, und deshalb eine besondere Abstimmung über den ersten Satz des Paragraphen, damit derselbe stehen bleibe, beantragt. Der Regierungskommissar schloß sich dieser Auffassung an, indem er meinte, daß „wenn das Erscheinen von Druckschriften verboten sei, die Verbreitung solcher Druckschriften erst recht verboten sei" (St. Ber. S. 405). Es wurde dann, wie schon oben angegeben, auch der erste Satz des § 8: „Die Verbreitung von Druckschriften, welche den Vorschriften der §§ 6 und 7 nicht entsprechen, ist nicht gestattet" gestrichen. Es fragt sich nun, was die Wirkung dieses Wegfalls und der dadurch entstandenen Lücke ist, mit anderen Worten, ob die Auffassung des Abg. Parisius oder die des Regierungskommissars und des Abg. Hullmann die richtigere ist. Zunächst kann die Argumentation des Regierungskommissars, daß die Strafbarkeit des Erscheinens auch die die des Verbreitens in sich schließe, nicht als konkludent zugegeben werden, und namentlich ist hier mit den allgemeinen Bestimmungen des Strafgesetzbuchs über Theilnahme Nichts anzufangen. Der Gesetzgeber kann gute Gründe haben, denjenigen, welcher eine Druckschrift unter Nichtbeachtung der Ordnungsvorschriften als Drucker, Verleger oder Redakteur in's Leben ruft, mit Strafe zu bedrohen, während die bloße Verbreitung als etwas Sekundäres, als bloße Nebenhandlung erscheint. Wenn dies vom Standpunkt der Gesetzgebungspolitik anzuerkennen ist, so spricht der Umstand, daß an anderen Stellen des Gesetzes die Verbreitung ausdrücklich mit Strafe bedroht ist, dafür, daß da, wo eine solche ausdrückliche Strafdrohung fehlt, auch keine Bestrafung beabsichtigt wurde. So ist

die Verbreitung einer mit Beschlag belegten Schrift im § 28 ausdrücklich unter Strafe gestellt, ebenso die Verbreitung einer ausländischen, dem Vertriebsverbot unterliegenden Zeitschrift (§ 14). Nimmt man hinzu, was wir oben über die bisherige Ausdrucksweise der älteren Preßgesetze bemerkt haben, so wird man zu dem Resultat gelangen müssen, daß da eine Strafdrohung immer deutlich und zweifellos vorliegen muß, wenn gestraft werden soll, die bloße Verbreitung solcher Schriften kein selbständiges Vergehen bildet. De lege ferenda mag noch darauf hingewiesen werden, daß der § 23 für solche Fälle das Recht der Beschlagnahme giebt, wodurch die Verbreitung gehindert werden kann, und daß die Verbreitung nach erfolgter Beschlagnahme dann unter die Strafdrohung des § 28 fallen würde. — Wenn in Preußen bisher die Verbreitung solcher Druckschriften nicht selten verfolgt worden ist (vgl. darüber namentlich die Rede des Abg. Parisius in der Sitzung vom 18. März 1874, St. Ber. S. 393), so lag dafür im § 8 des preußischen Strafgesetzes das ausdrückliche Verbot: „Druckschriften, welche den vorstehenden Bestimmungen nicht entsprechen, dürfen von Niemanden verbreitet werden", und die Straffanktion im § 41 vor: „Wer den Vorschriften des § 8 — zuwiderhandelt, hat eine Strafe bis fünfzig Thaler oder eine Gefängnißstrafe bis zu sechs Wochen verwirkt." Die Existenz dieser ausdrücklichen Vorschriften ist ein weiterer Gegengrund gegen die von dem Regierungskommissar versuchte Ausführung. Auf Grund des bayrischen Preßgesetzes, wo ebenfalls eine ausdrückliche Strafdrohung gegen die bloße Verbreitung verbotener Zeitschriften fehlte, mußte dasselbe angenommen werden, was jetzt unseres Erachtens für das Reichspreßgesetz gilt (vgl. Brater a. a. O. S. 12).

4. Daß der § 18 Zuwiderhandlungen gegen die §§ 6, 7, 8, „durch falsche Angaben mit Kenntniß der Unrichtigkeit begangen", unter ein höheres Strafmaximum stellt, als wenn dergleichen Verstöße auf bloßem Uebersehen beruhen, wird keiner Rechtfertigung bedürfen. Nur ist daran zu erinnern, daß hier eine Qualifikation vorliegt und im Zweifelsfalle nur die geringere Strafdrohung des § 19 zur Anwendung kommen kann. Auch wenn die Unkenntniß auf grober Vernachlässigung beruht, wird doch nur der § 19 entscheiden. Uebrigens beruht die Allegation des § 8 auf einem redaktionellen Versehen, da derselbe keine Angaben erfordert.

II. 1. Dieselbe Strafe trifft den Verleger einer periodischen Druckschrift u. s. w. Hier ist, wie schon oben betont, der Verleger — und er allein ausdrücklich mit Strafe bedroht, wenn er wissentlich bei seinem periodischen Verlag sogenannte Stroh- oder Sitzredakteure sich fälschlich als Redakteure auf dem Blatte benennen läßt. Der betreffende Redakteur selbst kommt in solchem Fall unter die Strafdrohung des Abs. 2.

In der Kommission sowie im Reichstage herrschte von allen Seiten des Hauses Einverständniß mit der Regierung in der Absicht, dem System der Strohmänner ein Ende zu machen. Sehr eingehend und sachkundig sprach sich dafür ein mit der Presse genau vertrauter Abg. Dr. Klöppel aus:

„Ich komme nun auf den zweiten Theil des Paragraphen und ich habe schon bemerkt, daß diese Bestimmung auf das Allerinnigste mit der Verantwortlichkeitsfrage überhaupt zusammenhängt. Meine Herren! Ich bin aber gerade im Interesse einer ehrenhaften Presse durchaus für die allerstrengste Verantwortlichkeit, welche mit den strafrechtlichen Grundsätzen verträglich ist, unter der Voraussetzung, daß der Presse jede Freiheit von drückenden Präventivbestimmungen gewährt werde. Nur diese beiden Dinge können einander entsprechen: die strengste Verantwortlichkeit und vollste Freiheit, und beide sind ganz wohl miteinander verträglich. Ich bin der Meinung, daß die Presse selbst es sich schuldig ist, die strengste Verantwortlichkeit für ihre eigenen Handlungen zu übernehmen und darum bin ich vollständig einverstanden mit dem Sinne dieser Bestimmung, welche gegen die sogenannten Stroh- oder Scheinredakteure gerichtet ist; denn ich glaube, daß die Verantwortlichkeit überhaupt illusorisch gemacht wird, wenn sie Personen trifft, von denen Jeder weiß, daß sie eigentlich nicht verantwortlich sein können. Einerseits ist die Bestrafung solcher Persönlichkeiten durchaus kein Aequivalent für die begangene strafbare Handlung; andererseits ist es aber auch durchaus angethan, das öffentliche Rechtsgefühl zu untergraben, wenn man sieht, daß Personen bestraft werden, die eigentlich nichts verbrochen haben (St. Ber. S. 459).

Aehnlich äußerten sich die Abgeordneten Struckmann und Wölfel. Letzterer bemerkte:

„Die Kommission und die verbündeten Regierungen, die rechte und die linke Seite dieses Hauses begegnen sich in dem Gedanken, durch ein Strafgesetz dem Unwesen zu steuern, welches mit den sogenannten „Sitzredakteuren“ getrieben wird, und es ist nur Streit darüber, wie diesem Gedanken strafrechtlich der beste Ausdruck zu geben. Wenn es nun aber begreiflicherweise die Absicht derjenigen, welche jenem Gedanken zustimmen, ist, durch die Fassung des Gesetzes einer künftigen Umgehung des Gesetzes nach Möglichkeit vorzubeugen, so meine ich, daß schon durch die Mannigfaltigkeit der Ausdrücke, welche in der Regierungsvorlage, in den Beschlüssen der Kommission und in den Amendements zur Erscheinung kommt, der Möglichkeit der Umgehung des Gesetzes Vorschub geleistet wird. Denn die Verschiedenheit der vorgeschlagenen Ausdrücke: „Redaktion leiten", „Redaktion führen", „Redaktion besorgen", „sich an der Redaktion betheiligen" — und diese Ausdrücke werden ja doch künftig einmal bei der Interpretation des Gesetzes benutzt werden — fordern von selbst dazu heraus, auch einen Unterschied in den Begriffen aufzusuchen und aufzufinden. Wenn Sie nun aber dazu nicht die Hand bieten wollen, wenn Sie dem pflichtmäßigen freien Ermessen des Richters es überlassen wollen, im einzelnen Straffalle zu befinden, ob fälschlich Jemand auf einer periodischen Druckschrift als Redakteur angegeben ist oder nicht, so muß ich Sie bitten, der Fassung den Vorzug zu geben, die ich Ihnen vorschlage und die sich aus dem Amendement Struckmann von selbst ergiebt, wenn Sie aus diesem Amendement einfach die Worte „verantwortlicher" und „während in Wirklichkeit ein Anderer die Redaktion besorgt" streichen." (St. Ber. S. 461.)

Ueberall war der Wunsch vorhanden, durch eine glückliche Fassung es dem Richter zu ermöglichen, dem mit den Scheinredakteuren getriebenen Unwesen energisch entgegenzutreten. Auch darüber bemerkte der Abg. Klöppel:

„Ich glaube, die Fassung dieses Amendements ist noch besser, als die Fassung der Kommission. Die Entscheidung ist dem pflichtmäßigen Ermessen des Richters im einzelnen Falle überlassen. Die Befürchtung, die von einigen Seiten gehegt wird, als ob es hierdurch ermöglicht sei, wiederum einen Scheinredakteur hineinzubringen, scheint mir ein Zweifel an der pflichtmäßigen Beurtheilung des einzelnen Falles von Seiten der Richter; ich glaube, wenn wir uns auf diese verlassen können, müssen wir zufrieden sein mit der Fassung des Amendements Wölfel und eventuell dem Vorschlage der Kommission."

Was nun die Wortfassung anlangt, so hatte der Regierungsentwurf folgende vorgeschlagen:

„Die Strafe trifft den Eigenthümer und den Verleger einer periodischen Druckschrift auch dann, wenn er wissentlich geschehen läßt, daß auf derselben eine Person fälschlich als verantwortlicher Redakteur benannt wird, während in Wirklichkeit ein Anderer die Redaktion leitet."

In der Kommission war man nach vielen Anläufen und Versuchen schließlich zu dem Vorschlage gelangt, zu sagen:

„Die Strafe trifft den Verleger einer periodischen Druckschrift auch dann, wenn er wissentlich geschehen läßt, daß auf derselben eine Person als verantwortlicher Redakteur benannt wird, welche an der Redaktion nicht betheiligt ist."

Ueber die Hinweglassung des „Eigenthümers" bemerkt der Kommissionsbericht (S. 7):

„Im § 21 ist die Erwähnung des Eigenthümers, welchen der Regierungsentwurf noch vor dem Verleger als strafbar bezeichnet, in Wegfall gekommen, weil die Kommission von der Ansicht ausging, daß es genügen werde, sich an die technischen Vertreter der Druckschriften, die Redakteure und Verleger zu halten. In der Regel werden auch Verleger und Eigenthümer eine und dieselbe Person sein."

Es wird dann fortgefahren:

„In der materiellen Frage, wie dem Unfug gesteuert werden könne, welcher mit den sogenannten Strohredakteuren getrieben wird, hat die Kommission geglaubt, in der von ihr gewählten Fassung das Nothwendige erreicht zu haben, ohne doch zur übelwollenden Härte die Möglichkeit zu bieten. Es wurde in der Diskussion von verschiedenen Seiten darauf aufmerksam gemacht, daß sehr häufig der eigentlich geistige Leiter eines großen publizistischen Unternehmens die unmittelbaren Redaktionsarbeiten nicht besorge, daß es andererseits aber genügen müsse, wenn der genannte Redakteur wirklich eine an der Redaktionsarbeit betheiligte Persönlichkeit ist. Wolle man nicht eine bestimmte förmliche Qualifikation für den Redaktionsberuf aufstellen, so werde eine engere Schrankenziehung, als hier vorgeschlagen, immer zum Nachtheil der freien Bewegung der Presse ausschlagen. Was durch die Strafdrohung getroffen werden solle und nach allgemeinem Urtheil auch getroffen werden müsse, sei der zugleich der Presse und der Rechtsordnung unwürdige Mißbrauch, völlig ungebildete Personen, denen zur Führung einer Redaktion jede Eigenschaft fehlt, als verantwortliche Redakteure vorzuschieben. Wo hier im einzelnen Fall die Grenze zu ziehen sei, könne getrost dem pflichtmäßigen Ermessen des Richters überlassen werden. Da die Regierungsfassung in dieser Richtung zu Mißverständnissen und Mißdeutungen Anlaß geben könnte, ist von der Kommission die vorgeschlagene Fassung vorgezogen worden."

Allein auch diese Fassung wurde noch im Plenum bemängelt und verschiedene Formulirungen versucht und gegen einander abgewogen, bis endlich ein Amendement Wölfel dem Absatz die jetzige Fassung verschaffte. Als Motiv aller dieser Versuche kann man aussprechen — und bei der Rechtsprechung wird dieses in's Auge zu fassen sein: energische

Verfolgung des Scheinredakteurwesens und im Kreise der wirklich an der Redaktion im höheren, eigentlichen Sinn Betheiligten so viel freie Bewegung als möglich. Wenn es in der Debatte vom Abg. Hullmann angefochten worden ist, daß nicht auch der Verantwortlichkeit des Redakteurs hier Erwähnung geschieht, so kann dies nicht als Lücke gelten, da der § 7 ausdrücklich die Nennung des verantwortlichen Redakteurs verlangt und sich die Strafdrohung gerade auf diese Bestimmung bezieht.

2. Wissentlich ist hier nicht etwa in dem Sinn von „mit Wissen und Willen" zu verstehen, obgleich, wenn der Verleger es wissentlich geschehen läßt, er es auch gewollt haben wird. Seine Verschuldung besteht darin, daß er, obgleich er die Unwahrheit weiß, sie doch aussagen resp. auf seinem Blatte drucken läßt; denn natürlich kommt es hier auf die Angabe auf dem Blatte an, daß der A. B. verantwortlicher Redakteur sei, während er es in der Wirklichkeit nicht ist.

III. 1. Der Schlußsatz des § 19 bestimmt zunächst, daß eine Strafverfolgung wegen Nichterfüllung der in den §§ 10 und 11 auferlegten Verpflichtungen nur auf Antrag einzutreten hat, also in den Fällen § 10 Seitens der Behörde, nach § 11 außerdem auch der betroffenen Privatperson. Dann wird, um den wirksamen Vollzug des zuerkannten Rechts zu sichern, die richterliche Verfügung über die Aufnahme des eingesandten Artikels vorgeschrieben.

2. Es ist schon oben darauf hingewiesen worden, daß die weitere Bestimmung, wonach bei vorhanden gewesenem „guten Glauben" nur diese Aufnahme im Urtheil ausgesprochen werden soll, von den Kommissarien als Ersatz für das von den Bundesregierungen als unannehmbar bezeichnete badische System eingefügt wurde. Dem diesem Vorschlag zu Grunde liegenden Gedanken nach muß er auch da Anwendung finden, wo eine Aufnahmsverweigerung gegen § 10 Statt fand, weil z. B. der Redakteur die amtliche Eigenschaft des Einsenders nicht deutlich erkennen konnte. Der „gute Glaube" ist allerdings dann schwerlich von einem verständigen Richter anzunehmen, wenn der Redakteur sich gar keine Mühe gegeben, den wirklichen Sachverhalt zu ermitteln. Was mit dem Zusatz bezweckt werden wollte, war, den Redakteur da, wo ihn in dieser Beziehung keinerlei Verschuldung trifft, auch nicht einmal mit dem geringsten Strafsatze zu belegen. Der Chikane nach beiden Seiten wird der Richter zu wehren wissen und die große Strafskala sowie diese außerordentliche Bestimmung setzt ihn dazu ganz besonders in den Stand.

Die Auseinandersetzungen, welche bei der Einbringung dieses

Amendements in der dritten Berathung zwischen dem Bundesbevollmächtigten Geh. Rath Held und dem Abg. Marquardsen als Vertreter der Kommissarien ausgetauscht wurden (St. Ber. S. 1108) lassen ein materielles Einverständniß erkennen, obgleich man von Seiten des Bundesraths noch der Annahme des Amendements entgegentrat, weil es durch den im Strafrecht wenig gebräuchlichen Ausdruck „im guten Glauben" außerhalb des Hauses Mißverständnissen ausgesetzt sei.

3. Der formell zu diesem Paragraphen gestellte Antrag des Abg. Abeken ist schon an einer anderen Stelle gewürdigt worden, wo hervorgehoben ist, daß die formelle Frage, ob eine Berichtigung aufzunehmen ist, von der anderen materiellen, ob das Berichtigte oder das Berichtigende wirklich „richtig" ist, vollständig getrennt werden muß. Uebrigens hatte der Abg. Abeken insofern einen Bundesgenossen an dem sechsten Journalistentag, als dieser im § 12 seines Entwurfs die Pflicht zur Aufnahme einer Berichtigung nur dann statuiren wollte, wenn die in derselben erwähnten Thatsachen von ihr auch als „unwahr erwiesen" wurden. Der Verein „Berliner Presse", aus dessen Vorschlag der betreffende Artikel sonst als Zusatz zu dem Biedermann'schen Entwurf hinübergenommen wurde, hatte diese in ihrer praktischen Tragweite wohl unterschätzte Voraussetzung nicht, wie denn überhaupt der berliner Entwurf sich durch praktisches Verständniß und Nüchternheit der juristischen Auffassung auszeichnete. Derselbe steht ganz in der Schrift: „Der sechste deutsche Journalistentag in Breslau" S. 6 ff.

III. Verantwortlichkeit für die durch die Presse begangenen strafbaren Handlungen.

I. Unbestritten ist die in diesem Theile des Gesetzes behandelte Materie die wichtigste, und wenn man nach den verschiedenen Lösungen urtheilen will, welche der Gegenstand in anderen Gesetzgebungen und zu anderen Zeiten gefunden hat, auch eine der schwierigsten. Schon der Umstand, daß auf Vorschlag der diesjährigen Kommission der Reichstag ein ganz anderes System der Verantwortlichkeit zur Grundlage genommen hat, als der Regierungsvorschlag enthielt, wenn auch die Bundesregierungen zuletzt dem Reichstage zustimmten, rechtfertigt eine ausführlichere Darlegung der hier in Frage kommenden Gesichtspunkte. Allerdings legt auch dabei die Aufgabe dieses Kommentars eine gewisse Beschränkung auf, und es kann nicht der Zweck dieser Auseinandersetzung sein, die hier einmündenden Fragen ohne unmittelbare Beziehung auf die praktische Anwendung des Preßgesetzes zu erörtern. Aber auch für diesen Zweck empfiehlt sich ein einleitender Ueberblick auf andere Gesetzgebungen, woran sich dann die unmittelbare Vorgeschichte des gegenwärtigen Gesetzes betreffs dieser Materie schließen wird.

I. Selbstverständlich hat die Frage nach der strafrechtlichen Verantwortlichkeit — nur diese, nicht die civilrechtliche kommt hier in Betracht — für durch die Presse begangene Vergehen da einen ganz anderen Charakter, wo die staatliche Censur waltete, und in Ländern und Zeiten, wo solchen Vergehungen nur mit den Mitteln der Repression entgegengetreten wird. Seitdem in England durch das Erlöschen der Censurakte 1694 die Preßfreiheit in diesem Sinne zur Herrschaft gelangt war, hat sich zwar die Gesetzgebung in der Gestalt von Stempelsteuern und anderen Belästigungen mit der Presse beschäftigt, in den Zeiten der George sind eine Reihe von anderen Vorschriften sichernder und repressiver Art ergangen, aber die hier zu entscheidende Frage der Verantwortlichkeit ist durch ausdrückliche Gesetzgebung erst spät berührt worden. Sie fand, wie so viele wichtige Punkte, ihre Beantwortung in dem ungeschriebenen Rechte des Landes, wie es besonders durch die Entscheidungen der Richter zum Ausdruck gelangt. Danach stellt sich als allgemeine englische Rechtsregel der Satz dar, daß die Verantwortlichkeit für Vergehen, welche mittelst der Presse begangen werden, sich nach den allgemeinen Grundsätzen strafrechtlicher Verantwortlichkeit richtet. Wer mitgewirkt hat zur Entstehung eines Preßverbrechens, sei es der Verfasser, Verleger, Drucker oder Verbreiter — auch in England gehört die Verbreitung, publication, zum Wesen jedes Preßvergehens — kann dafür verantwortlich gemacht werden, ebenso wie die Civilklage wegen Preßbeleidigung gegen einen jeden der so Betheiligten angestrengt werden kann. (Ganz dasselbe ergiebt auch der betreffende Artikel in den Vorschlägen zur Consolidation der Rechtsnormen über Libelle, z. B. Art. 4 der Kommission im Sixth Report of the Commissioners on Criminal Law 1841.) Es ist hier gleich zu bemerken, daß auf dem ganzen Gebiete des sogenannten diffamatorischen Libells (im Unterschiede von dem staatsverbrecherischen und blasphemirenden) der Weg der Civilklage auf Entschädigung der gewöhnlich eingeschlagene ist, da hier von jeher die Einrede der Wahrheit zugelassen wird und die dem Angegriffenen durch das ihm günstige Verdikt seiner Mitbürger zu Theil werdende öffentliche Genugthuung dadurch um so werthvoller erscheint. Vom Standpunkte der Gesetzgebungspolitik aus konnte man sich um so eher mit dieser Verfolgungsart von Beleidigungen in der Presse einverstanden erklären, als die von den Geschwornen erkannten Strafentschädigungen gewöhnlich hoch genug gegriffen werden, um sich den davon Betroffenen recht fühlbar zu machen, wozu regelmäßig auch noch große Prozeßkosten kommen. In der vorjährigen Preßgesetzkommission des Reichstags war mit Rücksicht auf diese Erfahrung in England der Antrag gestellt worden, auch die Civilentschädigung zur Vindikation von Preßbeleidigungen bei uns wieder einzuführen; allein soweit dies nicht schon materiell durch die bestehende Gesetzgebung ermöglicht ist (Strafgesetzbuch § 188), wird es schwer halten, namentlich unter der Erinnerung an die alte ästimatorische Injurienklage des gemeinen Rechts, die deutsche öffentliche Meinung für eine Nachbildung dieses in England wohlbewährten Systems zu gewinnen.

In Bezug auf den Grundsatz, daß die Verantwortlichkeit für ein Preßvergehen nach allgemeinen Rechtsgrundsätzen eintritt, versuchten englische Richter des vorigen Jahrhunderts allerdings insofern eine Verschärfung der Verantwortlichkeit bei Preßvergehen, daß man einen Buchhändler für die Handlungsweise seiner Bediensteten nicht bloß verantwortlich machte, sondern die Zulassung eines jeden Gegenbeweises ausschloß, eine Doktrin, welche bis zum Jahre 1843, wo die sogenannte Lord Campbells-Akte (6 u. 7 Victoria c. 96) sie beseitigte, bestehen blieb.

Berühmter ist der große Streit über die Zuständigkeit der Geschwornen und rechtsgelehrten Richter bei der Entscheidung in Libellfällen, welcher durch die Libellakte von 1792 zu Gunsten der freien Würdigung der Schuldfrage durch die Geschwornen beendet wurde. Es ist dies deshalb hier erwähnenswerth, weil die Geschwornen wiederholt die angeklagten Drucker und Herausgeber nur „des Druckens und Herausgebens“ schuldig fanden, wodurch an sich über den eigentlichen Kern der Anschuldigung, daß die Schrift ein Libell sei, nichts entschieden war, wenn auch richtiger Weise angenommen wurde, daß dadurch die eigentliche Schuldfrage als stillschweigend verneint gelten mußte.

Da die englische Preßgesetzgebung bei Zeitungen und anderen periodischen Druckschriften das Vorhandensein eines verantwortlichen Redakteurs nicht verlangt, gehen die Klagen (eigentliche Kriminalanklagen, obgleich noch neulich eine solche cause célèbre sich abspielte, die für die ganze Behandlung solcher Sachen und namentlich die Machtstellung des englischen Richters sehr lehrreich war — vgl. Times vom 24. Sept. 1874) die auf Preßvergehen fußen, sind bekanntlich gegenwärtig sehr selten, gegen den Drucker oder noch häufiger den Verleger (publisher) der Zeitung. Nach der Parlamentsakte 6 und 7 Will. IV c. 76 mußte auf jeder Zeitung der Name des Druckers und des Verlegers bei einer Strafe von 20 Pfund enthalten sein, was jetzt nach der Akte von 1869 (32 und 33 Victoria c. 24) nur von dem Drucker gefordert wird. Außerdem bestand bis 1869 noch die Forderung einer Zeitungskaution, welche jedoch nicht in baarem Gelde, sondern in einer durch Bürgen gesicherten Schuldverschreibung im höchsten Betrag von 400 Pfund zu stellen war und woraus sowohl für Verurtheilungen im Straf- oder Civilwege Geldbußen, Entschädigungsgelder und Kosten zu bestreiten waren. Beiläufig bemerkt hatte bei dem jetzigen Geldwerthe und den Kosten eines Zeitungsunternehmens dieses Erforderniß einen jeden präventiven Charakter verloren, und es erklärt sich daraus, daß man in England daran lange keinen Anstoß nahm. Die Zeitungssteuer hat bekanntlich auch in ihrer letzten Gestalt als Entgelt für den freien Postvertrieb aufgehört.

Eine gesetzgeberische Regelung der Verantwortlichkeit für eine Rechtsverletzung durch die Presse hat in der neuesten englischen Gesetzgebung nur in sehr beschränktem Umfange stattgefunden, indem nach der schon citirten Lord Campbell-Akte 6 und 7 Victoria c. 96 vom 24. August 1843, mag es sich bei einem diffamatorischen Libell um die eine oder andere Form der Anklage handeln*), dem Beschuldigten gestattet wird, die Einrede der Wahrheit zu erheben und zugleich darzuthun, daß die Veröffentlichung im allgemeinen Interesse lag, worauf der Gerichtshof im Falle einer Verurtheilung in der Erhebung dieser Einrede und dem für sie versuchten Beweise je nach den Umständen eine Erhöhung oder Minderung der Schuld anzunehmen berechtigt ist.

Von unmittelbarerem Einfluß auf die Frage der Verantwortlichkeit ist eine schon berührte weitere Bestimmung dieses Gesetzes, daß bei einer Anklage wegen Libells, im Fall gegen den Beschuldigten Belastungsmomente dahin vorliegen, daß einer seiner Angestellten das Libell veröffentlicht hat, z. B. durch Verkauf in einem Buchhändlerladen, der Angeschuldigte das Recht haben soll, nachzuweisen, „daß die Veröffentlichung ohne seine Autorisation, Zustimmung oder Wissenschaft geschah und nicht durch das Unterlassen der pflichtmäßigen Sorge und Vorsicht seinerseits hervorgerufen ward.“ Die hier zu Grunde liegende Auffassung hat in unserem Reichspreßgesetze, wie schon in früheren Partikulargesetzen eine gewisse Anwendung gefunden.

---

*) Information oder Indictment. Das Nähere darüber in der Abhandlung: „Zur Lehre von den Beleidigungen nach englischem Recht von Dr. Marquardsen“ im Archiv des Kriminalrechts 1850, 51, 52.

Schließlich mag noch bemerkt werden, daß weder die englische Gesetzgebung, noch das Rechtsherkommen des Landes die sogenannte Ausschließlichkeit der Verantwortlichkeit kennen. Bis auf den heutigen Tag können Drucker, Verleger und Verfasser nebeneinander sowohl im Civilwege als strafrechtlich zur Verantwortung gezogen werden, wenn gleich in der Praxis gewöhnlich nur der „Publisher“, aber neben ihm auch oder statt seiner der sich etwa nennende Einsender oder Verfasser beklagt zu werden pflegen. Sehr häufig sollen solche Klagen nur zur moralischen Rechtfertigung des Angegriffenen dienen, und die ausgesprochene Entschädigung ist durch Parteivergleich eine nominelle. Dagegen wird auch von den Geschwornen häufig nominelle Entschädigung ausgesprochen, um die innere Gerechtigkeit der Sache des formell schuldig Befundenen anzuerkennen. Gegen den gewöhnlichen Kolporteur strengt man schon deshalb keine Civilklage an, weil von ihm schwerlich die hohen Kosten beigetrieben werden könnten.

Nicht bloß um der Vollständigkeit Willen, sondern zugleich um auf eine Epoche machende Arbeit wieder aufmerksam zu machen, die man in der strafrechtlichen Literatur Deutschlands in neuerer Zeit zu sehr aus den Augen verloren hat, mag hier über die nordamerikanische Rechtsauffassung in der Verantwortlichkeitslehre ein Auszug aus Livingston's berühmtem „System of Penal Law for the State of Louisiana“ stehen. Das Werk ist Dank den Bemühungen der Tochter Livingston's, Mrs. C. Livingston-Barton, vor zwei Jahren in einer französischen Bearbeitung, eingeleitet durch Charles Lucas und Mignet, unter dem Titel: „Exposé d'un Système de Legislation criminelle etc. 1872“ erschienen und dadurch allgemein zugänglich geworden. Ausdrückliche gesetzliche Bestimmungen über den Gegenstand existiren in der nordamerikanischen Bundesgesetzgebung nicht, obgleich eine Möglichkeit derselben nach dem Urtheil der besten amerikanischen Autoritäten durch die oben S. 4 citirte Verfassungsbestimmung nicht ausgeschlossen ist. Livingston dagegen schlug folgende Fassung für das Staatsstrafgesetzbuch von Louisiana vor: „Art. 373. Alle diejenigen, welche ein Libell (in der weiteren englischen Bedeutung des Worts, wonach alles Geschriebene und Gedruckte u. s. w. darunter fällt) verfertigen, veröffentlichen oder zirkuliren lassen, sind alle und jeder des Vergehens der Diffamation schuldig. — Art. 374. Derjenige ist der Verfertiger des Libells, welcher es ursprünglich ersann und ihm entweder selbst durch Schreiben, Drucken, Graviren, Malen oder sonst eine Form, welche ein Libell ausmachen kann, Gestalt gab oder veranlaßte, daß dies durch Andere geschah. — Art. 375. Derjenige ist der Veröffentlicher (publisher), der die mechanische Arbeit des Schreibens, wenn der Verfertiger diktirt, vornimmt oder in irgend einer andern Form nach Anweisung des Verfertigers es gestaltet, oder der es abschreibt oder druckt. — Art. 376. Derjenige läßt es zirkuliren, welcher ein Libell verkauft oder der mit Kenntniß des Inhalts es an Andere giebt oder vertheilt, solchen vorliest oder zeigt. — Art. 377. Wenn das Libell gedruckt ist und in einem Geschäft gedruckt oder verkauft wird, wo Bücher oder andere Drucksachen regelmäßig gedruckt oder verkauft werden, gilt diejenige Person, auf deren Rechnung das Geschäft oder der Laden betrieben wird, als Veröffentlicher oder Verbreiter, bis sie diese Präsumption durch Gegenbeweis entkräftet. — Art. 378 bestimmt dasselbe bei Bildwerken. — Art. 379. Jemand, dem nur nachgewiesen wird, daß er ein Libell geschrieben oder die mechanische Arbeit des Druckens vorgenommen hat, soll nicht bestraft werden, wenn er beweisen kann, daß er solch geschriebenes oder gedrucktes Exemplar ohne die Absicht, die betreffende Person zu verunglimpfen, verfertigte. Aber diejenige Person, für deren Rechnung oder nach deren Auftrag gedruckt wurde, soll als die Absicht der Veröffentlichung kennend angesehen und für das Vergehen bestraft werden." Ich bemerke, daß sich der Text der Gesetzesbestimmungen in der französischen Ausgabe nicht vorfindet, was eine hoffentlich bald ergänzte Lücke ist. Das Vorstehende ist der Gesammtausgabe der Entwürfe (a System of Penal Law. Philadelphia. 1833) entnommen.

In Frankreich zeigt sich dem ganzen französischen Wesen gemäß ein unmittelbareres Eingreifen der Gesetzgebung. Nachdem durch die Revolution von 1789 für den Preßgewerbebetrieb die alten Schranken der Censur und des Zunftwesens gefallen waren, machte sehr bald die Ueberstürzung und der Mißbrauch der Preßfreiheit eine Reihe von neuen Beschränkungen erklärlich, in welchen die verschiedenen aufeinander folgenden Regierungen mit einander zu wetteifern schienen. Auf das Censurgesetz des Convents vom 29. März 1793 folgte das Direktorialgesetz vom 28. Germinal des Jahres 4. Durch dieses wurde die Verantwortlichkeit auf die Geranten von Zeitungen ausgedehnt und unter Anderm die Verhaftung und Festhaltung von Verbreitern für so lange gestattet, bis man des Verfassers (auteur) habhaft geworden wäre. In gleichem Geiste sind die Bestimmungen des Code pénal von 1810, Art. 283—290, sowie die kaiserlichen Dekrete vom 15. Oktober 1810 und 9. April 1811 gehalten. Auf die Verantwortlichkeit und die durch sie bedingte Art und Höhe der Strafe beziehen sich besonders die Artikel 288 u. 289 des Code pénal:

„La peine d'emprisonnement et l'amende prononcées par l'article précédent (Strafdrohung für alle Publikationen gegen die guten Sitten — contraires aux bonnes moeurs) seront reduites à des peines de simple police

1°. à l'égard des crieurs vendeurs ou distributeurs, qui auront fait connaître la personne, qui leur a remis l'objet du débit,

2°. à l'égard de quiconque aura fait connaître l'imprimeur ou le graveur,

3°. à l'égard même de l'imprimeur ou du graveur, qui auront fait connaître l'auteur ou la personne, qui les aura chargés de l'impression ou de la gravure.

Art. 289. Dans tous les cas exprimés en la présente section et où l'auteur sera connu, il subira le maximum de la peine attachée à l'espèce du débit.

Ueber die Anwendung dieses Grundsatzes im Verhältniß zum Art. 463 betreffs der Zulassung mildernder Umstände war lange Streit, der endlich durch das Preßgesetz oder eigentlich Zeitungspreßgesetz vom 11. Mai 1868 zu Gunsten der Presse geschlichtet wurde.

Die in der Charte von 1814 ausgesprochene Preßfreiheit wurde sehr bald wieder durch die Censur und andere Bedrückungen abgelöst, bis im Jahr 1819 durch mehrere Gesetze, insbesondere vom 17. und 26. Mai dieses Jahres, im Wesentlichen diejenigen Bestimmungen eingeführt wurden, welche auch heute noch namentlich in Gestalt der Preßgesetze vom 27. Juli 1849 und 11. Mai 1868 das geltende Preßrecht von Frankreich bilden.

Die Verantwortlichkeit für Preßvergehen richtet sich auch in Frankreich nach den allgemeinen Strafrechtsnormen, wobei stets anerkannt wurde, daß die durch die Presse begangenen Verstöße gegen die Rechtsordnung eine eigenthümliche Behandlung durch den Gesetzgeber sowohl als durch den Richter verlangen. Wie der berühmte Verfasser des Werkes über die französische Preßgesetzgebung Chassan bemerkt: Die Preßvergehen stören nur die moralische Ordnung, man kann bei ihnen weder den materiellen Nachtheil konstatiren, noch das Corpus delicti sichtbar darstellen. Diese Art von Vergehen bestehen in Manifestationen, welche mehr oder weniger tadelnswerth sein können, je nach den politischen Umständen, nach den angegriffenen Prinzipien, nach der verursachten Gefahr und den individuellen Absichten. Man braucht deshalb spezielle Strafvorschriften und einen Richter, dem ein weites Gebiet des freien Ermessens überlassen ist. Zum Unterschied von den Verstößen gegen die bloßen Preßpolizeibestimmungen sind die eigentlichen Preßvergehen nicht denkbar ohne eine schuldvolle Absicht; der Beweis der letzteren liegt hier wie bei den anderen Vergehen der öffentlichen Anklage auf. Diese Intention muß konstatirt sein, um eine Verurtheilung zu rechtfertigen. Wenn die Ausdrücke der inkriminirten Schrift offenbar sträflich sind, ist die natürliche Präsumption, daß ihr Urheber wissentlich handelte, aber man muß dies darlegen und den Gegenbeweis vorbehalten. Die Staatsanwaltschaft kann die Verschuldung durch alle Argumente und Beweisstücke darlegen; der Beschuldigte seinerseits kann sich rechtfertigen, indem er seine Vergangenheit und andere Beweismittel anruft. Staatsanwaltschaft und Richter können seiner, die Schuldlosigkeit darthuenden Erklärung Glauben schenken, aber regelmäßig ist die Entscheidung darüber der Jury überlassen.

Für die periodische Presse, allerdings in der Beschränkung auf solche Blätter, welche der Kautionspflicht unterliegen, hat das französische Recht, abgesehen von der allgemeinen Verantwortlichkeit, die besondere Vertretung des Journals durch einen verantwortlichen Geranten (im Gesetz von 1819 war er Éditeur responsable genannt) eingeführt, eine Einrichtung, aus welcher in die deutsche und andere Preßgesetzgebungen die Forderung übergegangen ist, daß periodische Druckschriften einen auf ihnen benannten verantwortlichen Redakteur haben müssen. Die französische Auffassung sieht darin eine Ergänzung der Bedingung, daß solche Blätter eine Kaution stellen müssen. Die rechtliche Stellung des Geranten, welche besonders durch das Gesetz vom 9. Juni 1819 normirt worden ist, wird dahin bezeichnet: „die Verantwortlichkeit des Geranten ist keineswegs eine Fiktion wodurch das Prinzip, daß die Delikte persönlich sind, verletzt würde. Denn der Gerant soll der Leiter oder Herausgeber des Journals und in Folge dessen die verantwortliche Persönlichkeit sein.“ Das Gesetz vom 9. Juni 1819 sagt demgemäß im Art. 2: „la responsabilité des auteurs ou éditeurs indiqués dans la déclaration — als Gerant oder Geranten — s'étendra à tous les articles insérés dans le journal où écrit périodique sans préjudice de la solidarité des auteurs ou redacteurs des dits articles.“ Das Gesetz vom 18. Juli 1828 betrachtet den Geranten als die Personifikation der Zeitung, indem sie ihn verpflichtet, die Redaktion selbst zu überwachen und zu leiten, die einzelnen Nummern zu unterzeichnen u. s. w. Diese Verantwortlichkeit, welche das Gesetz für denjenigen aufgestellt hat, in dem sich das Blatt verkörpert, ist von Rechts wegen nur für die politischen Journale, welche der Zeitungskaution unterliegen, vorhanden. Die anderen haben keinen verantwortlichen Geranten, wenn auch ihre

Artikel gewöhnlich von Jemandem, der sich diese Qualität beilegt, unterzeichnet werden. Die Preßvergehen, welche in solchen Blättern verübt werden, müssen deshalb nicht bloß ihren eigentlichen Urhebern, sondern auch und ganz besonders den Eigenthümern oder Verlegern der Zeitung zugerechnet werden, welche sich der aus ihren Publikationen entspringenden Verantwortlichkeit nicht dadurch entziehen können, daß sie das einzelne Zeitungsblatt von einer dritten Person ihrer Wahl unterzeichnen lassen. Aus dem Gesetze von 1828 ist noch für die allgemeine und spezielle Verantwortlichkeit bei politischen Journalen die nachfolgende Bestimmung des Art. 8 einflußreich: „die Unterzeichner des einzelnen Blattes oder Heftes sind verantwortlich für den Inhalt derselben und unterliegen allen Strafen, welche von dem Gesetze wegen der Veröffentlichung von darin enthaltenen Artikeln oder Sätzen ausgesprochen werden, vorbehaltlich der Verfolgung gegen den Verfasser oder die Verfasser der betreffenden Artikel u. s. w. als Mitschuldige. Es kann daher die gerichtliche Verfolgung sowohl gegen die verantwortlichen Unterzeichner der Blätter oder Hefte, als auch gegen den oder die Verfasser der inkriminirten Aeußerungen gerichtet werden, wenn diese Verfasser bekannt werden oder zu Gericht zu stellen sind."

Fassen wir aus dem Mitgetheilten das, soweit es nicht die Gesetzesworte selber bringt, auf den Entscheidungen des Kassationshofs von Paris und den Aeußerungen der angesehensten Schriftsteller beruht, das Resultat kurz zusammen, so gilt im französischen Rechte, im Gegensatze zu der formalen Verantwortlichkeit bei Preßpolizeivorschriften, für die eigentlichen Preßvergehen der Grundsatz der allgemeinen strafrechtlichen Verantwortlichkeit dergestalt, daß der zu Bestrafende die schuldbare Intention gehabt haben muß. Für die politische periodische Presse ist durch das Institut der verantwortlichen Geranten die Verantwortlichkeit der Eigenthümer und Verleger für den Inhalt ihrer Publikationen ausgeschlossen; dagegen deckt der verantwortliche Gerant die Verfasser der von ihm aufgenommenen strafbaren Artikel nicht. Verleger und Eigenthümer sind durch die Bezeichnung eines Redakteurs als verantwortlichen Geranten auch dann nicht befreit, wenn es sich um Journale handelt, welche keiner Kautionspflicht unterliegen. (Vgl. Chassan, Traité des délits et contraventions et cet. passim; Morin, Répertoire du Droit criminel, Art. Presse. Presse périodique II 544 ff.) Unter Napoleon III. wurden die meisten Beschränkungen der älteren Zeit, namentlich gegen die periodische Presse, wieder hergestellt, und der Hauptausdruck dieses Systems war, nachdem das Gesetz vom 11. Juli 1850 die Unterzeichnung der Artikel über politische, religiöse und nationalökonomische Fragen durch die Verfasser angeordnet hatte, was noch immer gilt, das Dekret vom 17. Februar 1852. Gegen Ende der Napoleonschen Herrschaft ließ das Gesetz vom 11. Mai 1868 die vorbeugenden Maßregeln wieder zurücktreten, z. B. die Bedingung einer Erlaubniß für die Herausgabe eines Journals. Die Verantwortlichkeitsfrage hat aber in dieser Zeit keine legislatorische Aenderung erlitten.

Einen eigenthümlichen Standpunkt, der sich sowohl von der englischen als französischen Gesetzgebung unterscheidet, nimmt in dieser Frage das belgische Recht ein. Unter dem Eindruck zahlreicher chikanöser Preßverfolgungen aus der holländischen Zeit, deren Opfer gerade die tonangebenden Politiker und Publizisten auf dem verfassunggebenden Kongreß gewesen waren (vgl. auch darüber Jacques Abhandlungen, der aus Schuermanns zum Theil vortrefflichen Code de la Presse, Bruxelles 1861 referirt), wurde in die belgische Verfassung die Bestimmung aufgenommen:

„Art. 18. Die Presse ist frei, die Censur kann nie eingeführt werden. Es bedarf auch keiner Sicherheitsleistung von Seiten der Schriftsteller, Verleger oder Drucker. Wenn der Autor bekannt und in Belgien ansässig ist, so kann der Verleger, Drucker oder Verbreiter nicht gerichtlich verfolgt werden. (Lorsque l'auteur est connu et domicilié en Belgique, l'éditeur, l'imprimeur ou le distributeur ne peut-être poursuivi)."

Das Dekret über die Presse vom 20. Juli 1831 enthält im Art. 11 die weitere Bestimmung:

„Dans tous les procès pour les délits de la presse, le jury, avant de s'occuper de la question de savoir si l'écrit incriminé renferme un délit, décidera, si la personne presentée comme auteur du délit l'est réellement. L'imprimeur poursuivi sera toujours maintenu en cause, jusqu'à ce que l'auteur ait été judiciairement reconnu tel."

Aus diesen an sich ganz verständigen Gesetzesvorschriften hat sich in der belgischen Theorie und Praxis ein System herausgebildet, welches als dasjenige der successiven ausschließlichen Verantwortlichkeit bezeichnet zu werden pflegt, in Deutschland besonders durch Biedermann die lebhafteste Vertretung gefunden hat und durch dessen vorwiegenden Einfluß sowohl auf dem deutschen Journalistentage als in der vorjährigen Preßgesetzkommission zur Annahme gelangte. Es ist nicht hier der Ort, um nachzuweisen, daß die belgischen Gesetzesbestimmungen für das darauf gebaute System keine genügende Grundlage bilden, daß z. B. die ausschließliche Haftung eines Einzelnen nicht darin ausgesprochen ist (in der That straft man in Belgien auch Mehrere zugleich) und die Verantwortlichkeit eines Redakteurs (zu unterscheiden vom Éditeur) bei Zeitschriften in der Art des französischen Rechtes damit vereinbar erscheint. Der Grundsatz im Art. 11 des Preßdekrets ist nur eine strafprozessualische Vorschrift, um die Anwendung der allgemeinen Bestimmungen über Verantwortlichkeit zu sichern und der Zusatz über die Verantwortlichkeit des Druckers bis der Urheber oder Verfasser als solcher vom Gerichte anerkannt wird, ist die Kehrseite der in dem Verfassungsartikel enthaltenen Aufstellung. Behauptet muß aber werden, daß eine Reihe von Entscheidungen, welche sich als Ausflüsse dieses Systems bei Schuermanns: Code de la Presse, Ch. 5, s. III de la Complicité, S. 358 ff. finden, ein Hohn auf die Gerechtigkeit sind und beweisen, daß man sich aus Furcht vor dem System „van Maanen“ unter Befolgung von Regeln, welche gar nicht in's Gesetz aufgenommen wurden, und durch Anklammern an Schlagworte und falsche Bilder („la responsabilité par cascades“ von Charles de Brouckere, „la loi ne veut qu'une victime“ von Devaux, Schuermanns S. 369) in einen juristischen Irrgarten verlaufen hat. Allerdings haben nicht alle belgische Gerichte sich unter die Phrase gebeugt. Für die weitere Ausführung dieser Kritik wird sich eine andere Gelegenheit bieten. Wir haben es hier nur mit der Gestalt zu thun, in welcher dieses belgische System in Deutschland zur Geltung gelangte (z. B. in dem sogenannten Thüringschen Preßgesetz, als dessen Repräsentant das Großherzogl. Sächsische vom 25. Juli 1868 gilt, sowie im badischen Gesetz vom 2. April 1868) oder für die Reichspreßgesetzgebung vorgeschlagen worden war, worauf unten zurückzukommen sein wird.

Das holländische Recht wendet im Allgemeinen die Grundsätze des Code pénal an und hat nur in einem Einzelgesetz, welches sich auf die Preßbeleidigungen fremder Mächte bezieht (Ges. v. 28. September 1816 im Staatsblaad van het Koningrijk der Nederlanden), eine subsidiäre Haftbarkeit der Verleger, Drucker und Verbreiter statuirt. Der Art. 2 des Gesetzes lautet in der Uebersetzung:

> „Dieselben Strafen (in Art. 1 ist der Verfasser solcher Schriften unter Strafe gestellt) sollen anwendbar sein auf die Drucker, Herausgeber, Verkäufer und Buchhändler, welche solche Schriften gedruckt oder herausgegeben haben, drucken oder herausgeben (doen in het licht geven), wofern sie den Verfasser (schrijver) nicht der Art nachweisen können, daß der Letztgenannte nicht blos in die Hände der Justiz gerathen, sondern wegen seiner Missethat auch rechtlich überführt und gestraft werden kann.“

Das italienische, eigentlich sardinische Preßgesetz vom 20. März 1848 bestimmt ähnlich wie das belgische, aber deutlich eine successive Verantwortlichkeit:

Art. 4. „Die Anklagen auf Grund dieses Edikts, vorbehaltlich der Ausnahmen für die periodischen Druckschriften, werden in erster Reihe gegen den Autor, 2. gegen den Herausgeber (Editore) gerichtet, wenn der Eine oder Andere auf der Schrift genannt oder sonst bekannt ist; endlich gegen den Drucker in der Art, daß der Eine immer subsidiär für den Anderen haftet."

Art. 5. „Die gegen den Autor oder Herausgeber gerichtete Anklage kann sich nicht wegen der bloßen Thatsache des Druckens gegen den Drucker ausdehnen, es sei denn, daß sich herausstelle, daß er wissentlich und der Art handelte, um als Mitschuldiger betrachtet zu werden."

Für die periodischen Druckschriften dagegen ist die Haftbarmachung des Geranten oder Redakteurs der entscheidende Grundsatz. Nach Art. 47 al. 2 wird der „Gerente" als Theilnehmer, „complice" an dem in dem von ihm unterzeichneten Blatte begangenen Preßvergehen angesehen und bestraft.

Das Bundesstrafgesetz für die Eidgenossenschaft hat in seinem Art. 69 das successive System ausdrücklich adoptirt:

„Für Verbrechen, welche durch das Mittel der Druckerpresse verübt werden, haftet zunächst der Verfasser der Druckschrift. Hat aber die Herausgabe ohne dessen Wissen und Willen stattgefunden, oder kann derselbe nicht leicht ermittelt werden, oder befindet er sich außer dem Bereich der Bundesgewalt, so haftet der Herausgeber, in Ermangelung dessen der Verleger, und wenn auch dieser nicht vor das Gericht gezogen werden kann, der Drucker."

Aehnliche Bestimmungen finden sich in den Strafgesetzen einzelner Kantone.

Ueber die österreichische Preßgesetzgebung und insbesondere auch die darin normirte Verantwortlichkeit für ein Preßdelikt ist außer den Schriften von Lienbacher und Leutner besonders zu vergleichen die für den Journalistentag ausgearbeitete Broschüre „Oesterreichisches Preßgesetz und Zeitungsstempel. 1871". Die Quellen dieses Rechtszustandes sind das Preßgesetz vom 17. Dezember 1862 und seine theilweise Abänderung durch das Gesetz vom 15. Oktober 1868. Während § 28 des ersteren die Anwendung der allgemeinen Grundsätze über die strafrechtliche Verantwortlichkeit auf die an der Erzeugung einer Druckschrift ausspricht, hat das zweite Gesetz die Fahrlässigkeitsstrafen für Redakteure,

Verleger, Drucker und Verbreiter zum Gegenstande, wenn „jene Aufmerksamkeit vernachlässigt ist, bei deren pflichtmäßiger Anwendung die Aufnahme des strafbaren Inhalts der Druckschrift unterblieben wäre." Der Redakteur kann sich von dieser Verantwortlichkeit nicht durch Nennung des Verfassers befreien, der Verleger dagegen dann, wenn er bei seiner ersten Vernehmung einen Verfasser oder Herausgeber nachzuweisen vermag, der zur Zeit der Uebernahme des Verlages seinen bleibenden Aufenthalt im Inlande hatte. Der Drucker wird nur für die Nichtbeachtung bestimmter Vorschriften der Preßpolizei (§§ 9—17 des Preßgesetzes) mit der Strafe der Vernachlässigung pflichtmäßiger Aufmerksamkeit bedroht; ebenso der Verbreiter, wenn es sich um Druckschriften handelt, deren Verbreitung ausdrücklich verboten ist, denen Name des Druckers u. s. w. fehlt oder die aus dem Auslande stammen und Verdacht erregen mußten. Die Strafe in allen diesen Fällen ist bei einem Preßverbrechen Arrest von 1—6 Monaten, bei Vergehen eine Geldstrafe von 20—200 fl.

II. Für Deutschland beginnt die wissenschaftliche und gesetzgeberische Literatur über diesen Gegenstand mit dem häufig zitirten Referate des oldenburgischen Bundestagsgesandten von Berg, welcher im Schooße dieser Versammlung Namens einer Kommission die Ausführung des Art. 19 der Bundesakte über die Preßfreiheit vorzubereiten hatte. Anknüpfend an die Auseinandersetzungen Webers in seinem bekannten Werke „Ueber Injurien und Schmähschriften" (vgl. darüber unten) wird der Grundsatz vertreten, daß Verleger, Drucker und Verbreiter dann in der Regel von Verantwortlichkeit und Strafe frei sein müssen, wenn der Verfasser bekannt ist und zur Strafe gezogen werden kann, wogegen das Drucken und Verlegen von anonymen Schriften die Betreffenden als mitschuldig erscheinen lasse. Die Einführung der Censur von Bundeswegen hat verhindert, daß diese Berg'sche — in diesem Punkte eigentlich mehr auf Weber zurückzuführende — Arbeit, welche in der neuesten Zeit in den Verhandlungen über das Verantwortlichkeitssystem vielfach angezogen worden ist, irgend einen praktischen Erfolg hatte.

Als im Jahr 1848 statt der Censur der Grundsatz der Preßfreiheit wieder zur Anerkennung kam, haben die deutschen Grundrechte eine ausdrückliche Regelung der Verantwortlichkeit bei Preßvergehen nicht gebracht und das in der Verfassung vorbehaltene Preßgesetz ist nicht zur Ausarbeitung gelangt. Dagegen haben die Verfassungsurkunden der damaligen Zeit theilweise Bestimmungen auch über die Frage der Verantwortlichkeit getroffen, und so enthielt die preußische oktroirte Verfassung vom 5. Dezember 1848 in den Artikeln 25 und 26 Folgendes:

„Vergehen, welche durch Wort, Schrift, Druck oder bildliche Darstellung begangen werden, sind nach den allgemeinen Strafgesetzen zu bestrafen. Vor der erfolgten Revision des Strafrechtes wird darüber ein besonderes vorläufiges Gesetz ergehen; bis zu dessen Erscheinen bleibt es bei den jetzt geltenden allgemeinen Strafgesetzen."

„Ist der Verfasser einer Schrift bekannt und im Bereiche der richterlichen Gewalt des Staates, so dürfen Verleger, Drucker und Vertheiler, wenn deren Mitschuld nicht durch andere Thatsachen begründet wird, nicht verfolgt werden. Auf der Druckschrift muß der Verleger und Drucker genannt sein."

Es ist ersichtlich, daß die hier getroffene Bestimmung dem Wortlaut der belgischen Verfassung nachgebildet ist, aber vergebens würde man daraus den Grundsatz zu entwickeln suchen, daß zwischen dem Verleger, Drucker und Vertheiler eine successive Haftbarkeit Platz zu greifen habe und wie es z. B. mit der Verantwortlichkeit des Redakteurs steht. Die betreffenden, mehr mit der mechanischen Seite des Zustandekommens einer Druckschrift beschäftigten Gewerbetreibenden (für den Verleger gilt dieser Unterschied schon kaum) werden nur den eigentlichen Urhebern gegenübergestellt und sollen außer Verantwortlichkeit bleiben, wenn diese für die Justiz erreichbar sind und die ersteren sich nicht nach den allgemeinen Grundsätzen strafbarer Theilnahme außerdem an dem Vergehen betheiligt haben. Eine nähere Ausführung dieser Grundbestimmungen brachte die oktroirte preußische Preßverordnung vom 30. Juni 1849, welche durch das bis jetzt geltend gewesene preußische Preßgesetz vom 12. Mai 1851 ersetzt wurde. Die Auseinandersetzungen Biedermann's fußen ganz besonders auf dieser Preßordonnanz, in welcher in der That das von ihm gebilligte System deutlich — nicht wie in Belgien nur durch eine zweifelhafte Interpretation hineingetragen — zum Ausdruck gelangt ist. Der betreffende § 12 der Verordnung lautete:

„Für den Inhalt einer Druckschrift sind der Verfasser, der Herausgeber, der Verleger oder Kommissionär, der Drucker und der Verbreiter als solche verantwortlich, ohne daß es eines weiteren Nachweises der Mitschuld bedarf. Ist die Veröffentlichung ohne den Willen des Verfassers geschehen, so trifft statt seiner den Herausgeber die Verantwortlichkeit.

Es darf jedoch keine der in obiger Reihenfolge nachstehenden Personen verfolgt werden, wenn eine der in derselben vorstehenden Personen bekannt und in dem Bereiche der richterlichen Gewalt des Staats ist.

Diese Bestimmung steht der gleichzeitigen Verfolgung derjenigen nicht entgegen, in Ansehung deren, außer der bloßen Handlung der Herausgabe, des Verlags oder der Uebernahme in Kommission, des Druckes oder der Verbreitung noch andere Thatsachen vorliegen, welche nach allgemeinen strafrechtlichen Grundsätzen eine wissentliche Theilnahme an der durch die Druckschrift begangenen strafbaren Handlung begründen."

Das Preßgesetz von 1851, dessen Entstehungsgeschichte sehr ausführlich von Rönne in seinem Kommentar dazu dargestellt ist (über die Verantwortlichkeitsparagraphen 34, 35, 36 S. 206 ff.), hat die sogenannte belgische Grundlage wieder verlassen und bestimmte außer der Geltung der allgemeinen Gesetzesregeln über Verantwortlichkeit und Theilnahme, Ordnungs- oder Fahrlässigkeitsstrafen gegen Redakteure Verleger und Drucker, wenn sie an dem Zustandekommen eines strafbaren Preßerzeugnisses auch ohne dolose Absicht mitgewirkt haben. Die betreffenden §§ 34—37 lauten wörtlich:

„§ 34. Für das durch eine Druckschrift begangene Verbrechen oder Vergehen ist Jeder verantwortlich, welcher nach allgemeinen strafrechtlichen Grundsätzen als Urheber oder Theilnehmer strafbar erscheint.

„§ 35. Derjenige, welcher eine Druckschrift in Verlag oder Kommissionsverlag übernommen, unterliegt wegen des strafbaren Inhalts derselben, in allen Fällen, wo er nicht in Gemäßheit des § 34 als Urheber oder Theilnehmer strafbar erscheint, sofern die Druckschrift ein Preßvergehen enthält, einer Geldbuße bis zweihundert Thaler, insofern sie aber ein Preßverbrechen enthält, einer Geldbuße von funfzig bis fünfhundert Thalern, wenn entweder

a) er bei seiner ersten gerichtlichen Vernehmung den Verfasser oder Herausgeber nicht nachweist, oder

b) der nachgewiesene Verfasser oder Herausgeber zur Zeit der Uebernahme der Druckschrift in Verlag oder Kommissionsverlag im Bereiche der preußischen Gerichtsbarkeit keinen persönlichen Gerichtsstand hatte.

„§ 36. Der Drucker eines strafbaren Preßerzeugnisses, welcher nicht in Gemäßheit des § 34 als Urheber oder Theilnehmer strafbar erscheint, soll außer der etwa nach § 40 verwirkten Strafe, sofern die Druckschrift ein Preßvergehen enthält, mit einer Geldbuße bis Einhundert Thaler, sofern ein Preßverbrechen in ihr enthalten ist, mit einer Geldbuße von zehn bis zweihundert Thalern bestraft werden, wenn

a) die Vorschriften in den §§ 7 und 24 wegen Bezeichnung der Druckschriften nicht befolgt oder die Bezeichnungen mit seinem Wissen fälschlich angegeben sind, oder

b) wenn er bei seiner ersten gerichtlichen verantwortlichen Vernehmung weder den Verfasser, noch den Herausgeber, noch den Verleger nachweist, oder

c) wenn der nachgewiesene Verfasser oder Herausgeber oder Verleger zu der Zeit, wo der Druck erfolgt, im Bereich der preußischen Gerichtsbarkeit keinen persönlichen Gerichtsstand hatte, oder

d) wenn die Druckschrift sich als eine solche darstellt, welche zu Plakaten bestimmt ist.

„§ 37. Der Redakteur eines kautionspflichtigen Blattes unterliegt wegen des strafbaren Inhalts desselben in allen Fällen, wo er nicht in Gemäßheit des § 34 als Urheber oder Theilnehmer strafbar erscheint, wenn in dem von ihm redigirten Blatte ein Preßvergehen begangen worden, einer Geldbuße bis fünfhundert Thaler, wenn ein Preßverbrechen begangen worden, einer Geldbuße von funfzig bis Eintausend Thalern.

Dieser Bestimmung bleibt der Redakteur auch dann unterworfen, wenn er durch Abwesenheit oder andere Gründe an der Besorgung der Redaktion gehindert ist, so lange nicht ein anderer verantwortlicher Stellvertreter nach den Bestimmungen des § 22 bestellt worden. Es muß ein solcher bestellt werden, wenn und so lange der erstere eine Freiheitsstrafe zu verbüßen hat."

Dieses auch 1854 durch den Bundesbeschluß vom 6. Juli im Wesentlichen angenommene System hat seitdem in den meisten deutschen Einzelstaaten, sei es in Befolgung dieser Bundesdirektiven oder in selbständigen Preßgesetzen, gegolten. Jener Bundesbeschluß schrieb vor:

„§ 20. Für die durch den Inhalt einer Druckschrift begangenen strafbaren Handlungen ist Jeder verantwortlich zu erachten, welcher nach allgemeinen strafrechtlichen Grundsätzen als Urheber oder Theilnehmer strafbar erscheint. Der Drucker, Verleger oder Kommissionär (im engeren Sinne, d. h. derjenige, welcher ohne Namhaftmachung eines Verlegers auf der Schrift als die Person benannt ist, durch welche der Vertrieb besorgt wird), insofern sie nicht als Urheber oder Theilnehmer ohnedies zur Strafe gezogen werden, sind mit angemessenen Geld- oder Gefängnißstrafen auch für die Fälle zu bedrohen, wo der Verfasser nicht genannt oder nicht im Bereiche der Gerichtsbarkeit eines deutschen Bundesstaates ist, oder wo eine Uebertretung preßpolizeilicher Bestimmungen verübt wurde. Dieselben können von der desfallsigen Haftung nach dem Ermessen der einzelnen Bundesregierungen nur dann befreit werden, wenn sie bei der ersten verantwortlichen Vernehmung den Autor benennen und dieser sich im Bundesgebiete befindet. Der verantwortliche Redakteur einer periodischen Druckschrift ist wegen des strafbaren Inhalts derselben in jenen Ausnahmefällen, wo er nicht als Urheber oder Theilnehmer zur Strafe gezogen werden kann, mit einer besonderen Geld- oder Gefängnißstrafe zu bedrohen."

Der Redakteur konnte sich danach durch Nennung des Autors nicht befreien.

Auch nach dieser Auffassung ist der beherrschende Grundsatz die Anwendung der allgemeinen strafrechtlichen Normen über die Verantwortlichkeit auf die Bestrafung der durch die Presse begangenen Vergehen, und insofern ist auch das bayrische Preßgesetz von 1850 mit dem preußischen von 1851 und dem Bundesbeschluß in Einklang, als sein § 1 bestimmt:

„Die strafrechtliche Verantwortlichkeit für den Inhalt einer Schrift tritt ein, sobald dieselbe veröffentlicht, ausgestellt, ausgegeben oder sonst in Umlauf gesetzt ist.

Die Strafbarkeit derjenigen Personen, welche zur Herstellung eines strafbaren Preßerzeugnisses oder zu dessen Veröffentlichung in einer oder der anderen oben genannten Weise mitgewirkt haben, wird nach den allgemeinen strafrechtlichen Vorschriften bemessen."

Allerdings fehlt im bayrischen Preßgesetz die Androhung von Ordnungs- und Fahrlässigkeitsstrafen in dem Umfang, wie sie in dem preußischen Gesetz von 1851 und den Anordnungen des Bundestags enthalten waren; aber es ist nicht ganz richtig, wenn häufig behauptet wurde, daß in Bayern nur und ausnahmslos die allgemeinen Strafrechtsregeln über Verantwortlichkeit galten. In einem praktisch sehr wichtigen Punkte der Nennung des Verfassers und respektive Bestrafung, wenn sie nicht geschieht oder durch Schuld des Druckers und Verlegers nicht geschehen konnte, hat sich auch die bayerische Gesetzgebung in ähnlichen Geleisen mit den anderen Gesetzen bewegt. Der § 45 des bayerischen Preßgesetzes schrieb nämlich vor:

„Der Verleger einer nichtperiodischen Schrift oder, Falls ein solcher nicht vorhanden ist, der Drucker, ist verbunden, sich über den Namen der Person und den Wohnort des Verfassers Gewißheit zu verschaffen und diesen auf Verlangen dem Untersuchungsgerichte zu bezeichnen.

Weigert er sich dessen oder ist er nicht im Stande, der an ihn ergangenen Aufforderung zu genügen, so ist er, unbeschadet der eigenen strafrechtlichen Verantwortlichkeit, mit Arrest bis zu vierzehn Tagen und einer Geldbuße bis zu hundert Gulden zu belegen."

Wenn das bayerische Gesetz nur bei nichtperiodischen Druckschriften eine solche Pflicht des Verlegers oder Druckers statuirte und für die Nichterfüllung derselben Strafe drohte, so ist gleich hier zu bemerken, daß man in der bayerischen Gesetzgebung und Rechtsprechung ganz richtig den verantwortlichen Redakteur einer periodischen Zeitschrift dem Verfasser gleich achtete. In solchem Fall war demnach eine besondere Verpflichtung dieser Art überflüssig. Schon Brater bemerkte darüber (a. a. O. S. 5): „Die bedeutendste Abweichung vom Prinzip des Art. 1 enthält Art. 45, welcher dem Redakteur einer Zeitung oder periodischen Schrift dieselbe „Verantwortlichkeit" auferlegt, die nach allgemeinen Grundsätzen nur den Verfasser treffen könnte."

Eine ganz eigenthümliche Arbeit ist die württembergische Verordnung über die Preßfreiheit vom 30. Januar 1817, die unter Aufhebung früherer Verordnungen vom 25. Dezember 1850, 7. Januar 1856 und 22. Februar 1861 am 24. Dezember 1864 wieder in Wirksamkeit gesetzt wurde. Es ist eine Mischung von Preßfreiheit und Censur, im Tone des wohlmeinenden Patriarchenregiments vorgetragen. Ueber den rechtlichen Zustand der Presse in Württemberg nach diesem Gesetz gab es eine lebhafte Auseinandersetzung zwischen den Abgeordneten Römer und Probst (Sitzung v. 10. u. 15. Mai 1871, St. B. S. 634 u. 709).

Bezüglich der Verantwortlichkeit stellt die Verordnung folgende Grundsätze auf: § 15. Für jede Druckschrift ist der Verfasser zuerst verantwortlich und strafbar; auch Andere sind es nach dem Grade ihrer Theilnehmung. — § 18. Jeder Verleger und, wenn die Schrift keinen von dem Drucker zu benennenden inländischen Verleger hat, der Drucker der Schrift ist verbunden, auf jede Aufforderung der Justizbehörde den Verfasser zu nennen, daher sie sich bei Uebernahme des Verlags oder Drucks dies thun zu können in den Stand setzen müssen. Können oder wollen sie den Verfasser nicht nennen, so werden sie so behandelt, als wären sie die Urheber der Schrift. — § 19. Außerdem werden die Buchdrucker für den Inhalt der Schriften, welche sie drucken, nicht verantwortlich gemacht, es wäre denn daß eine boshafte Kollusion mit dem Verfasser oder Verleger gegen sie erweislich gemacht würde. Im Fall eines erwiesenen bösen Vorsatzes sind die Drucker als Miturheber, jedoch immer geringer als die Verfasser selbst zu bestrafen. — § 20. Die Verleger hingegen, welche die Pflicht haben, den Inhalt des Werks, das sie verlegen, vor dessen Uebernahme zu prüfen oder prüfen zu lassen, sind nicht nur wegen bösen Vorsatzes, sondern auch wegen Nachlässigkeit, nach Gelegenheit der Umstände doch auch im ersteren Fall immer geringer als die Verfasser zu bestrafen. — § 21. Die Herausgeber fremder Aufsätze, namentlich die Redakteure von Zeitschriften, werden wegen Gesetzwidrigkeiten, welche solche Aufsätze enthalten, nach Beschaffenheit als dolose oder kulpose Theilnehmer und Beförderer des Vergehens des Verfassers verantwortlich. — Nach § 23 haften Buchhändler nur wegen doloser Verbreitung eines gesetzwidrigen Inhalts oder nach erfolgtem Vertriebsverbot, müssen dagegen alle anonymen oder ohne Nennung eines inländischen Druckers erschienenen oder nicht im Wege des ordentlichen Buchhandels an sie gelangten Schriften vor dem Debit der Regiminalbehörde vorlegen. — § 24 macht unbefugte Buchhändler für den gesetzwidrigen Inhalt der von ihnen verbreiteten Schriften haftbar. — Nach § 25 ist nur die Kolportage mit von der Behörde zugelassenen Schriften gestattet.

Auch hier also ist das zu Grunde liegende Prinzip die Herrschaft des allgemeinen Strafgesetzes, allerdings mit einigen Modifikationen, welche den eigenthümlichen Verhältnissen des Geschäftsverkehrs entnommen sind.

Bis zur Begründung des norddeutschen Bundes und resp. deutschen Reichs hat, da die hier nicht aufgezählten deutschen Einzelgesetzgebungen den Grundlagen des Bundesbeschlusses folgten, in der Verantwortlichkeitsfrage der Grundsatz gegolten: 1. daß die allgemeinen Strafgesetze Anwendung finden, aber 2. in mehr oder minder ausführlicher Weise durch Aushülfsbestimmungen ergänzt werden, deren Tendenz ist, entweder die Haftbarmachung des wirklichen Verfassers zu erleichtern oder die anderen an dem Entstehen der sträflichen Druckschrift betheiligten Personen wegen Fahrlässigkeit im Gewerbebetrieb zu bestrafen. In letzterer Beziehung findet sich in mehreren Gesetzgebungen (z. B. die preußische, sächsische) das System der successiven Verantwortlichkeit vor, so daß der an der Entstehung des Preßerzeugnisses entfernter Betheiligte durch Nennung oder Bekanntwerden eines Näherbetheiligten straffrei wird, soweit es sich nicht um dolose Mitwirkung am Preßdelikt handelt. Das Motiv des Gesetzgebers beruht darin, daß derjenige Preßgewerbetreibende, welcher sich eines bekannten haftbaren Autors oder Vormanns für seine bloß gewerbsmäßige Betheiligung an dem Zustandekommen eines Preßerzeugnisses versichert hat, so angesehen werden kann, als wenn er die nöthige, verständiger Weise zu verlangende Obsorge auch bezüglich des Inhalts geübt hat. Hier soll die Grenze sein, wo die Fahrlässigkeit strafbar zu sein aufhört.

II. Als sich die Bestrebungen für das Zustandekommen eines deutschen Preßgesetzes noch unter der Herrschaft des alten Bundes zu regen begannen und auf dem ersten deutschen Journalistentage der Gegenstand berührt wurde, gelangte man u. A. zu der Aufstellung: „Anwendung der allgemeinen Strafgesetze und Rechtsgrundsätze (z. B. hinsichtlich der Haftbarkeit) auch auf die Presse unter Ausschluß jeder Art von Spezialgesetzgebung." Während letztere Forderung sich gegen das vorhandene System der Fahrlässigkeits- oder Ordnungsstrafen wendet, erkannte der allgemeine Grundsatz die prinzipielle Richtigkeit des von den deutschen Gesetzgebungen eingeschlagenen Weges offen an. Die in Bezug auf die Preßgesetzgebung gefaßten Beschlüsse des ersten deutschen Journalistentages gaben, wie schon in der Einleitung S. 8 angedeutet wurde, auch dem Juristentage Anlaß, sich mit der gleichen Frage zu beschäftigen, und daher rühren die schon angezogenen Gutachten von Glaser und John in den Verhandlungen des sechsten Juristentages von 1865. Die geistreiche Arbeit von Glaser, welche auf der bestechenden, aber unhaltbaren Unterscheidung von uneigentlichen und eigentlichen Preßdelikten beruht und bei den ersteren die allgemeinen strafrechtlichen Grundsätze über die Verantwortlichkeit der handelnden Personen für anwendbar erklärt, bei den letzteren dagegen nur eine unpersönliche, materielle Repression durch Beschlagnahmen und Konfiskationen zulassen will, muß hier unberücksichtigt bleiben. Sie hat — was ihren vermeintlichen Kern angeht — schon durch das Gutachten von John volle Widerlegung gefunden, dessen Arbeit dagegen das Verdienst hat, in Bezug auf die rechtliche Würdigung der Stellung der Redakteure in der wissenschaftlichen Literatur der Frage die Bahn gebrochen zu haben, indem John den Satz aufstellte: „der verantwortliche Redakteur ist Verfasser der ganzen Zeitung." Neben diesem richtigen Ausgangspunkt gelangt John allerdings auch zu weniger haltbaren Behauptungen, z. B. daß dadurch die Strafbarkeit des wirklichen Verfassers eines Einzeltheils der Zeitung absorbirt werde, und ebenso bedenklich ist, daß er den Beweis des gegentheiligen Verhältnisses in besonderen Fällen ausschließt und sich über die materielle Ungerechtigkeit der absolut festgehaltenen Annahme der Verschuldung mit der Geringfügigkeit des Strafminimums tröstet. Nach beiden Richtungen hat das neue Reichspreßgesetz, welches den John'schen Grundgedanken aufgenommen hat, die nothwendige Korrektur erhalten und der natürlichen Präsumption die richtige Begrenzung gegeben.

Wir haben schon gezeigt, daß die Idee des französischen Zeitungsgeranten auf derselben Grundlage beruht. Daß derselbe Gedanke auch schon vor John bei den Vorarbeiten zur Gesetzgebung in Deutschland seine Vertretung gefunden, beweisen die Vorstadien des preußischen Preßgesetzes von 1851. In dem Regierungsentwurf fand sich schon die Bestimmung:

„Für den Inhalt eines Erzeugnisses der periodischen Presse ist jederzeit auch der Redakteur verantwortlich, ohne daß es eines weiteren Nachweises seiner Schuld bedarf."

Die Kommission der ersten preußischen Kammer gab dem gleichen Gedanken folgenden Ausdruck:

„Der Redakteur ist für den gesammten Inhalt des von ihm redigirten periodischen Blattes verantwortlich und zwar als Urheber, wenn er bei seiner ersten gerichtlichen Vernehmung den Verfasser des strafbaren Artikels nicht nachweist, oder der nachgewiesene Verfasser im Bereich der preußischen Gerichtsbarkeit nicht seinen persönlichen Gerichtsstand hat; als Theilnehmer, wenn er den im Bereiche der preußischen Gerichtsbarkeit befindlichen Verfasser des strafbaren Artikels zwar nachweist, ihm aber eine Theilnahme bei der Abfassung oder Veröffentlichung des Artikels zur Last fällt."

Wie wichtig die damalige erste preußische Kammer die Verantwortlichkeitsfrage erachtete, geht daraus hervor, daß die betreffenden Paragraphen zur nochmaligen Würdigung an die Kommission zurückverwiesen wurden. In Folge dessen liegen zwei Berichte vor, wovon der erste in Bezug auf die Stellung des Redakteurs u. A. bemerkt:

„Der Redakteur eines periodischen Blattes ist derjenige, welcher die rechtliche Persönlichkeit des Blattes dem Staate und dem Einzelnen gegenüber vertritt; ohne seinen Willen kann nichts in dasselbe aufgenommen werden, und jede Zeile, welche in demselben erscheint, muß als von ihm selbst oder unter seiner wissentlichen Betheiligung ausgegangen gelten. Ist dem aber so, so folgt daraus von selbst, daß der Redakteur für dasjenige, was in dem von ihm redigirten Blatte erscheint, auch unbedingt die Verantwortlichkeit tragen müsse, dergestalt, daß, wenn das Preßerzeugniß ein Strafgesetz verletzt, diese Verletzung als mindestens von ihm mitbegangen angesehen und an ihm gesühnt werden müsse."

In dem zweiten Bericht heißt es:

„Die Kommission ist durch eine nochmalige Prüfung der in

ihrem Bericht entwickelten Ansichten und der dagegen vorgebrachten Argumente in der Mehrheit ihrer Mitglieder in dem Grundsatz bestärkt worden,

„daß der Redakteur eines periodischen Blattes die rechtliche Persönlichkeit desselben dem Staate und dem Einzelnen gegenüber vertrete und daß er darum für den gesammten Inhalt des von ihm redigirten Blattes verantwortlich gemacht werden müsse."

Später wird bemerkt:

„Darüber, wie der Grad seiner Schuld zur Ueberzeugung des Richters zu bringen sei, bedarf es um so weniger hier einer Bestimmung, als nach dem Fortfall der positiven Beweistheorie jedweder Beweis eben nur in der Ueberzeugung der Richter beziehungsweise der Geschwornen gestellt ist, und darum auch keine Regeln über die Beweisführung gegeben werden dürfen."

Die von dem Plenum der ersten Kammer angenommene Fassung der Kommission stieß jedoch in der zweiten Kammer auf Widerspruch. Der Bericht der betreffenden Kommission tadelte zunächst mit Recht die Tautologie, daß der theilnehmende Redakteur als Theilnehmer zu strafen sei und bemerkt hinsichtlich der Strafbedrohung als Urheber, „es kehre hier die ganze unzulässige Vorschrift wieder, die volle Strafe des Verbrechens gegen einen nach allgemeinen Grundsätzen Nichtschuldigen in Anwendung zu bringen." Dagegen wird zugestanden: „Es liegt in der Natur des Sachverhalts, daß der Redakteur ohne den bündigsten Gegenbeweis als Urheber oder mindestens als Theilnehmer gelten müsse; diesen Gegenbeweis dürfe man in keinem Falle ausschließen und wo er erbracht werde, müsse es bei der Anwendung einer nach der Schwere des Vergehens abzumessenden Ordnungsstrafe verbleiben."

Dem betreffenden Beschluß der zweiten Kammer trat die erste später bei und das Gesetz von 1851 erhielt seine oben mitgetheilte Fassung. Es ist aber bemerkenswerth, daß das preußische Obertribunal in einer Reihe von Entscheidungen den in den eben citirten Motiven deutlich genug bezeichneten, den Willen der Gesetzgebungsfaktoren klar illustrirenden Standpunkt vollständig verlassen und dadurch die als Ausnahme gedachte Ordnungsstrafe zur Regel gemacht hatte. Der Abg. Lasker erinnerte noch in der Verhandlung über den § 21 des Reichspreßgesetzes (St. B. S. 1106) daran, „wie das Obertribunal zur Ueberraschung Aller vor Jahren zu der gelinden Auslegung gekommen ist, daß der Redakteur niemals nachzuweisen brauche, daß er den Artikel nicht gelesen habe."

Der Anlauf der ersten preußischen Kammer von 1851, die Stellung des Zeitungsredakteurs real zu würdigen, hatte, wie man sieht, schon ganz richtig bestimmt — und darin tritt derselbe mit der von John entwickelten Anschauung in Widerspruch — daß die Nennung des Verfassers den Redakteur nicht straffrei machen sollte, während John nur den Redakteur allein gestraft wissen will.

Als nach Beseitigung der Fesseln des alten Bundesrechts in einzelnen deutschen Staaten neue Preßgesetze erlassen wurden, fanden die auf den Journalistentagen wiederholten Bemühungen Biedermanns, dem sog. belgischen Systeme Eingang zu verschaffen, in zwei Staaten, Baden und Weimar, theilweis praktische Billigung, während das kurze Lübecksche Preßgesetz vom 25. Sept. 1869 im § 7 nur auf die allgemeinen Strafbestimmungen verweist, worunter, richtig verstanden, auch die allgemeinen Grundsätze über Verantwortlichkeit fallen, und das revidirte sächsische Preßgesetz von 1870 daneben das System der Ordnungsstrafen mit successiver Haftbarkeit beibehielt.

Als Grundlage für die Haftbarkeitstheorie der vorjährigen Reichspreßgesetzkommission muß sowohl das badische als weimarsche Gesetz einer kurzen Erörterung unterzogen werden, zumal man ihren wahren Inhalt nicht selten in der Darstellung verwischt hat.

Das badische Preßgesetz hat übrigens schon sehr bald durch das dortige Einführungsgesetz zum Reichsstrafgesetzbuch vom 23. Dezember 1871 in der Regelung der Verantwortlichkeit solche Modifikationen erhalten, daß es von da an dem System der durch Ordnungsstrafen ergänzten allgemeinen strafrechtlichen Verantwortlichkeit zugezählt werden mußte. Als es sich um die Reichsgesetzgebung für die Presse ernstlich handelte, war das weimarsche Gesetz das einzige in Deutschland, welches die Theorie der fingirten ausschließenden Verantwortlichkeit vertrat.

Das ursprüngliche badische Gesetz ging in seinem § 12 von der Regel aus, daß „bezüglich der Theilnahme und Verschuldung an Preßvergehen die Vorschriften der allgemeinen Strafgesetze“ „mit folgenden besonderen Bestimmungen“ gelten sollten:

„§ 13. Die dem Urheber eines Preßvergehens gedrohte Strafe trifft auch folgende bei dem Erscheinen der Druckschrift betheiligte Personen:

1. den Herausgeber (Redakteur),
2. den Verleger oder, wenn er das Geschäft nicht selbst betreibt, dessen Geschäftsführer,
3. den Drucker (§ 4).

Haben jedoch diese Personen nicht vorsätzlich zur Verübung des Vergehens mitgewirkt, so können sie die Anklage an die vor ihnen Genannten oder an einen strafrechtlich haftbaren Verfasser verweisen, wenn Derjenige, an welchen die Anklage verwiesen werden soll, sich im Bereiche der richterlichen Gewalt des Staates befindet oder zur Zeit der Verübung des Vergehens im Inlande seinen Wohnsitz oder seinen gewöhnlichen Aufenthaltsort hatte.

Ebenso können die in obiger Reihenfolge unter 2 und 3 genannten Personen die Anklage an die vor ihnen Genannten verweisen, wenn sie nachweisen, daß eine solche im Bereiche der richterlichen Gewalt des Staates ist oder zur Zeit der Verübung des Vergehens im Inland ihren Wohnsitz oder ihren gewöhnlichen Aufenthaltsort hatte.

Das Recht hierzu ist erloschen, wenn von demselben nicht in den in §§ 365 und 366 der Strafprozeßordnung bezeichneten Fristen Gebrauch gemacht wurde.

Die Verweisung auf eine voraus verantwortliche Person ist jedoch zu verwerfen, wenn letztere fälschlich vorgeschoben wurde.

An der civilrechtlichen Verantwortlichkeit der bei einem Preßvergehen betheiligten Personen wird durch die vorstehenden Bestimmungen nichts geändert."

Ehe wir an die Würdigung dieser Formulirung des sogenannten belgischen Systems gehen, ist darauf aufmerksam zu machen, daß der Absatz 3 des § 13 offenbar auf einer Nachlässigkeit der Gesetzesredaktion beruht, da er nur den Inhalt des Abs. 2 wiederholt. Er muß als gestrichen betrachtet werden, wie auch schon Behaghel in seiner Erläuterung zum badischen Preßgesetz S. 25 Note bemerkt.

Für die vorsätzliche Mitwirkung am Zustandekommen eines strafbaren Preßerzeugnisses gelten demnach die allgemeinen Grundsätze über die Verantwortlichkeit und dabei können z. B. alle Genannten gleichzeitig strafbar werden. Nur für die sogenannte formale Verantwortlichkeit, der aber, was ein schwerer Mißgriff des Gesetzes war, die volle Strafe der vorsätzlichen Begehung angedroht war, hat man gleichsam als Ausgleich für diese Härte der Strafdrohung das System der Rückleitung der Verantwortlichkeit auf Vordermänner zugelassen. Dabei wurde der nach dem früheren badischen Preßgesetz auch haftbare „Verbreiter" von jeder Verantwortlichkeit befreit. Wenn der „Redakteur" auch hier sich durch Nennung des Verfassers freimachen konnte, so ist dafür anzuführen, daß das badische Gesetz die Forderung eines verantwortlichen Redakteurs bei periodischen Druckschriften nicht hatte, der Redakteur also als gewöhnlicher Herausgeber erschien. Nichtsdestoweniger war jene Befreiung auch unter diesem Gesichtspunkte gegen die Natur der Dinge; denn die bloße Thatsache, daß er den Verfasser kannte, kann einen Redakteur oder

Herausgeber nicht von der Pflicht befreien, zu prüfen, ob der Artikel des Ersteren, den er unter die Leute bringt, strafbar ist oder nicht. Die Bestimmung, daß es genügen soll, wenn der Nachgewiesene zur Zeit der Verübung des Vergehens seinen Wohnsitz im Inlande hatte, also auch dann, wenn er der Justiz durch seine eigene Handlung nicht mehr erreichbar ist, den Nachmann freimacht, geht offenbar zu leicht an der immerhin vorhandenen fahrlässigen Verschuldung der übrigen Mitwirkenden vorüber. Dagegen soll die Befugniß, die Verweisung zu verwerfen, wenn das Gericht die Ueberzeugung gewinnt, daß die als voraus verantwortlich bezeichnete Person nur fälschlich vorgeschoben ist, nach Behaghel's Erläuterung S. 27 besonders das Vorschieben von Strohmännern als Redakteure verhindern.

Nach diesem Gesetze hatten die Gerichte das Recht, die formell Mitwirkenden als Theilnehmer in Anspruch zu nehmen, und diesen lag es auf, durch Verweisung an Vordermänner sich der Haftung zu entledigen. Insofern ist hier das System der successiven, ausschließenden Verantwortlichkeit zur Anerkennung gekommen. Es wurde fingirt, daß die nicht vorsätzlich Handelnden doch vorsätzlich gehandelt haben; nur so ist die Strafdrohung mit der vollen Strafe für das vorsätzliche Vergehen erklärlich. Mit anderen Worten, für Fahrlässigkeit tritt die Strafe des vorsätzlichen Handelns ein, wenn nicht zufällig der Bedrohte in der Lage ist, einen Vordermann zu stellen, der statt seiner gestraft wird. Und gegen die angenommene Fahrlässigkeit ist kein Gegenbeweis gestattet.

Es begreift sich, daß man in Baden bald auf andere Gedanken kam und dem § 13 durch das Gesetz vom 23. Dezember 1871 den § 13a folgen ließ:

„Gegen die in § 13 genannten Personen ist, wenn sie nach Maßgabe desselben verantwortlich bleiben, wegen Vernachlässigung der ihnen obliegenden Fürsorge eine mit Rücksicht auf das mittelst der Druckschrift verübte Verbrechen oder Vergehen zu bemessende Gefängnißstrafe bis zu zwei Jahren oder eine Geldstrafe bis zu 1000 Gulden zu erkennen."

Damit ist die badische Gesetzgebung zu dem System zurückgekehrt, welches jetzt auch das Reichspreßgesetz angenommen hat; jedoch ist die Strafdrohung des neuen Gesetzes in ihrem Maximum um die Hälfte niedriger als das badische Gesetz.

Es bleibt nur noch das weimarische Preßgesetz in diesem Punkte zu erörtern übrig. Nachdem der Art. 10 den Grundsatz aufgestellt, daß wer sich durch eine Druckschrift eines Verbrechens oder Vergehens schuldig macht, in diejenige Strafe verfällt, mit welcher die bestehenden Gesetze dieses Verbrechen oder Vergehen bedrohen, normirte bezüglich der Verantwortlichkeit der Art. 13:

„Die Personen, welche zum Erscheinen und beziehungsweise Verbreiten einer strafbaren Druckschrift mitgewirkt haben, sind in folgender Ordnung verantwortlich:

1. der Verfasser, insofern mit dessen Wissen und Willen Druck und Herausgabe erfolgt sind,
2. der Herausgeber,
3. der Verleger, oder wenn dieser sein Geschäft nicht selbst betreibt, sein Geschäftsführer oder der Kommissionär,
4. der Druckereibesitzer,
5. der Verbreiter, sofern er Kenntniß von dem Inhalt hat.

Jede der unter 2. bis 5. genannten Personen kann die Verantwortung dadurch von sich abwenden, daß sie eine der vor ihr genannten Personen vor Eröffnung des ersten Straferkenntnisses namhaft macht, vorausgesetzt, daß dieselbe im Inland vor Gericht gestellt werden kann. Der Herausgeber bleibt jedoch so lange haftbar, bis der Nachweis vorliegt, daß Druck und Herausgabe mit Wissen und Willen des Verfassers erfolgt sind."

Bezüglich der Verantwortlichkeit für Zeitungen und periodische Druckschriften ist noch in den Artikeln 16 und 17 hinzugefügt:

„Art. 16. Bei Zeitungen und periodischen Druckschriften haftet zunächst der verantwortliche Redakteur für den gesammten Inhalt.

Der verantwortliche Redakteur kann sich von dieser Haftpflicht dadurch befreien, daß er den Verfasser benennt, vorausgesetzt, daß derselbe im Inland vor Gericht gestellt werden kann und die Veröffentlichung mit seinem Wissen und Willen erfolgt ist.

Art. 17. Entzieht sich der verantwortliche Redakteur den zum Einschreiten veranlaßten inländischen Gerichtsbehörden, so sind die im Art. 13 genannten Personen in der dort bestimmten Reihenfolge, jedoch bezüglich des Verbreiters mit den in Art. 15 enthaltenen Beschränkungen, auch für den Inhalt der betreffenden Zeitung oder periodischen Druckschrift verantwortlich."

Und eine große Singularität ist die weitere Bestimmung des § 17:

„Für Privatbekanntmachungen in Zeitungen oder periodischen Druckschriften haftet zunächst der Einsender. Ist dieser nicht namhaft gemacht und kann er im Inland nicht vor Gericht gestellt werden, so trifft die Haftung den verantwortlichen Redakteur für den betreffenden Theil."

Hier erscheint die Fiktion der Schuld bei dem Einzelnen, welcher sich nicht durch einen Vormann schützen will oder kann, in ihrer vollen Härte, ebenso auch die schreiende Verletzung der Gerechtigkeit, indem der die formale Schuld auf einen Vordermann abwälzende, persönlich noch so Schuldige straffrei ausgeht, weil immer nur Einer gestraft werden soll. Die in Art. 16 angedeutete richtige Auffassung von der Verantwortlichkeit des Redakteurs wird wieder in den Folgen illusorisch. Am nächsten kommt die Verantwortlichkeitstheorie des weimarischen Preßgesetzes dem System der preußischen oktroyirten Preßverordnung von 1849, aber diese trug doch wenigstens Vorsorge, daß die Abwälzung der Verantwortlichkeit auf einen Vordermann sich nicht auf den vorsätzlichen Theilnehmer an dem Preßvergehen erstreckte.

In den Berathungen des sächsischen Preßgesetzes von 1870 hat sich der Berichterstatter Dr. Biedermann auf das Eifrigste bemüht, diesem System Eingang zu verschaffen, allein vergebens, da er mit dieser Auffassung in der betreffenden Kommission allein blieb und die neue Fassung des Gesetzes hier die Grundlage der älteren Gesetzgebung und der bisherigen communis opinio in Deutschland nicht verließ. Um so glücklicher war Dr. Biedermann auch trotz der entgegengesetzten Gutachten von Glaser und John auf den Journalistentagen gewesen, und der im vorigen Jahre von einer Anzahl Reichstagsmitgliedern eingebrachte, an den Antrag des Journalistentags anknüpfende Gesetzentwurf lautete in dem bezüglichen § 5 wie folgt:

„Für den Inhalt eines Schrift- oder Bilderwerkes haftet zunächst der Verfasser, in zweiter Linie der Herausgeber (Redakteur), in dritter Linie der Verleger und endlich der Verbreiter (Sortimentsbuchhändler, Antiquar, Kolporteur, Leihbibliothekar u. s. w.).

Die Verantwortlichkeit des Verbreiters, Verlegers und Herausgebers fällt fort, wenn dieselben vor dem Schlusse der gerichtlichen Verhandlung dem Gerichte eine der vor ihnen haftenden Personen namhaft machen und wenn diese sich im Bereiche der Gerichtsbarkeit des deutschen Reiches befindet oder zur Zeit der Gesetzesübertretung befand.

Keine der haftenden Personen kann gezwungen werden, ihren Vormann zu nennen."

Hier war das von Dr. Biedermann auf dem Journalistentage vertretene System allerdings wesentlich verschlechtert worden, da jede Rücksicht auf die vorsätzliche Theilnahme der aufgezählten Personen an der Verschuldung fehlte. Gegen die badische Gesetzgebung war auch die Verantwortlichkeit des Verbreiters anerkannt.

Gleich in der ersten Berathung wurden lebhafte Zweifel gegen die Richtigkeit des hier angenommenen Verantwortlichkeitssystems laut. Der Abg. Windthorst (Meppen) rügte die Behandlung der Verantwortlichkeit des Redakteurs; v. Helldorf hob die beiden Hauptfehler des Systems, sowohl die durch den Zufall bestimmte große Härte gegen den Einen, als Straflosigkeit gegen Andere, hervor und hielt dagegen die Aufstellungen des preußischen Preßgesetzes für milder und gerechter (St. Ber. 1873, S. 36 und 37).

In der Kommission von 1873 hat der betreffende Paragraph allerdings wesentliche Verbesserungen, besonders durch die Bemühungen des Berichterstatters Dr. Biedermann, erhalten, dessen Vertheidigung für das von uns, allerdings in Uebereinstimmung mit fast allen juristischen Autoritäten, welche sich in der Sache geäußert haben, für nicht empfehlenswerth gehaltene System hier mitzutheilen, nur eine Pflicht der Gerechtigkeit ist. Am ausführlichsten hat dies Biedermann in seinem Referat für den deutschen Journalistentag (Die Grundlagen eines deutschen Reichsgesetzes über die Presse. Referat von Karl Biedermann. Frankfurt 1871) gethan, wo es S. 14 heißt:

„Das System der stufenweisen ausschließenden Haftbarkeit ruht auf folgenden zwei Präsumptionen oder Fiktionen, welche beide durch die eigenthümliche Natur der Preßgewerbe und der durch die Presse verübten Vergehen gerechtfertigt sind.

1. Es ist thatsächlich unmöglich, daß die verschiedenen, bei der mechanischen Herstellung und der Verbreitung eines Preßerzeugnisses betheiligten Personen den Inhalt eines solchen genau prüfen und dadurch sich davor schützen können, zur Verübung einer strafbaren Handlung mitzuwirken, umsomehr als ja der Thatbestand eines solchen idealen Vergehens, wie die Preßvergehen sind, keineswegs so offen vorliegt und so leicht erkennbar ist, wie etwa bei einem Diebstahle oder einem Morde. So lange daher nicht anderweite belastende Umstände die Vermuthung begründen, daß die betreffende Person um die Strafbarkeit einer von ihr geförderten Preßveröffentlichung gewußt habe, so lange wird die entgegengesetzte Präsumption, nämlich von ihrem Nichtwissen und folglich auch von dem Nichtvorhandensein einer bösen Absicht (dolus) auf ihrer Seite vollkommen begründet sein. Ein solcher belastender Umstand ist jedoch dann vorhanden, wenn einer der Theilnehmer an der Verbreitung eines Preßerzeugnisses seinen Vormann, d. h. denjenigen, aus dessen Händen er das Preßerzeugniß empfing, um es seiner Bestimmung näher zu bringen, entweder wirklich nicht kennt oder dem Gerichte zu nennen sich weigert. Etwas Analoges kommt ja auch bei andern nicht

durch die Presse verübten Verbrechen vor. Wenn z. B. ein Schlosser einen Hausschlüssel nachgebildet hat, so wird Niemand daran denken, ihm eine böse Absicht zuzutrauen und ihn der Theilnehmerschaft an einem damit begangenen Diebstahle verdächtig zu halten, sofern er es gethan hat im Auftrage einer ihm bekannten und von ihm als unverdächtig gekannten Person; wohl aber würde, falls er das Gleiche im Auftrage eines ihm gänzlich Fremden gethan, das Gericht Grund haben, weiter zu forschen, ob er bloß aus Leichtsinn so gehandelt oder ob er etwa in böslicher Absicht und wissentlich die Hand zu einem Verbrechen geboten. Wenn der Drucker sich weigern würde, den Verleger, ein Verleger den Verfasser einer angeklagten Schrift namhaft zu machen, so wäre dies ein starker Verdachtsgrund, daß der Drucker beziehungsweise Verleger sich der Strafbarkeit des Schriftwerkes bewußt sei, und daß er durch seine Weigerung den eigentlichen Urheber der Strafe entziehen wolle. Umgekehrt aber, wenn der Verfasser eines Schriftwerkes bekannt und wenn er im Bereiche eines deutschen Gerichtshofes ist, so ist die gegentheilige Präsumption begründet nämlich: daß Verleger, Drucker, Verbreiter in dem guten Glauben gehandelt haben, ein Mann, der sich selbst dem Gerichte als haftbar durch die öffentliche Nennung seines Namens und als leicht erreichbar durch seinen Aufenthalt im Inlande darbiete, ein solcher Mann werde nicht etwas Strafbares haben schreiben und ihnen zur Veröffentlichung übergeben wollen, da er ja wußte, daß er selbst dafür zur Verantwortung gezogen werden würde. Aehnlich verhält es sich, wenn der Verfasser einer Schrift zwar nicht auf dem Titel genannt ist, wenn aber der Verleger, Drucker oder Verbreiter sogleich bei Einleitung einer strafrechtlichen Verfolgung den Verfasser benennt, und zwar so, daß derselbe vor Gericht gestellt werden kann. Denn sie bekunden dadurch ebenfalls, daß sie in gutem Glauben, d. h. in der festen Zuversicht gehandelt haben, der Verfasser werde bei Veröffentlichung seiner Arbeit nichts Strafbares im Sinne gehabt haben.

Allerdings können auch, wenn der Verfasser bekannt ist oder sofort genannt wird, doch noch andere Belastungsmomente vorhanden sein, welche eine Mitwissenschaft und folglich Mitverantwortlichkeit des Verlegers, Druckers, Verbreiters für das von ihnen veröffentlichte Schrift- oder Bildwerk begründen. Wenn z. B. in der öffentlichen Ankündigung eines Schriftwerkes durch den Verleger oder den Sortimenter Andeutungen vorkommen, aus denen hervorgeht, daß der Ankündigende Inhalt und Tendenz des Angekündigten kennen mußte (z. B. die Anpreisung eines auf Medicasterei berechneten Buches oder die Hinweisung auf pikant lüsterne Schilderungen eines Romans u. dgl.), oder wenn ein

Kolporteur unzüchtige Bilder feilbietet, in solchen und ähnlichen Fällen kann auch die Nennung eines Vormannes die betreffende Person von der Strafe der Theilnehmerschaft nicht befreien.

Selbstverständlich ist, daß, wenn ein Manuskript ohne Vorwissen oder gar wider den Willen seines Verfassers gedruckt, oder wenn ein Bildwerk hinter dem Rücken des Künstlers photographirt und vervielfältigt, also das Eine und das Andere ohne Zuthun ihrer eigentlichen Urheber verbreitet worden sein sollte, daß dann nicht diese Urheber, welche an der öffentlichen Verbreitung ihrer Geisteserzeugnisse völlig unschuldig sind, sondern lediglich Diejenigen strafbar sein müssen, welche die Veröffentlichung veranlaßt haben.

2. Daß andererseits diejenigen Personen, welche nur in zweiter oder dritter Linie bei Veröffentlichung eines Preßerzeugnisses thätig gewesen sind, dennoch, wenn sie wollen, die strafrechtliche Verantwortung für dasselbe auf sich nehmen und dadurch ihre Vorderleute straffrei machen können (wie dies in der letzten Alinea von § 5 ganz in Uebereinstimmung mit Art. 14 des weimarschen Preßgesetzes ausgesprochen ist) — auch das beruht auf einer in der eigenthümlichen Natur der Preßerzeugnisse und der durch sie zu begehenden strafbaren Handlungen begründeten rechtlichen Fiktion. Wie schon zu § 4 ausgeführt, legt das Strafgesetzbuch und mit Recht bei den Preßvergehen das Hauptgewicht auf die „Verbreitung“ oder die gewerbsmäßige Veröffentlichung eines Schrift- oder Bildwerkes. Erst dadurch wird das Preßvergehen (wofern ein solches überhaupt vorhanden) vollendet; ohne die wirkliche gewerbsmäßige Veröffentlichung bleibt die Handlung entweder bloßer Versuch (als welcher sie nicht strafbar ist) oder verliert den Charakter eines eigentlichen Preßvergehens, sammt den daran sich knüpfenden strafrechtlichen Folgen (s. zu § 4) und nimmt den Charakter einer gewöhnlichen, lediglich mit Hülfe mechanischer Vervielfältigung begangenen strafbaren Handlung an.

Nach alledem erscheint die Präsumtion als vollkommen zulässig, daß wenn z. B. ein Verfasser einem Verleger ein Manuskript mit dem Bedeuten übergiebt: er stelle ihm anheim, ob er, der Verleger, das Manuskript auf seine Verantwortlichkeit drucken lassen wolle; er, der Verfasser wolle keinesfalls genannt sein, überhaupt mit der ganzen Sache nichts weiter zu thun haben — daß dann der Verleger, wenn er das Manuskript druckt und verbreitet, der allein Verantwortliche ist, da er es war, der durch einen freien, von dem Verfasser nicht beeinflußten Willensakt die Veröffentlichung des geistigen Werkes, also dessen Hinausverlegung in die Sphäre, wo allererst die strafrechtliche Verantwortlichkeit beginnt, bewirkte. Es braucht dies nun nicht allemal ausdrücklich und umständlich ausgesprochen zu werden, sondern es genügt (sobald man einmal diese Fiktion aufstellt), daß ein Verfasser sich auf dem Titel einer Schrift nicht nennt, auch den Verleger oder Drucker verpflichtet, seinen Namen nicht zu verrathen. Er sagt sich damit von der Handlung, welche durch seine Arbeit begangen werden **kann** (nämlich **wenn** dieselbe veröffentlicht wird) an sich aber noch keinesweges begangen **ist** (denn Gedanken, auch niedergeschriebene, sind nicht blos zoll- sondern auch straffrei, so lange sie nicht in die äußere Erscheinung heraustreten), gleichsam im Voraus los, und es ist denn gerade so, als wenn ein Manuskript ohne Vorwissen seines Verfassers gedruckt wird.

Man pflegt gegen dieses System vom juridischen Standpunkte aus zweierlei einzuwenden. Einerseits findet man es hart, daß unter Umständen Drucker oder Verbreiter die ganze Strafe leiden sollen, während sie doch nur einen sehr geringen Antheil an der strafbaren Handlung haben. Allein abgesehen davon, daß, wenn einmal eine positive Gesetzbestimmung der Art, wie in § 5 vorgeschlagen, besteht, alle Preßgewerbtreibende im Voraus genau wissen, unter welchen Voraussetzungen sie haften, unter welchen dagegen sie sich der Haftbarkeit entschlagen können, ihnen also kein Unrecht geschieht, wenn sie freiwillig das Erstere auf sich nehmen; abgesehen davon, liegt auch ein sachlicher Grund ihrer Haftbarkeit in dem Umstand, daß erst durch ihr Zuthun die eigentlich strafbare Handlung vollendet wird, die in der Schrift als solcher, ohne das Hinzutreten der gewerbsmäßigen Verbreitung oder Veröffentlichung, wie oben nachgewiesen, noch nicht liegt.

Wenn andererseits (nach der gerade entgegengesetzten Seite hin) eine rechtliche Unzulässigkeit darin gefunden werden will, daß nach diesem System der eigentliche Urheber eines Preßvergehens straflos ausgehen können, so ist darauf theils wiederum das oben Gesagte, theils das zu erwiedern, daß dies im Gebiete der Preßgesetzgebung durchaus nichts Neues ist, da schon bisher viele Preßgesetze die Bestimmung enthielten, daß der Redakteur einer Zeitschrift, wenn er die Verantwortung für einen Artikel auf sich nahm, nicht gezwungen werden konnte, den Verfasser zu nennen. Auch dürfte derjenige Zweck der Strafe, den gerade bei Preßvergehen doch wohl der Gesetzgeber hauptsächlich im Auge hat, der Zweck der Abschreckung, durch die Verhängung der vollen strafrechtlichen (nicht blos polizeilichen) Haftbarkeit auch über die mehr blos mechanischen Theilnehmer an einem Preßerzeugniß (Verleger, Drucker ꝛc.) beinahe sicherer erreicht werden, als durch die Haftbarmachung des Verfassers selbst. Denn der Letztere wird auch eine harte Strafe leichter ertragen und sich dadurch von künftigen Handlungen ähnlicher Art weniger abschrecken lassen, indem er dafür einen Ersatz findet entweder in der Begeisterung für die Sache, die er mit seiner Feder vertritt, oder in der Hoffnung auf Ruhm, vielleicht sogar in einem durch die Strafe selbst zu erwerbenden ehrenden Martyrium, während beim Verleger, beim Drucker u. s. w. solche ideale Motive in der Regel weniger wirksam sind, auch gerade sie durch die Verbüßung der Strafe (z. B. einer Haft) meist härter betroffen werden, als der Schriftsteller, der nicht selten in der glücklichen Lage ist, als ein Asmus omnia sua secum portans in das Gefängniß zu wandern."

In seiner dankenswerthen Zusammenstellung: „Geschichtliches und gesetzgeberisches Material zu der Frage wegen der strafrechtlichen Verantwortlichkeit der Verfasser u. s. w.", welche Biedermann für die vorjährige Kommissionsberathung drucken ließ, hat er aus dem schon angeführten Bericht des Herrn von Berg (abgedruckt bei Nauwerk: „Die Thätigkeit der deutschen Bundesversammlung, 2. Heft S. 75, 88 ff.") die nachfolgende Erörterung mitgetheilt, welche wörtlich dem Weber'schen Werke über Injurien und Schmähschriften, dritte Abtheilung S. 122 ff., entnommen ist:

„Wird die Verantwortlichkeit der Buchdrucker und Verleger zu strenge genommen, so läuft man leicht Gefahr, die Preßfreiheit, soweit wir sie noch haben, völlig zu vernichten. Beide würden auch bei den gleichgültigsten Werken Bedenken finden, das Schicksal des Verfassers zu theilen, sie würden der gänzlichen Zerrüttung ihre Gewerbe ausgesetzt sein, wenn Regierungen und Gerichte alle diejenigen immer auch neben dem Verfasser in Anspruch nehmen wollten, die nur mechanisch an der Herausgabe eines Werkes Antheil nehmen. Der Drucker kann weder die Materie noch den Ausdruck des Verfassers beurtheilen, er ist nur das mechanische Hülfsmittel, wodurch der Verfasser seine Ideen verbreitet. Der Verleger ist nicht selten, was die Beurtheilung eines Buches anbetrifft, mit dem Buchdrucker in gleichem Falle, wenigstens liegt es ganz außer seiner Bestimmung, und ist ihm nicht anzusinnen, alle Manuskripte, die er verlegt, vor dem Abdruck sorgfältig durchzulesen, und Inhalt und Ausdruck von Seiten der Verantwortlichkeit zu prüfen. Noch weniger kann dies von Buchhändlern gefordert werden, insofern sie Bücher, die sie selbst nicht verlegt haben, verkaufen. Die Absicht aller dieser Personen ist nur auf ihr Gewerbe gerichtet, der Zweck des Verfassers liegt gänzlich außer dem ihrigen, ist ihnen auch, an sich betrachtet, gleichgültig, wenn der Drucker nur den Gebrauch seiner Pressen gut bezahlt erhält und der Verleger die Auflage gut absetzt. Legalität und wissenschaftlichen Werth des Inhalts überlassen sie billig dem Verfasser zu verantworten. Ihr ganzes Verhältniß begründet die stärkste Vermuthung, daß sie nicht absichtlich an dem Unrecht und der Strafbarkeit des Inhalts Theil genommen haben. Diese Vermuthung sichert sie gegen alle Ansprüche, die aus einer absichtlichen Theilnahme hergenommen werden, so lange, bis sie besonders überwiesen sind, wissentlich und vorsätzlich Mitschuldige des Verfassers geworden zu sein. Aus dem Abdruck und Verlag eines beleidigenden oder sträflichen Buches folgt aber das an sich noch nicht. Nur in gewissen Fällen solcher Injurien, die einem Jeden sogleich einleuchten, können besondere Gründe eintreten, die das Gegentheil beweisen oder doch vermuthen lassen.

Vorsichtiger aber müssen jene Personen bei anonymischen Schriften zu Werke gehen. Diese können freilich in Ansehung ihres Inhalts sehr gerecht sein, aber die gesuchte Anonymität macht doch wenigstens die Maßregel nothwendig, daß man sich in den Stand setze, denjenigen zu nennen, an den Richter und Beleidigte sich halten können. Der Drucker ist frei, wenn er seinen Verleger nennt und allenfalls seine Unwissenheit in Ansehung des Verfassers eidlich bestärkt, da er es nur mit jenem, nicht mit diesem zu thun hat. Der Verleger ist frei, wenn er den Verfasser anzeigt, bis eine nähere Theilnahme desselben an der Vergehung des Letzteren erweislich ist. Drucker hingegen, die ihre Presse einer Schrift überlassen, ohne weder Verleger noch Verfasser zu kennen, Verleger, die den Abdruck veranstalten, ohne den Schriftsteller angeben zu können, machen sich allerdings durch diese Unachtsamkeit verbindlich, den erweislichen Schaden zu vergüten, der daraus entsteht, daß die Personen, welche sie anzugeben verbunden waren, unentdeckt bleiben, und beide können obendrein für ihre Pflichtwidrigkeit bestraft werden. Denn wenn man auch zugeben muß, daß anonymische Schriften an sich wegen ihrer öffentlichen Duldung nicht sogleich geahndet werden können, so darf doch diese Straflosigkeit gegen die Vorschrift unserer Reichsgesetze sich nicht auch auf diejenigen erstrecken, welche durch ihr *unvorsichtiges* Benehmen durchaus alle Rechtsverfolgung gegen den Urheber ahndungswürdiger Schriften vereiteln.

Es ist eine sehr zu tadelnde Gewohnheit der Buchhändler, daß sie von ganz unbekannter Hand ihnen zum Verkauf zugewandte Bücher auf's Gerathewohl ungeprüft annehmen und weiter verkaufen. Dies Betragen ist desto unvorsichtiger, je mehr die verdeckte Einwendung, wobei sich Keiner namentlich angiebt, allerdings die Rechtmäßigkeit solcher Schriften verdächtig macht. Warum sollte sonst nicht wenigstens der Verleger genannt sein? Sie machen sich daher allerdings durch den weiteren Verkauf einer sträflichen Verbreitung schuldig, wann die Schrift selbst verbotenen Inhalts ist.

Die Herausgeber und Redakteure der Zeitschriften und Journale stehen unstreitig, was den Inhalt der Aufsätze anbetrifft, die sie in's Publikum bringen, in einer strengeren Verantwortlichkeit als Drucker und Verleger. Sie haben keineswegs, wie diese, die Vermuthung für sich, daß sie die einzelnen Aufsätze nicht gelesen oder geprüft hätten, und können sich mit dieser Ausflucht gar nicht entschuldigen, da sie sich allerdings zu einer gewissen Aufsicht über den Inhalt ihrer Zeitschrift und zur Fürsorge für die Zweckmäßigkeit desselben verpflichtet haben, mithin auch im Ganzen schuldig sind, ihn rechtlich zu verantworten. Sie haften daher völlig als Mitschuldige und Theilnehmer der Injurie

a. wenn sie überführt werden können, in Fällen der eigentlichen Verläumdung um die Unwahrheit der angegebenen Thatsachen gewußt zu haben; somit können sie freilich diesen Punkt dem Einsender, wenn sie ihn angeben und wahr machen, überlassen. Daß sie diesen durch Beweise seiner Behauptungen vertreten und damit die Angabe seines Namens ablehnen können, ist bereits oben bei Gelegenheit der anonymischen Schriften bemerkt worden. Sie müssen aber natürlich für alle Folgen der Injurie haften und können überdem auch bestraft werden, wenn sie weder den Verfasser und Einsender anzugeben noch die ihm vorgeworfene Verläumdung durch rechtliche Beweise abzulehnen im Stande sind,
b. wenn in der Art der Darstellung eine Injurie liegt, die sie nicht verkennen konnten."

Soweit Weber, allein diese an sich ganz richtige Auseinandersetzung (richtig, wenn sie auch z. B. die Fähigkeit der Druckereiinhaber und Verleger, den Inhalt der von ihnen gedruckten und verlegten Schriften zu prüfen oder prüfen zu lassen, zu gering anschlägt, wobei allerdings der Zustand der Preßgewerbe vor 70 bis 80 Jahren berücksichtigt werden muß,) findet ihre wahre Verwerthung als Anweisung und Belehrung der Richter bei der Würdigung der einzelnen Fälle der Verschuldung, statt, wie Biedermann es gethan, als Motiv für ein künstliches System von Fiktionen und Scheingerechtigkeit verwendet zu werden. Dr. Biedermann nennt die Weber'sche Schrift „Ueber Injurien und Schmähschriften" damals (1818) erschienen. Wir bemerken beiläufig, daß die erste Auflage schon aus dem Jahre 1793 stammt und die betreffende dritte Abtheilung 1800 erschien. Ebenso ist hervorzuheben, daß gerade Weber die von Biedermann so heftig bekämpfte Bestrafung der Drucker, Verleger u. s. w. wegen Fahrlässigkeit vertheidigt. Er sagt u. A.: „da das wesentliche Merkmal — die vorsätzliche Beleidigung — bei diesen Personen nicht zutrifft, ob sie gleich, insofern ihnen doch überhaupt eine Pflichtwidrigkeit zur Last fällt, theils zur Vergütung des Schadens wegen ihrer Fahrlässigkeit Gelegenheit gaben, theils auch überdem bestraft werden können" (Weber III. S. 120).

Die Protokolle der Kommission von 1873 geben über die in der Diskussion für das angenommene System der successiven ausschließenden Haftbarkeit entwickelten Gründe keinerlei Auskunft und wir sind dafür auf den Biedermann'schen Bericht angewiesen. Der Wortlaut, wodurch der oben mitgetheilte Vorschlag im ursprünglichen Antrag durch die Kommission ersetzt wurde, war folgender:

„Für den Inhalt einer Schrift, Abbildung oder Darstellung sind der Verfasser, der Redakteur (Herausgeber), der Verleger oder Kommissionär, der Drucker und der Verbreiter als solche verantwortlich, ohne daß es eines weiteren Nachweises ihrer Mitschuld bedarf.

Ist die Veröffentlichung ohne den Willen des Verfassers geschehen, so trifft statt seiner den Redakteur (Herausgeber) die Verantwortlichkeit.

Es darf jedoch keine der in obiger Reihenfolge nachstehenden Personen verfolgt werden, wenn eine der in derselben vorstehenden Personen bekannt und in dem Bereiche der richterlichen Gewalt des Reiches ist oder zu der Zeit war, wo das betreffende Erzeugniß zur Verbreitung gelangte.

Diese Bestimmung steht der gleichzeitigen Verfolgung Derjenigen nicht entgegen, in Ansehung deren außer der bloßen Handlung der Herausgabe, des Verlages oder der Uebernahme der Kommission, des Druckes oder der Verbreitung noch andere Thatsachen vorliegen, welche nach allgemeinen strafrechtlichen Grundsätzen eine wissentliche Theilnahme an der durch die Schrift, Abbildung oder Darstellung begangenen strafbaren Handlung begründen."

In dem Biedermann'schen Bericht heißt es zur Rechtfertigung des ganzen Systems, sowie der gegen den ursprünglichen Entwurf vorgenommenen Aenderungen:

„Dagegen entstand in der Kommission eine längere Debatte darüber, ob es richtiger sei, die Preßvergehen lediglich den allgemeinen strafrechtlichen Grundsätzen zu unterstellen, oder ob deren eigenthümliche Natur eine besondere Behandlung rücksichtlich der strafrechtlichen Haftbarkeit erfordere, und ob diesem Erforderniß das System der stufenweisen Verantwortlichkeit entspreche.

Für die Behandlung der Preßvergehen lediglich nach den allgemeinen strafrechtlichen Grundsätzen ward theils der prinzipielle Grund angeführt, daß man die bei der Presse Betheiligten nicht anders stellen dürfe, als die übrigen Reichsangehörigen, theils wurde die Befürchtung laut, durch das System der stufenweisen Verantwortlichkeit möchte es dahin kommen, daß die eigentlichen Schuldigen sich der Verantwortung entzögen durch Vorschiebung sog. Strohmänner („Sitzredakteure"), welche die Strafe für sie übernähmen.

Diesem letzten Grunde ward entgegnet, daß auch bei Behandlung der Preßvergehen lediglich nach den allgemeinen strafrechtlichen Grundsätzen gerade der Redakteur einer Zeitschrift, als der einer wissentlichen Theilnahme an der begangenen Gesetzesübertretung am meisten Verdächtige, nach bekannten strafprozessualischen Vorschriften nicht leicht zur Zeugenschaft gezwungen werden könne. Bei dem Verleger und Drucker aber sei nicht zu erwarten, daß sie so leicht der Uebernahme einer für sie als Geschäftsmänner doppelt nachtheiligen Haftbarkeit sich unterziehen würden, um den Verfasser zu decken.

So allerdings, wie das System der stufenweisen Verantwortlichkeit in § 5 des vorliegenden Entwurfs formulirt war, fand man es nicht annehmbar. Denn diese Fassung würde einen Verleger, Drucker, Verbreiter auch dann straflos stellen, wenn derselbe offenkundig als „wissentlicher" Theilnehmer oder Gehülfe (§ 49 des deutschen Strafgesetzbuches) zu der strafbaren Handlung mitgewirkt hätte; dies aber kann nicht die Absicht sein.

In dem Entwurfe eines Reichspreßgesetzes, wie er aus den Berathungen des 6. deutschen Journalistentages zu Breslau 1871 hervorging, hieß es:

„„Ausgenommen bleibt der Fall, wo die Beschaffenheit des verbreiteten Schrift- oder Bildwerkes selbst oder die Art der Verbreitung die Annahme einer Unkenntniß des Verbreiters von dem strafbaren Inhalte ausschließt.""

Ebenso sollte es mit dem Verleger, Drucker ꝛc. gehalten werden.

In den Motiven dazu (s. die Druckschrift: „Der 6. deutsche Journalistentag in Breslau. Denkschrift über den Entwurf zu einem Reichspreßgesetz", S. 21) wird erläuternd bemerkt:

„„Wenn bei der öffentlichen Ankündiguug eines Schriftwerkes durch den Verleger oder den Sortimenter Andeutungen vorkommen, aus denen hervorgeht, daß der Ankündigende Inhalt und Tendenz des Angekündigten kennen mußte (z. B. die Anpreisung eines auf Medikasterei berechneten Buches, oder die Hinweisung auf pikant lüsterne Schilderungen eines Romans oder dgl.), oder wenn ein Kolporteur unzüchtige Bilder feilbietet, in solchen und ähnlichen Fällen kann auch die Nennung eines Vormannes die betreffende Person von der Strafe der Theilnehmerschaft nicht befreien.""

Diese Auffassung entspricht besser den Stellungen der bei der Hervorbringung und Verbreitung von Preßerzeugnissen zusammenwirkenden Personen. Gewöhnlich allerdings werden Verleger, Drucker, Sortimenter, Kolporteure weder das, was dieselben verlegen, drucken oder verbreiten, alles selbst lesen, noch viel weniger, wenn sie es auch lesen wollten, zu beurtheilen vermögen, ob darin etwas Strafbares enthalten sei. Es wird daher das Gegentheil — daß sie darum gewußt haben — allemal erst im einzelnen Falle ihnen nachgewiesen werden müssen.

Diese nothwendige, in der Natur des Geschäftsganges bei Herstellung und Veröffentlichung von Preßerzeugnissen begründete Unterscheidung zwischen der „bloßen" (mechanischen) Handlung der Herausgabe, des Verlags, der Kommission, des Druckes, der Verbreitung, und einer „wissentlichen Theilnahme" an der durch ein Druck- oder Bildwerk begangenen strafbaren Handlung findet sich in der zutreffendsten Weise präzisirt (im Einklang mit Art. 26 der oktroyirten preußischen Verfassung vom 5. Dezember 1848) in der preußischen Verordnung über die Presse vom 30. Juni 1849, § 12, welche Fassung daher auf Vorschlag des Referenten die Kommission an die Stelle des § 5 des vorliegenden Entwurfs gesetzt hat.

Das Beispiel dieser preußischen und so vieler anderer Gesetzgebungen, dazu die beredte und scharfsinnige Befürwortung, welche damals (1849) im preußischen Abgeordnetenhause (s. die Stenograph. Berichte, 3. Band, Sitzung vom 12. Oktober 1849, S. 631 ff.) Art. 26 der Verfassung von 1848 und § 12 der Verordnung von 1849 durch eine Reihe von Rednern, zum Theil sehr namhaften Juristen, wie Simson, Wentzel, Keller, Geppert, der Justizminister Simons, gefunden hat (vgl. das „Geschichtliche Material", S. 4, Note), konnte nicht ohne Eindruck auf die Kommission bleiben. Man mußte anerkennen, daß wirklich die eigenthümlichen Verhältnisse der Presse auch eine eigenthümthümliche Behandlung derselben in diesem Punkte rechtfertigen, ja erheischen. Ein „Privilegium" wird der Presse durch diese Abweichung von den gewöhnlichen strafrechtlichen Grundsätzen über Haftbarkeit keineswegs gewährt. Wollte man die Anonymität der Verfasser als ein solches bezeichnen, so wäre zu erwidern, daß auch bei anderen Handlungen der Urheber sehr oft unbekannt ist und bleibt, und daß die Justiz kein Mittel hat, einen Komplicen zur Nennung desselben zu zwingen.

Auf der anderen Seite erwächst aus dem System der stufenweisen

Verantwortlichkeit für die Justiz der große Vortheil, nicht nur in jedem Falle einen Haftbaren sicher zu haben, sondern ihn auch leicht und ohne langwierige, dennoch oft unfruchtbare Nachforschungen haftbar machen zu können. Bei dem gewöhnlichen System (nach allgemeinen strafrechtlichen Grundsätzen) ist oftmals gar Niemand wegen eines Preßerzeugnisses zu fassen, z. B. wenn (wie dies neuerdings häufig vorgekommen) der Redakteur eines Blattes vor Gericht erklärt, der betreffende strafbare Artikel sei ihm anonym zugesendet worden, er selbst aber habe ihn nicht gelesen. Daraus ist dann (außer der schon oben besprochenen Erfindung der „außerordentlichen Strafen") noch ein anderes Expediens hervorgegangen, welches in seiner Anwendung ebenfalls öfters zu großen Unzuträglichkeiten geführt hat, das System der sogenannten objektiven Verurtheilung von Preßerzeugnissen, bei welchem ohne ein eigentlich kontradiktorisches Verfahren ein Preßerzeugniß zur Vernichtung verurtheilt, also ein materielles und ideelles Werthobjekt zerstört werden kann. (S. darüber die Broschüre: „Deutscher Journalistentag 1872, das österr. Preßgesetz," S. 11.)

Die bei der Presse Betheiligten stehen sich daher, was die Haftbarmachung wegen strafbarer Handlungen betrifft, bei dem Systeme der allgemeinen strafrechtlichen Grundsätze besser als bei dem der stufenweisen Verantwortlichkeit. Sie werden dort oft straflos ausgehen, wo sie hier gestraft werden. Allein die Gerechtigkeit ebensowohl wie die Würde der Presse selbst erheischt, daß, wo durch letztere gesündigt worden, auch Jemand da sei, der die Verantwortung und eventuell die Strafe dafür übernehme. Wenn sich daher der deutsche Journalistentag zu Breslau für dieses System ausgesprochen hat, so hat er damit gezeigt, daß er kein Privilegium der Straflosigkeit für die Presse verlange."

Obgleich die vorjährige Kommission die hier entwickelte und vertheidigte Theorie strafrechtlicher Verantwortlichkeit fast stillschweigend hingenommen zu haben scheint, war doch, wie schon in der Einleitung angedeutet worden ist, in den die öffentliche Plenarberathung vorbereitenden Besprechungen die Stimmung der Mehrheit ganz entschieden gegen das System, dessen Verurtheilung am prägnantesten von Rönne in seiner Ausgabe des preußischen Preßgesetzes bezüglich der dem Biedermannschen Vorschlag als Grundlage dienenden Vorschriften der preußischen Preßordonnanz von 1849 geliefert worden ist:

„Die Verordnung stellte hierdurch ein auf Fiktionen beruhendes System kriminalrechtlicher Strafbarkeit auf, welches sich sowohl nach der Theorie als in seiner Ausführung als unhaltbar zeigte. Denn eine Theorie, welche es gestattete, daß, — damit nur Jemand gestraft werde, auch einen Unschuldigen das volle Maß der Strafe treffe, welche andererseits sich aber ebenso mit der Bestrafung einer Person, welche gerade an der Reihe ist, begnügte, auch wenn offenbar Mitschuldige in geringerem oder größerem Maße vorhanden, war nicht zu billigen. Der Entwurf des jetzigen Gesetzes (von 1851) verließ daher mit Recht jenes System der Fiktion und kehrte in seinem § 39 zu dem richtigen Prinzip zurück, nach welchem die Verantwortlichkeit für die durch eine Druckschrift begangene Gesetzesübertretung zunächst nach allgemeinen strafrechtlichen Grundsätzen geprüft und beurtheilt werden solle."

Gegen den einen hier erhobenen Tadel hat sich die Fassung der vorjährigen Kommission durch den neuen Absatz 3 nur theilweise zu schützen vermocht, der bekanntlich auch schon der Verordnung von 1849 angehörte und nur von den ursprünglichen Antragstellern im Reichstage aus unbekannten Gründen weggelassen worden war.

Zu einer offiziellen Meinungsäußerung des Reichstagsplenums über das vorgeschlagene System kam es 1873 nicht mehr, da, wie in der Einleitung geschildert worden, die weitere Behandlung des Kommissionsentwurfs in's Stocken gerieth.

Es ist schon darauf hingewiesen worden, daß auf dem Frankfurter Juristentag von 1872 das System der stufenweisen Verantwortlichkeit durch die Abtheilung für Strafrecht abgelehnt und statt dessen die Anwendbarkeit der gewöhnlichen Grundsätze über Verantwortlichkeit, ergänzt, durch Fahrlässigkeitsstrafen, gebilligt wurde. Der damalige Referent Jacques hat Anfangs 1874 diesen Standpunkt in einer werthvollen Arbeit: „Abhandlungen zur Reform der Gesetzgebung, I. Preßgesetzgebung" (Leipzig 1874) noch weiter ausgeführt. Dr. Jacques bemerkt im Abschn. VI. „Von der Verantwortlichkeit der bei Preßdelikten betheiligten Personen" S. 66 ff. u. A.: „Das System — der ausschließenden successiven Haftbarkeit — präsumirt Dolus, wenn Jemand den Vormann nicht nennt, ohne zu unterscheiden, ob dies etwa deshalb geschieht, weil er ihn in der That nicht kennt oder weil er ihm die Anonymität zugesichert hatte, also ob der Verschweigende oder der Verschwiegene der strafrechtliche Schuldige ist. Das System präsumirt Dolus, wenn Jemand sich mit einem auswärtigen Verfasser eingelassen hat. Das System negirt die Schuld der Gehülfen (welche nicht unter den Begriff der Mitthäter fallen) und verleiht ihnen ein Privilegium der Straflosigkeit." Während sich diese Aeußerung speziell gegen die dem belgischen Gesetze gewordene Auslegung wendet, heißt es bezüglich der von der Reichstagskommission 1873 adoptirten Modifikation desselben durch die preußische Preßordonnanz von 1849: „Es ist offenbar, daß der Schlußabsatz („Diese Bestimmung" u. s. w.) die allgemeinen strafrechtlichen Lehren zur Geltung bringt und damit auf dem sichern Boden der Wissenschaft ruht. Es ist aber nicht minder gewiß, daß der erste Absatz eine verbrecherische Schuld ohne Nachweis derselben, ohne Dolus wegen einer nach Umständen rein äußerlichen, mechanischen Thätigkeit statuirt. Setzen wir folgenden Fall: Eine Druckschrift enthält die Aufforderung zum Hochverrath. Der Verfasser ist außer Landes, der Herausgeber hat sich kluger Weise seit Beginn der Verbreitung der Druckschrift ebenfalls außer Landes aufgehalten. Nun soll der Drucker, auf den sich der Verbreiter bezieht, der aber völlig harmlos ist, wegen des Verbrechens gestraft werden. Das ist eine fictio doli in ärgster Form."

III. Es erregte in den juristischen Kreisen des Reichstages einige Verwunderung, als die Regierungsvorlage von 1874, sich im Wesentlichen dem System der vorjährigen Kommission anschließend, den § 21 in folgender Fassung brachte, wobei gleich bemerkt werde, daß die allgemeine Anwendbarkeit der Strafgesetze auf durch die Presse begangene Vergehen und Verbrechen, was doch der vorjährige Kommissionsentwurf enthielt, nicht als Prinzip an die Spitze gestellt ist, sondern nur in dem letzten Absatz nachschleppt.

„Verantwortlichkeit für die durch die Presse begangenen strafbaren Handlungen.

§ 21.

Begründet der Inhalt einer Druckschrift den Thatbestand einer strafbaren Handlung, so sind

1) der Verfasser,
2) der Redakteur oder Herausgeber,
3) der Verleger oder Kommissionsverleger,
4) der Drucker,
5) der Verbreiter

mit der Strafe des Thäters zu belegen, ohne daß es eines Beweises ihrer Mitschuld bedarf.

Ist die Veröffentlichung ohne den Willen des Verfassers geschehen, so trifft statt seiner den Redakteur oder Herausgeber die Verantwortlichkeit.

Es kann jedoch jede der in obiger Reihenfolge nachstehenden Personen die Strafverfolgung von sich abwenden, wenn sie eine der ihr in der Reihenfolge vorhergehenden Personen bei ihrer ersten gerichtlichen Vernehmung oder innerhalb 24 Stunden nach derselben nachweist und der Nachgewiesene in dem Bereiche der richterlichen Gewalt eines deutschen Bundesstaats ist.

Diese Bestimmung steht der gleichzeitigen Verfolgung Derjenigen nicht entgegen, in Ansehung derer außer der bloßen Handlung der Herausgabe, des Verlags, oder der Uebernahme der Kommission, des Drucks oder der Verbreitung noch andere Thatsachen vorliegen, welche nach allgemeinen strafrechtlichen Grundsätzen eine Theilnahme an der durch die Druckschrift begangenen strafbaren Handlung begründen."

Die Motive der Regierung enthalten dafür die folgende Rechtfertigung: „Die eigenthümliche Natur der durch die Presse verübten Vergehen bringt es mit sich, daß mit der Anwendung der allgemeinen strafrechtlichen Grundsätze über Urheberschaft und Theilnahme auf diesem Gebiete nicht auszureichen ist. So groß der Kreis der Personen ist, welche bei diesen Vergehen mitwirken (Verfasser, Herausgeber, Verleger, Drucker, Verbreiter), so würde doch bei der Schwierigkeit der Ermittelung des Urhebers und des Nachweises eines bösen Vorsatzes bei den übrigen Mitwirkenden die Strafjustiz jenen Vergehen gegenüber machtlos erscheinen, wenn sie lediglich nach jenen allgemeinen Grundsätzen beschränkt wird. Die Aufrechterhaltung der Rechtsordnung erfordert daher weitere Bestimmungen. Das Bedürfniß der letzteren ist in den verschiedenen Preßgesetzgebungen fast ausnahmslos anerkannt, über das Mittel herrscht weniger Uebereinstimmung."

Es werden nun die Hauptsysteme: 1) das sogenannte belgische der ausschließenden successiven Haftbarkeit mit den ihm in Baden vorübergehend und in Weimar gegebenen Modifikationen, 2) das System der ausschließlichen Geltung der allgemeinen Strafrechtsnormen z. B. in Lübeck (§ 7 des Preßgesetzes vom 25. September 1869 sagt: „Für Verbrechen, welche durch die Presse begangen werden, kommen fortan lediglich die allgemeinen für Verbrechen getroffenen Strafbestimmungen des lübeckschen Strafgesetzbuchs zur Anwendung",) und mit der oben erwähnten Einschränkung in Bayern und 3) das in Deutschland am meisten vorkommende, wonach zu der Herrschaft der allgemeinen Grundsätze über Verantwortlichkeit besonderer Fahrlässigkeitsstrafen traten, kurz geschildert und dann fortgefahren:

„Der 6. deutsche Journalistentag hat sich für die Annahme der unter 1 erwähnten Prinzipien der thüringschen Preßgesetze ausgesprochen und ihm ist die Kommission, welche in der IV. Session der I. Legislaturperiode des deutschen Reichstags über den von den Abgeordneten

Windthorst (Berlin) und Genossen eingebrachten Antrag, betreffend den Erlaß eines Reichsgesetzes über die Presse, zu berathen hatte, nach dem unter Nr. 59 der Reichstagsdrucksachen erstatteten Berichte im Wesentlichen gefolgt, nur mit der bedeutsamen Abweichung, daß sie die unnöthige Ungerechtigkeit zu beseitigen vorschlägt, welche dem System insofern anhaftet, als es der Benennung des Vordermannes eine absolut befreiende Wirkung beimißt, so daß der Betreffende straflos bleiben muß, wenn auch offenbare Beweise doloser Theilnahme an dem Vergehen gegen ihn vorliegen. Entscheidend für die Kommission ist die Rücksicht auf den aus diesem System für die Justiz erwachsenden großen praktischen Vortheil gewesen, nicht nur in jedem Falle einen Haftbaren sicher zu haben, sondern ihn auch leicht und ohne langwierige, dennoch oft unfruchtbare Nachforschungen haftbar machen zu können. Dazu wird im Bericht noch hervorgehoben, wie die Gerechtigkeit ebensowohl als die Würde der Presse selbst es erheische, daß, wo durch letztere gesündigt worden, auch Jemand da sei, der die Verantwortung und eventuell die Strafe dafür übernehme. In der That können auch für die Wahl zwischen den zwei sich gegenüberstehenden Systemen nur praktische Rücksichten den Ausschlag geben. Theoretisch können beide Systeme den Einwand, daß sie mehr oder weniger auf Fiktionen beruhen, nicht von sich abweisen. Zwar ist nicht zu verkennen, daß dieser Einwand das System der Fahrlässigkeitsstrafen in niederem Maße trifft, denn es widerspricht weder den allgemeinen Rechtsprinzipien noch der Billigkeit, an Verleger und Drucker die Anforderung zu stellen, daß sie nicht von Personen, welche unbekannt und der Justiz unerreichbar sind, Schriften zum Druck oder Verlag ohne Prüfung des Inhalts übernehmen, und eine solche Nachlässigkeit mit Strafen zu bedrohen. Aber eben so gewiß hat die Erfahrung gelehrt, daß dieses System überhaupt und ganz besonders bei der periodischen Presse unzureichend ist, da die meistens unüberwindliche Schwierigkeit, gegen einen Betheiligten den juristischen Nachweis von der Kenntniß des Inhalts der hergestellten und verbreiteten Druckschrift zu erbringen, dahin führt, daß die Justiz mit der weitaus unzulänglichen Genugthuung einer geringen Nachlässigkeitsstrafe sich zufrieden stellen muß. Der vorliegende Entwurf adoptirt daher das von der Reichstagskommission angenommene System mit der einzigen prinzipiellen Abänderung, daß es für die Befreiung des Nachmannes nicht genügen soll, wenn der nachgewiesene Vordermann im Bereiche der inländischen richterlichen Gewalt zu der Zeit war, wo das betreffende Erzeugniß zur Verbreitung gelangte, — einer Abänderung welche um deswillen nöthig erschien, weil der diesem Befreiungsgrund unterliegende Gedanke zwar in dem System der Fahrlässigkeitsstrafen, nicht aber in dem einer fiktiven kriminellen Schuld als berechtigt sich darstellt.

Es versteht sich von selbst, daß die von einem Nachweise wirklicher krimineller Schuld unabhängige Verantwortlichkeit nur in so weit Platz greift, als der Thatbestand der strafbaren Handlung ohne Zuhülfenahme anderer subjektiver Belastungsmomente schon objektiv aus dem Inhalte der Druckschrift erkennbar ist."

Es ist nicht zu verkennen, daß diese Vertheidigung des nach dem Vorgange der früheren Reichstagskommission gewählten Systems keine besonders warme ist, und in der That hat auch die ursprünglich dem Bundesrath gemachte Vorlage eine andere Grundlage: die Anwendung der allgemeinen Verantwortlichkeitsnormen, enthalten, wobei nur die Verantwortlichkeit des Redakteurs, annähernd der jetzt vom Reichstag gewählten Fassung, geregelt war.

Wie schon in der Einleitung angedeutet wurde, erhob sich gleich bei der ersten Berathung lebhafter Widerspruch gegen das dem Reichstage angesonnene Verantwortlichkeitssystem, wobei allerdings nicht immer im Gedächtniß behalten wurde, daß wohl oder übel der Bundesrath hier nur in die Fußtapfen der früheren Reichstagskommission getreten war.

So kam der Entwurf in die diesjährige Kommission. Während der vorjährige Referent in seinem Bericht hervorhob, daß das System der sogenannten Fahrlässigkeitsstrafen damals gar nicht in Frage gekommen sei, ergab sich dagegen in der diesjährigen Kommission fast einstimmige Verurtheilung des in der Regierungsvorlage versuchten Auswegs. Wie die Protokolle ausweisen, sind zahlreiche Redaktionsversuche gemacht worden, aber immer zu dem Zweck, den Grundsatz zur Geltung zu bringen, daß die allgemeinen Strafgesetze zunächst entscheiden. Daran ward mit den zwei Modifikationen festgehalten, daß der Redakteur einer periodischen Druckschrift als solcher zunächst verantwortlich für ihren Inhalt sei, und daß die an dem Zustandekommen einer strafbaren Druckschrift nicht dolos betheiligten Redakteure, Verleger, Drucker oder Verbreiter (bei nicht periodischen Schriften eventuell auch ein Herausgeber) einer Fahrlässigkeitsstrafe unterliegen, vorausgesetzt, daß nicht in beiden Fällen besondere Umstände die Annahme resp. der Thäterschaft oder solcher strafbaren Fahrlässigkeit ausschließen. Als ein solcher Ausschließungsgrund ist im letztern Fall speziell hervorgehoben, wenn der in Anspruch Genommene einen Vormann, eventuell auch den Verfasser oder Einsender der strafbaren Druckstücke nachweist und dieser für die deutsche Justiz erreichbar ist, oder mit Tod vorher abging. Für

Verbreiter soll außerdem bei ausländischen Druckschriften ihr Empfang im Wege des Buchhändlerverkehrs als solcher Ausschließungsgrund wirken.

Wie schon bemerkt, hat diese Ordnung der betreffenden Fragen sich sowohl in der Kommission als im Reichstage einer stets steigenden Billigung erfreut. Und es muß zugestanden werden, daß sie auf gesunder sowohl juridischer als thatsächlicher Grundlage aufgebaut ist. Die Verantwortlichkeit des Redakteurs ist mit der ihr gegebenen Beschränkung keine künstliche Fiktion, sondern der richtige Ausdruck des thatsächlichen Verhältnisses. Wie schon Brater seiner Zeit ausgeführt hat, kann die Forderung eines verantwortlichen Redakteurs für periodische Schriften, welche die allermeisten Preßgesetzgebungen aufstellen, nur diese Bedeutung haben. Daß dadurch dem Grundsatz von der generellen Geltung der allgemeinen Vorschriften über Urheberschaft, Theilnahme und Verantwortlichkeit nicht widersprochen, sondern die in ihnen liegende Auffassung nur deutlicher an's Licht gestellt wird, dafür kann man als Zeugniß ein neuerliches Urtheil des bayerischen obersten Gerichtshofes anführen (Stenglein, Zeitschr. für Gerichtspraxis in Bayern. Bd. IX. S. 306). Dasselbe führt aus, „daß durch die Forderung eines verantwortlichen Redakteurs für solche Blätter die Verantwortlichkeit des Redakteurs für den Inhalt seines Blattes gesetzlich statuirt ist. Der Redakteur hat für den Inhalt seines Blattes, dasselbe mag von wem immer herrühren, einzustehen. Die Bestimmungen der Art. 43 und 44 stehen mit den in Art. 1 des Preßgesetzes in Bezug genommenen allgemeinen strafrechtlichen Vorschriften nicht im Widerspruch, vielmehr haben neben jenen speziellen Bestimmungen die allgemeinen strafrechtlichen Vorschriften in Anwendung zu kommen, und wird hiernach bei Preßerzeugnissen von einer Schuld des Redakteurs nicht gesprochen werden, wo dieser seine Obliegenheiten bezüglich der in Art. 43 und 44 des Gesetzes statuirten Verantwortlichkeit genügt hat, wo er nachweist, daß ihn keine Verantwortung trifft, daß Umstände vorliegen, welche seine Haftbarkeit ausschließen." Die der Kommission angehörenden Reichstagsmitglieder aus Bayern, Dr. Völk, Jörg, Erhard und der Berichterstatter, konnten bezeugen, daß dies die in Bayern seit dem Erlasse des Preßgesetzes von 1850 festgehaltene, in ihren praktischen Folgen durchaus bewährte Rechtsanschauung sei und ihnen, sowie besonders dem Abg. Schwarze, der das erzielte Einverständniß mehrfach formulirte, ist es zuzuschreiben, daß die Regierungsvorlage der Art umgestaltet wurde. In Bezug auf die ergänzenden Fahrlässigkeitsstrafen müssen schon die Regierungsmotive zugeben, daß eine Fahrlässigkeitsstrafe wegen unterlassener pflichtmäßiger Obsorge eine bessere Grundlage hat, als die Anwendung der Strafe für die vorsätzliche Begehung auf den Träger der formalen Verantwortlichkeit. Der gemachte Einwand, daß darnach praktisch nur geringfügige Strafen (die Geldbußen des preußischen und sächsischen Gesetzes) erkannt werden konnten, ist durch die von der Kommission beschlossene Fassung hinfällig geworden. Jene Geldbußen trugen rein den Charakter von Ordnungsstrafen, die ohne Rücksicht auf irgend welche persönliche Verschuldung auferlegt wurden und deshalb auch nur Vermögensnachtheile sein konnten. Das Fahrlässigkeitsstrafsystem des neuen Preßgesetzes läßt dieselben als Strafen wirklicher Verschuldung erkennen, indem es den Entschuldigungsbeweis zuläßt und ein so hohes Strafmaximum von 1 Jahr Gefängniß normirt. Zweifelhaft konnte nur sein, ob auch der verantwortliche Redakteur, soweit er nicht nach den allgemeinen Strafgesetzen als mitschuldig erscheint, sich durch Nennung des haftbar zu machenden Verfassers oder Einsenders von der Fahrlässigkeitsstrafe solle befreien können, allein nach dem In dubio pro mitiore wurde dieser Entschuldigungsgrund auch für ihn zugelassen, obgleich man zugeben muß, daß die dafür geltend zu machenden Gründe schwach sind. Man vergleiche darüber die betreffende Ausführung des Abgeordneten Struckmann (Diepholz), Sten. B. S. 473, der einen Antrag gestellt hatte, bei dem verantwortlichen Redakteur jenen Entschuldigungsgrund nicht anzuerkennen. In der Kommission gab die Entscheidung, wie die Ausnahme der Haftbarkeit zu bezeichnen sei, noch zu fleißiger Redaktion und Umredaktion Anlaß, bis durch die Subkommission und in der II. Plenarlesung der Abschnitt über die Verantwortlichkeit in folgender Gestalt angenommen wurde:

„§ 23. Die Verantwortlichkeit für Handlungen, deren Strafbarkeit durch den Inhalt einer Druckschrift begründet wird, bestimmt sich nach den bestehenden allgemeinen Strafgesetzen.

Ist die Druckschrift eine periodische, so ist der verantwortliche Redakteur mit der Strafe des Thäters zu belegen, wenn nicht durch besondere Umstände die Annahme seiner Thäterschaft ausgeschlossen wird."

(§ 24 bezog sich auf die ausdrückliche Befreiung vom Zeugnißzwang und lautete:

„Der Redakteur, Verleger und Drucker sind berechtigt, das Zeugniß über die Person des Verfassers, Herausgebers und Einsenders zu verweigern.")

„§ 25. Begründet der Inhalt einer Druckschrift den Thatbestand einer strafbaren Handlung, so sind

der verantwortliche Redakteur,

der Verleger,

der Drucker,

derjenige, welcher die Druckschrift gewerbsmäßig vertrieben oder sonst öffentlich verbreitet hat (Verbreiter),

soweit sie nicht nach § 23 als Thäter oder Theilnehmer zu bestrafen sind, mit Geldstrafe bis zu Eintausend Mark oder mit Haft oder mit Festungshaft oder Gefängniß bis zu Einem Jahre zu belegen, wenn nicht durch besondere Umstände die Annahme der Vernachlässigung der pflichtmäßigen Sorgfalt ausgeschlossen wird.

Die Bestrafung bleibt jedoch für jede der benannten Personen ausgeschlossen, wenn sie als den Verfasser oder den Einsender, mit dessen Einwilligung die Veröffentlichung geschehen ist, oder, wenn es sich um eine nicht periodische Druckschrift handelt, als den Herausgeber derselben oder als einen der in obiger Reihenfolge vor ihr Benannten eine Person bis zur Verkündigung des ersten Urtheils nachweist, welche in dem Bereich der richterlichen Gewalt eines deutschen Bundesstaats sich befindet, oder falls sie verstorben ist, sich zur Zeit der Veröffentlichung befunden hat; hinsichtlich des Verbreiters ausländischer Druckschriften außerdem, wenn ihm dieselben im Wege des Buchhandels zugekommen sind."

Die in der Kommission zur Rechtfertigung dieser Bestimmungen in ihrer Gesammtheit erörterten Gründe sind in dem Bericht folgendermaßen zusammengefaßt und finden in der später noch anzuführenden Rede des Abg. Schwarze (Sten. Ber. S. 469 ff.) ihre Bestätigung und beziehungsweise Ergänzung.

„Wie schon erwähnt, trat die Kommission vor der Beschlußfassung über die in diesen Artikeln zu regelnde Materie in eine allgemeine Diskussion ein, zunächst um zu konstatiren, ob sich die Mehrheit mit dem System im Einverständniß befinde, welches der Regierungsvorlage zur Grundlage dient. Dasselbe ist bekanntlich aus den Berathungen und Vorschlägen der vorjährigen Preßgesetzkommission des Reichstages übernommen worden. Allein die schweren Bedenken, welche schon damals sowohl in der Presse als in den Reichstagsverhandlungen, soweit dieselben gediehen, laut geworden sind, fanden auch in der gegenwärtigen Kommission Wiederhall. Die in dem § 21 der Regierungsvorlage enthaltene Grundauffassung wurde als eine juristische Monstrosität bezeichnet, und wenn auch im Schoße der Kommission von einem Mitgliede, welches an den vorjährigen Kommissions-Berathungen Antheil genommen hatte, eine eingehende Vertheidigung des namentlich nach belgischem Muster gehaltenen Vorschlages unternommen wurde, so stellte sich doch bald heraus, daß die Mehrheit der Kommission auf dieser Grundlage ein zu rechtfertigendes System der Verantwortlichkeit nicht glaubte aufrichten zu können. Nach längerer Debatte, in welcher seitens des Herrn Regierungskommissars das sich an die vorjährigen Kommissionsbeschlüsse anlehnende System des Entwurfes vertheidigt wurde, dessen Zweifelhaftigkeit übrigens die dem gegenwärtigen Gesetzentwurfe beigefügten Motive selbst nicht in Abrede stellen, wurde von der Mehrheit der Kommission ein anderes Prinzip zu Grunde gelegt, das insofern dem in der Presse vielfach ausgedrückten Verlangen entgegenkommt, als es den Satz an die Spitze stellt:

> daß die kriminelle Haftung für den strafbaren Inhalt einer Druckschrift nach den allgemeinen Strafgesetzen sich bestimme.

Es wird im einzelnen Falle nach Lage der Sache und den Ergebnissen des Beweises zu beurtheilen sein, ob und inwieweit den Betheiligten eine kriminelle Schuld zur Last zu legen, insbesondere ob der Betheiligte als Thäter oder als Gehülfe anzusehen sei.

Die Anwendung der allgemeinen Strafgesetze reicht aber nicht aus, um alle hierhergehörigen Fälle zu decken, indem die eigenthümliche Natur der Presse für die Stellung der bei Preßerzeugnissen thätig gewesenen Personen und die in ihr liegende Haftung für den Inhalt derselben besondere Bestimmungen erfordert, wenn nicht die Wirksamkeit des Strafgesetzes beschränkt werden soll.

Es ist insbesondere die Stellung des Redakteurs bei einer periodischen Druckschrift in das Auge zu fassen. Gerade hier macht sich die Frage geltend, worin eigentlich die unbestrittene Verantwortlichkeit des Redakteurs bestehe. Wollte man hier lediglich nach den rein äußerlichen Momenten, ohne Rücksicht auf die eigentliche Aufgabe des Redakteurs, die Haftung für den einzelnen Artikel beurtheilen und verlangen, daß die Anklage den Beweis gegen den Redakteur liefere, daß er den Artikel vor seinem Abdrucke gelesen habe, so würde hierin eine Erschwerung für die Anklage liegen, welche die strafgerichtliche Verfolgung unmöglich macht. Die Verantwortlichkeit des Redakteurs beschränkt sich nicht auf die Beobachtung der die Ordnung der Presse sichernden, untergeordneten Vorschriften, wie die Beobachtung derselben in der Hauptsache aus der äußeren Erscheinung der Schrift selbst sich ergiebt, sondern es bezieht sich diese Verantwortlichkeit recht eigentlich auf den Inhalt der Schrift, und es sinkt dieselbe zu einer bloßen Phrase herab, wenn man ihr nicht eine reale Bedeutung vindizirt und nicht letztere aus der Natur des Redaktionsgeschäftes ableitet.

Indem der verantwortliche Redakteur als haftbar für den gesammten Inhalt der Zeitung erklärt, mit anderen Worten, nur der von ihm selber an der Spitze seines Blattes oder am Schluß desselben öffentlich gegen alle Welt abgegebenen Erklärung, daß er verantwortlich für den gesammten Inhalt sei, Glauben geschenkt wird, läßt sich gegen diesen Satz vom Standpunkte des Strafprozesses nicht der Einwand erheben, daß er eine unzulässige Präsumtion oder gar Fiktion enthalte, indem der Redakteur der Verfasser des beanstandeten Artikels seiner Zeitung sein könne, aber nicht sein müsse, ja es bei großen Zeitungen unmöglich sei, daß er die sämmtlichen Artikel der Zeitung verfaßt habe, und bei den von ihm aus anderen Zeitungen herübergenommenen Artikeln die Autorschaft desselben von selbst wegfalle. Dieser Einwand ist deshalb unbegründet, weil der im § 23 aufgestellte Satz in der Regel der Ausdruck des materiellen Sachverhalts ist. Der Redakteur einer Zeitung behandelt die ihm zugehenden Beiträge seiner Mitarbeiter als Materialien, welche er in die Zeitung nach selbstständiger Prüfung und Entschließung aufnimmt oder als ungeeignet zurückegt. Er verarbeitet sie für seine Zeitung und setzt sie in dieselbe ein; der einzelne Artikel kommt allein und an sich nicht in Betracht, sondern als ein Theil der Zeitung, nach der bestimmten Tendenz und Richtung derselben; in dieser Tendenz und Richtung wird er dem Publikum von dem Redakteur vorgelegt. Nicht die Abgabe des Beitrags durch den Verfasser an den Redakteur ist das maßgebende Moment, sondern erst die Aufnahme desselben in die Zeitung durch den Redakteur bringt ihn zur Oeffentlichkeit und Verbreitung; — mit jener Abgabe wird der Artikel zur Verfügung des Redakteurs gestellt, welcher ihn sich aneignet oder ablehnt.

Hiermit steht in Verbindung, daß die periodische Presse das Recht der Anonymität für sich in Anspruch nimmt und ihr dasselbe auch nicht entzogen werden kann; — dieses Recht ist nur dann zulässig und begreiflich, wenn man den Redakteur der Zeitung als den Herausgeber in dem Sinne auffaßt, daß die einzelnen Artikel von ihm reproduzirt werden und er für sie mit seiner Verantwortlichkeit eintritt.

Ein zweites Vorrecht, welches von der Presse überhaupt für sich beansprucht wird, ist die Befreiung von der Zeugnißpflicht. Auch hier macht sich eine an sich gewiß gerechtfertigte und im Wesen der öffentlichen Presse gelegene Sonderstellung geltend, welche aber ohne Korrektiv die strafrichterliche Gewalt völlig brachlegen und ihr die Möglichkeit rauben würde, die Theilnehmer an offenbaren Verletzungen des Gesetzes zur Verantwortung und Bestrafung zu ziehen. Dies tritt namentlich bei der periodischen Presse ein; indem man hier den Redakteur von der Verpflichtung entbindet, den Verfasser zu nennen, würde es auch dem Ersteren leicht werden, sich der strafrechtlichen Verantwortung zu entziehen, sobald man ihm die Ausflucht gestatten wollte, daß er den Artikel vor seiner Veröffentlichung nicht gelesen habe. Allerdings können Fälle vorkommen, in denen der Redakteur thatsächlich verhindert ist, diese Prüfung vorzunehmen. Die Kommission hat sich dieser Erwägung nicht verschlossen und die Fälle, in denen die obige Voraussetzung der Haftbarkeit hinfällig wird, in den Schlußworten des § 23 berücksichtigt. Die gewählte Fassung soll hierbei der Anschauung bestimmten Ausdruck verleihen, daß hier nicht eine schroffe Theilung der Beweislast, durch welche dem Redakteur ein sogeannnter Exceptionsbeweis aufgebürdet wird, eingeführt, vielmehr dem Richter die volle Freiheit in Erwägung und Beurtheilung des vorliegenden Sachverhaltes und die unbeschränkte Prüfung der Frage, ob die in den oben entwickelten Verhältnissen liegende Annahme der Verantwortlichkeit des Redakteurs durch besondere Umstände wieder ausgeschlossen sei, eingeräumt werde.

Hier muß noch zur vollen Klarstellung des von der Mehrheit der Kommission angenommenen Standpunktes eines wichtigen Punktes Erwähnung geschehen. Es ist vielfach die Meinung aufgestellt und auch in der Kommission vertheidigt worden, daß die Benennung des Verfassers oder des Vordermannes den nach § 23 [jetzt § 20] Haftpflichtigen befreie. Allein es steht diese Meinung im offenen Widerspruch mit den allgemeinen Strafgesetzen. So wenig es gerechtfertigt ist, deshalb einem Betheiligten die dolose Verletzung des Strafgesetzes zu imputiren, weil er seinen Vordermann nicht nennen kann oder will, ebensowenig kann er von der Haftung wegen einer dolosen Verletzung des Strafgesetzes sich befreien, wenn er einen Komplicen der That benennt, vielmehr wird, soviel die durch eine Druckschrift begangenen Verbrechen oder Vergehen anlangt, die Haftung jedes Einzelnen selbstständig festzustellen sein und der Nachweis der Theilnahme darf nicht dadurch wirkungslos gemacht werden, daß der Schuldige noch eine Person denunzirt, welche gleichfalls der Theilnahme an der strafbaren That schuldig ist.

Das hier zum praktischen Ausdruck gelangte System entspricht, wie erwähnt, insofern dem Meinungsausdruck, welcher in der deutschen Presse vielfach laut geworden ist, als die Grundlage desselben die Stellung der Presse auf den Boden der allgemeinen Strafgesetze ist. Die ergänzenden Bestimmungen, welche zu diesem Prinzip hinzugetreten sind, sollen den berechtigten Anforderungen der freien Entwickelung der Presse nachkommen und andererseits dabei der Strafjustiz den nöthigen Rückhalt sichern. —

Was die praktische Bewährung des hier vorgeschlagenen Systems angeht, so kann zunächst angeführt werden, daß die bayerische Strafgesetzgebung und Praxis den hier betretenen Weg seit fast 25 Jahren eingeschlagen hat und weder von Seiten der Presse noch der Vertreter staatlicher Interessen das Verlangen nach einer Aenderung laut geworden ist. Gerade in Bezug auf die von der Kommission begutachtete Bestimmung der Verantwortlichkeit eines Redakteurs hat ein neuerliches Erkenntniß des bayerischen obersten Gerichtshofes sich dahin ausgesprochen, daß eine richtige und verständige Auffassung des Systems, wonach wie in der bayerischen Preßgesetzgebung die allgemeinen strafrechtlichen Normen über die Verantwortlicheit entscheiden, zu der hier zum Ausdruck gebrachten Bezeichnung und Begrenzung redaktioneller Verantwortlichkeit führen müsse.

Außerdem mag noch bemerkt werden, daß die englische Preßgesetzgebung seit langer Zeit die hier zum Ausgangspunkt genommenen Grundsätze befolgt, und daß namentlich auch die sogenannte Lord Campbell's Act. (8 und 9 Victoria c. 96), insoweit sie Redakteure und Verleger vor den zuweit gehenden Konsequenzen des formalen Verantwortlichkeitsprinzips zu schützen sucht, auf derselben Grundanschauung beruht, welche die Kommission in ihrem § 23 zum Ausdruck gebracht hat.

Insoweit eine strafrechtliche Verantwortung im engeren Sinne nicht eintritt, wird die Frage zu lösen sein, ob die bei der Herstellung und Verbreitung der Druckschrift betheiligten Personen wegen Verletzung der pflichtmäßigen Sorgfalt mit Strafe zu belegen sind. Es liegt in der Herstellung und Verbreitung einer strafbaren Schrift die Verletzung der Aufmerksamkeit und Sorgfalt, welche man mit Recht von jedem Betheiligten fordern kann. Die Uebernahme einer Schrift behufs ihrer Veröffentlichung bezw. Verbreitung macht es nöthig, daß sich der Uebernehmende darüber vergewissert, daß die Schrift nicht gegen die Strafgesetze verstößt. Es wird andererseits in der Thatsache, daß eine bestimmte Person bekannt und vorhanden ist, welche bereits dafür einsteht, daß die Schrift nichts Strafbares enthält, allerdings für den Betheiligten eine geeignete Sicherheit geboten sein, so daß er seine eigene Verantwortlichkeit mit der seines Vormanns decken kann.

Die Kommission war der Meinung, daß die Fahrlässigkeitsstrafen keinen Ersatz für den Wegfall der kriminellen Bestrafung bieten sollen, und hat sie daher auch nicht als außerordentliche Strafen behandelt. Vielmehr liegt in der Herstellung und Verbreitung einer solchen Schrift dann, wenn die Bestrafung wegen dolus wegfällt, eine selbständige culpa, die außerhalb des Rahmens des allgemeinen Strafgesetzes zu bestrafen ist. Wo besondere Umstände nachgewiesen werden, welche den Vorwurf der culpa ausschließen, soll auch von dieser Strafe abgesehen werden. Ein Fall dieser Art würde es sein, wenn unverschuldete Vorkommnisse dem Betheiligten nachträglich die vorhanden gewesene Möglichkeit wieder entziehen, seinen Vormann, auf dessen Verantwortlichkeit sich der Betheiligte verlassen hatte, zu benennen, z. B. der Tod desselben.

Es wird übrigens ausdrücklich bemerkt, daß die Beschlüsse zu den §§ 23 und 25 nur mit Mehrheit gefaßt worden sind. Namentlich der zweite Absatz des § 23 wurde [zunächst] nur mit 8 gegen 6 Stimmen angenommen, indem die Minderheit prinzipielles Gewicht darauf legte, daß es hier lediglich bei der Anwendung der allgemeinen strafrechtlichen Grundsätze ohne Aufnahme irgend welcher Beweisregeln sein Bewenden behalte. Zu § 25 gingen Minderheitsanträge dahin, daß der Schlußsatz der ersten Alinea:

„„wenn nicht durch besondere Umstände die Annahme der Vernachlässigung der pflichtmäßigen Sorgfalt ausgeschlossen wird““

wegzulassen und statt dessen vor „mit Geldstrafe“ die Worte:

„wegen Vernachlässigung der pflichtmäßigen Sorgfalt“

einzuschalten seien, weil als mindeste Anforderung an die pflichtmäßige Sorgfalt die unbedingte Verpflichtung zur Benennung eines Vormanns — es sei denn, daß eine völlig schuldlose Unmöglichkeit, dieser Verpflichtung zu genügen, vorliege, was aber schon durch die obige Einschaltung vorgesehen werde — aufzustellen sei,

und daß zum zweiten Alinea, wenigstens in Betreff des Redakteurs, die Straflosigkeit nur einzutreten habe, wenn neben der Benennung des Verfassers außerdem erhelle, daß eine Vernachlässigung der bei allen Aufnahmen in sein Blatt ihm obliegenden gehörigen Kontrole ihm nicht zur Last falle.

Die Minderheit hatte dieser Ansicht durch einen Antrag des Inhalts Ausdruck gegeben, daß, unter gänzlicher Weglassung des § 23, der Eingang des § 25 wie folgt gefaßt werde:

„„Begründet der Inhalt einer Druckschrift den Thatbestand einer strafbaren Handlung, so sind

der verantwortliche Redakteur,

der Verleger,

der Drucker,

der Verbreiter,

wenn sie nicht als Thäter oder Theilnehmer zu bestrafen sind, wegen Vernachlässigung der pflichtmäßigen Sorgfalt mit Geldstrafe bis zu Eintausend Mark oder mit Haft oder mit Festungshaft oder Gefängniß bis zu Einem Jahre zu belegen,""

und daß das zweite Alinea des § 25 einen Zusatz dahin erhalte, daß die Bestrafung des Redakteurs nur dann ausgeschlossen bleibe:

„wenn außerdem (außer dem Nachweise des Verfassers oder Einsenders) erhellt, daß ihm eine Vernachlässigung der von ihm bei ordnungsmäßiger Geschäftsführung zu leistenden Sorgfalt nicht zur Last fällt."

IV. Die Aufnahme des hier entwickelten Systems der Verantwortlichkeit im Plenum des Reichstags war eine sehr günstige. Allerdings versuchte der Regierungskommissar — aber dieser ganz allein — die von der Kommission abgelehnten Bestimmungen des Entwurfs zu vertheidigen, aber er war damit nicht glücklicher, als ein Vorschlag des Abg. Struckmann, welcher sich zwar mit der Grundidee der Kommission einverstanden erklärte, aber glaubte, daß man ohne die besondere ausdrückliche Bezeichnung des Redakteurs als Thäter schon im Wege der Fahrlässigkeitsstrafen gegen denselben praktisch das Ziel erreichen werde. Indem er sich für diese Meinung auf das angeführte bayerische oberstgerichtliche Erkenntniß bezog, wurde ihm entgegengehalten, daß das preußische Obertribunal andere Grundsätze befolge. Auch der Regierungskommissair hatte darauf hingewiesen, daß dieser Gerichtshof allerdings die Entscheidung gefällt, es spreche keine rechtliche Vermuthung dafür, daß der Redakteur einer Zeitung den darin abgedruckten Artikel vorher gelesen habe. Nur in einem einzigen Punkte erlitt auf Antrag des Abg. Dr. Banks der Kommissionsvorschlag vorübergehend eine kleine redaktionelle Veränderung, indem die Ausnahmen, „wenn nicht durch besondere Umstände die Annahme seiner Thäterschaft ausgeschlossen wird" (§ 23) und „wenn nicht durch besondere Umstände die Annahme der Vernachlässigung der pflichtmäßigen Sorgfalt ausgeschlossen wird," (§ 25) die Fassung erhielten: „wenn nicht den vorliegenden Umständen nach die Annahme seiner Thäterschaft ausgeschlossen wird" und „wenn nicht nach den vorliegenden Umständen die Annahme einer Vernachlässigung pflichtmäßiger Sorgfalt ausgeschlossen wird." Eine sachliche Aenderung wurde dadurch nicht beabsichtigt, es handelte sich nur darum, das Verhältniß von Ausnahme und Regel deutlich zu bezeichnen und weil bei näherer Betrachtung die Fassung der Kommission dies klarer erkennen ließ, griff man später zu derselben zurück.

In den Besprechungen zwischen den Regierungsvertretern und den Kommissarien, welche der III. Berathung vorhergingen, hatte sich die Bundesregierung mit dem von der Kommission und dem Reichstag angenommenen System im Wesentlichen einverstanden erklärt. Die Gegenvorschläge des Justizausschusses des Bundesraths gingen allerdings weiter, indem man dem § 23 Abs. 2. folgende Fassung geben wollte: „Ist die Druckschrift eine periodische, so ist der verantwortliche Redakteur als Thäter zu bestrafen. Die Bestrafung bleibt ausgeschlossen, wenn festgestellt wird, daß der strafbare Inhalt dem verantwortlichen Redakteur unbekannt war.“ Ueber die erstere Abänderung, welche die Kommissarien und der Reichstag annahmen, vgl. unten; die Beschränkung dagegen wurde, als zu eng gefaßt, abgelehnt und statt dessen der ursprüngliche Kommissionsvorschlag wieder eingesetzt. In dem § 25 sollte nach dem Vortrag des Justizausschusses des Bundesraths die ganze Ausnahmebestimmung fallen und somit zum bisherigen preußisch-sächsischen Recht der absoluten Fahrlässigkeitsstrafen zurückgekehrt und die Befreiung durch Nennung des Verfassers oder Einsenders nicht auf den Redakteur erstreckt werden. Die Kommissarien gingen auf keinen dieser Vorschläge ein. Nur insofern kam man einen Schritt entgegen, als die vorbehaltenen Ausnahmen dadurch bezeichnet werden sollten, daß die Strafe des § 25 „wegen Fahrlässigkeit“ erkannt werde. Die Antragsteller Dr. Marquardsen und Genossen verbanden damit, wie wiederholt ausgesprochen wurde, den Sinn, daß nur im Fall der Fahrlässigkeit, wenn nicht besondere Umstände ihre Annahme ausschlössen, die Fahrlässigkeitsstrafe eintreten sollte. Die Regierung erklärte sich damit einverstanden, allein aus der Mitte des Reichstags ward das Bedenken laut, es könne der Rechtsprechung, die sich erfahrungsgemäß nicht immer nach den Intentionen und Motiven der Gesetzgebung richte, einmal einfallen, in dem Worte „wegen Fahrlässigkeit“ nur die Bezeichnung und Benennung des Vergehens, nicht aber das Erforderniß der Verschuldung des zu Bestrafenden zu sehen. Um dieser Möglichkeit späteren Irrthums auszuweichen — denn sachlich erklärte sich Alles einverstanden — wurde beantragt, die ältere Kommissionsfassung: „wenn nicht durch besondere Umstände — ausgeschlossen wird,“ wieder einzusetzen, oder nach einem eventuellen Amendement des Abg. Lasker statt „wegen Fahrlässigkeit“ zu setzen: „im Fall der Fahrlässigkeit.“ Von Seiten der Regierung wurde eventuell anempfohlen und ein Amendement darauf gerichtet, zu sagen: „wenn nicht nach den Vorschriften des § 59

Absatz 2 des Strafgesetzbuchs die Strafbarkeit ausgeschlossen wird." Der angezogene Paragraph des Strafgesetzbuchs lautet: „Wenn Jemand bei Begehung einer strafbaren Handlung das Vorhandensein von Thatumständen nicht kannte, welche zum gesetzlichen Thatbestande gehören oder die Strafbarkeit erhöhen, so sind ihm die Umstände nicht zuzurechnen.

Bei der Bestrafung fahrlässig begangener Handlungen gilt diese Bestimmung nur insoweit, als die Unkenntniß selbst nicht durch Fahrlässigkeit verschuldet ist."

Während der Abgeordnete Schwarze für den Fall, daß der Ausdruck „wegen Fahrlässigkeit" nicht beliebt würde, diese Formulirung vertheidigte, wies der Abgeordnete Beseler nach, daß dieselbe zu eng sein würde und das von dem Reichstage und seiner Kommission Bezweckte nicht vollständig erreichen werde. Der Abgeordnete Beseler bemerkte u. A.: „Mit dem § 59 des Strafgesetzes können die sich nicht befriedigt halten, welche wollen, daß die Verantwortlichkeit der betreffenden Personen dann ganz ausgeschlossen wird, wenn wirklich von ihrer Seite keine Fahrlässigkeit begangen ist und wenn besondere Umstände nachgewiesen werden, welche dies herausstellen; denn der § 59 bezieht sich doch wesentlich nur auf Unkenntniß, er umfaßt nicht alles das, was wir als mögliche Entschuldigung irgend einmal gelten lassen wollen, damit eine an sich wegen Fahrlässigkeit verantwortliche Person aus besonderen Gründen von der Strafe der Fahrlässigkeit befreit werde" (St. B. S. 1112).

Endlich kam ein Amendement zur Annahme, welches die Kommissarien neu formulirt hatten, wonach die Einfügung: „wegen Fahrlässigkeit" stehen blieb und die Ausnahme bei der Fahrlässigkeitsstrafe folgender Weise ausgedrückt wurde: „wenn sie nicht die Anwendung der pflichtmäßigen Sorgfalt oder Umstände nachweisen, welche diese Anwendung unmöglich gemacht haben." Man kann darüber streiten, ob diese Ausdrucksweise eine irgend wie der ursprünglichen Formulirung vorzuziehende ist, da sie ausdrücklich den betreffenden Personen den Nachweis auferlegt, was zwar das Regelmäßige sein wird, aber doch mißverstanden werden kann. Jedenfalls hat dieser Vorschlag vor allen anderen den Vorzug gehabt, angenommen zu werden und die letzte Schwierigkeit für das Zustandekommen des Gesetzes beseitigt zu haben.

§ 20.

Die Verantwortlichkeit für Handlungen, deren Strafbarkeit durch den Inhalt einer Druckschrift begründet wird, bestimmt sich nach den bestehenden allgemeinen Strafgesetzen.

Ist die Druckschrift eine periodische, so ist der verantwortliche Redakteur als Thäter zu bestrafen, wenn nicht durch besondere Umstände die Annahme seiner Thäterschaft ausgeschlossen wird.

I. 1. Die Vergehen, welche durch den Inhalt einer Druckschrift begangen werden, sind den Uebertretungen der Preßpolizei, welche beim Betrieb der Preßgewerbe vorkommen, entgegengesetzt. Auch die älteren Preßgesetze halten diese Unterscheidung fest.

2. Selbstverständlich ist auch hier zur Strafbarkeit des Inhalts die Verbreitung der Druckschrift, wie bei allen Preßvergehen, die allgemeine Voraussetzung. Indem hier ausdrücklich von der Verantwortlichkeit für jene Handlungen geredet und dieselbe auf die allgemeinen Strafgesetze zurückgeführt wird, ist eine bessere Fassung als in manchen der früheren Preßgesetze gewählt, wo nur im Allgemeinen die Anwendbarkeit der allgemeinen Strafgesetze ausgesprochen wurde, worunter leicht nur die Bestimmungen über den einzelnen Thatbestand und die Strafdrohung verstanden werden konnten. In der That hat z. B. noch der vorige Kommissionsentwurf diesen Ausdruck gewählt, obgleich er gleichzeitig für die Verantwortlichkeit ein von den allgemeinen strafrechtlichen Grundsätzen völlig abweichendes System bei Preßvergehen aufstellte.

3. Der Ausdruck „allgemeine Strafgesetze" ist gewählt worden, weil sich die Materie durch das Strafgesetzbuch für das Reich nicht erschöpft, z. B. Verbote von Lotterieanzeigen nach landesrechtlicher Bestimmung auch darunter fallen. Allerdings aber sind es in erster Reihe die Bestimmungen des allgemeinen Theils des Strafgesetzbuchs, welche hierdurch als auf Preßvergehen anwendbar erklärt werden, sowie die für die einzelnen Verbrechen und Vergehen, welche mittelst der Presse begangen werden können, in dem besonderen Theil enthaltenen Aufstellungen über Thatbestand und Strafe. Es würde in die Sphäre der Kommentatoren des Strafgesetzbuchs hinübergreifen, hier eine Auseinandersetzung über die Anwendung der allgemeinen Lehren auf Preßvergehen geben zu wollen, dieselben gewinnen bei diesen durchaus keinen anderen Charakter. Die Entscheidung über die Zurechnungsfähigkeit der Handelnden, über das Verhältniß der Urheberschaft und Theilnahme, die Bestrafung oder Nichtbestrafung von

Versuchshandlungen bei den einzelnen auch durch die Presse zu begehenden Verbrechen sind aus den allgemeinen Normen zu entnehmen. Ebenso gehört die Frage, ob ein durch die Presse begangenes Verbrechen in Folge dieser Begehensart innerhalb des richterlichen Ermessens eine höhere Strafe fordert, als wenn das Mittel der Begehung ein anderes war, in die allgemeine Lehre von der Strafzumessung. Wenn vereinzelt z. B. John in dem öfter zitirten Gutachten den Grundsatz absolut hinstellen will, daß ein durch die Presse verübtes Vergehen nicht deshalb strafwürdiger werde, so ist doch dagegen einzuwenden, daß schon eine Beleidigung, wenn Alles sonst gleich liegt, zugleich prämeditirter und wirkungsvoller erscheint, wenn sie durch die Presse begangen wird, als wenn dieselbe Aeußerung auf den Sporn des Moments mündlich ausgestoßen wird, und daß darauf bei der Strafausmessung Rücksicht zu nehmen ist. Als Theil der „bestehenden allgemeinen Strafgesetze" kommen dem Handelnden bei Preßvergehen natürlich auch die gewöhnlichen Strafaufhebungsgründe zu Gute. Im Uebrigen ist zu bemerken, daß die Anwendung dieses Paragraphen sich auf Jeden erstreckt, der nach allgemeinen Grundsätzen mit sträflichem Vorsatz (vgl. das oben aus der französischen Jurisprudenz Mitgetheilte) bei dem Zustandekommen des Preßvergehens thätig gewesen ist. So beschränkt sich z. B. die etwaige Haftbarkeit unter diesem Gesichtspunkt durchaus nicht auf die im nachfolgenden Paragraphen mit Fahrlässigkeitsstrafen bedrohten Kategorien der an einem Preßvergehen Betheiligten. Der sozial-demokratische Druckergehülfe, der zur Förderung seiner Parteizwecke auf der Presse seines Druckherrn ein strafbares Pamphlet heimlich druckt, ist selbstverständlich, wenn es mit seinem Wissen und Willen zur Publikation gekommen, strafbar; ebenso wenn etwa die Druckerei einer Genossenschaft gehört und die verschiedenen Mitwirkenden das Zustandebringen der strafbaren Publikation als solche wollten. In welcher Qualität bei einem solchen Zusammenwirken die einzelnen an Druck und Publikation Betheiligten sich juristisch unterbringen lassen, kann nur nach den Verhältnissen des einzelnen Falls entschieden werden, und gerade auch, um in solchen Fällen der sich abstufenden Einzelverschuldung gerecht werden zu können, hat das Gesetz dem Richter die freie Strafskala belassen, welche das Reichsstrafgesetzbuch in fast allen Fällen zuläßt.

II. 1. Das in dem Absatz I zur Geltung gekommene Prinzip ist häufig deshalb bemängelt worden, weil dabei faktisch die Straflosigkeit der Preßvergehen wegen der Schwierigkeit des Beweises herbeigeführt werde, und in den Verhandlungen des Reichstags sowohl als der Kommission sind Beispiele, die diese Behauptung stützen sollten, angeführt worden. So hat namentlich der Abg. Schwarze aus der sächsischen Spruchpraxis diesen Vorwurf zu begründen versucht. Bei näherer Betrachtung der Fälle ergiebt sich jedoch, daß die Richter eine zu ängstliche und engherzige Auffassung ihres Berufs dabei an den Tag gelegt haben und als Widerlegung des Einwands, daß z. B. auch die richtige Würdigung der Stellung eines verantwortlichen Redakteurs auf der ausschließlichen Grundlage der allgemeinen Strafgesetze nicht möglich sei, kann auf die Rechtsprechung des bayerischen obersten Gerichtshofs verwiesen werden. Weil aber unleugbar eine Reihe von Entscheidungen vorliegen, welche sich in der thatsächlichen Würdigung weniger entschieden zeigen, haben Kommission und Reichstag für richtig gehalten, durch den Absatz II einen ausdrücklichen Hinweis zu geben, was die vom Gesetz geforderte, von dem Betreffenden freiwillig übernommene „Verantwortlichkeit" eines Redakteurs zu bedeuten hat, in deklaratorischer Anwendung, nicht im Gegensatz zu den allgemeinen Strafrechtsgrundsätzen. Es ist schon daran erinnert worden, daß dieser Gedanke, der besonders von John vertheidigt worden ist, und schon bei früheren Gesetzgebungen, z. B. der französischen, der italienischen, Eingang gefunden hat, und den man auch in dem oben angeführten Entwurf von Livingston erkennt, auch in der ursprünglichen, dem Bundesrath gemachten Vorlage ähnlich wie jetzt im Reichsgesetz enthalten war. Sehr erfreulich ist die Wahrnehmung gewesen, daß gerade aus Kreisen, welche der Presse nahe stehen, diese präzisere Bezeichnung des Verhältnisses der redaktionellen Verantwortlichkeit so gut wie keine Anfechtung gefunden hat. Umsomehr darf die Presse eine loyale Berücksichtigung der ergänzenden Gesetzesbestimmung erwarten, welche die besonderen Umstände zu würdigen verlangt, wo der in der Regel vorausgesetzte Thatbestand nicht vorhanden ist. Von der Kommission, welche diesen Absatz formulirt hat, war, wie bemerkt, anfangs die Ausdrucksweise vorgeschlagen, daß „der Redakteur einer periodischen Zeitschrift mit der Strafe des Thäters zu belegen sei," weil man sich sagte, daß der gewöhnliche Sprachgebrauch als den eigentlichen Thäter den Verfasser des inkriminirten Artikels, der der Redakteur zwar sein könne, aber nicht zu sein brauche, auffasse, und daß deshalb der gewählte Ausdruck die gleiche Schuld des Redakteurs neben dem die Veröffentlichung mitwollenden Verfasser betone. Allein der jetzige Wortlaut des Gesetzes hat entschieden den Vorzug verdient, weil er die Auffassung des Verfassers als Mitthäter durchaus nicht ausschließt, aber jeden Zweifel darüber beseitigt, daß der Redakteur vor dem Gesetze ebenfalls Mitschuldiger ist und dadurch jedes Mal gegen die Zumuthung gesichert ist, bezüglich der Person des Verfassers oder Einsenders Zeugniß abzulegen, wenn er nicht selber jene „besonderen Umstände" geltend macht. Vgl. darüber unten die Bemerkungen über den in Wegfall gekommenen § 24 der Kommissionsvorlage.

2. Diese Bestimmung ist aber nicht so zu verstehen, als wenn durch die Bestrafung des Redakteurs die Verfolgung des schuldvollen Verfassers ausgeschlossen sein sollte. John hat, wie erwähnt, in seinem sonst so vortrefflichen Gutachten diese Konsequenz gezogen, aber sie widerspricht der Gerechtigkeit gerade so stark, wie das Herausfangen eines Sündenbocks zur Strafe nach dem System der succesiven ausschließenden Haftbarkeit. Der verantwortliche Redakteur wird nicht statt des Verfassers gestraft, sondern weil er durch seine von ihm abhängige Veröffentlichung, ja häufig durch die Anstiftung, daß der Artikel überhaupt geschrieben wird, ebenso selbständig schuldig ist, wie der Verfasser. Mit allem Recht hat daher das Preßgesetz ihn als Thäter bezeichnet, während dagegen die Verschuldung des Schriftstellers und „Mitarbeiters" gar nicht selten eine geringere sein wird und als Theilnehmer bezeichnet werden könnte. Man darf nicht übersehen, daß die Fertigung eines solchen Artikels an sich und ohne Publikation durchaus nichts Straffälliges ist und sowohl eine Versuchsbestrafung als die Strafe für das vollendete, durch den Inhalt einer Druckschrift dargestellte Verbrechen immer die „Veröffentlichung", Verbreitung zur Voraussetzung hat. Wenn dagegen der Redakteur einer periodischen Druckschrift bei der Begehung eines Verbrechens mittelst ihres Inhalts vorsätzlich mitgewirkt hat, ist er immer als Thäter zu bestrafen, da in einem solchen Falle „besondere Umstände", wodurch die Annahme seiner Thäterschaft ausgeschlossen wird, nicht vorliegen können. Es ist die Thäterschaft durchaus nicht mit „Verfasserschaft, Autorschaft" identisch zu nehmen. In dieser Richtung faßt John seinen im Kern durchaus richtigen Grundsatz: „der Redakteur ist Verfasser der ganzen Zeitung", allzu buchstäblich auf. Praktisch wird allerdings, da der Redakteur wegen seiner Mitschuld nicht zum Zeugniß gezwungen werden kann, in den weitaus meisten Fällen der nicht mit dem Redakteur identische Verfasser unbekannt und deshalb straflos bleiben; aber wenn entweder der Redakteur den Namen angiebt, der Verfasser später seinen Namen nennt oder ihn gleich provokatorisch unter den strafbaren Artikel setzt und der Redakteur den handgreiflich strafbaren Artikel durch sein Blatt unter Hunderttausende bringt, wäre es ebenso ein Hohn auf die Gerechtigkeit, wenn man nur den Redakteur allein oder nur den Verfasser strafen wollte. Ein gerechtes Interesse der periodischen Presse, eine solche redaktionelle

Verschuldung straflos zu lassen, weil der Verfasser für seinen Theil der Schuld gestraft wird, liegt wahrlich nicht vor; soweit sie ihrer ganzen Natur nach der anonymen Mitarbeiter bedarf, auch ohne Rücksicht auf die Seite der Strafverfolgung, ist ihr dadurch gedient, daß die Verantwortlichkeit des Redakteurs der Ausspürung der einzelnen Verfasser durch Zeugnißzwang gegen jenen eine Grenze setzt. Aber ein „La recherche de la paternité est interdite“, wie John befürwortet, oder vielmehr, daß sich die Justiz selber blind macht gegen den ihr unter die Augen tretenden wirklichen Verfasser, ist offenbar zu viel verlangt.

So hart es klingen mag, daß der Redakteur regelmäßig als Thäter zu bestrafen ist, so darf doch nicht übersehen werden, daß für den einzelnen Fall die Ausmessung der Strafe den Richtern innerhalb der Grenzen des Maximums und Minimums freigegeben ist. Natürlich wird die Schwere der Verschuldung nach dem Inhalt auch für den Redakteur mit in Rechnung gezogen werden, aber da John ganz Recht mit seiner Regel hat, „daß der Redakteur den Inhalt seiner Zeitung kennt,“ kennt derselbe auch die strafrechtliche Tragweite, das mehr oder minder Gewagte der in den einzelnen Artikeln enthaltenen Aeußerungen, und somit wird auch auf die Strafbestimmung für ihn das mehr oder minder Gravirende der Auslassungen von Einfluß sein dürfen. Den Grundsatz, daß die Bestrafung des Redakteurs den Verfasser nicht straffrei macht, konstatirt ausdrücklich das Kommissionsmitglied Dr. Schwarze, indem er bemerkt (St. B. S. 471):

„Es ist wiederholt die Frage an mich gerichtet worden, ob daraus, daß wir hier im § 23 Alinea 2 [jetzt § 20] eine solche Verantwortlichkeit des Redakteurs konstituirt haben, folge, daß der Redakteur von dieser, auf § 23 [jetzt § 20] Alinea 2 gestützten Verantwortlichkeit wieder befreit werde, wenn er erklärt: ich bin nicht der Verfasser, sondern der und der ist der Verfasser, und es ist mir ganz recht, wenn ihr meinen Mitarbeiter, den Verfasser dieses Artikels, zur Verantwortung ziehen wollt. Ich weiß nicht, ob das Seitens eines anständigen Redakteurs öfter vorkommen würde; aber der Fall ist einmal gegeben, und ich trage kein Bedenken, zu antworten, daß ich in einem solchen Falle ebensowohl den Redakteur, wie die Mitarbeiter strafen würde, weil bezüglich des Redakteurs dieser Paragraph seine Verantwortlichkeit begründet, die Strafbarkeit des Einsenders dagegen durch die allgemeinen strafrechtlichen Grundsätze begründet wird.“

3. „Wenn nicht durch besondere Umstände die Annahme seiner Thäterschaft ausgeschlossen ist.“ Durch die

Aufstellung dieser Ausnahme von der aus dem gewöhnlichen Lauf der Dinge gezogenen und zur Grundlage einer Strafdrohung gemachten Regel hat sich das neue Reichspreßgesetz von allen früheren Systemen ähnlicher Art unterschieden und z. B. alle Vorwürfe vermieden, welche in der preußischen II. Kammer der oben S. 134 besprochenen Formulirung gemacht wurden. Das Gesetz will nicht unter Präsumtionen und Fiktionen die Wirklichkeit und Wahrheit des Verhältnisses erdrücken. Wo ausnahmsweise die von ihm zum Ausgangspunkt genommene Voraussetzung nicht zutrifft, gleichviel ob dies dem Richter in dem ihm erscheinenden Thatbestande klar vor Augen liegt, oder der Beschuldigte selbständig diese Ergänzung und Klarstellung des Thatbestandes vorzunehmen vermag, hört die Rechtsregel zu wirken auf. Ganz richtig bemerkt darüber der Abg. Schwarze (St. B. S. 471):

„Meine Herren! Wir haben nun unserem Vorschlage, daß der verantwortliche Redakteur mit der Strafe des Thäters zu belegen sei, den Zusatz beigefügt: wenn nicht durch besondere Umstände die Annahme seiner Thäterschaft ausgeschlossen sei. Es ist über diesen Zusatz viel verhandelt worden; man hat ihn auf der einen Seite zu weit gehend, auf der anderen Seite für eine Abschwächung des Gedankens selbst gehalten. Es ist weder das Eine noch das Andere der Fall. Ich halte diesen Zusatz nicht für eine Abschwächung des Gedankens, sondern nur für das Anerkenntniß, für das nothwendige Anerkenntniß verschiedener thatsächlichen Erscheinungen im täglichen Leben. Wir sind, glaube ich, nicht im Stande, mit der Bestimmung, wie wir sie hier vorgeschlagen haben, ohne diesen Nachsatz die Behauptung zu rechtfertigen, daß unser Vorschlag völlig dem Leben entspricht und die Richter in der Lage sind, jeden Fall nach seiner Individualität beurtheilen zu können. Es können Fälle vorkommen, die so gestaltet sind, daß man sagen darf: trotz der Verantwortlichkeit des Redakteurs im Allgemeinen muß man sagen, daß gerade im vorliegenden Falle seine Verantwortlichkeit cessirt. Diese Fälle festzustellen, im konkreten Falle festzustellen, daß ausnahmsweise die Verantwortlichkeit wieder in Wegfall kommt, wird Sache des verständigen Richters sein, und ich trage kein Bedenken, hier auszusprechen, wie schon anderwärts geschehen ist: ich glaube, der verständige Richter wird bei gewissenhafter Verfolgung des Gedankens, der diesem Vorschlage zu Grunde liegt, im einzelnen Falle schwerlich irren, wenn er zu entscheiden hat, ob den Redakteur die strenge Verantwortlichkeit trifft, oder ob Umstände vorhanden sind, welche ausnahmsweise diese strenge Verantwortlichkeit ausschließen.“

Die Nothwendigkeit einer solchen Klausel wurde in der Kommission, sowie bei den Plenarverhandlungen durch drastische Beispiele belegt. So erinnerte der Abg. Lasker an einen Fall, wo hinter dem Rücken des Redakteurs und nachdem der Korrekturbogen schon durch seine Hände gegangen, ein Setzer statt „Herrenhaus“ „Narrenhaus“ verändert hatte. In der Kommission wurden verschiedene Fälle angeführt, wo die injuriöse Natur eines Inserats von dem Redakteur nicht erkannt werden konnte. Anderer Art sind plötzliche Erkrankungen, welche selbst die rasche Anordnung einer Stellvertretung ausschließen. Es ist Sache des Richters, die entsprechenden Analogieen im Leben zu würdigen. Wenn dagegen ein Redakteur, der sich aus eigenem freien Entschlusse für den Inhalt seines Blattes verantwortlich erklärt hat, sich der Uebung seiner Aufsicht dadurch entschlägt, daß er die Artikel gewisser Mitarbeiter nicht vorher lesen will, um sich der Verantwortlichkeit zu entziehen, so hat hier der verständige Richter nach dem Grundsatz „Qui per alium fecit“ sicher keinen Zweifel, daß besondere, die Annahme der Thäterschaft ausschließende Umstände dann nicht vorliegen. Es ist schon bemerkt worden, daß die Klagen über die bisher vorhandene Lücke in dem System der allgemeinen Verantwortlichkeitsregeln, denen namentlich auch der Abg. Schwarze im Reichstage Ausdruck gegeben hat, weniger auf Rechnung des Gesetzes als seiner ungenügenden Auffassung durch die Gerichte zu stellen sind (vgl. Rede des Abg. Schwarze, St. B. S. 470).

4. Der Abs. 2 bezüglich des Redakteurs ist nicht ein selbständiger Zusatz zu der Bestimmung des Abs. 1, sondern nur eine Präzisirung seines Inhalts bezüglich der Haftbarkeit des Redakteurs. Wird derselbe bestraft, oder freigesprochen unter Anwendung des Abs. 2, so ist nicht noch eine weitere Bestrafung desselben unter Abs. 1 zulässig. Der Ausdruck Thäter ist nicht in diesem Sinne ausschließend gegen andere Formen der vorsätzlichen Mitwirkung zu verstehen. Daß die Verurtheilung des Redakteurs andere vorsätzliche Mitschuldige nicht straflos macht, ist schon angeführt worden; ganz dasselbe gilt natürlich auch von seiner Freisprechung auf Grund „besonderer Umstände“.

§ 21.

Begründet der Inhalt einer Druckschrift den Thatbestand einer strafbaren Handlung, so sind

der verantwortliche Redakteur,

der Verleger,
der Drucker,
derjenige, welcher die Druckschrift gewerbsmäßig vertrieben oder sonst öffentlich verbreitet hat (Verbreiter),

soweit sie nicht nach § 20 als Thäter oder Theilnehmer zu bestrafen sind, mit Geldstrafe bis zu eintausend Mark oder mit Haft oder mit Festungshaft oder Gefängniß bis zu einem Jahre zu belegen, wenn sie nicht die Anwendung der pflichtgemäßen Sorgfalt oder Umstände nachweisen, welche diese Anwendung unmöglich gemacht haben.

Die Bestrafung bleibt jedoch für jede der benannten Personen ausgeschlossen, wenn sie als den Verfasser oder den Einsender, mit dessen Einwilligung die Veröffentlichung geschehen ist, oder wenn es sich um eine nicht periodische Druckschrift handelt, als den Herausgeber derselben, oder als einen der in obiger Reihenfolge vor ihr Benannten eine Person bis zur Verkündigung des ersten Urtheils nachweist, welche in dem Bereich der richterlichen Gewalt eines deutschen Bundesstaats sich befindet, oder falls sie verstorben ist, sich zur Zeit der Veröffentlichung befunden hat; hinsichtlich des Verbreiters ausländischer Druckschriften außerdem, wenn ihm dieselben im Wege des Buchhandels zugekommen sind.

I. 1. In diesem Artikel wird das theoretisch so oft angegriffene System der Fahrlässigkeitsstrafen aufrecht erhalten. Seine allgemeine Rechtfertigung findet dasselbe schon in den oben mitgetheilten Ausführungen der Kommission. Dasselbe ist kein die Stelle der Strafen für das vorsätzliche Begehen des Preßdelikts vertretender Ersatz, es handelt sich dabei nicht um die fahrlässige Begehung des in der Druckschrift vorliegenden objektiven Verbrechens, sondern die Fahrlässigkeit im Betriebe des Preßgewerbes, wodurch der fahrlässig Handelnde an seinem Theil die Begehung des strafbaren Akts durch einen Andern ermöglicht, ist die Schuld, welche hier unter Strafe gestellt wird. Ob das durch die Druckschrift verübte vorsätzliche Vergehen schwerer oder geringer ist, kommt bei der Strafwürdigung der hier bedrohten Fahrlässigkeit nur insofern in Betracht, als die größere oder geringere Schwere auf die Erkennbarkeit der Rechtswidrigkeit einwirkt und danach die Fahrlässigkeit als eine größere oder geringere erscheinen wird. Völlig grundlos ist der diesem Prinzip, wie es hier formulirt worden ist, nicht selten gemachte Vorwurf, daß man damit zu den außerordentlichen Verdachtsstrafen des alten Inquisitionsprozesses zurückkehre und den Einen strafe, weil man den Andern nicht fassen könne. So energisch auch die hier zur Anwendung gebrachten Fahrlässigkeitsstrafen namentlich in der ersten sächsischen Kammer von den Abgeordneten Albrecht und Heinze angegriffen worden sind (vgl. die Aeußerungen bei Bausch, das sächsische Preßgesetz, S. 118 ff., 121 ff.), trifft doch keine einzige der daselbst erhobenen Einwendungen die Begriffsbestimmung des strafbaren Handelns in diesem Paragraphen. Der Staat hat alles Recht, diejenigen, welche freiwillig eines der Gewerbe oder einen Beruf wählen, ohne welche die Erzeugung und Verbreitung von Druckschriften unmöglich oder doch fast unmöglich wird, darauf aufmerksam zu machen, daß sie sich nicht, wenn auch ohne bösen Vorsatz, an dem Begehen einer strafbaren Handlung betheiligen. Für die Vernachlässigung dieser Pflicht wird, wenn in Folge dessen ein sträfliches Erzeugniß der Presse entstanden ist, angemessene Strafe gedroht. Hier kehrt die Verkörperung einer strafpolitischen Anschauung wieder, die auf fast allen Gebieten des Geschäftslebens ihre Anwendung findet. Aber auch hier soll nur die Schuld bestraft werden, und wenn der in Anspruch Genommene nachweist, daß trotz seines sorgsamen Bemühens oder weil ihm außerordentlicher Weise diese Obsorge unmöglich gewesen ist, das Delikt zur Entstehung kam, so soll eine strafbare Fahrlässigkeit nicht als vorhanden angenommen werden. Es ist schon kurz motivirt worden, daß ein Beweis der nach den gewöhnlichen Lebensverhältnissen ausreichender Sorgfalt darin gefunden wird, wenn sich der an dem Erscheinen eines Preßerzeugnisses berufsmäßig Betheiligte eines Vormanns versichert hat, auf den er die Justiz zurückverweisen kann. Das Gesetz hebt unter den besonderen Umständen der Entschuldigung diesen einen heraus und läßt durch sein Vorhandensein den Begriff strafbarer Fahrlässigkeit auslöschen. Von einer Fiktion der Verschuldung ist hier ebensowenig zu reden, als bei der Verantwortlichmachung des Redakteurs einer periodischen Druckschrift als Thäter. Nicht die Verschuldung ist das Fingirte, sondern man könnte eher sagen, daß zu Gunsten der Betheiligten das Gesetz eine Nichtverschuldung da fingirt, wo der Betreffende sich einen Vormann gesichert und dadurch seine Aufmerksamkeit bewiesen hat. In Wahrheit ist aber auch hier von keiner Fiktion die Rede, sondern die Gesetzgebung bezeichnet, wozu sie durchaus berufen ist, eine Grenze, bei welcher sie eine Bestrafung etwaiger Verschuldung aus strafpolitischen Gründen nicht mehr für nöthig hält. Die hier angenommene successive und ausschließende (d. h. nur im gewissen Sinn bezüglich anderer wegen Fahrlässigkeit Haftender) Verantwortlichkeit ist in ihrem ganzen Charakter von der Fiktion einer dolosen Verübung des Preßdelikts selber verschieden, wie sie die Anwendung des Stufensystems nach belgischem Muster enthält. Auch hier hat der Gesetzgeber dem Richter für die Strafausmessung völlig freie Hand unter dem zulässigen Maximum gegeben und auch der geringste Grad wirklicher Verschuldung wird mit Gerechtigkeit geahndet werden können. Mit allem Rechte hat der Reichstag sich dem vom Bundesrath gestellten Verlangen widersetzt, hier ein Strafminimum von 50 Mark einzufügen. Man hat früher wohl von einem System der Ordnungsstrafen gesprochen, und so lange der Gegenbeweis der Nichtverschuldung ausgeschlossen war, wie in der bisherigen sächsischen und preußischen Gesetzgebung, und man deshalb nur Geldbußen zuließ, mochte diese Bezeichnung eine gewisse Berechtigung haben. In dem gegenwärtigen Gesetz handelt es sich um eine wirkliche Verschuldung und nach ihrem Grade soll die Strafe sich bemessen. Nur insofern kann man den Ausdruck wegen „Fahrlässigkeit" bemängeln, als auch Derjenige gestraft wird, welcher seinen Vormann nicht nennen will, aber selbst dieser Einwand verliert seine Kraft, wenn man die Wortfassung des Artikels näher in's Auge faßt. Ob im konkreten Falle der zu Bestrafende den Vormann nicht nennen will oder nicht nennen kann, wird gar nicht zur formellen Feststellung kommen — er nennt ihn eben nicht und macht damit seinerseits von einer ihm zustehenden Einrede gegen die Bestrafung eines Handelns, welches ja selbständig strafbar erklärt ist, keinen Gebrauch. Statt dem Vorwurf der Ungerechtigkeit und des Unlogischen zu unterliegen, darf man die hier getroffenen Bestimmungen getrost einer verständigen Rechtssprechung durch deutsche Richter in die Hand geben.

2. Das Verhältniß des hier bedrohten Reats zu dem im vorstehenden Artikel Ausgesprochenen ist im Allgemeinen das völliger Unabhängigkeit. Selbstverständlich kann Niemand gleichzeitig aus dem einen und dem anderen Paragraphen gestraft werden, da es undenkbar ist, zugleich vorsätzlich und unvorsätzlich zu handeln. Aber die Bestrafung einer Person aus § 20 schließt regelmäßig die Bestrafung einer anderen aus § 21 nicht aus. Nur wird die Thatsache, daß

der Verfasser oder Redakteur oder Beide nach § 20 bestraft werden, die wegen „Fahrlässigkeit“ Haftenden in den Stand setzen, die sie von der Strafe befreiende „Nachweisung“ eines greifbaren Vormanns vorzunehmen.

3. „Begründet der Inhalt — den Thatbestand einer strafbaren Handlung.“ Hier kommt nur die objektive Strafbarkeit in Frage; aber diese muß allerdings noch vorhanden und z. B. die Strafverfolgung nicht schon verjährt sein, was freilich bei der kurzen Verjährungsfrist für das hier bedrohte Vergehen praktisch ohne Einfluß sein wird.

4. „Der verantwortliche Redakteur“; damit ist der Vertreter einer periodischen Zeitschrift, also im Sinne des vorigen Paragraphen, gemeint; bei den nichtperiodischen, welche keinen im technischen Sinne verantwortlichen Redakteur haben, ist ein also genannter doch nur juristisch als „Herausgeber“ zu betrachten, und soweit die Nennung und Nachweisung eines Herausgebers nach Abs. II befreit, wird dies auch für einen solchen nominellen „Redakteur“ gelten. Wie schon früher ausgeführt wurde, ist der Herausgeber mitgenannt worden, weil der Ausdruck Verfasser zu eng sein würde. Der verantwortliche Redakteur mußte hier mit aufgeführt werden, weil der Paragraph sich sowohl auf periodische als nichtperiodische Druckschriften bezieht, wenngleich die Wirksamkeit des Paragraphen bei periodischen Druckschriften nur dann eintreten wird, wenn der verantwortliche Redakteur sich der Strafverfolgung entziehen sollte.

5. Die hier genannten Persönlichkeiten, welche prima facie für ihre Fahrlässigkeit verantwortlich gemacht werden, sind lauter solche, welche berufsmäßig mit der Presse zu thun haben und denen die Zumuthung der Obsorge deshalb mit Recht gestellt werden kann. Der Abgeordnete Lasker bemerkte in dieser Beziehung: „Die ganze Theorie der besonderen Preßfahrlässigkeit geht aus der Sache selbst hervor. Die Fahrlässigkeit eines Mannes, welcher es zu seinem Geschäftsberufe macht, eine Zeitung zu redigiren, ist eine andere als die Fahrlässigkeit eines Mannes, welcher mit einer solchen gewerbs- und berufsmäßigen Redaktion und Veröffentlichung nichts zu thun hat“ (St. Ber. S. 1103).

6. Die hier eingeführte Stufenleiter der Verantwortlichkeit ist auf die näheren oder entfernteren Beziehungen zur eigentlichen Entstehung der Preßdelikte gegründet. Je entfernter der Betreffende davon ist, desto geringer wird seine Verantwortlichkeit, weil er desto mehr ihn deckende Vormänner haben kann.

7. Daß der Verbreiter mit in die Reihe gestellt wurde, hat trotzdem, daß einzelne ältere Gesetzgebungen mit dem Drucker abschlossen, seine Rechtfertigung in der Natur der Sache. Der gewerbsmäßige Verbreiter kann, weil er aus dem Verbreiten seinen täglichen Beruf macht, recht wohl dazu angehalten werden, sich seines Vormanns zu versichern. Daß sich jeder Kolporteur mit dem Inhalt der von ihm vertriebenen Schrift bekannt macht, hat der Gesetzgeber nicht fordern wollen, aber da es genügt, daß der Vormann nachgewiesen wird, wofür auch der einfache Kolporteur, der ja freiwillig den Verschleiß übernimmt, sorgen kann, und das Strafminimum so tief herabgeht, hat der Reichstag mit Recht an der Hineinziehung des Verbreiters unter die Verantwortlichkeit für Fahrlässigkeit keinen Anstoß genommen. Daß nicht jede Mittheilung an einen Dritten schon dem Betreffenden den Charakter eines öffentlichen Verbreiters im Sinne dieses Paragraphen aufprägt, braucht kaum bemerkt zu werden. Vergleichen kann man dazu die Bestimmung im Code von Livingston (vgl. oben S. 117):

„Art. 380. Derjenige ist dieses Vergehens nicht schuldig, welcher einem Andern ein Buch oder eine Schrift, welche ein Libell enthält, leiht oder giebt oder es demselben vorliest, nachdem es schon in allgemeiner Zirkulation ist, es sei denn, daß Umstände nachgewiesen werden, aus welchen hervorgeht, daß es mit dem Vorsatz zu verletzen geschah."

8. Es ist schon in der Entstehungsgeschichte dieses Paragraphen hervorgehoben worden, daß die Fassung dieses I. Absatzes noch in der zwölften Stunde Schwierigkeiten machte, obgleich, wie auch der Abg. Lasker aussprach, „zwischen den Absichten der Regierung und des Reichstags ein Unterschied nicht bestand." Der Abg. Marquardsen, von welchem der Vorschlag, das hier bezeichnete Vergehen als Fahrlässigkeit zu bezeichnen, herrührte, hatte ausdrücklich erklärt, daß der Sinn davon sei: „im Falle der Fahrlässigkeit", so daß, wo der Mangel der Fahrlässigkeit nachgewiesen werde, die Strafe in Wegfall kommen müsse; daß er den Paragraph auch ohne die Wiederaufnahme der früheren Klausel: „wenn nicht durch besondere Umstände die Annahme der Vernachlässigung der pflichtmäßigen Sorgfalt ausgeschlossen wird," gerade so verstehe, als ob dieser Zusatz ausdrücklich gemacht worden wäre. Dr. Marquardsen bemerkte:

„Wenn ich sagte: „wegen Fahrlässigkeit," so heißt das, „wenn Fahrlässigkeit vorhanden ist"; es ist damit nur ausgesprochen, daß Fahrlässigkeit immer die Voraussetzung der Strafe ist, nicht aber dasjenige, was bisher in der preußischen Gesetzgebung der Fall gewesen ist: unter allen Umständen soll die Fahrlässigkeitsstrafe auch den betreffenden Redakteur oder Verleger treffen."

Die jetzt angenommene Fassung: „wenn sie nicht die Anwendung der pflichtmäßigen Sorgfalt oder Umstände nachweisen, welche deren Anwendung unmöglich gemacht haben," soll sachlich auch nichts Anderes bedeuten. Wenn hier ausdrücklich ausgesprochen wird, daß die Betreffenden die sie entlastenden Thatsachen selber nachweisen müssen, so hat dies doch nur das gewöhnliche Sachverhältniß bezeichnen sollen, daß ohne ihre Thätigkeit der Richter keine Kenntniß davon haben wird. Aber wenn ein solches entschuldigendes Verhältniß vorliegt und ohne Weiteres erkennbar ist, so wird der Richter doch freizusprechen haben, weil er nicht absolut, wie nach den früheren Preßgesetzen, sondern nur „wegen Fahrlässigkeit" strafen soll. Die Beurtheilung, ob die eine oder andere Alternative der Entschuldigung vorhanden ist, muß vollständig dem Richter überlassen bleiben. Ohne das Vorliegen solcher besonderen Umstände wird derselbe in der Doppelthatsache, daß ein Preßvergehen objektiv vorliegt und sich der Beschuldigte an der Hervorbringung des Preßdelikts — die Verbreitung mit eingeschlossen — betheiligte, die genügende Grundlage einer Verurtheilung sehen. Eine juristische Präsumtion liegt auch hier nicht vor, sondern der Gesetzgeber hat sich nur auf den Boden einer verständigen praesumtio hominis gestellt. Uebrigens ist gegen das Argument, als wenn irgend welche Gesetzgebung ohne solche in der Natur der Sache gelegenen Voraussetzungen wirksam sein könnte, die Ausführung John's S. 347 zu vergleichen.

Wenn der Regierungskommissar Geh. Rath v. Schelling in der Bekämpfung des jetzt einen Bestandtheil des Gesetzes bildenden Satzes: „wenn sie nicht — haben," den Einwand erhob: „es werde nicht gesagt, wie weit die Pflicht des Redakteurs in Bezug auf die sorgfältige Ueberwachung der von ihm in die Presse gebrachten Artikel reicht" (St. Ber. S. 1104), so war dagegen zu bemerken, daß die von der Regierung acceptirte Ausdrucksweise „wegen Fahrlässigkeit" eben so gut die Frage, ob Fahrlässigkeit vorhanden war, der sachgemäßen Beurtheilung des Richters ohne weitere Anleitung für denselben überließ, und daß es geradezu unmöglich sein würde, hier durch die Gesetzgebung spezialisiren zu wollen. Von dem Seitens des Redners angeführten Beispiel, daß der Redakteur einen Artikel in einer ihm unbekannten Sprache aufnahm, der ein Preßvergehen enthielt, wird Niemand behaupten können, daß hier der Redakteur die pflichtmäßige Sorgfalt habe walten lassen. Zwischen den Vertheidigern des alleinstehenden Ausdrucks „wegen Fahrlässigkeit," welche diesem Worte den ihm vom Antragsteller selbst beigelegten Sinn geben und den Vertretern der ursprünglichen Klausel und der jetzt ihre Stelle vertretenden war der Streit sachlich gegenstandslos, aber weil zugegeben werden mußte, daß im Hinblick auf die frühere Gesetzgebung mit ihrer absoluten Strafdrohung die Wendung „wegen Fahrlässigkeit" mißverstanden werden könnte, war der getroffene Ausweg angezeigt. Die Ordnung der für die Fahrlässigkeit in ihrem Betriebe verantwortlichen Personen ist nicht etwa so zu verstehen, als wenn die Justiz, sei es den Erstgenannten oder den Letztgenannten, zuerst anzugehen habe. Jeder ist eventuell selbständig strafbar und der Angriff gegen Jeden derselben ist gestattet. Hat jedoch ein Vormann, z. B. der Drucker sich strafen lassen, so wird der Verbreiter nicht zu strafen sein, weil er den Drucker namhaft machen wird. Die Bestrafung des Nachmanns, der von seiner Rückverweisungsbefugniß keinen Gebrauch macht, z. B. der Drucker im Verhältniß zum Verleger, macht den Letzteren nicht straffrei, eine Ausschließlichkeit der Strafverfolgung, daß immer nur Einer zu büßen hat, wäre mit dem hier gewählten System, nur die Verschuldung zu strafen, unvereinbar. Es wäre eine Ungerechtigkeit, für das gleiche Vergehen den Einen zu bestrafen und den Andern straffrei zu lassen.

9. Es kann sich fragen, ob bei Preßvergehen, welche nur auf Antrag des Verletzten oder sonst Betheiligten verfolgbar sind, wenn dieser den Antrag unterläßt, die Staatsbehörde im öffentlichen Interesse aus § 21 wegen Fahrlässigkeit die Anklage erheben kann. Das Motiv, weshalb die Strafverfolgung nur auf Antrag und mit Zustimmung des Beleidigten eintreten soll, daß die öffentliche Erörterung des Angriffs von seinem Urtheil abhängig gemacht wird, wirkt gerade so bei der Ausschließung der Strafverfolgung wegen Fahrlässigkeit. Andererseits ist die Verfolgung dieser Verfehlung nur im öffentlichen Interesse angeordnet, und der Angegriffene hat deshalb seinerseits kein Recht, einen Antrag auf Bestrafung wegen Fahrlässigkeit zu stellen.

II. 1. Bezüglich des Grundgedankens, daß die Nachweisung eines Auktors unter gewissen Voraussetzungen von der Haftbarkeit wegen Fahrlässigkeit befreien soll, ist auf frühere Ausführungen zu verweisen. Auch hierin zeigt sich eine sachverständige Würdigung des Betriebs der hier berührten Thätigkeiten.

Die „Nachweisung" will sagen, daß der Angegebene auch wirklich die ihm zugeschriebene Qualität hat; durch die bloße Nennung eines Dritten wird der zuerst in Untersuchung Gezogene natürlich noch nicht frei, es gilt hier, was bei der laudatio auctoris überhaupt Rechtens ist. Bei periodischen Druckschriften, welche einen benannten verantwortlichen Redakteur haben müssen, ist die Bestrafung der übrigen Betheiligten wegen Fahrlässigkeit, wie schon erwähnt, nur dann praktisch, wenn der verantwortliche Redakteur flüchtig wird; sonst schützt der Hinweis auf ihn jeden entfernter Betheiligten, wenn die Anklage sich überflüssiger Weise an einen solchen wenden sollte.

2. „Verfasser oder Einsender." Die Hinzufügung des Einsenders will nicht etwa eine neue Zwischenkategorie schaffen, sondern den Ausdruck Verfasser verdeutlichen. Ob in konkretem Fall der Einsender derjenige war, welcher den Artikel auch geistig geschaffen hat, kommt nicht in Betracht. Wenn er denselben als seinen Beitrag zur Druckschrift in die Oeffentlichkeit bringen wollte und den Redakteur oder einen der sonst an der Veröffentlichung Betheiligten zur Aufnahme, Abdruck und Verbreitung veranlaßte, werden die ihn Nachweisenden unter den sonstigen Voraussetzungen von der Verantwortlichkeit wegen Fahrlässigkeit frei. In einem solchen Falle ist es denkbar, daß der eigentliche Verfasser, der geistige Urheber des Artikels oder der Druckschrift, die Verbreitung, resp. den Druck gar nicht wollte und von ihrer Beabsichtigung nichts wußte. Andererseits können Verfasser und Einsender auch gemeinschaftlich handeln und in Folge dessen gemeinschaftlich straffällig werden. Dieses ist jedoch immer nur nach § 20 Abs. I möglich, da das Gesetz eine fahrlässige Handlungsweise bei Preßvergehen nur für die am Preßbetrieb Betheiligten unter Strafe gestellt hat.

3. Es ist schon die Rede davon gewesen, daß die Einfügung des verantwortlichen Redakteurs unter Diejenigen, welche sich durch Nennung eines Vormanns befreien können, sowohl von Seiten der Bundesregierungen als in der Kommission und im Reichstag angefochten worden ist, allein auch die ursprüngliche Regierungsvorlage hatte diese Erleichterung für den Redakteur, die freilich neben der Strafdrohung des § 20 praktisch wenig bedeuten will, und so hat der Reichstag eine Schärfung der Regierungsvorschläge selber mit Recht nicht angenommen. Anerkannt muß werden, daß die Stellung des Redakteurs auch in der Fahrlässigkeitsfrage eine sichtlich andere ist, als die der übrigen Betheiligten.

4. „Herausgeber." Ein „Herausgeber," ohne dessen Zustimmung die Druckschrift herausgegeben wurde, ist nicht wohl denkbar, deshalb hat man die bei dem Verfasser und Einsender angefügte Klausel hier nicht wiederholt. Wird Jemand fälschlicher Weise als Herausgeber benannt, ohne es wirklich zu sein, ist er selbstverständlich ohne Verantwortlichkeit. Die „Herausgeber" können sehr häufig bei Druckschriften

vorkommen, welche zwar periodisch erscheinen, aber in längeren als den vom Preßgesetz für den gesetzlichen Begriff der Periodizität bestimmten Fristen, z. B. Vierteljahrsschriften; ebenso bei Sammelwerken. Ob der Herausgeber als solcher auf der Druckschrift genannt ist oder nicht, macht keinen Unterschied. Es kommt auf die thatsächlich nachgewiesene Herausgabe an. Selbstverständlich steht bei periodischen Druckschriften der etwa verantwortlicher „Herausgeber“ genannte verantwortliche Redakteur dem ausdrücklich als Redakteur bezeichneten gleich. Ist dagegen neben dem Redakteur noch ein Herausgeber bezeichnet, so ist dies juristisch irrelevant. Häufig giebt sich dadurch der Eigenthümer zu erkennen.

5. „Bis zur Verkündigung des ersten Urtheils.“ Man hat in der Kommission für diese Gestellung eines Vormanns zur Entlastung der minder Betheiligten einen möglichst langen Zeitraum geben wollen. Nach der Regierungsvorlage mußte der Nachweis „bei der ersten gerichtlichen Vernehmung oder innerhalb 24 Stunden nach derselben“ geschehen. Das preußische Preßgesetz hatte für Verleger und Drucker sogar diese weiteren 24 Stunden nicht nachgelassen (§§ 35 und 36 des Preßgesetzes von 1851 — auf den Redakteur erstreckte sich bekanntlich diese Entschuldigung nicht). Nach dem badischen Preßgesetz hatte die Verweisung „bei der ersten Vernehmung oder binnen acht Tagen nach der nichtbefolgten Ladung dazu zu geschehen“ (§ 13 des badischen Preßgesetzes und die darin angezogenen §§ 365 u. 366 der badischen Strafprozeßordnung). Auch nach dem badischen Preßgesetz stand dem Redakteur dieser Befreiungsgrund zur Seite. Die weiter gesteckte Frist rechtfertigt sich besonders noch dadurch, daß auch der Verbreiter nach dem Vorgange des sächsischen Preßgesetzes dieser Haftbarkeit unterliegt, und daß der Entschuldigungsgrund nur dann Platz greift, wenn der Bezogene sich in dem Bereich der richterlichen Gewalt eines deutschen Bundesstaats befindet.

6. Diese letztere Bestimmung entspricht der Regierungsvorlage und dem bisherigen preußischen, sächsischen und weimarschen Gesetze, während andere Gesetzgebungen sich damit begnügen, daß der Nachgewiesene zur Zeit der Begehung des Preßdelikts für die inländische Justiz erreichbar war, „im Inlande seinen Wohnsitz oder gewöhnlichen Aufenthaltsort hatte.“ Hier ist die Erleichterung gleich bemerkenswerth, daß es sich nach dem Reichspreßgesetz nur um den Aufenthalt im ganzen deutschen Reiche handelt, während die Einzelpreßgesetze an die zum Theil sehr engen Grenzen der Einzelstaaten ihre Begünstigung knüpften. Insofern stellt das Reichspreßgesetz eine strengere Forderung, als es das

Sichbefinden im Bereich der deutschen Justiz fordert und z. B. ein nach der Verbreitung der Druckschrift in's Ausland flüchtig gegangener Verfasser die Preßgewerbtreibenden nicht schützt. Nichtsdestoweniger ist die strengere Forderung im Zusammenhalt mit der verlängerten Frist zur Stellung des Betreffenden nicht ungerecht. Es ist an sich eine weitgehende Ausnahme, daß Derjenige, welcher an dem Zustandekommen eines Preßverbrechens oder Vergehens sich fahrlässig betheiligte, dann nicht als strafbar fahrlässig angesehen werden soll, wenn er zur Zeit seiner Mitwirkung einen seßhaften Vormann hatte. Hat er sich in diesem getäuscht, indem derselbe ihn nicht vertreten will, so hat er auch insofern die Voraussetzung der gesetzlichen Entschuldigung nicht erfüllt. Denn daß er durch Kennen eines Vormanns selber faktisch nicht von der eigenen Fahrlässigkeit frei wird, sondern dies nur eine ihn begünstigende Annahme des Gesetzes ist, darf man nicht vergessen. Der außerordentliche Entschuldigungsgrund soll dann nicht wirksam sein, wenn diejenige Person, auf deren etwaiger Bestrafung derselbe beruht, sich durch Flucht ins Ausland der Erreichung durch die deutsche Justiz entzogen hat, und es dem Nachmanne nicht gelingt, innerhalb der zugestandenen Frist den Vormann zur Rückkehr und Gestellung zu bewegen. Daß die Aburtheilung des Betreffenden wirklich sich vollziehe, ist zur Befreiung der Nachmänner nicht nothwendig; es genügt, wenn sich der Angegebene zur Zeit der Angabe im Bereich der deutschen Justiz befand. Ein späteres Entweichen schadet den Nachmännern nicht mehr. Ebensowenig hat die Freisprechung des Benannten, z. B. wegen Unzurechnungsfähigkeit, vorausgesetzt, daß er wirklich der Drucker, Verleger u. s. w. der angefochtenen Druckschrift war, eine nachtheilige Rückwirkung auf den Angeber. Durch die Angabe zur richtigen Zeit und unter den geforderten Nebenumständen wird derselbe von der Haftung wegen Fahrlässigkeit absolut befreit.

7. Von der Haftbarkeit wegen eigener vorsätzlicher Betheiligung nach § 20 befreit dagegen ein solcher Nachweis eines Vormannes nicht. Da es sich hier um eine ganz andere Verschuldung handelt, ist von ne bis in idem nicht zu reden.

8. Die Entschuldigung soll auch dann gelten, wenn der genannte Vormann gestorben ist, sich aber zur Zeit der Veröffentlichung im Bereich der Justizgewalt eines deutschen Bundesstaats befunden hatte. Ueber diese billige Rücksichtsnahme, die sich schon im sächsischen Preßgesetz, Art. 20, ähnlich anerkannt findet, äußert sich auch die Petition des Börsenvereins der deutschen Buchhändler, S. 2. Der zweite darin enthaltene Wunsch, daß überhaupt die Haftbarkeit nur dann

eintrete, wenn der nachgewiesene Vormann **nicht** zur Zeit der Veröffentlichung im Bereich der deutschen Strafjustiz **war**, hat, wie oben gezeigt, keine Berücksichtigung gefunden. In den Motiven zum Preßgesetzentwurf war bemerkt worden, „daß der diesem Befreiungsgrund unterliegende Gedanke zwar in dem System der Fahrlässigkeitsstrafen, nicht aber in dem der fiktiven kriminellen Schuld als berechtigt sich darstellt" (Motive S. 13). Darnach hätte man erwarten sollen, daß der Reichstag, welcher die bezügliche Regierungsgrundlage verändert hat, hier anders entschieden hätte. Allein man ist hier dem weimarschen Preßgesetz gefolgt, welches allerdings sogar zur Befreiung von der fingirten vorsätzlichen Schuld die Frist bis zum ersten Urtheil erstreckt, aber verlangt, „daß die nachgewiesene Person im Inland vor Gericht gestellt werden kann" (Art. 13 des weimarschen Preßgesetzes). Ein vom Abg. **Struckmann** auf die Annahme der milderen Bestimmung gestelltes Amendement wurde abgelehnt, vielleicht, weil es nicht selbständig, sondern als Bestandtheil der oben erörterten Abänderungsanträge gegen das von der Kommission entworfene Verantwortlichkeitssystem auftrat.

9. Die in dem Schlußsatz enthaltene Begünstigung für den deutschen **Buchhandel** bezüglich strafbarer ausländischer Druckschriften ist sachlich durchaus gerechtfertigt. Im weiteren Umfange hatte das sächsische Preßgesetz, Art. 21, diese Ausnahme auch für inländische Druckschriften statuirt. In Bezug auf diese wird das Entscheidende sein, ob eine „Verbreitung" Seitens des betreffenden Buchhändlers angenommen werden kann, was z. B. mit geschlossenen Bücherpaqueten, ebenso mit nur im Magazin des Buchhändlers befindlichen Exemplaren nicht der Fall sein wird. Hat eine Verbreitung eines inländischen Preßerzeugnisses auch im Wege des Buchhandels stattgefunden, so schützt den Buchhändler die Klausel des § 21 nicht; im Gegentheil hat sie negativ seine Verantwortlichkeit in diesem Fall zum Ausdruck gebracht. Die Verweisung auf einen Vormann, Drucker, Verleger u. s. w., steht dem Buchhändler natürlich auch bei inländischen Drucksachen zu. Gegen jede Art **wissentlicher** Theilnahme an einem Preßdelikt, sowie bei Zuwiderhandlungen gegen den Inhalt des Preßgesetzes selber durch Verbreitung einer auswärtigen Druckschrift schützt diese Ausnahmebestimmung für die **Fahrlässigkeitsbestrafung** den Buchhändler nicht.

Der in dem Kommissionsentwurf zwischen den §§ 23 und 25 (jetzt §§ 20 und 21) befindliche § 24: „Der Redakteur, Verleger und Drucker sind berechtigt, das Zeugniß über die Person des Verfassers, Herausgeders und Einsenders zu verweigern," hat, wie schon mitgetheilt, in der III. Berathung aufgegeben werden müssen, da die Regierungen dies zu einer der Bedingungen für die Annahme des von der Kommission umgearbeiteten Gesetzentwurfs machten. Insofern würde die in jenem Paragraph behandelte Materie hier übergangen werden können, aber zur richtigen Würdigung des darin liegenden Zugeständnisses mag daran erinnert werden, daß der eigentlich prägnante Fall des verantwortlichen Redakteurs einer periodischen Druckschrift durch den im § 20 Absatz II enthaltenen Grundsatz gedeckt ist. Als „Mitschuldiger" in den Augen des Gesetzes kann der Redakteur zur Aussage über seine etwaigen Komplicen nicht gezwungen werden. Dagegen hat die Strafdrohung des § 21 wegen Fahrlässigkeit nicht diese Wirkung, da bei einer fahrlässigen Handlung eine Komplizität, die stets in dem Willen der Betheiligten ihr Band hat, nicht zu reden ist. Die Mehrheit des Reichstags glaubte, nachdem der Paragraph von der Regierung als Schicksalsparagraph des ganzen Gesetzes bezeichnet worden war, zumal bei den Anzweiflungen, welche die Aufstellung im Schooße des Reichstags, z. B. durch die Abgeordneten Lasker und Meyer (Thorn), gefunden hatte, die ganze Materie, soweit sie nicht implicite durch § 20 des Preßgesetzes schon zu Gunsten der Presse entschieden ist, der Ordnung durch das bevorstehende Strafprozeßgesetz vorbehalten zu können. Daß diese Auffassung auch von einem sehr liberalen Standpunkte aus annehmbar befunden wurde und dem Preßgesetz aus dem Wegfall des betreffenden Paragraphen kein allzu schwerer Vorwurf gemacht werden darf, beweist die Aeußerung des Abg. Traeger: „Ich würde diesen Punkt für kein Hinderniß des Zustandekommens des Preßgesetzes halten, wenn ich die Bürgschaft dafür erhalten könnte, daß seiner Zeit die Majorität dieses Hauses unter Zustimmung der verbündeten Regierungen bei der Prozeßgesetzgebung uns diese Befreiung des Redakteurs vom Zeugenzwang verschaffen könnte. Dann würde ich mich mit dem formalen Grunde, daß vielleicht diese Bestimmung besser in die Prozeßgesetzgebung gehört, als in das Preßgesetz, vollkommen zufrieden geben" (St. B. S. 1089).

Was der Redner verlangte, ist schon im Preßgesetz selber durch den § 20 Abs. II und seine Konsequenzen erreicht.

Die Grundlage für die vorbehaltene Regelung der Zeugnißpflicht im Strafprozeß, worüber die Ausführungen der Abgeordneten Meyer (Thorn) und Lasker (St. B. S. 482 u. 1090 ff.) zu vergleichen sind, wird durch den oben veröffentlichten Entwurf der Strafprozeßordnung gebildet. Die hier eingreifenden Paragraphen sind: § 45: „Jeder Zeuge kann die Auskunft auf solche Fragen verweigern, durch deren Beantwortung er sich selbst oder eine Person, gegen welche er nach § 42 ein Zeugniß abzulegen nicht verpflichtet ist, der Gefahr einer Strafverfolgung aussetzen würde." § 61: „Verweigert der Zeuge ohne gesetzlichen Grund die Ablegung des Zeugnisses oder dessen Beeidigung, so kann ihn der Richter durch Zwangshaft bis zu sechs Monaten, sowie durch Geldstrafen bis zum Gesammtbetrage von sechshundert Mark zur Erfüllung seiner Pflicht anhalten. Bei Uebertretungen finden gegen den ungehorsamen Zeugen nur Zwangshaft bis zu sechs Wochen und Geldstrafen bis zum Gesammtbetrage von einhundertfunfzig Mark statt." Eine Zusammenstellung der bisherigen Einzelgesetzgebungen über diese Materie geben die Motive zum Entwurf (S. 51 ff.).

Ueber das Verhältniß des Redakteurs, wenn in seinem Blatt Mittheilungen erfolgen, die durch Bruch eines Amtsgeheimnisses bekannt geworden sind, spricht sich die Denkschrift des sechsten deutschen Journalistentages (S. 24) sehr richtig aus, und das Urtheil ist um so bemerkenswerther, als es aus journalistischen Kreisen kommt.

„Die vielbesprochene Frage, ob ein Verleger oder Redakteur gezwungen werden könne, einen Verfasser dann zu nennen, wenn es sich um den Bruch eines Amtsgeheimnisses handelt, gehört nicht in das Preßgesetz, sondern in die Strafprozeßordnung. Denn da ein Bruch des Amtsgeheimnisses nicht erst durch eine öffentliche Verbreitung (im Sinne des Preßgesetzes), sondern schon durch eine einfache, auch mündliche Privatmittheilung an Unbefugte verübt wird, so ist der Verleger oder Redakteur, der ein solches Amtsgeheimniß weiter verbreitet, lediglich als Privatmann zu betrachten, nicht in seiner Eigenschaft als Preßgewerbtreibender. Uebrigens dürfte, da das deutsche Strafgesetzbuch den Bruch des Amtsgeheimnisses weder unter den Verbrechen, noch unter den Vergehen, noch selbst den Uebertretungen aufführt, auch der Zwang zur Ablegung eines Zeugnisses behufs Ermittlung einer angeblichen Verletzung des Amtsgeheimnisses hinfällig geworden sein." Die letzte, allerdings zweifelhaft ausgedrückte Aeußerung ist unrichtig, aber da die Frage mit der Presse Nichts zu thun hat, können wir die nähere Erörterung hier unterlassen.

IV. Verjährung.

Bei den gesetzlichen Bestimmungen über Verjährung wird gleich klar, wie wenig Recht Diejenigen haben, welche jede besondere Gesetzgebung für die Presse verwerfen und in allen Stücken einzig und allein die allgemeinen Rechtsvorschriften auf die Strafverfolgung bei Preßvergehen anwenden wollen. Die kürzere Verjährungsfrist der Strafverfolgung bei Handlungen, welche mittelst der Presse begangen werden, bildet eine Privilegirung der Betheiligten, deren innere Begründung darin liegt, daß bei dem objektiven, fest vorliegenden Thatbestande des gedruckten Wortes eine rasche Verfolgung des angeblich Strafbaren darin möglich ist, daß eine Würdigung des Inhalts desto gerechter sein wird, je unmittelbarer sie an die Umstände sich anschließt, unter welchen er geäußert wurde, und daß andererseits eine Sprachweise, welche man Jahrelang unverfolgt läßt, nothwendig Andere auf die Ansicht führen muß, das Gesagte überschreite die Grenze des Erlaubten nicht. Ganz besonders hat die periodische Presse, an der in Hast und Drang geschafft werden muß und die unter den Eindrücken des Augenblicks steht, ein in ihrer Natur liegendes Recht darauf, daß die ihr vorgeworfenen Ausschreitungen so bald als möglich und nicht noch eine lange Zeit nachher vor Gericht verantwortet werden müssen. Diese berechtigte Bevorzugung der Presse war schon in dem französischen Preßgesetz vom 26. Mai 1819 enthalten, von wo sie in die meisten späteren Preßgesetze übergegangen ist. Es ist bemerkenswerth, daß, als 1852 durch das organische Dekret vom 17. Februar 1852 alle Härten der früheren französischen Preßgesetzbestimmungen wieder eingeführt wurden, auch die kürzere Verjährungsfrist beseitigt ward und die Preßverbrechen und Vergehen unter die in den Art. 637 und 638 des Code d'Inst. Crim. enthaltenen allgemeinen längeren Verjährungsfristen gestellt wur- (Art. 27 des Dekrets den vom 17. Febr. 1852: Les poursuites auront lieu dans les formes et delais présentés par le Code d'Instruc tion criminelle). In den Motiven zur Regierungsvorlage ist nur bemerkt:

„Die Bestimmung einer sechsmonatlichen Verjährungsfrist für die durch die Presse begangenen Verbrechen und Vergehen ist fast allen Preßgesetzen gemeinsam. Zweifelhaft ist dagegen, inwieweit die bezüglichen Bestimmungen dieser Gesetze noch gegenwärtig, nach Einführung des Strafgesetzbuchs für das deutsche Reich in Geltung sind, da der § 2 des Einführungsgesetzes vom 31. Mai nur die besonderen Vorschriften „des Landesstrafrechts, namentlich über strafbare Verletzungen der Preß p o l i z e i-Gesetze" aufrecht erhalten hat.

Daß der Entwurf jene kürzere, in der Natur der Preßdelikte begründete Verjährung wieder aufgenommen hat, wird keiner Rechtfertigung bedürfen.

Ein Zusatz, daß die durch die Presse begangenen „Uebertretungen" (vgl. z. B. § 360, Nr. 1 des Strafgesetzbuchs und § 19 Schlußsatz des gegenwärtigen Entwurfs) in drei Monaten verjähren, war nach § 67 des Strafgesetzbuchs entbehrlich."

§ 22.

Die Strafverfolgung derjenigen Verbrechen und Vergehen, welche durch die Verbreitung von Druckschriften strafbaren Inhalts begangen werden, sowie derjenigen sonstigen Vergehen, welche in diesem Gesetze mit Strafe bedroht sind, verjährt in sechs Monaten.

1. Die Strafverfolgung. Es handelt sich hier nur von der Verjährung der Strafverfolgung, nicht der erkannten Strafe selber, wofür die allgemeinen Bestimmungen des Strafgesetzbuchs maßgebend sind, wie denn überhaupt, abgesehen von der zu Gunsten der Presse aufgestellten kürzeren Verjährungsfrist, die allgemeinen Rechts- und Gesetzesregeln über die Verjährung auch bei der Presse Anwendung finden. Dies gilt namentlich auch über den Anfangspunkt der Verjährung, sowie bei der Unterbrechung einer im Lauf befindlichen Frist. Aus der Natur des Thatbestandes des Preßvergehens folgt, daß vor der Verbreitung oder Veröffentlichung, wodurch das Preßvergehen erst existent wird, die Verjährungsfrist nicht beginnen kann. Alles Voraufgehende ist juristisch indifferente Vorbereitung. Vor der Verbreitung kann daher gegen keinen der an diesen Verhandlungen Betheiligten die Verjährungsfrist zu laufen anfangen, weil eine Strafverfolgung vorher gar nicht rechtlich möglich war. Es lag noch kein Vergehen vor. Ebenso bildet aber auch die erste Veröffentlichung den Zeitpunkt, von wo aus sich für fortgesetzte Verbreitung z. B. einer an einem bestimmten Tage veröffentlichten Zeitung die Verjährungsfrist regelt. Ein Urtheil des Kassationshofs von Brüssel, welches in einem solchen Fall jeden neuen Verbreitungsakt, z. B. an Orten, wo die Zeitung später ausgegeben wird, als Anfangstermin gelten läßt (Cassat. vom 23. Juni 1840 bei Schuermanns S. 511), ist offenbar unhaltbar. Man wird nicht einen Kolporteur, der ein fast sechs Monate altes Zeitungsblatt anbietet, noch dafür zur Strafe ziehen können und wollen. Für die Unterbrechung ist ebenfalls der allgemeine Grundsatz des § 68 des Reichsstrafgesetzbuchs entscheidend, daß sie nur durch eine Handlung des Richters, welche wegen der begangenen That gegen den Thäter gerichtet ist, eintritt. Eine

polizeiliche Beschlagnahme, mag sie proprio motu derselben oder auf Erfordern des Staatsanwalts eintreten, hat danach nicht die Kraft, die Unterbrechung einer Verjährung herbeizuführen. Ebensowenig ein bloß objektives Verfahren gegen eine Druckschrift, weil das Strafgesetzbuch ausdrücklich die Richtung gegen den Thäter erfordert. Eine neue Auflage eines bis dahin nicht verfolgten Buches, welche völlig unverändert ist, kann gegen den gleichen Herausgeber, Drucker u. s. w. nicht als ein neues Vergehen, für welches eine neue Frist zu laufen anfinge, betrachtet werden. Dagegen liegt die Sache anders, wenn die neue Veröffentlichung durch Dritte geschieht. Ebenso ist zu entscheiden, wenn etwa eine im Auslande oder in fremder Sprache erschienene Druckschrift nach der sechsmonatlichen Frist im Inlande, sei es durch bloßen Abdruck oder Uebersetzung, reproduzirt wird. Hier liegt eine neue That mit einem neuen Thäter vor und die früher abgelaufene Zeit ist rechtlich wirkungslos. Wo im ersterwähnten Fall eine neue Auflage auch Neues enthält, ist ebenfalls ein neues Vergehen für den Fall der Strafbarkeit vorhalten. Ebenso wird eine neue unveränderte Auflage dann strafbar, wenn etwa durch eine Veränderung in der Strafgesetzgebung die früher straflose Aeußerung in derselben jetzt gegen ein Strafgesetz verstößt.

2. Die kürzere Verjährungsfrist von sechs Monaten, vom Momente der Verbreitung an, dessen Feststellung im Einzelfall Sache der richterlichen Entscheidung ist, bezieht sich auf alle durch die Presse begangenen Verbrechen und Vergehen, welche die allgemeinen Strafgesetze unter Strafe stellen, und auf die in diesem Gesetze besonders aufgestellten, durch die ihnen gedrohte Strafhöhe als Vergehen charakterisirten Handlungen. Die Uebertretungen, welche durch die Presse, sei es mittelst ihres Inhalts oder als Verstöße gegen die Ordnung der Presse, begangen werden, unterliegen der allgemeinen kürzeren Verjährungsfrist des Strafgesetzbuchs von drei Monaten. Nicht eine Verlängerung, sondern Abkürzung der Verjährungsfristen sollte durch die außerordentliche Bestimmung für die Presse herbeigeführt werden. Wie schon in den Motiven bemerkt wird, hat man nicht für nothwendig gehalten, das Weitergelten dieser Bestimmung des § 67 des Strafgesetzbuches, daß Uebertretungen in drei Monaten verjähren, auch für Preßübertretungen ausdrücklich auszusprechen.

3. Bei Vergehen, welche nur auf Antrag strafbar sind, hat bekanntlich das Strafgesetzbuch in § 61 eine Frist von drei Monaten seit dem Tage, an welchem der zum Antrag Berechtigte von der Handlung und der Person des Thäters Kenntniß gehabt hat, aufgestellt. Diese

Norm findet auch bei den Preßvergehen statt, und wenn nach ihr im Einzelfall die dreimonatliche Frist ungenutzt verstrichen ist, so wird dadurch die Strafverfolgung ausgeschlossen, auch vor Ablauf der allgemeinen Verjährungsfrist von sechs Monaten. Ueber diese hinaus kann sich aber, auch wenn der zum Antrag Berechtigte die Kenntniß nach Inhalt des § 61 des Strafgesetzbuchs nicht erhielt, das Recht der Strafverfolgung unter keinen Umständen erstrecken. So gut die von Amtswegen zu verfolgenden schweren Verbrechen, wenn durch die Presse begangen, binnen sechs Monaten verjähren, gilt dies auch für die Anschuldigungen, welche als weitere Vorbedingung der Verfolgung einen Strafantrag des Berechtigten voraussetzen.

4. Aus den Verhandlungen der Preßgesetzkommission von 1873 ist zu ersehen, daß namentlich zwischen den Abgeordneten Lesse und Wilmanns lebhaft darüber gestritten wurde, ob die durch das preußische Preßgesetz von 1851 angenommene kürzere Verjährungsfrist sich nur auf die durch das Preßgesetz begründeten Preßvergehen oder auch auf andere, im allgemeinen Strafgesetzbuch definirte, durch die Presse begangene Verbrechen und Vergehen beziehe. (Protokoll der Kommission von 1873 vom 2. und 3. April.) Ohne Zweifel hatte der Abgeordnete Lesse mit der letzteren Behauptung Recht, und für den Kenner der preußischen Rechtssprechung ist es kaum begreiflich, daß die entgegenstehende Meinung mehrseitig vertreten werden konnte. Nach dem Wortlaut des Reichspreßgesetzes kann eine solche Meinungsverschiedenheit überhaupt nicht aufkommen.

V. Beschlagnahme.

I. Man bezeichnet diese Materie mit Recht als eine derjenigen, welche bei Aufstellung eines Preßgesetzes die größten Schwierigkeiten machen. Nicht als ob es hier besondere juristische gordische Knoten zu lösen gäbe; aber die Meinungsverschiedenheit, bis zu welchem Grade und in welchem Verhältniß zu einander die verschiedenen Gesichtspunkte, welche auf die Stellung der Presse im Recht einflußreich sind, zur Geltung zu kommen haben, hat die verschiedenen praktischen Auffassungen in den Gesetzgebungen und die Vertheidigung der entgegengesetztesten Standpunkte Seitens der Theoretiker hervorgerufen.

Hätte es sich für das vorliegende Gesetz nur darum gehandelt, die bisher in den deutschen Einzelstaaten geltenden Vorschriften zu konsolidiren und in einem Gesetz zu vereinigen, so würde beinahe bei keinem anderen Theile der Preßgesetzgebung die Arbeit so leicht gewesen sein, da mit ganz vereinzelten Ausnahmen, z. B. daß in einem oder zwei der deutschen Kleinstaaten nur der Richter zur Beschlagnahme bei Druckschriften autorisirt war, die Zulässigkeit der Beschlagnahme durch nichtrichterliche Behörden und der vorwiegend preßpolizeiliche Charakter der Maßregel allgemeine Geltung hatte. Allein gerade unter der Herrschaft der bisherigen Vorschriften in den einzelnen Staaten hatten sich Mißstände der schreiendsten Art ergeben, wodurch die seit 1848 als Prinzip proklamirte Preßfreiheit thatsächlich in ihr Gegentheil verkehrt worden war. Einzelne der neueren Preßgesetze hatten dies durch die in ihnen enthaltenen Aenderungen und Kautelen selbst anerkannt, und auch die Motive zur Vorlage, aus welcher das jetzige Gesetz hervorgegangen ist, verschließen sich dieser Thatsache nicht. Uebrigens ist die theoretische Behandlung dieser Frage auf dem Juristentage in den Besprechungen der Journalisten, sowie bei einzelnen Schriftstellern in sehr erklärlicher Weise nicht selten durch den Eindruck gefärbt, welchen die wirklich vorgekommene tendenziöse Mißbrauchung des in seinen natürlichen Grenzen unanfechtbaren Rechts der Beschlagnahme da und dort hinterlassen hat. So ist nicht zu leugnen, daß das sonst so vortreffliche Gutachten John's in diesem Punkte die Einwirkung der inneren preußischen Verhältnisse, unter denen die Arbeit entstand, deutlich verräth, und gerade das John'sche Gutachten hat in den journalistischen Kreisen später als Hauptautorität gedient. Die hier zu Grunde liegenden Prinzipien: 1. daß der Staat in seinen Organen berechtigt und verpflichtet ist, die Uebertretung seiner Strafgesetze zu bestrafen und sich die Wirksamkeit der Strafen auch schon im Lauf der Untersuchung zu sichern; 2. daß er ebenfalls verpflichtet ist, drohenden Rechtsverletzungen entgegenzutreten und das Umsichgreifen vorhandener zu verhindern — Aufgaben, die auch auf dem Gebiete der Presse so gut wie auf dem anderer menschlicher Lebenskreise bestehen — treten einem dritten Grundsatz gegenüber, daß vorbeugende Maßregeln im eigentlichen Sinne mit der Preßfreiheit unvereinbar sind und bei ihnen die Gefahr des Mißbrauchs so groß ist, daß man sie nicht laufen darf. Wie Brater in seinem die Sache mit gewohnter Umsicht und verständiger Freimüthigkeit behandelnden Artikel: „Preßpolizei" im Staatswörterbuch von Bluntschli und Brater, Bd. III, S. 250 sagt: „Der Preßfreiheit gegenüber steht das Recht und die Pflicht der Staatsgewalt: 1. strafbare Handlungen, welche durch den Gebrauch der freien Presse begangen worden sind, zu ahnden; 2. gegen strafbare Handlungen in dem Augenblick, wo sie begangen werden, einzuschreiten und ihre Fortsetzung zu hindern. Das erstere ist eine Obliegenheit der Strafrechtspflege, das letztere eine gemeinsame Obliegenheit der Strafrechtspflege und der sie unterstützenden Polizei, welche durch Beschlagnahme eines Preßerzeugnisses von strafbarem Inhalt. Neben dieser Beschränkung, die im Prinzip keiner Rechtfertigung bedarf, in der Praxis dagegen, wenn der Gesetzgeber nicht mit äußerster Vorsicht verfährt, zu thatsächlicher Vernichtung der Preßfreiheit führen kann, ist im normalen Zustande des öffentlichen Lebens (Ausnahmsgesetze und Nothrechtsfälle vorbehalten) keine andere polizeiliche Beschränkung der Preßfreiheit zu rechtfertigen." An einer anderen Stelle wird dann ausgeführt: „Während in anderen Fällen die Strafbarkeit der Handlung evident vorliegt, ein unbegründetes Einschreiten nur ausnahmsweise stattfindet und von besonders nachtheiligen Folgen nicht begleitet zu sein pflegt, fehlt es bei Preßerzeugnissen häufig an jener Evidenz der Gesetzwidrigkeit und kann die Beschlagnahme in hundertfacher Wiederholung dazu mißbraucht werden, gegen die legalsten Meinungsäußerungen einzuschreiten, unliebsamen Zeitungen ihren Fortbestand unmöglich zu machen, den Verlegern die schwersten Vermögensnachtheile zuzufügen und die Freiheit der Presse zu einer Illusion herabzuwürdigen. Thatsächliche Erfahrungen liefern den Beweis, daß diese Besorgniß gegründet und bei der Regelung des Rechts der „Beschlagnahme die äußerste Vorsicht geboten ist." Zum Beleg wird dazu angegeben: „In Bayern ist während der Jahre 1850—57 nach einer beiläufigen Berechnung 2100 Mal die Beschlagnahme von Zeitungen verfügt worden, in welchen die mit der äußersten Reprozität auftretenden Gerichte keinen gesetzwidrigen Inhalt gefunden haben. Ein Nürnberger Blatt wurde im Laufe von drei Jahren 130 Mal, im Laufe eines Vierteljahres 53 Mal mit Beschlag belegt; der Herausgeber wurde einmal vor Gericht gestellt und in diesem Fall freigesprochen. (Vgl. Sten. Ber. der bayerischen Abgeordnetenkammer 1859, S. 183.) Und dieses System hat, trotzdem es schon 1853 in der Abgeordnetenkammer gerügt worden, noch bis zum Jahre 1859 bestehen können, wo es unter dem Einfluß äußerer Ereignisse mit seinem Träger, hoffentlich auf Nimmerwiedersehen, zusammenstürzte. Aehnliche Erfahrungen — fügt Brater hinzu — hat man in Preußen und anderen Bundesländern gemacht."

Auch abgesehen von diesem Cynismus der Gesetzverdrehung ist es sehr begreiflich, daß, wie bei dem Berichtigungsrecht, man die Abhülfe gegen solche die Preßfreiheit in ihrem Wesen untergrabenden Mißbräuche in der absoluten Ausschließung des Gebrauchs sucht, und von jedem, sei es polizeilichen oder richterlichen Einschreiten gegen veröffentlichte Druckschriften bis zu ihrer endgültigen Verurtheilung nach vorausgegangenem Strafverfahren absieht. In der Theorie ist John sogar noch einen Schritt weiter gegangen, indem er auch die Vernichtung einer die Strafgesetze verletzenden Druckschrift, resp. ihres sträflichen Theils, kraft Richterspruchs verwirft. So sagt er S. 337 a. a. O.: „Die Strafe der Vernichtung des Preßerzeugnisses widerstreitet dem Prinzipe der Oeffentlichkeit des Verfahrens. Die Vernichtung der Druckschrift ist eine durch richterliches Urtheil angeordnete Präkavirung gegen die Gefährlichkeit der noch nicht verbreiteten Exemplare. In früherer Zeit ließ man die verurtheilten Bücher durch Henkershand auf öffentlichem Markte verbrennen. Jetzt läßt man sie einstampfen u. s. w. — Diese Strafe ist überhaupt nicht zu rechtfertigen.“ John hatte vorher bemerkt: „diese Strafart hat als absolut nothwendige Voraussetzung die polizeiliche Beschlagnahme.“ Dagegen ist in anderer Form zu erwidern: Weil alle Gesetzgebungen mit Recht die Vernichtung einer Druckschrift strafbaren Inhalts und das Ausschließen des Weiterwirkens der strafbaren Handlung als eine rechtmäßige Aufgabe der Richtergewalt ansehen, hat auch die dem Urtheil vorhergehende Beschlagnahme ihre prinzipielle Berechtigung; nur muß sie nach dem oben Ausgeführten in denjenigen Schranken gehalten werden, welche die praktische Verwirklichung der Preßfreiheit nothwendig macht.

Ein Blick auf die Gesetzgebungen der „vorgeschrittensten“ Länder, worunter man die größte Freiheit von irgend welchem staatlichen Zwange zu verstehen pflegt, obgleich diese Auffassung häufig eine schiefe ist, zeigt uns die Anerkennung des von John theoretisch angefochtenen Grundsatzes. Außer sämmtlichen Kontinentalstaaten hat auch die eigentliche Heimath der Preßfreiheit, England, dieselbe Vorschrift. Nach der Parlamentsakte 60 George III. und 1 George IV. c. 8 s. 1 kann der Richter oder das Gericht, von welchem wegen eines blasphemischen oder „seditiösen“ Libells eine Verurtheilung nach Verdikt oder im Kontumatialverfahren gegen eine Person wegen Verfassens, Druckens oder Veröffentlichens des Libells ergangen ist, die Beschlagnahme und Festhaltung aller Exemplare davon, welche sich im Besitz des Verurtheilten oder im Besitz Anderer für ihn befinden, anordnen. Und wenn genügender Nachweis eines solchen Besitzes gegeben ist, soll es jedem Friedensrichter, Konstabler oder sonstigem Polizeibeamten zustehen, der unter solcher Ordre handelt, nach dergleichen Exemplaren in den Häusern oder sonstigen Gebäuden, welche der im Befehl genannten Person gehören, nachzusuchen und bei Tageszeit, wenn der Zugang verweigert wird, sich mit Gewalt Eingang zu verschaffen. Das deutsche Reichsstrafgesetzbuch ordnet bekanntlich die Materie in dem § 41, der oben bei anderm Anlaß erklärt ist und nur eine Spezialisirung der allgemeinen, die Einziehung betreffenden Norm im § 40 darstellt. Der entscheidende Wortlaut ist: „Wenn der Inhalt einer Schrift, Abbildung oder Darstellung strafbar ist, so ist im Urtheil auszusprechen [also nicht fakultativ], daß alle Exemplare, sowie die zu ihrer Herstellung bestimmten Platten und Formen unbrauchbar zu machen sind." Die Beschränkungen in der Ausführung dieses Grundsatzes vgl. oben.

Insofern hat John ganz Recht, daß er behauptet, wer keinerlei vorläufige Beschlagnahme, auch nicht durch den Richter, will, muß auch die Straffolge der Einziehung verwerfen. In England hat man allerdings, abgesehen von dem Verfolgen unzüchtiger Darstellungen, trotz jener Bestimmung fast jede Art von vorläufiger Beschlagnahme ausgeschlossen, ein Grundsatz, der sich durch die geschichtlich berühmt gewordenen Prozesse wegen der General Search Warrants erklärt (vgl. darüber May: „Constitutional History" II. 255 ff.).

Ueber das Recht der vorläufigen Beschlagnahme nach heutigem englischen Recht verdanke ich einem angesehenen Mitgliede des englischen Advokatenbarreau's folgende von einem Richter von England durchgesehene Mittheilung:

„Die Polizei hat kein Recht, ohne einen richterlichen Befehl, welcher sie dazu ermächtigt, Publikationen mit Beschlag zu belegen, es sei denn, daß solche Publikationen Hochverrath enthalten. In diesem Fall ist Jedermann berechtigt, dergleichen Publikationen an sich zu nehmen, unlesbar zu machen (defacing) oder zu zerstören, weil er dadurch die Begehung oder Fortsetzung eines Verbrechens (felony) hindert. Ein richterlicher Befehl gedachter Art wird nur gegeben, um obsköne Publikationen wegzunehmen, und geht von einem Police-Magistrate aus."

Die nähere gesetzliche Bestimmung darüber enthält die Parlamentsakte 20 und 21 Victoria c. 83.

Läßt sich nach dieser Darstellung die prinzipielle Rechtfertigung einer vorläufigen Beschlagnahme unter dem Gesichtspunkt, einen eventuell nothwendigen Theil der Strafe, die Vernichtung der sträflichen Druckschriften zu sichern, nicht wohl bestreiten, so hat auch die andere Erwägung, daß es Aufgabe des Staates ist, das Weiterwirken eines verbrecherischen Aktes zu hindern, nicht einfach dadurch ihre Erledigung zu finden, daß man behauptet, mit der geschehenen Veröffentlichung sei das durch die Presse begangene Vergehen konsummirt und jede andere als die strafrichterliche, auf die Strafe gerichtete Thätigkeit dadurch ausgeschlossen. Es widerspricht diese Darstellung, die sich namentlich bei

Jacques in seinem Referat auf dem X. Juristentag vorfindet, der Natur der Dinge. Vorausgesetzt, daß es feststeht, ein Artikel enthalte eine strafbare Herabwürdigung einer Person, so wird das dieser zugefügte Unrecht desto größer, je weiter sich die Publikation verbreitet, und wenn die Untersuchung auf Grund eines einzelnen Exemplars im Gange ist, steigert sich das Unrecht und die Verschuldung des Angeklagten von Tag zu Tag, wenn in dieser Zeit die übrigen Exemplare weiter verbreitet werden oder auch nur veröffentlicht bleiben, so daß weitere Personen von ihnen Kenntniß nehmen. Jacques hat selber auch sein Prinzip durchlöchert, indem er bei den betreffenden Verhandlungen des X. Juristentags in der Plenarberathung das Zugeständniß machte, daß überall da, wo eine Schrift die Aufforderung oder Anreizung zu einem Verbrechen enthält, der Richter befugt sei, zur Verhütung dieses Verbrechens die Beschlagnahme zu verfügen. Während er S. 289 bemerkt, daß das Mehr oder Minder der Verbreitung einer Druckschrift nur ein Strafabmessungsgrund sei, daß es auf die Begehung des bereits mit dem Beginn der Verbreitung vollkommen perfekten und konsumirten (sic) Delikts gar keinen Einfluß mehr habe, wurde S. 288 ausgeführt, daß im Fall der Anreizung oder Anstiftung zu einem gemeinen Verbrechen [wohlbemerkt: gleichviel, ob sie Erfolg hatte oder nicht, denn das kann man ja nicht gleich wissen] die Untersuchung des in Aussicht genommenen, des vorbereiteten Verbrechens sofort damit eröffnet wird, die Beschlagnahme eintreten zu lassen, weil die Schrift das Werkzeug zur Begehung dieses Verbrechens ist. „Das aber, meine Herren, ist nicht die vorläufige Beschlagnahme bei Preßdelikten, sondern das ist die definitive Beschlagnahme dort, wo die allgemeine Strafprozeßordnung erklärt, daß Beschlagnahmen wegen Verbrechens vorzunehmen seien. Alle Strafprozeßordnungen und ebenso die Theorie des Strafprozesses enthalten je einen Abschnitt über Beschlagnahme, Haussuchung, Saisirung von Papieren, wonach diese Maßregeln da sofort eintreten können, wo die Indizien eines Verbrechens vorliegen, dort also nicht minder, wo eine strafbare Druckschrift sich darstellt als das Werkzeug zur Begehung eines gemeinen Verbrechens, ich will es kurz ausdrücken, als „instrumentum delicti."" Mit diesem Vorbehalt empfahl der Redner, welcher seinen Standpunkt in der Abhandlung in gleicher Weise ausführlicher darlegt, dem Plenum des Juristentages den mit Stimmenmehrheit gefaßten Beschluß der II. Abtheilung: „Die vorläufige Beschlagnahme von Druckschriften, ebenso die richterliche als administrative, ist unzulässig." Allein gegen diesen Ausspruch sowohl als seine Motivirung erhob sich lebhafter Widerspruch. Es ward eingewendet, daß der vom Referenten gemachte Unterschied zwischen corpus delicti und instrumentum delicti hier unhaltbar sei, daß es Preßdelikte in dem Sinne, welchen der Referent mit dem Begriff verbinde, gar nicht gebe, sondern nur bestimmte Delikte mittelst der Presse begangen. Wenn auch die Mißstände der polizeilichen Beschlagnahme besonders um des Umstandes Willen, daß die wirkliche Verfehlung in einer Aeußerung durch die Presse oft schwer erkennbar sei, anerkannt werden müßten, rechtfertige Nichts, bei durch die Presse begangenen, unter den Voraussetzungen des unbefangenen richterlichen Ermessens für dringend wahrscheinlich angenommenen Verfehlungen in der Untersuchung dem deutschen Richter das Recht der Beschlagnahme zu entziehen, das ihm in allen sonstigen Straffällen zusteht. Die sehr lesenswerthen Erinnerungen der Herren Kühne, Bacher, Steinfeld und Stenglein finden sich in den Verhandlungen S. 297, 301 ff. Das Resultat war, daß die Plenarversammlung dem Abtheilungsbeschlusse nicht beitrat, und als materielles Ergebniß kann man bezeichnen, daß die Mehrheit des deutschen Juristentages jedenfalls die richterliche Beschlagnahme bei sog. Preßvergehen aufrecht erhalten wissen wollte. Bezüglich der polizeilichen kann man, obgleich einzelne Stimmen auch sie unter Umständen für nothwendig erklärten und das Plenum darüber keinen ausdrücklichen Ausspruch gab, soviel entnehmen, daß ihre schweren Bedenken allseitig anerkannt wurden.

In der That muß zugestanden werden, daß es nicht außerhalb des Wirkungskreises der Polizei liegt, wie auch Brater betont, dem Strafrichter bei der Sicherung des Strafvollzugs behülflich zu sein und ebenso das Weiterumsichgreifen der Wirkungen eines Verbrechens und der dadurch erzeugten Rechtsverletzung zu verhindern; aber hier tritt entscheidend der strafpolitische Grund ein, daß man der abhängigen und zur Beurtheilung des Maßes der Verdachtsmomente häufig sehr wenig befähigten Verwaltungsbehörde (bei den Staatsanwälten greift bei ihrer Stellung nach den meisten deutschen Organisationsverhältnissen wenigstens der erstere Gesichtspunkt Platz) eine in ihren Folgen, wenn ein Mißgriff stattfand, so verhängnißvolle Entscheidung nicht in die Hand geben darf. Die Verzögerung, welche dadurch entstehen kann, daß nicht die allernächste Polizeibehörde zugreifen darf, wiegt in dem Für und Wider der Gründe leichter als die Mißbräuche, die, wie die Erfahrung zeigt, nicht bloß möglicher Weise damit verknüpft sind. Allerdings wird der hier vertretenen Ansicht, daß die dem Strafurtheil vorangehende, für die Zwecke des Strafverfahrens selber bestimmte richterliche Beschlagnahme vollkommen gerechtfertigt ist, der Einwand entgegengestellt, daß in einigen Ländern, z. B. Holland, Belgien und Nordamerika, auch das Recht der richterlichen Beschlagnahme nicht bestehe. Wie es sich damit in dem oft auch angeführten England verhält, ist oben gezeigt worden; allein gerade in Bezug auf Nordamerika, dessen Bundes- und Einzelverfassungen unter dem Eindruck der englischen Vorgänge wegen der General Search Warrants und der Verfolgungen gegen den „North Briton" und die Junius-Briefe entstanden und deshalb jede mögliche Art von Beschränkung der Preßfreiheit ausdrücklich ausschließen (vgl. Einleitung S. 4), liegt ein merkwürdiges stillschweigendes Eingeständniß einer Lücke in den Vorschlägen, welche Livingston in seinem Code of Procedure in dieser Richtung macht. Von der absoluten Richtigkeit des in Nordamerika durch den Wortlaut der Verfassungen unabwendbar gemachten Systems ist der berühmte Verfasser des System of Criminal Law ersichtlich nicht überzeugt.

Die ganz eigenthümliche Bestimmung, welche die rechtliche Unzulässigkeit einer Beschlagnahme vor dem Urtheil gewissermaßen ersetzen soll, findet sich in dem Code of Procedure, Art. 38. Der Artikel besagt: „Die Verfassung des Staats (Louisiana) giebt jedem Staatsbürger das Recht, „über jeden Gegenstand frei zu sprechen, zu schreiben und zu drucken, während er für den Mißbrauch dieser Freiheit verantwortlich ist"; es kann deshalb kein Gesetz erlassen werden, um eine in irgend einem dieser Wege beabsichtigte Diffamation zu verhindern; aber wenn Jemand eidlich bekräftigt, daß er gehört hat und glaubt, und den Richter davon zu überzeugen im Stande ist, daß er guten Grund zur Annahme hat, daß ein Anderer gegen ihn ein Libell zu veröffentlichen, in den Handel zu bringen oder zirkuliren zu lassen im Begriff steht oder zu veröffentlichen, zu verkaufen oder sonst zirkuliren zu lassen fortfährt, oder das Gleiche mit einer anderen Publikation thut, welche im Kapitel von den Vergehen gegen die öffentliche Moral und Sittlichkeit im Strafgesetzbuch verboten ist, so soll der Richter die so beschuldigte Person vor sich kommen lassen und sie wegen der Natur und der Folgen des Vergehens vermahnen, dessen Verübung der Anzeiger befürchtet, und wenn nach solcher Ermahnung der Beschuldigte das Vergehen doch verübt, soll er in das Maximum der dafür gedrohten Strafe verurtheilt werden." In dem Introductory Report to the Code of Procedure S. 207 ist diese Neuerung wie folgt motivirt: „Ein weiterer Artikel bestimmt dieselbe Ermahnung und dieselbe Folge in Fällen, wo eine wohl begründete Befürchtung einer beabsichtigten Verunglimpfung durch Rede, Schrift oder Druck vorliegt. Die Verfassung unseres Staats verbietet jede präventive Hinderung, auch wenn die gedachte Absicht bewiesen ist, aber da die Verfassung den Betreffenden für den Mißbrauch der von ihr gegebenen Freiheit verantwortlich macht, nahm man an, daß dem Unrecht vielleicht durch die Furcht vor der höheren Bestrafung, wenn das Vergehen nach der Ermahnung doch verübt würde, vorgebeugt werden könne.“ Nach dem allgemeinen englisch-amerikanischen Recht kann der von dem Vergehen eines Anderen Bedrohte unter gewissen Voraussetzungen Sicherheitsbestellung dagegen durch eidliches Versprechen, Kautionen, Bürgen u. s. w. verlangen; aber Livingston war der Meinung, daß die Rede-, Schrift- und Druckfreiheit absolut durch die Verfassungsbestimmung gegen solche Sicherungsmaßregeln geschützt sei; daher der ersonnene Ausweg.

Was Belgien anbelangt, so ist die fast überall von den Gegnern jeglicher Beschlagnahme vor dem Urtheil gehörte Behauptung, daß das belgische Recht dieselbe nicht kenne (vgl. z. B. noch den Kommissionsbericht von 1873, S. 17 und die dafür im Reichstag gehaltenen Reden), ein Beweis dafür, wie dilettantisch und unselbständig oft das Anrufen fremder Gesetzgebungen ist. Im Gegentheil hat Belgien nicht bloß das System der vorläufigen Beschlagnahme durch die Police judiciaire, sondern einer der neuesten Schriftsteller über die Presse, Schuermanns, würde schon darin einen großen Fortschritt finden, wenn man die Bestimmungen des französischen Preßrechts vom 26. Mai 1819, Art. 7—11 über die rasche gerichtliche Bestätigung einer solchen Beschlagnahme in Belgien einführen wollte. An demselben Orte ist eines Antrags gedacht, welcher 1847 in die belgische Deputirtenkammer gebracht wurde und besagte: „Vor der Verurtheilung ist jede Beschlagnahme inkriminirter Druckschriften untersagt, vorbehaltlich der Befugniß des Untersuchungsrichters, die als Beweisstücke nothwendige Anzahl von Exemplaren zu saisiren.“ Dieser Vorschlag kam nicht zur Verhandlung und bis auf den heutigen Tag ist die Wegnahme sämmtlicher Exemplare einer angeblich strafbaren Druckschrift gestattet, von der Schuermanns sagt: „pratique dont il est aisé de critiquer l'abus, mais difficile de contester la legalité“ (Schuermanns, Code de la Presse, S. 458).

Die Anwendbarkeit der allgemeinen Vorschriften für die Verfolgung von Verbrechen und Vergehen auf Preßdelikte beruht in Belgien einfach auf der Bestimmung des Gesetzes über die Jury (Dekret vom 19. Juli 1831), Art. 8: „Wenn es sich um Preßdelikte handelt, wird die Untersuchung wie bei Verbrechensfällen — en matière criminelle — geführt.“

Ebenso unbegründet ist die Angabe, daß nach holländischem

Recht die vorläufige Beschlagnahme nicht gestattet sei. Ihre Zulässigkeit oder Nichtzulässigkeit de lege ferenda wird durch diese thatsächliche Berichtigung von Irrthümern, die der Eine dem Anderen nachredet und nachschreibt, natürlich nicht betroffen, aber mit Unrecht haben die Gegner jeder vorläufigen Beschlagnahme ihre theoretische Meinung durch solche fremde Vorbilder zu stützen gesucht.

Wie wenig Anhaltspunkte man bei einer Reihe der „vorgeschrittensten" Staatswesen, der Kantone der Eidgenossenschaft, findet, beweist die Anführung bei Jacques, S. 62, wonach die größten Kantone Zürich, Bern, Luzern, Genf und andere die Beschlagnahme durch die Vollziehungsbehörde oder Polizei vornehmen lassen, überall aber die vorläufige Beschlagnahme durch den Richter gestattet ist.

In den Verhandlungen über das Recht der Beschlagnahme ist viel darüber gestritten worden, ob besondere Bestimmungen bezüglich der Beschlagnahme bei Preßvergehen eine Privilegirung der Presse oder eine Beschwerung derselben durch Ausnahmegesetzgebung sind. Die letztere Ansicht vertritt z. B. Jacques in seinem Referat für den Juristentag. S. 308 heißt es: „Es wird immer gesagt: „„keine Ausnahmestellung für die Presse; wir wollen die Presse den strafprozessualen Grundsätzen unterordnen."" Meine Herren! Das ist mein Grundsatz und von diesem aus komme ich zu dem Grundsatz: also keine vorläufige Beschlagnahme! Denn ich bitte: die vorläufige Beschlagnahme von Druckschriften wegen Preßdelikten steht ja nicht in der Strafprozeßordnung, sondern sie steht in den Preßgesetzen, und wozu stünde sie in denselben, wenn sie sich schon aus der Strafprozeßordnung deduziren ließe? Man hat sie aber erst in die Preßgesetze hineingethan und damit gesagt: die Bestimmungen der Strafprozeßordnungen reichen nicht aus, nun machen wir für die Presse neue Bestimmungen, wir schaffen für sie ein privilegium odiosum. Diejenigen Herren, welche gegen die Aufhebung der vorläufigen Beschlagnahme sind, die statuiren eine Ausnahme von der Strafprozeßordnung, und wir, die wir sagen: es soll keine vorläufige Beschlagnahme von Druckschriften stattfinden, wir stehen auf dem Boden der Strafprozeßordnung. Der Juristentag braucht nur auszusprechen: rücksichtlich der Beschlagnahme hat nichts Anderes zu gelten, als was in der Strafprozeßordnung steht, dann bin ich vollständig zufrieden, denn dann kann keine vorläufige Beschlagnahme vorgenommen werden, sondern nur diejenige Beschlagnahme, welche nach den Grundsätzen der Strafprozeßordnung stattfindet und bezüglich deren ich so eben gesagt habe, daß sie stattfinden müsse... Hier soll eine Beschlagnahme verfügt werden, nicht im Interesse der Untersuchung, sondern zu einem ganz speziellen Zweck, zu dem Zwecke der Verhütung der Weiterverbreitung einer Schrift, bezüglich deren es noch nicht festgestellt ist, ob sie strafbar sei und ehe der richterliche Ausspruch ergeht. Aber im Widerspruche mit den Grundsätzen des Strafgesetzes wird auf Grund der Ausnahmestellung, welche die Presse zu ihren Ungunsten in den Preßgesetzen bekommt, die vorläufige Beschlagnahme verfügt. Wenn also die Herren die Güte haben wollen, sich dazu zu entschließen, den Grundsatz auszusprechen: rücksichtlich der Beschlagnahme haben alle Bestimmungen der Strafprozeßordnung zu gelten, und wir wollen keine Ausnahmestellung für die Presse, dann — ich wiederhole — sind alle meine Wünsche unbedingt erreicht; denn dann kann der Presse nicht geschehen, was ich nicht wünsche, daß ihr geschehen solle."

Wir haben diese Auseinandersetzung des Redners deshalb ausführlich mitgetheilt, weil Dr. Jacques sich ex professo mit dem Preßrecht beschäftigt hat, als Schriftsteller ein wohlverdientes Ansehen besitzt und gewissermaßen als Vertrauensmann und Fürsprecher der Presse erscheint. Trotz alledem zweifeln wir sehr, ob die deutsche Presse es ihm danken würde, wenn es seiner Beredsamkeit gelungen wäre, den Juristentag für seine Ansicht zu gewinnen, daß die Anwendung der gewöhnlichen Strafprozeßgrundsätze auf die Preßbeschlagnahme ohne Ausnahme richtig sei, und wenn die Reichsgesetzgebung denselben Weg eingeschlagen hätte. Dr. Jacques und Diejenigen, welche etwa seiner Ansicht sein sollten, haben sich in der That die gewöhnlichen Gesetzesvorschriften über die Untersuchungsführung nicht klar vor Augen gestellt, sonst könnte ihnen unmöglich entgehen, daß gerade das Gegentheil ihrer Behauptungen die Wahrheit ist. Durch die Vorschriften über die Bedingungen und Formen, unter und in welchen die Beschlagnahme stattzufinden hat, wenn es sich um Druckerzeugnisse handelt, wird die Presse bevorzugt, allerdings mit Fug und Recht bevorzugt, weil die Anwendung der allgemeinen strafprozessualischen Normen, z. B. bei der periodischen Presse, ihre freie Bewegung lähmen und ihren Ruin sicher herbeiführen würde. Es wird nicht nothwendig sein, die einzelnen Bestimmungen der deutschen Einzelstrafprozeßordnungen hier durchzunehmen. Die bevorstehende Kodifikation des Rechts bietet uns in dem Entwurf der Strafprozeßordnung, welcher in den allermeisten Punkten sogar wesentliche Verbesserungen des Gesetzzustandes in den Einzelstaaten bringt, gleichsam eine Quintessenz der bisher in diesem Betreff in Deutschland geltenden Normen. Keinenfalls bleibt man hinter einer besseren Wirklichkeit zurück, wenn man den Entwurf zur Grundlage der Schilderung nimmt. In dem siebenten Abschnitt bestimmt gleich § 85: „Gegenstände, welche als Beweismittel für die Untersuchung von Bedeutung sein können oder der Einziehung unterliegen, sind in Verwahrung zu nehmen oder in anderer Weise sicher zu stellen. Wird durch eine solche Maßregel das Verfügungsrecht einer Person beeinträchtigt oder wird derselben widersprochen, so bedarf es der Beschlagnahme." In Verbindung mit den §§ 40 und 41 des Strafgesetzbuchs ist dadurch die Gesammtauflage einer angeblich strafbaren Druckschrift dem Zugriff preisgegeben. Ueber die Personen, welche zu diesem Einschreiten befugt sind, bestimmt der § 89: „Die Anordnung von Beschlagnahmen steht dem Richter, bei Gefahr im Verzuge auch der Staatsanwaltschaft und den Polizei- und Sicherheitsbeamten zu."

„Ist eine Beschlagnahme ohne richterliche Anordnung erfolgt, so kann der davon Betroffene auf richterliche Entscheidung antragen. So lange die öffentliche Klage noch nicht erhoben ist, erfolgt die Entscheidung durch den Amtsrichter, in dessen Bezirk die Beschlagnahme stattgefunden hat." Da in Fällen der Preßverfolgung regelmäßig, bei der periodischen Presse wohl immer Gefahr auf dem Verzuge sein wird, ist die Unterscheidung, daß nur in diesem Falle die Beschlagnahme statt durch den Richter, durch die Verwaltungsbehörden statthaft ist, fast bedeutungslos. Diese letztere soll aber bestehen bleiben, bis der Betroffene dagegen Einspruch erhebt und den Richter anruft, und dies ist regelmäßig ein Einzelrichter. Davon, daß die betreffenden Stellen angegeben werden müssen, daß in den kürzesten Fristen die richterliche Entscheidung über die Beschlagnahme vor sich gehen und die Untersuchung in der Hauptsache beginnen muß, daß die zur Beschlagnahme Anlaß gebenden Stücke einer Druckschrift nur allein zurückbehalten werden, von der Begrenzung des Umfangs der Beschlagnahme auf die nicht in Privatbesitz übergegangenen Exemplare — von all' diesen Kautelen und Normen, welche die Preßgesetze in ihren Bestimmungen über die Beschlagnahme haben, findet sich in der allgemeinen Strafprozeßordnung kein Wort. Auch in den Fällen, wo Dr. Jacques nach seiner Unterscheidung von corpus und instrumentum delicti die richterliche und natürlich auch eventuell polizeiliche Beschlagnahme für zulässig erklärt, wenn eine Druckschrift eine Aufforderung zu einem andern Verbrechen nicht enthält (denn das soll ja erst der definitive Urtheilsspruch entscheiden), sondern nach Meinung der Behörden enthalten soll, würde nach dem Zustande, den er für den erwünschten hält, jede der erwähnten, im Interesse der freien Bewegung der Presse ersonnenen Beschränkungen und Hemmnisse des staatlichen Zugriffrechts fehlen. Beiläufig bemerkt, wurde Dr. Jacques auf dem Juristentag entsprechend daran erinnert, daß die Aufforderung zu einem Verbrechen ja selber ein abgeschlossenes Delikt nach unserm Strafgesetzbuch ist und man daher logisch auch in diesem Fall nach der Jacques'schen Aufstellung die Beschlagnahme verwerfen müßte. Wenn einzelne Redner des Juristentages äußerten, daß der Presse weder im guten noch im schlechten Sinne eine privilegirte Stellung, eine Ausnahmestellung eingeräumt werden sollte, so ist dies ebenfalls eine Verkennung des wirklichen Sachverhalts. Dergleichen Privilegien sind im Interesse einer gerechten Behandlung der Presse durchaus geboten, und es kann sich nur darum handeln, bis zu welcher Grenze diese Ausnahmebestimmungen zu gehen haben. Der Gedanke, die Presse den allgemeinen Vorschriften für die Beschlagnahme überhaupt zu unterwerfen, kann von Freunden einer freien Presse nur in Folge eines schwer zu begreifenden Mißverständnisses erfaßt worden sein.

II. Aus dem eben entwickelten Stande der Theorie und Gesetzgebung im Allgemeinen erklärt sich, daß über diese Materie auch in den Vorstadien der deutschen Reichspreßgesetzgebung die Meinungen und Ansichten bunt einander durchkreuzten. Als bald nach dem zehnten Juristentag der Reichstag im Frühjahr 1873 zusammentrat und mit der Windthorst'schen Vorlage eines Reichspreßgesetzes befaßt wurde, stellte dieselbe den lakonischen Satz auf: „die vorläufige Beschlagnahme eines Schrift- oder Bildwerks ist ausgeschlossen" (§ 9). In der vom Journalistentag zu Breslau beschlossenen Fassung hatte man noch die richterliche Beschlagnahme zugelassen, indem der § 9 des damaligen Entwurfs folgendermaßen lautete:

„§ 9. Eine Beschlagnahme eines Schrift- oder Bildwerkes darf nur von einer richterlichen Behörde verfügt und nur kraft eines schriftlichen, den strafrechtlichen Grund der Verfolgung und den dadurch betroffenen Theil des Schrift- oder Bildwerkes genau bezeichnenden Befehles vollzogen werden. Ein Wiederabdruck des mit Beschlag belegten Preßerzeugnisses ohne die als strafbar bezeichneten Stellen ist statthaft. Die Beschlagnahme hat sich streng auf diejenigen Theile eines Preßerzeugnisses zu beschränken, welche von der für strafbar erachteten Stelle nicht zu trennen sind, also z. B. bei Zeitungen, wenn das Hauptblatt etwas angeblich Straffälliges enthält, die Beilagen frei zu lassen.

Ist die beschlagnehmende Behörde ein Einzelrichter, so hat derselbe sofort die Entscheidung der nächst zuständigen richterlichen Kollegialbehörde über Fortstellung oder Wiederaufhebung der Beschlagnahme einzuholen. Diese Entscheidung, gegen welche es kein Rechtsmittel giebt, muß bei allen einmal wöchentlich oder öfter erscheinenden Zeitungen oder Zeitschriften binnen zwei, bei allen andern Schrift- oder Bildwerken binnen drei Tagen erfolgen.

Hat die Bestätigung der Beschlagnahme während dieser Frist durch die kollegiale Gerichtsbarkeit nicht stattgefunden, so tritt die Beschlagnahme von selbst außer Kraft, und jede längere Vorenthaltung der mit Beschlag belegten Exemplare kann als Eigenthumsverletzung von dem dadurch Geschädigten gerichtlich verfolgt werden. Auch steht es den Betheiligten frei, sofort neue Abdrücke des betreffenden Preßerzeugnisses (einschließlich der verfolgten Stellen) zu veranstalten. Außerdem sind die Betheiligten befugt, die Person, welche die Beschlagnahme verfügt hat, wegen Beschädigung gerichtlich in Anspruch zu nehmen. Kompetenzkonflikte dürfen in allen diesen Fällen nicht erhoben werden. Die Beschlagnahme darf sich niemals auf Exemplare erstrecken, die im Privatbesitze sind."

Allein auf dem Münchener Journalistentage von 1872 hatte man den radikaleren Schritt gethan, zu dessen Vertheidigung die schon angeführte Broschüre: „Der siebente deutsche Journalistentag in München, Denkschrift über die Aufhebung der gesetzlichen Bestimmungen, die vorläufige Beschlagnahme von Preßerzeugnissen betreffend. München 1873," ausgearbeitet worden ist. Sie enthält ein reiches Verzeichniß der Mißgriffe und Mißbräuche des polizeilichen Beschlagnahmerechts und stützt sich in der juristischen Deduktion auf Jacques und namentlich John. Der Ausspruch: „daß die vorläufige Beschlagnahme an sich eine Präventivmaßregel, nur die in anderer Form fortgesetzte Censur sei, daß sie dem in allen deutschen Staatsverfassungen gesicherten Prinzip der Preßfreiheit widerspreche," ist nach unserer früheren Auseinandersetzung nicht begründet. Schon der Umstand, daß sich der Journalistentag ein Jahr früher damit einverstanden erklärte, dem Richter das Recht der vorläufigen Beschlagnahme zu belassen, beweist deutlich genug, wie viel Uebertreibung hier im heiligen Eifer mit untergelaufen und wie viel richtiger die oben mitgetheilte Beurtheilung Brater's ist. Da sich der Antrag von Windthorst und Genossen im Ganzen an das Votum des Journalistentags anschloß, war es natürlich, daß auch hier die weitergehende Forderung gänzlicher Beseitigung der vorläufigen, der Konfiskation kraft des Strafurtheils entgegengesetzten Beschlagnahme in der Voruntersuchung aufgestellt wurde. Allein der damalige Kommissionsbericht und die Protokolle über die Kommissionsverhandlungen lassen erkennen, daß für diesen Kreis die innere Natur der Sache und der sie respektirende Beschluß des deutschen Juristentags nicht ohne Einfluß gewesen ist. In ausführlicher Darstellung schildert der Referent Dr.

Biedermann die wandelbaren Schicksale des betreffenden Paragraphen des Entwurfs. Mit einigen Kürzungen lautet der anschauliche Bericht darüber wie folgt:

„Als die weitaus schwierigste Frage, welche ein Preßgesetz zu lösen hat, erwies sich auch hier (wie wohl überall, wo man an dieselbe herantritt) die wegen der Beschlagnahme von Preßerzeugnissen. Die Kommission hat nahezu drei volle Sitzungen dieser einen Frage gewidmet; die verschiedensten Anträge und Vorschläge sind eingebracht, geprüft, auf Wunsch der Kommission nochmals im engeren Kreise berathen, abermals eingereicht und abermals durchgesprochen worden. Die Lösung der Frage ward dadurch nicht erleichtert, eher erschwert, daß man von den verschiedenen Seiten her an dieselbe herantrat mit dem sichtlich ernsten Willen, eine solche Lösung zu finden, welche ebensowohl die Presse vor Willkürlichkeiten und Eigenmächtigkeiten eines unbestimmten und unbeschränkten administrativen Ermessens sichere, als andererseits allen begründeten Anforderungen im Interesse der öffentlichen Sicherheit und Ordnung gerecht werde.

Diese beiden Rücksichten mit einander zu vereinigen und auszugleichen, darin liegt die große Schwierigkeit der Aufgabe."

.... „Die Unsicherheit in Bezug auf die rechtliche Begründung der Beschlagnahmen ist nun aber doppelt schlimm, weil die eigenthümliche Natur der Preßerzeugnisse, insbesondere der zur periodischen Presse gehörenden, von der Art ist, daß eine Beschlagnahme hier ganz anders wirkt, als bei irgend welchen sonstigen Gegenständen des Eigenthums und des Verkehrs. Wenn ein mechanisches Werkzeug, oder eine chemische Komposition, oder was sonst es sei, als corpus oder instrumentum delicti konfiszirt, hinterher aber vom Gericht freigegeben wird, so ist der Nutzen und Gebrauchswerth desselben in den meisten Fällen durch diese zeitweilige Vorenthaltung nicht wesentlich verringert worden. Eine Zeitung dagegen, die heute konfiszirt und nach einiger, wenn auch verhältnißmäßig kurzer Zeit wieder freigegeben wird, ist so gut wie werthlos, denn der größte Theil ihres Inhalts ist inzwischen veraltet. Und nicht blos der Verleger wird dadurch in seinem materiellen, der Redakteur sammt seinen Mitarbeitern in seinem geistigen, idealen Eigenthum schwer geschädigt, auch Dritte, ganz Unbetheiligte und Unschuldige, können durch eine solche Beschlagnahme empfindliche, bisweilen kaum wieder gut zu machende Nachtheile erleiden, z. B. der Inserent, der durch die Unterdrückung seines Inserats gegenüber einem Konkurrenten in eine ungünstige Lage versetzt wird, der Arbeitsuchende, dem die Gelegenheit, solche mittelst der gedruckten Nachfragen nach Arbeitern zu finden, verkümmert wird, der Geschäftsmann, der durch die ihm entzogene Kenntnißnahme von einer Konkursanzeige, einer Generalversammlung oder dergleichen vielleicht die größten Verluste erleidet."

„Dahingegen wurde von der andern Seite betont: unmöglich könne doch zugegeben werden, daß verbrecherische, aufreizende, sittenverderbliche, ja vielleicht zu den ärgsten Schandthaten, Fürstenmord, Hochverrath, Brandstiftung oder dergl. direkt auffordernde Schriften oder daß unzüchtige, die Schamhaftigkeit auf's Gröbste verletzende Abbildungen frei zirkulirten. Pflicht des Staates sei es, nicht blos Verbrechen zu strafen, sondern auch, so weit möglich, sie zu verhüten. So wenig die Organe des Staates ruhig zusehen würden, wenn etwa ein Mann mit blanker Waffe oder mit brennender Fackel durch die Straßen liefe und das Leben oder die Wohnungen seiner Mitmenschen bedrohte, ebensowenig dürfe zugelassen werden, daß durch ein strafbares Schrift- oder Bildwerk fort und fort das gleiche Verbrechen durch immer weitere Verbreitung immer von Neuem konsumirt, noch weniger, daß durch freies Zirkuliren eines solchen die Aufforderung oder Anreizung zur Begehung eines Verbrechens in immer weitere Kreise getragen werde."

„Dem Einwande, daß durch die Beschlagnahme von Preßerzeugnissen mit der Konsequenz des Repressivsystems gebrochen und zum Präventivsystem, ja der Sache nach gewissermaßen zur Censur zurückgekehrt werde, indem man etwas der Oeffentlichkeit entziehe, von dem noch gar nicht feststehe, ob es gesetzwidrig sei, diesem Einwande setzte man die Anführung entgegen, daß auch eine Haussuchung, ja selbst eine Untersuchungshaft gegen einen Verdächtigen bisweilen vollzogen werde, bevor man über dessen Schuld positive Gewißheit habe."

„Umgekehrt wieder bezog man sich von jener ersten Seite darauf, daß die Beschlagnahme selbst vom Standpunkte praktisch-politischer Zweckmäßigkeit aus nicht empfehlenswerth erscheine, weil sie fast immer zu spät komme und weil gerade durch das Aufsehen, das sie allemal errege, die öffentliche Aufmerksamkeit erst recht auf ein solches Preßerzeugniß gelenkt werde. Man bezog sich darauf, daß die Beschlagnahme in manchen Staaten, wie England (mit Ausnahme der unsittlichen Bilder), Holland, Belgien, gänzlich unbekannt, in andern — darunter selbst einzelne deutsche — seit lange schon ziemlich außer Gebrauch gekommen sei, ohne daß diese Staaten dadurch in ihrem Bestande oder in der Erhaltung der öffentlichen Ordnung gefährdet erschienen."

„Bei der ersten Lesung hatte die Kommission einen vermittelnden Antrag angenommen, der die Beschlagnahme auf die „Zwecke der strafrechtlichen Verfolgung nach den geltenden allgemeinen gesetzlichen Bestimmungen" beschränken wollte."

Wörtlich lautet nach dem Protokoll der Kommission vom 2. April 1873 der Beschluß:

§ 9.

„Die vorläufige Beschlagnahme von Druckschriften ist nur insoweit zulässig, als es der Zweck der strafrechtlichen Verfolgung nach den geltenden allgemeinen gesetzlichen Bestimmungen erfordert."

„Die besonderen Bestimmungen der Landespreßgesetze über die vorläufige Beschlagnahme sind aufgehoben."

Es braucht nach dem oben Erörterten nicht weiter ausgeführt zu werden, welch ein Danaergeschenk diese Verbesserung, bei der sich in der Abstimmung wie Motivirung die entgegengesetztesten politischen Standpunkte wunderlicher Weise zusammenfanden, für die arme deutsche Presse gewesen wäre.

Zur Vervollständigung des Bildes entnehmen wir dem Protokoll noch, daß der Referent Biedermann es anheimstellte, ob man die Beschlagnahme gänzlich aufgeben wolle oder nicht; jedenfalls würden aber im Fall der Beibehaltung sehr starke Garantien gegen den Mißbrauch zu fordern sein. Der Korreferent (v. Helldorf) proponirte Streichung des ganzen Paragraphen; es sei auch hier am besten, wenn man das allgemeine Strafrecht walten lasse. Der Abg. Lesse wollte die Beschlagnahme bei Bildwerken und Plakaten dem Staatsanwalt und seinen Organen überlassen und schlug weiter vor: „Außerdem ist die vorläufige Beschlagnahme im administrativen Wege überhaupt nicht statthaft, im richterlichen Wege nur insoweit, als es die Zwecke der strafrechtlichen Verfolgung nach den geltenden gesetzlichen Bestimmungen erfordern." In der Kommission wurde lebhaft darüber gestritten, ob durch diese Fassung die vorläufige Beschlagnahme beseitigt sei oder nicht. Wiggers beantragte, ausdrücklich die Bestimmung auszusprechen, daß die Landesvorschriften über Beschlagnahme aufgehoben sind, und so kam endlich das oben abgedruckte kombinirte Amendement Lindenau-Elben zu Stande.

Der Bericht fährt dann mit Recht kopfschüttelnd fort:

„Man konnte sich jedoch nicht verhehlen, daß eine solche Bestimmung vieldeutig sei. Sollte damit lediglich die Sicherung eines Beweismittels, die Ergreifung eines corpus delicti gemeint sein (wozu die Wegnahme eines einzigen Exemplars ausreichen würde), oder sollte unter diesem Titel auch weiter gegangen und die ganze Auflage in Beschlag genommen werden können, um eventuell, bei eintretender Verurtheilung der Schrift, die „Einziehung" und beziehungsweise „Vernichtung" (nach §§ 40, 41, 42 des deutschen Strafgesetzbuches), vollziehen zu können?

Für die zweite Lesung wurden daher auf Wunsch der Kommission weitere Anträge vorbereitet, dann wiederum, am Schlusse einer längeren Verhandlung über diese, eine nochmalige Umarbeitung derselben empfohlen.

So lagen für die Endabstimmung außer dem Beschluß der ersten Lesung drei verschiedene Anträge vor, so lautend:

A. „Eine vorläufige Beschlagnahme findet nur bei unzüchtigen Abbildungen statt. Zur Beschlagnahme ist nur die zuständige richterliche Behörde befugt."

B. „Die vorläufige Beschlagnahme ist zulässig:
1. bei Plakaten, wenn sie den Thatbestand einer strafbaren Handlung enthalten;
2. bei bildlichen Darstellungen, welche öffentlich ausgestellt sind oder an öffentlichen Orten ausgeboten werden, wenn sie gegen die Bestimmung des § 184 des deutschen Strafgesetzbuchs verstoßen;
3. bei solchen Preßerzeugnissen, welche den Thatbestand einer der in den §§ 85, 92, 112, 130, 144 des deutschen Strafgesetzbuchs mit Strafe bedrohten Handlungen oder eine Aufforderung zur Begehung sonstiger Verbrechen oder Vergehen enthalten.

Die Beschlagnahme erfolgt in der Regel auf Grund richterlicher Verfügung. Ausnahmsweise, wenn Gefahr im Verzuge, kann auch der Staatsanwalt oder die Polizeibehörde eine Beschlagnahme anordnen. Es muß aber in diesem Falle binnen 24 Stunden bei der zuständigen Gerichtsbehörde der Antrag auf Bestätigung der Beschlagnahme gestellt werden. Letztere hat dann über Fortdauer oder Aufhebung derselben zu entscheiden, und zwar bei Zeitschriften binnen zwei, bei anderen Druckschriften binnen drei Tagen. Sie hat ihrer Entscheidung Gründe beizufügen. Erfolgt die Bestätigung der verfügten Beschlagnahme binnen der angegebenen Zeit nicht, so tritt dieselbe ohne Weiteres außer Kraft.

Eine Beschlagnahme darf nur stattfinden nach Vorzeigung eines schriftlichen, den angeblich strafbaren Inhalt des Preßerzeugnisses unter Anführung der einschlagenden Strafgesetzbestimmungen genau bezeichnenden Befehles der die Beschlagnahme anordnenden Behörde.

Ist nur ein Theil der Druckschrift strafbar, so sind die anderen Theile, soweit sie von jenem trennbar, freizulassen.

Dem Herausgeber oder Verleger eines mit Beschlag belegten Preßerzeugnisses ist es unbenommen, dasselbe mit Weglassung der für strafbar erklärten Stellen sofort wieder zu veröffentlichen."

C. „In Ansehung der vorläufigen Beschlagnahme einer Schrift, Abbildung oder Darstellung finden die bestehenden allgemeinen gesetzlichen Bestimmungen Anwendung.

Zur Beschlagnahme ist nur die zuständige richterliche Behörde befugt.

Eine Beschlagnahme darf nur stattfinden nach Vorzeigung eines schriftlichen, den angeblich strafbaren Inhalt des Preßerzeugnisses unter Anführung der einschlagenden Strafgesetzbestimmungen genau bezeichnenden Befehles.

Dieselbe hat sich auf den Theil der Druckschrift, in welcher der angeblich strafbare Inhalt sich findet, zu erstrecken und die anderen Theile, wenn sie von jenem trennbar sind, freizulassen.

Dem Herausgeber oder Verleger eines mit Beschlag belegten Preßerzeugnisses ist es unbenommen, dasselbe mit Weglassung der für strafbar erklärten Stellen zu veröffentlichen."

Es wurde zunächst über Antrag A und den ersten (allgemeinen) Absatz der Anträge B und C abgestimmt und dabei Antrag A und Antrag B, 1—3 abgelehnt, Antrag C dagegen in seinem ersten Theile („In Ansehung — Anwendung") mit 10 gegen 5 Stimmen angenommen.

Wenn in der Annahme dieses allgemeinen Antrages verschiedene Richtungen zusammentrafen, so schieden sich dieselben alsbald wieder in Bezug auf die weiteren Anträge betreffs der Formen und Voraussetzungen, unter welchen Beschlagnahmen zulässig sein sollen.

Hier standen sich zwei Ansichten gegenüber: die eine, welche mit der Beschlagnahme ausschließlich eine richterliche Behörde betraut wissen wollte, die andere, welche dies für unthunlich, vielmehr die Konkurrenz auch von Verwaltungsorganen (Staatsanwaltschaft und Polizei) für unentbehrlich erklärte, wofern nicht der ganze Zweck der vorläufigen Beschlagnahme, die wirkliche Verhinderung einer Weiterverbreitung gewisser Preßerzeugnisse, verloren gehen solle.

Ueber gewisse andere der Presse gegen zu weitgehende Beschlagnahmen zu gewährende Garantien (z. B. Beschränkung derselben auf den wirklich strafbaren Theil einer Druckschrift, kurze Fristen für die Entscheidung bei Berufungen gegen eine solche u. s. w.) schienen die Vertreter beider Ansichten sich wohl vereinigen zu können.

Die Kommission entschied sich bei der Abstimmung mit 10 gegen 5 Stimmen [von den 21 Mitgliedern der Kommission, die überhaupt zuletzt spärlich besucht wurde, war somit jene Mehrheit von 10 Stimmen selbst wieder eine Minderheit] für denjenigen Antrag, welcher lediglich einer richterlichen Behörde die Befugniß zur Anordnung einer Beschlagnahme zugesteht. So kam § 11 in der Fassung, welche aus Anlage I ersichtlich, zu Stande."

Er lautete danach:

„§ 11. In Ansehung der vorläufigen Beschlagnahme einer Schrift, Abbildung oder Darstellung finden die bestehenden allgemeinen gesetzlichen Bestimmungen Anwendung.

Zur Beschlagnahme ist nur die zuständige richterliche Behörde befugt.

Eine Beschlagnahme darf nur stattfinden nach Vorzeigung eines schriftlichen, den angeblich strafbaren Inhalt des Erzeugnisses unter Anführung der einschlagenden Strafgesetzbestimmungen genau bezeichnenden Befehles.

Dieselbe hat sich auf den Theil des Erzeugnisses, in welchen der angeblich strafbare Inhalt sich findet, zu beschränken und die anderen Theile, wenn sie von jenem trennbar sind, freizulassen.

Dem Herausgeber oder Verleger eines mit Beschlag belegten Erzeugnisses ist es unbenommen, dasselbe mit Weglassung der für strafbar erklärten Stellen zu veröffentlichen."

Wie wenig auch dieser Vorschlag dem wahren Interesse der Presse gerecht wird, liegt auf der Hand, und es ist mit Gewißheit anzunehmen, daß diese Fassung, wenn ihre wirkliche Bedeutung erläutert worden wäre, die Zustimmung des Reichstags nicht erhalten hätte. In der Kommission war offenbar über die Tragweite dieser Aufstellung großes Mißverständniß vorhanden, aus welchem allein sich die Annahme dieses Vorschlags von den Vertretern ganz verschiedener Standpunkte erklärt.

Eine Erörterung dieser Materie des Entwurfs fand bekanntlich im Plenum des Reichstags von 1873 gar nicht statt.

III. Während die Regierungsvorlage von 1874 in der Verantwortlichkeitsfrage sich dem System der vorjährigen Kommission angeschlossen hatte, war dies bezüglich der Bestimmungen über die Beschlagnahme in der Hauptsache nicht der Fall, da Seitens des Bundesraths an der Zulässigkeit der Beschlagnahme durch die Verwaltungsorgane festgehalten und die Beschlagnahme bei allen durch die Presse begangenen vermeintlichen Verbrechen und Vergehen den nicht-richterlichen Behörden, also besonders der Polizei, gestattet wurde. Der betreffende § 23 lautete in seinen ersten Absätzen:

„§ 23. Eine Beschlagnahme von Druckschriften ohne richterliche Anordnung findet nur statt:

1. wenn eine Druckschrift den Vorschriften der §§ 5 und 6 nicht entspricht oder dem § 15 zuwider verbreitet wird,
2. wenn der Inhalt einer verbreiteten Druckschrift den Thatbestand eines Verbrechens oder Vergehens begründet.

Sofern im Falle der Nr. 2 die strafbare Handlung nur auf Antrag eines Betheiligten zu verfolgen ist, setzt auch die Beschlagnahme einen besonderen Antrag desselben voraus."

Zur Begründung dieses Vorschlags bemerken die Motive:

„Die Bestimmungen des Entwurfs über die Beschlagnahme von Druckschriften sind auf die Voraussetzung berechnet, daß bei Einführung des Preßgesetzes im ganzen Bereiche desselben der Strafprozeß sowohl für Verbrechen und Vergehen, als für Uebertretungen nach dem Anklageprinzipe geordnet, und daß auch hinsichtlich der Uebertretungen die Entscheidung den Gerichten zugewiesen sein werde. Auf diese Voraussetzung ist die Zuständigkeit der Staatsanwaltschaft, und in dringenden Fällen der zur Wahrnehmung der gerichtlichen Polizei berufenen Behörden gegründet, im Falle begangener Uebertretungen der Strafgesetze die Beschlagnahme von Druckschriften zu verfügen.

Dem steht die sehr verbreitete Forderung gegenüber, daß eine solche Beschlagnahme, wenn überhaupt, doch nur auf richterlichen Befehl solle eintreten dürfen. In die Preßgesetze der deutschen Staaten hat diese Forderung nur vereinzelt Eingang gefunden (in Hamburg, ferner in Sachsen-Meiningen und Sachsen-Coburg, wogegen Sachsen-Weimar, Sachsen-Altenburg und Reuß j. L. wenigstens in dringenden Fällen dem Staatsanwalte gestatten, die Beschlagnahme zu verfügen).

Der Entwurf hat diesen Vorgängen nicht folgen können. Nach den gemeingültigen strafprozessualischen Grundsätzen ist, sobald eine Zuwiderhandlung gegen die Strafgesetze eingetreten, die Beschlagnahme solcher Gegenstände zulässig, welche als Beweismittel dienen oder welche der Einziehung im Falle der Verurtheilung unterliegen. Es ist außerdem die Aufgabe der Kriminalpolizei, die weitere gemeinschädliche Wirksamkeit begangener Verbrechen und Vergehen zu hemmen. Aus diesen Grundsätzen ergiebt sich die Zuständigkeit der Staatsanwaltschaft und in dringenden Fällen der Polizei zur Vornahme dieser Maßregel. Die Anwendung derselben auf Erzeugnisse der Presse enthält nicht etwa eine Abweichung von jenen allgemeinen Grundsätzen. Vielmehr stellen sich die besonderen Vorschriften, welche in dieser Beziehung bestehen, als Begünstigungen der Presse dar.

Daß solche mildernde Bestimmungen zu Gunsten der Presse angezeigt sind, soll nicht bestritten werden. Eine Beschlagnahme trifft gerade sie besonders empfindlich, weil der Werth ihrer Erzeugnisse durch die schleunige und regelmäßige Verbreitung wesentlich bedingt ist. Diesen Rücksichten ist aber ihre Grenze dahin vorgezeichnet, daß sie nicht dahin führen dürfen, den Zweck der Beschlagnahme selbst illusorisch zu machen. Daß dies der regelmäßige Erfolg sein würde, wenn die zur Verfolgung der Verbrechen und zur Ermittelung des Thatbestandes zunächst berufenen Behörden im eigenen Einschreiten gehemmt und auf die Beantragung der Beschlagnahme bei dem Richter angewiesen wären, bedarf der Ausführung nicht.

Zu Gunsten der Presse kann nicht weiter gegangen werden, als daß die Beschlagnahme mit denjenigen Garantien umgeben wird, welche ohne Gefährdung der Rechtsordnung zulässig sind.

Als solche sind zu nennen:

1. genaue gesetzliche Bestimmung der Fälle, in welchen die Beschlagnahme ohne richterlichen Befehl statthaft ist;
2. Erforderniß einer binnen kürzester Frist zu erwirkenden gerichtlichen Entscheidung über Bestätigung oder Wiederaufhebung der vorläufigen Beschlagnahme;
3. Ausschluß von Rechtsmitteln gegen eine die Aufhebung aussprechende Entscheidung;
4. Erlöschen der Beschlagnahme als nothwendige Folge der nicht binnen der bestimmten Frist erfolgten Bestätigung;
5. desgleichen als Folge der nicht binnen bestimmter Frist eingeleiteten Verfolgung in der Hauptsache;
6. Bezeichnung der beanstandeten Stellen der Druckschrift unter Anführung der verletzten Gesetze;
7. Beschränkung der Beschlagnahme auf die strafbaren Theile der Schrift, soweit sie vom Uebrigen trennbar sind.

Auf dieser Auffassung beruhen die §§ 25 (Druckfehler statt 23) —28 des Entwurfs. Die Fristen sind so kurz bemessen, als irgend thunlich. Daß die im letzten Satze des § 26 bezeichnete fünftägige Frist etwas weiter gegriffen ist, als die Zusammenrechnung der vorgehend bestimmten Zeiträume ergiebt, rechtfertigt sich dadurch, daß die Entscheidung des Gerichts der beschlagnehmenden Behörde binnen jener Frist zugegangen sein muß und mögliche Zufälligkeiten, welche die Zusendung verzögern können, mit in Rücksicht zu ziehen sind.

Die Fristbestimmung im § 28 hat wesentlich nur den Zweck, zu hindern, daß die Sache nicht nach Bestätigung der vorläufigen Beschlagnahme beruhen bleibe. Diese Frist hat geräumiger bemessen werden müssen, um die gehörige Vorbereitung der Anklage nicht zu beschränken.

Die Fälle der Beschlagnahme zerfallen nach der Voraussetzung ihrer Zulässigkeit in zwei Kategorien:

1. Verletzungen der formellen Vorschriften der §§ 5 und 6, und Zuwiderhandlungen gegen den § 15 des Entwurfs. Daß die ersteren Verletzungen nur bei denjenigen Druckschriften, welche zur Verbreitung bestimmt sind, in Betracht kommen, braucht nicht besonders ausgedrückt zu werden, da nach den folgenden Sätzen die Beschlagnahme überhaupt die Exemplare einer Druckschrift nur da treffen soll, wo dergleichen zum Zwecke der Verbreitung sich vorfinden.
2. Strafbarer Inhalt einer verbreiteten Druckschrift, welcher den Thatbestand eines Verbrechens oder Vergehens begründet.

   Unter dieser letzteren Kategorie sind (zufolge § 19, Nr. 1) auch Zuwiderhandlungen gegen die §§ 17 und 18, sowie gleichfalls gegen die auf Grund des § 16 ergangenen Verbote der Veröffentlichungen über Truppenbewegungen 2c. in Kriegszeiten mitbegriffen.

Die Frage, ob bei den nur auf Antrag zu verfolgenden Vergehen auch die vorläufige Beschlagnahme von solchem Antrage abhängig ist, hat nach der jetzigen Gesetzgebung zu Zweifeln Anlaß gegeben. Der Entwurf folgt dem Vorgange der meisten neueren Preßgesetze, indem er in diesen Fällen die Verfügung der Beschlagnahme vor Stellung des Antrags ausschließt."

Bei der Vorlage des Entwurfs im Reichstag bemerkte der Vertreter des Bundesraths, Geh. Rath Held, über diesen Theil des Gesetzes (St. B. S. 149):

„Der Erkenntniß, daß der nach dem allgemeinen Strafprozeßgesetz sich regelnden vorläufigen Beschlagnahme in ihrer Anwendung auf die Presse Bedenken ganz besonderer Art entgegenstehen, haben sich auch die verbündeten Regierungen nicht verschließen können. Sie haben jedoch die Gründe für Aufrechthaltung dieser Einrichtung für überwiegend erachtet. Daneben hat aber auch die Ueberzeugung Platz gegriffen, daß die vorläufige Beschlagnahme in ihrer Anwendung auf die Presse Modifikationen unterworfen werden muß, um jenen Gefahren vorzubeugen."

Man sieht: hier sowohl als in den Motiven herrscht die richtige Ansicht, daß die Anwendung der allgemeinen Regeln zum schweren Nachtheil der Presse ausschlagen würde und im Interesse der letzteren selber besondere Bestimmungen geboten sind.

In der ersten Berathung wurde dieser Theil der Vorlage gar nicht berührt, so daß die nach derselben erwählte Kommission zunächst auf ihre eigene Würdigung der Frage angewiesen war. Unter den Petitionen war es besonders die mehrfach citirte des Börsenvereins der deutschen Buchhändler, welche „jede Beschlagnahme ohne richterliche Anordnung" zu beseitigen bat, obgleich, wie ausgeführt wird, davon fast ausschließlich die periodische Presse berührt werde. In dieser Auseinandersetzung wird übrigens ersichtlich, was auch sonst wohl geschehen ist, die vorläufige Beschlagnahme mit der polizeilichen verwechselt, während der allgemeine Gegensatz der vorläufigen, sei es durch die Polizei oder das Untersuchungsgericht angeordneten Beschlagnahme die später im Strafurtheil zu erkennende Einziehung ist. Eventuell wünscht die Eingabe nach Art des badischen Preßgesetzes eine Entschädigung des durch unbegründete polizeiliche Beschlagnahme Benachtheiligten durch die betreffende Behörde oder aus Staatsmitteln.

Ueber die Vorgänge in der Kommission und den von derselben in ihrer großen Mehrheit angenommenen Standpunkt giebt der Bericht Auskunft, wozu noch ergänzend einzufügen ist, daß auch vereinzelt die Meinung laut wurde, die ganzen Bestimmungen über Beschlagnahme hier zu streichen, was jedoch sowohl vom Regierungskommissar als dem Referenten und andern Mitgliedern der Kommission als für die Presse völlig unannehmbar nachgewiesen wurde.

Die Gestalt, welche der entscheidende Paragraph in der ersten Lesung resp. durch die Subkommission erhielt und welche in der zweiten Lesung unverändert blieb, war wie folgt:

„§ 27. Eine Beschlagnahme von Druckschriften ohne richterliche Anordnung findet nur statt,

1. wenn eine Druckschrift den Vorschriften der §§ 6 und 7 nicht entspricht, oder den Vorschriften des § 17 zuwider verbreitet wird,
2. wenn durch eine Druckschrift einem auf Grund des § 18 dieses Gesetzes erlassenem Verbot zuwider gehandelt wird,

3. wenn mit der Verbreitung der Druckschrift der Thatbestand des im § 184 des deutschen Strafgesetzbuchs aufgeführten Vergehens begründet wird,
4. wenn in den Fällen des § 15 die Druckschrift den Thatbestand eines Verbrechens oder Vergehens begründet."

Die Motivirung der Kommission für ihren Vorschlag lautete im Bericht S. 13ff.:

„Die Gründe für und gegen die provisorische, nicht vom Richter ausgehende Beschlagnahme sind in den Motiven zur Regierungsvorlage mit ziemlicher Vollständigkeit aufgeführt worden. Wenn sich trotzdem die Vorlage im Wesentlichen auf den Boden der bisherigen Praxis stellt und nur insofern einige Erleichterung zu schaffen bedacht ist, als der Umfang der Beschlagnahme und die Zeit, in welcher sie gerechtfertigt oder aufgehoben werden muß, beschränkt wird, so liegt offenbar dieser Entscheidung eine Auffassung zu Grunde, welche wiederholt bei andern Materien dieses Gesetzentwurfes durch den Herrn Regierungskommissar zum Ausdruck gelangt ist. Man sieht Seitens der Regierungen die Sache so an, daß auch nach den Vorschlägen des Regierungsentwurfs eine wesentliche Erweiterung der Freiheitssphäre der Presse eintreten werde. Gegen den Mißbrauch dieser neuen Freiheit meinen die Regierungen sich sichern zu sollen und zu diesem Zweck namentlich auch die vorläufige Beschlagnahme nicht aus der Hand lassen zu dürfen. Die entgegengesetzte Auffassung sieht in der Befreiung von Kautionen, Zeitungsstempel, Inseratensteuer u. s. w., welche der vorliegende Gesetzentwurf für einen Theil von Deutschland bringt, keineswegs eine freiwillige Leistung, welche durch entsprechende Gegenleistungen Seitens der Presse und des Publikums bedingt werde, im Gegentheil wird die Aufhebung oder, wie von der Kommission vorgeschlagen wird, die wesentliche Beschränkung der polizeilichen Beschlagnahme als ein eben so gutes Recht der Presse angesehen, wie dies für die Länder, welche mit diesen Auflagen noch belastet sind, mit der Aufhebung der Zeitungssteuer, der Kautionen u. s. w. der Fall ist. Bekanntlich hat eine starke Strömung sich seit Jahren für die völlige Aufhebung der polizeilichen Beschlagnahme erklärt, und sogar auch die richterliche nur in Bezug auf unzüchtige Schriften und unzüchtige Abbildungen zulassen wollen. Auch in der Kommission ist ein betreffender Antrag gestellt worden, aber in der Minderheit geblieben. Die Kommission hat in ihrer großen Mehrheit an dem Grundsatze festgehalten, daß regelmäßig nur die richterliche Beschlagnahme zulässig sei, daß dagegen eine Befreiung der Presse auch von dieser eine außerordentliche Privilegirung eines einzelnen Berufes sein würde, wofür Ausschlag gebende Gründe nicht vorhanden sind. Eine vollständige absolute Beseitigung der vorläufigen durch die Polizeibehörde zu beschaffenden Beschlagnahme glaubte die Mehrheit der Kommission nicht empfehlen zu sollen, zumal sie der Ueberzeugung ist, daß alle bisherigen berechtigten Klagen der Presse und namentlich der periodischen Presse über die Ausübung des polizeilichen Beschlagnahmerechts durch die hier getroffenen Vorschriften beseitigt werden. Die vielen thatsächlich begründeten Klagen über systematische ungerechtfertigte Beschlagnahmen, die Beschwerde darüber, daß die Polizeibehörden aus ungenügender Rechtskenntniß zu sachlich gänzlich unbegründeten Beschlagnahmen kommen, daß sie als abhängige Verwaltungsorgane keine genügende Garantie für die Ausübung eines in seinen Folgen für das gesammte Publikum und die Preßgewerbe so schwer wiegenden Rechtes, wie es die Beschlagnahme ist, bieten — alle diese Punkte werden durch die hier ausnahmsweise zugelassenen Fälle polizeilicher Beschlagnahme nicht getroffen.

Zunächst geht der § 27 der Kommission davon aus, daß bei Verstößen gegen die Ordnungsvorschriften des Preßgesetzes eventuell auch die Beschlagnahme der betreffenden Druckschriften gestattet sein muß. Es wäre eine offene Verletzung der Gesetzesvorschriften, solche Schriftstücke verbreiten zu lassen, welche so zu sagen die ersten Grundbedingungen ihrer rechtlichen Existenz nicht erfüllen. Es liegt auf der Hand, daß hier, wo es auf den materiellen Inhalt der Druckschrift gar nicht ankommt, von einer politischen Verfolgung u. s. w. keine Rede sein kann. Ebenso daß die gesetzliche Voraussetzung der Beschlagnahme klar erkennbar ist, und ein Irrthum oder Mißverständniß nicht zu befürchten steht. Den betreffenden Fällen ist auch mit Recht gleichgestellt, wenn ausländische Druckschriften verbreitet werden wollen, deren Vertrieb nach § 17 wegen gegen sie gefällter Strafurtheile verboten ist. Die Voraussetzung einer solchen Beschlagnahme ist ebenfalls leicht erkennbar; Willkür und Mißgriff kann auch hier nicht Platz greifen.

In Ziffer 2 wird den gedachten Fällen der weitere gleichgestellt, wenn Druckschriften verbreitet werden, die durch ein Verbot nach § 18 [jetzt § 15] dieses Gesetzes getroffen werden. Es ist eine Sache hohen Staatsinteresses, daß in Kriegsläuften und bei Kriegsgefahr gewisse Mittheilungen verboten werden; deshalb muß auch rascher Hand die Verbreitung solcher staatsgefährdender Nachrichten unterbunden werden können. Auch hier kann man ohne Bedenken polizeiliche Beschlagnahme eintreten lassen.

Nach Ziffer 3 des § 27 wird die polizeiliche Beschlagnahme auch zugelassen, wenn es sich um ein Vergehen nach § 184 des Strafgesetzbuches handelt. Die Entscheidung, ob unzüchtige Schriften, Abbildungen oder Darstellungen in Frage stehen, ist keine solche, an welcher das Wohl und Wehe der wahren Preßfreiheit hängt. Andererseits kann es von der größten Wichtigkeit sein, daß solche verderbliche Veröffentlichungen so rasch als möglich dem Verkehr entzogen werden.

Endlich ist, wie schon früher erwähnt wurde, auch davon ausgegangen worden, daß bei Plakaten, deren Wirkung meist eine unmittelbare und momentane sein soll, der Polizeibehörde das Recht des ersten Zugriffes auch in Gestalt der Beschlagnahme belassen werde, wenn sie den Thatbestand eines Verbrechens oder Vergehens vor sich zu haben glaubt. Auch hier wird das Erkennen, ob eine strafbare Handlung vorliegt, vielfach leichter und einfacher sein, als bei größeren Schriftstücken, und die Gefahr, wogegen bei der polizeilichen Beschlagnahme zu schützen ist, liegt hier in weit geringerem Umfange vor.

Die nach den Kommissionsbeschlüssen eintretende Beschränkung der vorläufigen Beschlagnahme wurde von Seiten des Regierungskommissars lebhaft bekämpft, aber die große Mehrheit der Kommission hielt an dem System fest, daß die polizeiliche Beschlagnahme nur in ganz bestimmten Fällen als Ausnahme zugelassen werde."

Es mag noch bemerkt werden, daß der Regierungskommissar einen letzten Versuch machte, die allgemeine Zulässigkeit der nachträglichen Beschlagnahme durch einen neuen Vorschlag zu retten. Darnach sollte zu den vier Nummern des Kommissionsvorschlags noch eine fünfte treten: „Wenn sonst der Inhalt einer verbreiteten Druckschrift den Thatbestand eines Verbrechens oder Vergehens begründet und wenn Gefahr auf dem Verzuge ist."

„In den Fällen der Ziffer 5 jedoch nur auf Anordnung der Staatsanwaltschaft und soweit es zur Strafverfügung des Antrags eines Betheiligten bedarf, nur auf Antrag des Letzteren."

Auch dieser Antrag wurde gegen eine Stimme abgelehnt. Dagegen haben die übrigen, die Materie der Beschlagnahme behandelnden Paragraphen der Regierungsvorlage, welche für die Presse manche dankenswerthe Erleichterung und genauere Präzisirung des behördlichen Vorgehens enthalten, in der Kommission nur geringe, meist rein redaktionelle Abänderungen erfahren.

In der zweiten Berathung des Reichstagsplenums traten dem Kommissionsentwurf zwei Anträge entgegen. Der Abg. Wiggers und Genossen reproduzirten den in der Kommission fast einstimmig abgelehnten Vorschlag, nur die richterliche Beschlagnahme und auch diese nur in dem einzigen Fall von unzüchtigen Abbildungen (also nicht einmal in allen Fällen der Anwendbarkeit) des § 184 des Strafgesetzbuchs zuzulassen. Andererseits wollte ein Amendement des Abg. Kardorff und Genossen insofern die Zahl der Fälle vermehren, wo die nicht-richterliche Beschlagnahme statthaft sein sollte, daß die Ziffer 3 heiße:

„Wenn mit der Verbreitung der Druckschrift der Thatbestand der in § 130 oder der in § 184 des deutschen Strafgesetzbuchs aufgeführten Vergehen begründet wird,"

und eine Ziffer 3a hinzuträte:

„Wenn die Druckschrift die Aufforderung zu einem hochverrätherischen oder landesverrätherischen Unternehmen enthält."

An der lebhaften Debatte über diesen Gegenstand nahmen außer dem Regierungskommissar und dem Berichterstatter die Abgeordneten Herz, v. Puttkamer (Lyck), v. Treitschke, Sonnemann, Mallinckrodt, Lasker, v. Kardorff und v. Nigolewski Antheil. Abg. v. Treitschke betonte besonders, daß, wenn nicht die ordentliche Gesetzgebung einen gewissen Spielraum gebe, dadurch die Nothwendigkeit entstehe, häufiger die Ausnahmegesetze, z. B. über Belagerungszustand, anzuwenden. Der Berichterstatter bemerkte über die Gefahren der polizeilichen Beschlagnahme in Ergänzung seines Berichts u. A. Folgendes:

„Wir sind davon ausgegangen, daß prinzipiell und regelmäßig eine Beschlagnahme nur durch die richterliche Behörde stattzufinden habe, und wir waren der Meinung, die Fälle ganz genau präzisiren zu sollen, wo ausnahmsweise eine Beschlagnahme durch die Polizeibehörde für zulässig erklärt wird. Diese einzelnen Fälle haben wir uns ganz genau angesehen und glauben, daß ein jeder der vier hier aufgeführten Ausnahmefälle seine volle Rechtfertigung hat, weshalb in Bezug auf ihn nicht auch das allgemeine Prinzip zur Geltung kommen soll. Ich habe es mir versagt, in dem Bericht ausführlich die Klagen Ihnen vorzulegen, welche über die bisherige Praxis der polizeilichen Beschlagnahmen in den verschiedenen Theilen von Deutschland laut geworden sind. Gestatten Sie mir nur ein paar Worte, und zwar auf die Autorität eines Mannes hin, dessen Name im deutschen Reichstage gewiß von Vielen mit Anerkennung gehört wird, der wahrscheinlich, wenn er noch lebte, eine Zierde des deutschen Reichstages sein würde, auf die Autorität des Dr. Karl Brater um Ihnen von den früheren bayerischen Preßzuständen eine ganz kurze Skizze zu geben."

„Nach den Angaben dieses Gewährsmannes sind vom Jahre 1850 bis zum Schluß des Jahres 1856/1857 in Bayern in den Provinzen diesseits des Rheins gegen 2520 Beschlagnahmen von der Polizeibehörde verfügt, aber nur bei 1375 gerichtliche Untersuchungen eingeleitet worden. Von diesen haben 303 zur Verweisung an den Anklagesenat des betreffenden Appellationsgerichts geführt, in den übrigen 1072 Fällen aber mußte das Verfahren eingestellt werden. Die Appellationsgerichte haben ihrerseits von 303 nur 72 an die Schwurgerichte verwiesen, und diese haben von 86 Angeschuldigten nur 27 verurtheilt, also auf je 100 vorläufige Konfiskationen sind nicht einmal drei Verweisungen vor Gericht und nur eine Verurtheilung gekommen*)."

„Dies ist eine Illustration des Rechtszustandes, wie er in den meisten deutschen Ländern jetzt besteht und in seinen Folgen wenigstens möglich ist. Wenn nachgewiesener Maßen wirklich solche Resultate eintreten können, so, meine ich, haben wir alle Ursache, gegen die Wiederkehr solcher Zeiten und Zustände Alles zu thun, was in unseren Kräften steht."

Bemerkenswerth ist noch das Zugeständniß eines der Redner, des Abg. v. Puttkamer (Lyck), in der Aeußerung, die die Wiederherstellung des Regierungsentwurfs motiviren sollte:

„Ja, wenn man sich ein Preßgesetz denken wollte, welches nur die beiden Artikel umfaßte:

Artikel 1. Die Presse ist frei;

---

*) Die Gerechtigkeit verlangt, anzuerkennen, daß in Bayern seit einer langen Reihe von Jahren kein Grund zu Klagen in dieser Materie gegeben ist, und daß auch für Preußen nach einer Mittheilung des Regierungskommissars (St. Ber. S. 498 ff. vom 23. März 1874) „in den Jahren 1871, 1872, 1873 von 228 Berliner meist täglich erscheinenden kautionspflichtigen Blättern 32 Nummern mit polizeilichem Beschlag belegt wurden. Fünf, wovon vier sich auf Prämienanlehen bezogen, wurden binnen 24 Stunden vom Richter aufgehoben. Von den 27 übrigen Fällen erfolgten in 21 Verurtheilung, nur in 6 Freisprechung." Gegen dieses günstige Bild wurde eingewandt, daß vermuthlich in der Provinz nicht mit der gleichen Umsicht verfahren werde.

Artikel 2. Die Verfolgbarkeit der durch die Presse begangenen Verbrechen und Vergehen unterliegt den gewöhnlichen strafrechtlichen und prozessualischen Grundsätzen,

so, glaube ich, meine Herren, wäre es ein Preßgesetz, gegen welches vom Standpunkte des abstrakten Rechtsstaates sehr wenig einzuwenden sein würde."

„Nun weiß ich sehr wohl, daß die Nothwendigkeit betont wird, der Presse eine Ausnahmestellung in Bezug auf die Beschlagnahme einzuräumen, wesentlich aus den drei Gründen: einmal, daß die ideelle Natur der durch die Presse begangenen Vergehen jede Evidentmachung des Thatbestandes außerordentlich schwierig macht, namentlich wenn die Verfolgung derselben durch einen untergeordneten Beamten geschieht; zweitens, daß der Schaden, der durch die Beschlagnahme der einzelnen Preßerzeugnisse verursacht wird, häufig unersetzlich ist: und drittens, daß die Interessen derjenigen, welche mit dem Preßerzeugnisse verknüpft sind als Abonnenten und Inserenten, die bei dem Vergehen nicht betheiligt sind, geschädigt werden. Meine Herren ich gebe das Alles vollständig zu."

Er setzte allerdings hinzu:

„Meines Erachtens wird aber dieses Moment aufgewogen durch die sehr viel höhere Verantwortlichkeit, welche die Presse bei der Erzeugung ihrer Schöpfungen tragen muß. Die Vergehen, welche durch die Presse geschehen, erfolgen stets mit voller Ueberlegung — das ist das eine erschwerende Moment — und zweitens werden sie begangen durch Personen, welche vermöge ihrer Intelligenz und Bildung am meisten innere und äußere Aufforderung haben, sich des Begehens von Verbrechen zu enthalten,"

gegen dessen Richtigkeit, man konnte in Bezug auf das Letztere manchmal leider! sagen, sich Manches einwenden läßt.

Der Abg. v. Treitschke bemerkte u. A.:

„Ich glaube, gegen die überwältigende Beredsamkeit jener Zahlen der bayerischen Preßstatistik, welche der Herr Referent vorhin angeführt hat, wird ein liberaler Mann sehr wenig ausrichten können. Ich halte den Grundsatz, von welchem die Kommission ausging, für unbedingt richtig, den Grundsatz, daß die Presse privilegirt werden müsse der Kriminalpolizei gegenüber. Man muß das Wort kurz und ehrlich aussprechen, das ist eine Begünstigung, eine Privilegirung der Presse, wenn die Kriminalpolizei, welche überall sonst das Recht hat, die weitere Wirksamkeit begangener Verbrechen zu verhindern, dieses Recht nicht üben soll der Presse gegenüber. Diese Beschränkung aber der Kriminalpolizei ist nothwendig, wenn der große Grundsatz der Preßfreiheit nicht zu Grunde gehen soll. Ich werde niemals mich davon überzeugen können, daß mit dem nackt hingestellten Grundsatze der unbedingten Beschlagnahme das freie Wort noch möglich sei."

Der Abg. v. Mallinckrodt bekämpfte besonders den Kardorff-schen Vorschlag, den Fall des § 130 hineinzuziehen: „Ist ein Strafparagraph, auf Grund dessen die Polizeibehörde einschreiten soll, ganz konkret, objektiv scharf abgegrenzt, dann ist das Bedenken sehr viel geringer. Ist aber der Paragraph so beschaffen, daß er eine große Dehnbarkeit für die Interpretation hat, dann wächst in gleichem Maße die Gefahr, wenn man diese Interpretation der Polizei in die Hand giebt." Nachdem dies an dem § 130 nachgewiesen, schließt v. Mallinckrodt: „Ich glaube, es wird nicht an der Mehrheit dieses Hauses liegen, für die Beschlagnahme der Polizei eine unsichere und weite Grenze zu ziehen; sie wird im Allgemeinen, wie ich glaube mit Bestimmtheit voraussetzen zu können, dem nicht hold sein, und darum, meine Herren, ist das Natürliche, daß Sie den Kommissionsvorschlag annehmen."

Dem Antrag auf Ausschluß auch der richterlichen Beschlagnahme, außer bei obscönen Bildern, den der Abg. Herz lebhaft befürwortete, trat der Abg. Lasker mit großer Entschiedenheit entgegen:

„Dem Antrage des Herrn Abgeordneten Herz will ich in keiner Weise meine Zustimmung geben, und wenn ich Gefahr liefe, daß die Regierung unter Annahme des Antrages Herz dem Preßgesetz ihre Zustimmung geben möchte, würde ich denselben ablehnen, weil ich der Presse keine von der Rechtspflege geschützte Stellung verschaffen will, so daß sie eximirt sei vor dem Eingriff der gewöhnlichen Justiz. Wenn ich bedenke, daß wir, selbst wo es sich nur um die persönliche Freiheit handelt, keinen Anstand nehmen, dem Richter die Verhaftung eines Menschen zum Zweck der Voruntersuchung anzuvertrauen, so weiß ich nicht, warum wir eben dieselbe Freiheit in Bezug auf das gedruckte Wort entziehen sollen. So weit in der Verehrung der Presse bin ich noch nicht gekommen, daß ich die Freiheit eines in seinem Inhalt verbrecherischen Blattes Papier höher anschlage als die Freiheit eines Menschen, der in dem Verdachte steht, ein Verbrechen begangen zu haben. Wenn wir die polizeiliche Beschlagnahme unter analogen Verhältnissen ausschließen, so ist für mich der Grund hierfür nicht, daß ich die Presse besser behandeln wollte, als Personen, sondern weil wir erfahrungsmäßig wissen, daß bei der Beschlagnahme von Papieren viel häufiger politische Zwecke verfolgt und dadurch weit mehr Mißgriffe Seitens der Polizei gemacht worden sind, als bei der Verhaftung von Personen. Deswegen sind wir behutsamer bei der Zulassung der polizeilichen Beschlagnahme. Aber dem Richter den Zugang zu einem Blatt Papier zu versperren, welches die Merkmale eines Vergehens oder Verbrechens an sich trägt, dazu ist keinerlei Grund vorhanden."

„Man muß den Begriff der Freiheit nicht zu weit treiben wollen; man kann unmöglich vor der Preßfreiheit eine solche Achtung haben, daß man sie von dem Laufe der gewöhnlichen Justiz ausschließt, ohne auch nur einen gleichen Mißbrauch nachzuweisen, wie er mit der polizeilichen Beschlagnahme getrieben worden ist."

„Man kann die eine oder die andere Justizverfassung angreifen, die bestehende durch eine bessere zu ersetzen streben, aber wegen Mängel der Justizverfassung die Macht des Richters einschränken, wäre ein ganz vergebliches Bemühen. Wir sind heute noch nicht weiter gediehen, als daß wir unsere höchste Bürgschaft für die Rechtssicherung beim Richter suchen müssen, und so ist es auch nicht zu viel, wenn wir dem Richter die Ermächtigung nicht vorenthalten, auch einem gedruckten Blatt Papier gegenüber die Interessen der Justiz wahrzunehmen."

„Ich habe nicht das geringste Bedenken, dem Richter die Beschlagnahme in allen Fällen anheimzugeben, in denen er auf Grund der Gesetze und zu den Zwecken der Rechtspflege sie nothwendig findet, demselben Richter, der über Vermögen und Personen verfügt, und ich werde mich nicht überzeugen lassen, daß die Presse, um frei zu sein, eine über die Rechtspflege erhabene Stellung haben müsse. Unter richterliche Garantie will ich die Beschlagnahme gestellt wissen, weil wir wahrgenommen haben, wie vielfach die Polizei den allerärgsten Mißbrauch getrieben hat mit der Beschlagnahme, und zwar ist dieser Mißbrauch nicht selten ein böswilliger gewesen."

„Die Böswilligkeit des Amtes hat Jahre lang in Preußen stattgefunden, und ich fürchte, auch in anderen Ländern. Suchen Sie nicht die Angelegenheit so abzuschwächen, als ob nur ab und zu irgend ein unverständiger Polizeibeamter sich einen Mißbrauch oder eine Ueberschreitung hätte zu Schulden kommen lassen.

„Es ist unzulässig, untergeordneten Polizeibeamten die Aufsicht über die Presse zu übertragen. In dem System liegt die Gefahr, daß die untergeordneten Beamten weit mehr Beschlagnahmen vornehmen, als gerechtfertigt ist, dieser Mißbrauch ist kaum zu verhüten. Hier in Berlin ist die Einrichtung so getroffen, daß eine Anzahl von Lektoren die Nacht über sitzen und die Zeitungen eifrigst studiren, ob der Thatbestand eines Verbrechens oder Vergehens darin enthalten sei, und wenn sie einen solchen Thatbestand gefunden zu haben glauben, wecken sie den Polizeipräsidenten aus dem Schlafe, der die Beschlagnahme verfügt oder nicht. Nun denke man sich den untergeordneten Polizeibeamten, der fürchten muß, seine Stelle zu verlieren, halb schlaftrunken die Zeitungen lesend, und dann den aus dem Schlafe geweckten Polizeipräsidenten, der die Entscheidung darüber zu treffen hat, ob Gefahr im Verzuge sei oder nicht; das ist eine lächerliche Institution, von der können Sie nicht verlangen, daß wir sie befestigen. Sind wir selbst so ängstlich, daß wir es für eine Gefahr erklären, bis zum nächsten Tage zu warten, ob ein Blatt mit Beschlag belegt werde, zwingen wir gewissermaßen die Polizei, so schnell als möglich einzuschreiten, gerade als ob ein schlecht gedrucktes Blatt Papier von derselben Bedeutung wäre, wie ein ausgebrochener Brand, so wird der Polizeibeamte ängstlich und eifrig in der Verfolgung. Nun habe ich zwar großen Respekt vor der Presse, aber so weit geht er doch nicht, daß ich ein gedrucktes Blatt für so schlimm hielte, wie einen Brand, der in den Straßen wüthet, soweit habe ich die Folgen der Presse noch nicht zu würdigen gelernt."

„Der Herr Abgeordnete v. Kardorff verlangt, es möchten noch einige Paragraphen von der allgemeinen Regel der nur richterlichen Beschlagnahme ausgenommen werden. Bei dem Hoch- und Landesverrath ist vielleicht eine passende Grenze zu finden, das Merkmal für einen verständigen Beamten deutlicher; aber Aufregung der Klassen gegen einander: wenn Sie der Polizeibehörde auf den Verdacht dieses Vergehens die Beschlagnahme gestatten, denn gestatten Sie nur immerhin die allgemeine Beschlagnahme, — dann würde es kein einziges Blatt geben, welches geschützt wäre gegen den Vorwurf einer gegnerischen Partei und von dieser so ausgelegt werden könnte, daß es gegen gewisse Klassen bis zur Gewaltthätigkeit aufrege."

„Wie hoch zu veranschlagen ist denn der ganze Unterschied zwischen der polizeilichen und der richterlichen Beschlagnahme? Mögen die Regierungen dies zwischen der zweiten und der dritten Lesung erwägen."

„Der Unterschied läuft zuletzt hinaus auf eine passende Einrichtung der Bureaux. Anstatt für die Vorbereitung der polizeilichen Beschlagnahme sechs oder acht unglückliche Lektoren zu bestellen, welche während der Nachtzeit die Zeitungen lesen und im Verdachtsfalle den Polizeipräsidenten aufwecken, braucht die Verwaltung blos ein Zimmer in der Nähe des Untersuchungsrichters einzurichten, in dieses setzt sie einen Beamten, der die Beschlagnahme beim Richter nachsuchen soll und im Verdachtsfall sich an den Richter wendet, und dieser ordnet die Beschlagnahme an oder lehnt sie ab. Ist man besonders ängstlich, so braucht man den Richter nicht mehr zu schonen, als jetzt den Polizeipräsidenten. Nach meiner Würdigung pflegen die Dinge in keiner solchen Gefahr zu schweben, daß man in der Nacht den Beamten aus dem Schlafe wecken müßte; die gewöhnlichen Bureaustunden scheinen mir zu genügen. Aber wenn man in den größten Städten je einen Richter mehr anstellt, läßt sich die Verfügung einer richterlichen Beschlagnahme jeder Zeit sofort extrahiren; natürlich nur dann, wenn dieser mit dem Gesetz umzugehen gewohnte Beamte den Thatbestand des Vergehens in dem Preßerzeugniß findet. Dann brauchen wir keineswegs die Zuflucht dazu zu nehmen, daß wir solche Personen, denen wir ihrer Vorbildung und Uebung nach keine genügende Gesetzeskenntniß, auch nicht hinreichende Umsicht und Selbständigkeit zutrauen, mit der Aufsicht über die Presse beauftragen, sondern sie soll allein der Entscheidung des Richters unterworfen sein, d. h. desjenigen Beamten, von dem wir gewohnt sind, daß er mit Umsicht und Unparteilichkeit über Leben und Vermögen Recht zu sprechen versteht."

„Ich empfehle Ihnen deshalb die Annahme der Kommissionsanträge, die, wie ich glaube, der öffentlichen Justiz voll Genüge leisten, der Verwaltung aber nur die Willkür abschneiden, keineswegs die rechtmäßigen Schritte."

Von dem Regierungskommissar und dem Abg. v. Puttkamer (Lyck) war angedeutet worden, daß die Annahme der Kommissionsvorlage in dieser Materie das Gesetz zum Scheitern bringen werde. Der Berichterstatter erwiderte darauf, anknüpfend an eine frühere Aeußerung des Präsidenten des Bundeskanzleramts, daß der Bundesrath erst am Schluß der zweiten Lesung in eine entscheidende Berathung darüber, welche Stellung er zu dem veränderten Gesetz einnehmen werde, treten wolle, „der Reichstag möge in dem Stadium ruhig fortarbeiten, unbekümmert darum, ob die eine oder andere Bestimmung wohlgefällig oder in welchem Grade sie mißfällig sein werde."

Dem entsprechend wurde der ganze Abschnitt von der Beschlagnahme unverändert nach den Kommissionsvorschlägen angenommen. Als sich dann in der That ergab, daß die von der Kommission und dem Reichstag beschlossene Beschränkung der polizeilichen Beschlagnahme, wenn der Reichstag absolut auf ihrem Umfang bestehen bliebe, das Gesetz zu Fall bringen würde, wurden die Vermittelungsversuche unternommen, über welche der Abg. Dr. Marquardsen, wie in der Einleitung mitgetheilt ist, später bei der dritten Berathung Rechenschaft gab. Weder die Kommissarien, noch die große Mehrheit des Hauses waren der vom Abg. Sonnemann ausgesprochenen Ansicht, „daß die deutsche, Journalistik ohne Unterschied der Parteien auf die pekuniären Vortheile die die Beseitigung der Kaution und des Stempels ihr gewährt, verzichten würde, wenn in dem Preßgesetz die polizeiliche Beschlagnahme beibehalten würde.“ In den Zugeständnissen, welche die Kommissarien von der Regierung nach langen, schwierigen Verhandlungen erlangten, war das äußerst Erreichbare enthalten, und diese Ueberzeugung, die namentlich auch der Abg. Lasker ausspricht („daß die äußerste Grenze untersucht worden ist, steht diesmal mehr fest als je, da die vertraulichen Verhandlungen diesmal nicht einseitig von Vertretern einer einzelnen Partei geführt worden sind, sondern die Vertreter sämmtlicher Parteien sind dabei betheiligt gewesen“), verbunden mit der Wahrheit, daß auch nach der von den Abgeordneten Marquardsen und Genossen vorgeschlagenen Formulirung die Beschlagnahme nur auf wenige ganz bestimmte und noch weiter gegen Mißbrauch verklausulirte Fälle sich beschränken würde, während sie bisher jeder Schranke in Bezug auf die angeblichen Vergehen entbehrte, sicherte dem Kompromiß auch hier die fast einstimmige Annahme durch den Reichstag.

Der Abg. Windthorst (Meppen) hatte bemerkt:

> „Wenn ich nun zwar ganz der Ansicht bin, daß die polizeiliche Beschlagnahme zu beseitigen sei, so ist es hier wieder ganz dasselbe, was ich in Bezug auf die Zeugenfrage gesagt habe. Es ist in diesem Augenblicke die gänzliche Beseitigung der [polizeilichen] Beschlagnahme nicht zu erreichen. Nun stelle ich mir die Frage, ob, wenn ich diesen Punkt nicht erreichen kann und deshalb ihn für den Augenblick fallen lasse, damit aber das Gesetz bekomme, ich dann etwas Gutes geschaffen habe, und daher bin ich der Meinung, daß allerdings ein großer Fortschritt gemacht wird. Diesen Fortschritt mache ich heute, um über einige Zeit den andern nachzuholen“. (St. B. S. 1094.)

Auf das Einzelne wird bei den betreffenden Paragraphen zurückzukommen sein.

§ 23.

Eine Beschlagnahme von Druckschriften ohne richterliche Anordnung findet nur statt:

1. wenn eine Druckschrift den Vorschriften der §§ 6

und 7 nicht entspricht, oder den Vorschriften des § 14 zuwider verbreitet wird,

2. wenn durch eine Druckschrift einem auf Grund des § 15 dieses Gesetzes erlassenem Verbot zuwider gehandelt wird,

3. wenn der Inhalt einer Druckschrift den Thatbestand einer der in den §§ 85, 95, 111, 130 oder 184 des deutschen Strafgesetzbuches mit Strafe bedrohten Handlungen begründet, in den Fällen der §§ 111 und 130 jedoch nur dann, wenn dringende Gefahr besteht, daß bei Verzögerung der Beschlagnahme die Aufforderung oder Anreizung ein Verbrechen oder Vergehen unmittelbar zur Folge haben werde.

1. Die vorläufige richterliche Beschlagnahme ist durch das Preßgesetz den allgemeinen, über die Beschlagnahme von Mitteln oder Gegenständen einer sträflichen Thätigkeit geltenden Gesetzesvorschriften überlassen; nur die Bestimmungen der §§ 27 und 28 dieses Gesetzes sollen nach der Intention der Kommission, mit welcher die Regierungen und der Reichstag sich stillschweigend einverstanden erklärten, auf die richterliche Beschlagnahme ebenfalls Anwendung finden. Vgl. die Erklärung des Berichterstatters (St. B. S. 502). Desgleichen hat das Preßgesetz bezüglich der Fristen, binnen welcher die Behörden bei einer polizeilichen Beschlagnahme thätig werden müssen, insofern auch für die Gerichte bindende Normen aufgestellt. Im Uebrigen ist die unmittelbare richterliche Beschlagnahme, bis zur Einführung einer Reichsstrafprozeßordnung, nach den strafprozessualischen Bestimmungen der deutschen Einzelstaaten zu bethätigen. Jedenfalls war es richtig, die praktisch wichtigere und namentlich für die periodische Presse nach den Lehren der Erfahrung dem Mißbrauch leichter unterliegende polizeiliche Beschlagnahme schon bei dieser Gelegenheit reichsrechtlich zu regeln und nicht erst zu warten, bis auch über das richterliche Beschlagnahmerecht in der allgemeinen Strafprozeßordnung eine Uebereinstimmung erzielt ist.

2. Ohne richterliche Anordnung soll die Beschlagnahme durch Staatsanwalt oder Polizeibehörden nur ausnahmsweise gestattet sein. Aus dieser Ausdrucksweise des Gesetzes, sowie dem Grundcharakter der Verhandlungen des Reichstags ergiebt sich, daß diese Aus-

nahmen streng interpretirt werden müssen und von irgend einer analogen Anwendung der Gesetzesbestimmung keine Rede sein kann.

3. Jedes Einschreiten gegen eine Druckschrift, auch das richterliche, hat ihre Verbreitung oder Veröffentlichung zur Voraussetzung. Es ist dies ein Kardinalsatz, der eine zu Gunsten der Presse gemachte wichtige Ausnahme von den allgemeinen Regeln des Verfahrens enthält, womit der Staat drohenden oder begangenen Rechtsverletzungen entgegentritt, vgl. oben. Auch die Beschlagnahme kann, da sie keine Präventivmaßregel nach der Intention des Gesetzgebers ist, erst dann eintreten, wenn durch die Druckschrift angenommener Maßen eine strafbare Handlung begangen worden ist. Dies ist aber erst möglich mit der Verbreitung. Wenn jedoch die Druckschrift in anderen Exemplaren verbreitet worden ist und dadurch zur eventuellen Bestrafung und der diese im Vorweg sichernden Beschlagnahme Anlaß gegeben hat, erstreckt sich die Beschlagnahme auch auf diejenigen Exemplare, welche sich, wie § 27 sagt, „irgendwo zum Zwecke der Verbreitung befinden." Eigentlich sollte man sagen: „weiterer Verbreitung," und darunter fallen dann alle bei dem Drucker, Verleger vorhandenen, für die Verbreitung noch bestimmten Vorräthe, vgl. unten. Aber immer ist die Voraussetzung, daß schon andere Exemplare verbreitet worden waren. Wenn die ganze Auflage ausnahmlos sich noch in den Magazinen des Verlegers befindet, ist eine Beschlagnahme rechtlich unmöglich.

4. Als erster Fall zulässiger polizeilicher oder überhaupt nichtrichterlicher Beschlagnahme wird die Außerachtlassung der Vorschriften der §§ 6 oder 7 des Preßgesetzes aufgestellt. Dies sind formale Vergehen, bei denen es auf sträfliche Intention nicht weiter ankommt. Die Polizei kann (denn auch für sie ist die Beschlagnahme in keinem Fall geboten) dergleichen Publikationen mit Beschlag belegen, über deren Bestätigung und Fortbestand dann auch das Gericht zu entscheiden hat; nach mehreren Partikulargesetzen wurde diese ganze Art der Beschlagnahme als rein polizeilich behandelt. Immerhin kann die Frage, ob den betreffenden Preßordnungs-Vorschriften durch die eine oder andere Form des Ausdrucks genügt ist, kontrovers werden und einen Richterspruch wünschenswerth machen. Aber man hat kein Bedenken getragen, der Polizei dabei den Zugriff zu lassen, weil diese Zweifelhaftigkeit doch sehr selten und die leichte Erkennbarkeit der Uebertretung die Regel sein wird, und weil die eigenthümlichen Gefahren des allgemeinen polizeilichen Beschlagnahmerechts hier nicht vorhanden sind. Eine richterliche Beschlagnahme ist in diesem wie in allen Fällen der polizeilichen Beschlagnahme selbstverständlich zulässig, da die in diesem Paragraph auf-

gezählten Fälle nur die Ausnahmen darstellen, in denen die polizeiliche Beschlagnahme auch gestattet sein soll. Dagegen hat der § 41 des Strafgesetzbuches, welcher von der Einziehung handelt, hier keine Anwendung zu finden; seine Voraussetzung ist, daß durch den Inhalt einer Druckschrift ein Verbrechen oder Vergehen verübt wurde. Die Wiederausgabe oder Verbreitung einer solchen Druckschrift, z. B. ohne Namen des Druckers, welche nach der Bestrafung in seinen Besitz zurückgekommen ist, würde aber ein neues Vergehen ausmachen. Druckschriften ohne genannten Drucker und resp. Verleger sollen gar nicht zirkuliren dürfen, weil der Staat für die möglichen Zwecke der Rechtspflege die Nennung des Druckers u. s. w., bei periodischen Druckschriften eines verantwortlichen Redakteurs verlangt. Andernfalls würde der durch die Vorschrift der Nennung auf der Druckschrift zu erreichende Zweck illusorisch gemacht. Natürlich wird durch einen dieser Mängel die ganze Druckschrift der Beschlagnahme ausgesetzt, und es kann nicht etwa bloß der Abschnitt beschlagnahmt werden, auf welchem die vom Gesetz geforderte Bezeichnung fehlt, z. B. das Hauptblatt einer Zeitung. Es wird Sache der polizeilichen, resp. richterlichen Würdigung sein, zu ermessen, ob im einzelnen Falle die Beschlagnahme als z. B. bei periodischen Preßerzeugnissen sehr hart wirkende Maßregel wirklich nothwendig ist. Wenn ein bloßes Versehen vorliegt, wird die Konstatirung der Uebertretung durch Ansichnahme einiger Exemplare und später die richterliche Bestrafung nach § 19 regelmäßig genügen. Auch hier ist daran festzuhalten, daß nach der Absicht der Gesetzgebungsfaktoren überall die Beschränkungen der Presse, welche auch in einem solchen Falle weite Kreise völlig Unschuldiger, z. B. Abonnenten und Inserenten, berühren, auf das für den Staatszweck durchaus nothwendige Maß zurückgeführt werden sollen. Für wirklich vorsätzliche Verletzungen ist theilweise schon durch die höhere Strafe des § 18 vorgesorgt, und die Beschlagnahme der ganzen Auflage ist keineswegs ausgeschlossen.

5. Der Ausdruck: „Wenn eine Druckschrift — nicht entspricht," muß nach dem allgemeinen, das ganze Gebiet beherrschenden Grundsatz dahin verstanden werden, daß Exemplare der Druckschrift verbreitet sein müssen, ehe dieselbe unter diesem Gesichtspunkt beschlagnahmt werden kann.

6. „Wenn eine Druckschrift — den Vorschriften des § 14 zuwider verbreitet wird." Wie die Zulassung eines solchen Verbots darauf basirt, der inländischen Strafrechtspflege ihre Wirksamkeit in der einen oder andern Weise zu sichern, ist die Beschlagnahme solcher periodischen Druckschriften des Auslandes, wenn sie trotzdem ins

Land kommen, dazu bestimmt, das Verbot zur praktischen Geltung zu bringen. Auch hier muß, wie im oben besprochenen Fall, von einer Einziehung der Druckschrift Umgang genommen werden, da der § 41 des Strafgesetzes nur Platz greift, „wenn der Inhalt einer Schrift, Abbildung oder Darstellung strafbar ist." Die Polizeibehörde, um deren Zulässigkeit und Befugniß es sich ebenfalls handelt, hat freilich mit dieser weiteren Folge nichts zu thun. Nach aufgehobener Beschlagnahme wird auch hier jeder neue Verbreitungsakt als neues Vergehen erscheinen und auch der Verbreiter (in dem früher erörterten Sinne) strafbar sein, während die Strafe im Fall der §§ 6 und 7 nur die unmittelbar an der Herausgabe betheiligten Personen trifft.

7. Auch die Nummer 2 des Paragraphen setzt die Verbreitung einer solchen Druckschrift voraus. Hier ist der Inhalt selber strafbar, und es wird deshalb auch eventuell vom Richter auf Einziehung zu erkennen sein. Diese Nebenfolge der Strafe ist bekanntlich nicht in das Ermessen der Richter gestellt, sondern nach dem Wortlaut des Strafgesetzbuchs obligatorisch. Ob die Mittheilung Original oder aus anderen Quellen entnommen ist, macht keinen Unterschied; dagegen wird selbstverständlich der Wiederabdruck offizieller, durch die Regierung selber veranlaßter Mittheilungen, z. B. Bulletins, hiermit nicht getroffen.

8. Während die eben erörterten Fälle weder in der Kommission, noch dem Reichstag zu Ausstellungen Anlaß gaben (vgl. darüber die Auseinandersetzung in dem Kommissionsbericht), sind die zu dem § 184 des Strafgesetzbuchs hinzugekommenen vier Fälle weiterer Anschuldigungen, wobei die nicht-richterliche Beschlagnahme ausnahmsweise zugegeben wurde, wie schon dargestellt, Gegenstand langwieriger Verhandlungen gewesen, und manchmal auch grundloser Angriffe. Es mag genügen, darauf hinzuweisen, daß Dr. Jacques, der hochgefeierte Anwalt des Journalistentags, sowohl in seiner Darlegung vor dem Juristentag, als in seiner neuesten Schrift: „Abhandlungen u. s. w." S. 57 aus dem deutschen Reichsstrafgesetzbuch als Fälle, „in welchen die Beschlagnahme von Druckschriften als eine völlig berechtigte erscheinen muß, aufführt: 1. die öffentliche Aufforderung zu einem hochverrätherischen Unternehmen, §§ 85 und 102; 2. die öffentliche Aufforderung zum Ungehorsam gegen Gesetz oder rechtsgiltige Verordnungen oder gegen die von der Obrigkeit innerhalb ihrer Zuständigkeit getroffenen Anordnungen, § 110; 3. die öffentliche Aufforderung zur Begehung einer strafbaren Handlung, §§ 111, 112, 141; 4. die in einer den öffentlichen Frieden gefährdenden Weise öffentlich erfolgte Anreizung verschiedener Klassen der Bevölkerung zu Gewalt-

thätigkeiten gegen einander, § 130." Da Dr. Jacques diese Beschlagnahme auf den allgemein strafprozessualischen Boden basirt und hier neben der richterlichen auch die polizeiliche Beschlagnahme gestattet ist, fände die letztere auch nach Jacques in den aufgezählten Fällen Anwendung. Daß der Verfasser verwunderlicher Weise im Fall des § 184, den Niemand sonst beanstandet hat, die eine wie die andere Art der Beschlagnahme ausschließen will, geschieht einer falschen Theorie zu lieb, welche sich hart an der Wirklichkeit der Dinge stößt. Die mitgetheilten Auszüge aus den Verhandlungen der Kommission von 1873 beweisen, daß man auch damals schon einer genaueren Spezifikation der Ausnahmefälle das Wort redete.

9. Zunächst kommt hier in Betracht **§ 85** des Strafgesetzbuchs:

„Wer öffentlich vor einer Menschenmenge oder wer durch Verbreitung oder öffentlichen Anschlag oder öffentliche Ausstellung von Schriften oder andern Darstellungen zur Ausführung einer nach § 82 (Unternehmen des Hochverraths) strafbaren Handlung auffordert, wird mit Zuchthaus bis zu zehn Jahren oder Festungshaft von gleicher Dauer bestraft."

„Sind mildernde Umstände vorhanden, so tritt Festungshaft von einem bis zu fünf Jahren ein."

Der Abg. Lasker hatte schon bei der zweiten Berathung auf diese Erweiterung der Ausnahmefälle hingewiesen (vgl. oben S. 222). Und in der That, wenn wirklich eine Druckschrift einen solchen hochverrätherischen Inhalt hat, durch welchen Hunderte zu schwerer Strafbarkeit verführt werden können, kommt der Eingriff der Staatsgewalt, sofern er nicht die Verbreitung an sich als Voraussetzung der Strafbarkeit hindern soll, kaum je zu früh. Hier kann es von Wichtigkeit sein, daß gleich die nächste Behörde, Staatsanwalt oder Polizei zugreifen und der Brandschrift Halt gebieten. Die Möglichkeit, daß eine sachlich ungerechtfertigte Beschlagnahme durch diese Behörden stattfinden kann, ist hier wegen der Verbrechensqualität geringer, als in den meisten anderen Fällen, wo das Wort Träger des Verbrechens ist, und sie wiegt nicht so schwer, als die Nachtheile, welche dann unvermeidlich sind, wenn auch hier nur der oft langsamer eingreifende Richter zur Beschlagnahme berechtigt sein soll. Dehnbar in dem oben erörterten Sinne ist der Thatbestand nicht, und man müßte schon Böswilligkeit bei den Behörden voraussetzen, um hier schwere Mißgriffe für möglich zu halten.

10. Der hier aufgenommene § 95 fehlt in dem Jacques'schen Verzeichniß, und in der That ist dabei ein anderer Grundgedanke maßgebend gewesen, die Rücksicht auf die besondere Würde des Reichs- und

Staatsoberhauptes: „Wer das Bundesoberhaupt, seinen Landesherrn oder während seines Aufenthalts in einem Bundesstaate dessen Landesherrn beleidigt, wird mit Gefängniß nicht unter zwei Monaten oder mit Festungshaft bis zu fünf Jahren bestraft. Neben der Gefängnißstrafe kann auf Verlust der bekleideten öffentlichen Aemter, sowie der aus öffentlichen Wahlen hervorgegangenen Rechte erkannt werden.“ Hier liegt nicht wie in der Mehrzahl der Ausnahmefälle eine Aufforderung oder Aufreizung zu weiterem strafbarem Handeln vor; aber auch hier läßt sich sagen, daß wenn wirklich eine Beleidigung des Kaisers oder Landesherrn in einer Druckschrift enthalten ist, der Preßfreiheit dadurch kein Abbruch geschieht, daß die Herabwürdigung alsbald dem öffentlichen Auge entzogen und die spätere Vernichtung derselben gesichert wird. Zugegeben muß werden, daß häufig schwer zu entscheiden sein wird, ob eine Aeußeung das letzte Maß erfüllt und wirklich strafbar ist, aber dies doch nur in dem Sinne, daß es zweifelhaft sein kann, ob nur eine grobe Taktlosigkeit und rüppelhafter Verstoß gegen die gute Sitte oder die strafbare Majestätsbeleidigung anzunehmen ist. Mit Rücksicht darauf, daß im constitutionellen Staat — und je freier er ist, desto mehr — die Person des Herrschers aus der politischen Debatte ferngehalten werden muß, ist auch in diesem Fall die Möglichkeit eines wirklichen Mißbrauchs sehr entfernt. Und immer ist zu bedenken, daß auch an der Einigung in dieser Materie das Zustandekommen des Gesetzes hing.

11. Wenn es sich nach **§ 184** des Strafgesetzbuchs darum handelt, daß Jemand „unzüchtige Schriften, Abbildungen oder Darstellungen verkauft, vertheilt oder sonst verbreitet oder an Orten, welche dem Publikum zugänglich sind, ausstellt oder anschlägt“ (worauf Geldstrafe bis zu einhundert Thalern oder Gefängniß bis zu sechs Monaten steht), so ist auch hier zu sagen, daß die Erkennbarkeit der Obskönität ebensowenig Schwierigkeiten macht, als gewiß die Beseitigung solchen Schmutzes vor dem Publikum so rasch als möglich geschehen muß. Selbst da, wo eine Unsittlichkeit dieser Art nur hart an das Strafgesetz streifen sollte, ist ein Mißgriff der Polizeibehörden nicht mit dem Mißstand in Vergleich zu setzen, wenn handgreifliche und oft auf viele, namentlich auch jugendliche Personen unmittelbar wirkende Unfläthereien, z. B. Ausstellungen von Bildern, erst durch richterliches Eingreifen beseitigt werden können. Hat doch selbst in diesem Fall das englische Recht außerordentliche und rasche Repression gestattet. Und ebensowenig wie in dem prüden England wird man in Deutschland befürchten müssen, Kunst und Schönheit mit Schamlosigkeit und Schmutz verwechselt zu sehen.

12. Am meisten Widerstand haben die Kommissarien des Reichstags in den vertraulichen Verhandlungen mit den Bundesrathsvertretern wegen Hineinnahme der **§§ 111** und **130** des Strafgesetzbuchs geleistet, trotzdem dieselbe auch schon in der vorjährigen Kommission (vgl. oben S. 207) Vertretung gefunden hatte. Was z. B. bezüglich des § 130 („Wer in einer den öffentlichen Frieden gefährdenden Weise verschiedene Klassen der Bevölkerung zu Gewaltthätigkeiten gegen einander öffentlich anreizt, wird mit Geldstrafe bis zu zweihundert Thalern oder mit Gefängniß bis zu zwei Jahren bestraft") der verstorbene Abg. v. Mallinckrodt bemerkte, hat sicherlich Grund, und man erinnert sich der Schwierigkeiten, welche schon bei der Berathung des norddeutschen Strafgesetzbuchs dieser Paragraph im Reichstage verursachte. Nach der Jacques'schen Theorie macht er wenig Sorge, denn eine „Anreizung zu künftigen Vergehen" liegt hier vor. Aber selbst wenn man diesen Grund zum raschen Eingreifen gelten läßt, bleibt doch als Warnung die sehr dehnbare Natur des Thatbestandes bestehen; gerade Dasjenige, was nach richtiger strafpolitischer Würdigung es dringend wünschenswerth macht, die Entscheidung, auch die vorläufige, in die Hand des Richters zu legen. Ganz richtig hat der Abg. Lasker hervorgehoben, wie leicht in der Hitze des journalistischen Parteikampfes bei den gespannten sozialen und politischen Verhältnissen unserer Tage hier Mißgriffe gemacht werden können, die namentlich bei der täglichen Presse von dem ganzen Verkehrsleben schwer empfunden werden. Und alles dies, weil ein Polizeibeamter zwischen einem lebhaften Ausdruck, einer Polemik, wie sie die Parteien nach dem „Hanc veniam damus petimusque vicissim" unter sich recht oder schlecht eingebürgert haben, und wirklicher, den Thatbestand des § 130 erfüllender gefährlicher Anreizung zu Gewaltthätigkeiten nicht zu unterscheiden verstand. Erst in der zwölften Stunde ist diejenige Begrenzung von den Kommissarien gefunden und von den Regierungen angenommen worden, welche in diesem, wie im Falle des § 111, überhaupt die nichtrichterliche Beschlagnahme zulässig machen soll. Der § 111 hat den Inhalt:

„Wer auf die vorbezeichnete Weise [öffentlich vor einer Menschenmenge durch Verbreitung oder öffentlichen Anschlag oder öffentliche Ausstellung von Schriften oder andern Darstellungen] zur Begehung einer strafbaren Handlung auffordert, ist gleich dem Anstifter zu bestrafen, wenn die Aufforderung die strafbare Handlung oder einen strafbaren Versuch derselben zur Folge gehabt hat."

„Ist die Aufforderung ohne Erfolg geblieben, so tritt Geldstrafe bis zu zweihundert Thalern oder Gefängnißstrafe bis zu einem Jahre ein. Die Strafe darf jedoch der Art und dem Maße nach keine schwerere sein, als die auf die Handlung selber angedrohte."

Das Moment der Aufforderung, welches ein vorbeugendes Einschreiten nach den allgemeinen Aufgaben des Staats und seiner Behörden rechtfertigt, liegt auch in diesem Fall vor, und es läßt sich auch nicht behaupten, daß die Dehnbarkeit dieses Paragraphen so groß ist, wie die des § 130. Nichtsdestoweniger haben es die Kommissarien für ihre Pflicht gehalten, die erschwerende Bestimmung über Zulässigkeit der polizeilichen Beschlagnahme auch bei diesem Reat festzuhalten, und der Reichstag ist ihnen darin beigetreten.

13. Diese weitere Vorbedingung, von deren Vorhandensein in den Fällen der §§ 110 und 130 die Gestattung polizeilicher Beschlagnahme abhängig gemacht ist, lautet:

> „Wenn dringende Gefahr besteht, daß bei Verzögerung der Beschlagnahme die Aufforderung oder Anreizung ein Verbrechen oder Vergehen unmittelbar zur Folge haben werde."

Man glaubte in der That, soweit dem Mißbrauch oder der Kopflosigkeit durch dergleichen Kautelen vorzubeugen ist, sich mit dieser Fassung begnügen zu können. Auf einige allgemeine, weder thatsächlich noch juristisch zutreffende Angriffe bezüglich der Kompromißvorschläge zu diesem Paragraphen erwiderte der Abg. Lasker speziell über diesen Punkt:

> „Der Abänderungsvorschlag Marquardsen will nicht die Polizei unter dem bloßen Vorwand, sie finde ein Verbrechen in der Druckschrift, zur Beschlagnahme ermächtigen, sondern es muß hinzukommen, daß die dringende Gefahr vorhanden ist, daß, wenn die Beschlagnahme unterlassen, im Lauf desselben oder des nächsten Tages das Verbrechen oder Vergehen wirklich zur Ausführung kommen würde. Nun behaupten viele von uns, diese Garantie sei keine ausreichende, weil die Polizei eine solche Gefahr annehmen könne, ohne den Beweis dafür zu bringen. Meine Herren! Böswilligkeit muß immer oder in den allermeisten Fällen vorausgesetzt werden, wenn in Zeiten tiefen Friedens ein Blatt mit Beschlag belegt wird und die Polizei erklärt: wenn wir die Beschlagnahme nicht beibehalten, so würde innerhalb des nächsten oder der zwei nächsten Tage ein Aufstand ausgebrochen oder das Verbrechen konsummirt worden sein; ohne Böswilligkeit ist ein derartiger Vorwand in friedlichen Verhältnissen nicht denkbar" (St. B. S. 1092).

Sollten wirklich dergleichen Mißbräuche vereinzelt trotz aller Kautelen vorkommen, so kann nach solchen Aeußerungen darüber kein Zweifel sein, daß, wenn sie durch die Presse, die das ihr überwiesene Freiheitsgebiet zu bewachen hat, erwahrheitet werden und die Oberbehörden nicht Genugthuung geben, der Reichstag seines Amtes walten und die Ausführung der von ihm beschlossenen Gesetze in ihrem wahren Geiste zu erzwingen wissen werde. (Vgl. auch die Bemerkungen des Berichterstatters über diesen Punkt in der Rede vom 24. April, Einleitung S. 29.)

14. Unter diesem Gesichtspunkte kann mit Recht behauptet werden, daß der Reichstag in seinen Zugeständnissen gerechtfertigt war und die jetzt für das ganze Reich geltenden wenigen Fälle, wo die nichtrichterliche Beschlagnahme noch zulässig bleibt, einen wesentlichen Fortschritt gegen den bisherigen Rechtszustand und ebenso gegen die ursprüngliche Regierungsvorlage enthalten.

15. Die im Regierungsentwurf vorgeschlagene Bestimmung, daß bei Antragsdelikten die Vornahme der polizeilichen Beschlagnahme die Stellung des Antrags voraussetze — ein Punkt, worüber früher gestritten worden war — ist in Wegfall gekommen, weil sich unter den genannten fünf Fällen kein Antragsreat befindet.

16. Die in der Kommissionsvorlage enthaltene und in der zweiten Berathung vom Hause angenommene Bestimmung, daß auch bei Plakaten polizeiliche Beschlagnahme zulässig sein solle, ist ebenfalls weggefallen, da das ganze Plakatenwesen aus der Materie der Preßgesetzgebung ausgeschieden und der Landesgesetzgebung überlassen worden ist. Vgl. zu § 30.

17. Selbstverständlich hat eine Beschlagnahme dann jeden rechtlichen Boden verloren, wenn die Beschuldigung, um derentwillen man sie vornehmen wollte, schon durch Verjährung von der weiteren Strafverfolgung ausgeschlossen ist.

§ 24.

Ueber die Bestätigung oder Aufhebung der vorläufigen Beschlagnahme hat das zuständige Gericht zu entscheiden.

Diese Entscheidung muß von der Staatsanwaltschaft binnen 24 Stunden nach Anordnung der Beschlagnahme beantragt und von dem Gerichte binnen 24 Stunden nach Empfang des Antrags erlassen werden.

Hat die Polizeibehörde die Beschlagnahme ohne Anordnung der Staatsanwaltschaft verfügt, so muß sie die Absendung der Verhandlungen an die letztere ohne Verzug und spätestens binnen 12 Stunden bewirken. Die Staatsanwaltschaft hat entweder die Wiederaufhebung der Beschlagnahme mittelst einer sofort vollstreckbaren Verfügung anzuordnen, oder die gerichtliche Bestätigung binnen 12 Stunden nach Empfang der Verhandlungen zu beantragen.

Wenn nicht bis zum Ablaufe des fünften Tages nach Anordnung der Beschlagnahme der bestätigende Gerichtsbeschluß der Behörde, welche die Beschlagnahme angeordnet hat, zugegangen ist, erlischt die letztere und muß die Freigabe der einzelnen Stücke erfolgen.

I. Der vorläufige Charakter der nichtrichterlichen Beschlagnahme zeigt sich gleich darin, daß ihre Aufrechterhaltung eine Bestätigung durch das Gericht zur Voraussetzung hat. Ob darunter ein Kollegialgericht oder ein Einzelrichter zu verstehen ist, richtet sich nach den Gerichtsverfassungen der einzelnen Staaten, bis die Gerichtsverfassung und die Strafprozeßordnung des deutschen Reichs zu Stande gekommen sein werden. Wir haben schon oben angeführt, daß nach § 89 des Entwurfs der Strafprozeßordnung, „so lange die öffentliche Klage noch nicht erhoben ist, die Entscheidung durch den Amtsrichter erfolgt, in dessen Bezirk die Beschlagnahme stattgefunden hat." In Bezug auf die Beschlagnahme bei Druckschriften zeigt sich auch hier gleich wieder die Privilegirung der Presse, insofern als nach dem erwähnten Paragraphen der Strafprozeßordnung, wenn eine Beschlagnahme ohne richterliche Anordnung erfolgt ist, der davon Betroffene auf richterliche Entscheidung antragen kann. Eine Reihe älterer Preßgesetze hatten auch die ähnliche Bestimmung und ließen die provisorische Beschlagnahme bestehen, wenn sie nicht ausdrücklich angefochten wurde. Das Reichspreßgesetz verlangt dagegen ausdrücklich, daß die beschlagnehmende Behörde selber die richterliche Gutheißung ihres Vorgehens nachsucht, und läßt die Beschlagnahme ipso jure aufhören, wenn diese Gutheißung nicht binnen einer kurzen Frist erfolgt ist (vgl. Abs. 2 u. 4 dieses Paragraphen). Das Preßgesetz statuirt durchaus keinen Unterschied bei der Forderung, daß die nichtrichterliche Beschlagnahme einer richterlichen

Bestätigung bedarf; dieser Grundsatz gilt deshalb für alle im § 23 aufgezählten Fälle.

2. Das zuständige Gericht. Auch dieser Begriff ist nach den Vorschriften der Prozeßgesetze der Einzelstaaten zu bestimmen, so lange nicht die allgemeine Reichsprozeßordnung gilt. Wie eben bemerkt, will der Entwurf derselben durch die vorgenommene Beschlagnahme selber die Zuständigkeit der dieselbe weiter prüfenden Gerichtsbehörde bestimmen lassen. In der Anwendung auf Preßdelikte muß man sich entschieden dagegen verwahren, denn dies würde das Resultat haben, daß sich die Polizei bei verbreiteten Schriften den Ort der Beschlagnahme aussuchen könnte, wo sie der Bestätigung durch das Gericht sicher zu sein glaubt. Weder in den Verhandlungen der Kommission, noch des Reichstags hat die Absicht vorgewaltet, durch den nichtrichterlichen Akt der Beschlagnahme die im Strafverfahren überaus wichtigen allgemeinen Grundsätze über die Zuständigkeit der Gerichtsbehörden verändern zu lassen. Die Zuständigkeit, von welcher dieser Paragraph redet, ist die auf die Aburtheilung des Vergehens, um dessentwillen die Beschlagnahme erfolgt, sich beziehende Zuständigkeit. Allerdings treffen wir hier auf eine für die Rechtsstellung der Presse überaus wichtige Frage, die aber in dem Preßgesetz selber nicht entschieden worden ist: Wo bei durch die Presse begangenen Verbrechen und Vergehen der zuständige Richter ist? Ihre Entscheidung hat dieselbe, soweit nicht die positiven Rechtsvorschriften Spezielles bestimmen, nach den richtigen Grundsätzen des materiellen Strafrechts über den Begriff der Verbrechensvollendung zu erhalten, ergänzt durch den Umstand, daß eine Reihe Personen durch Verbreitung einer strafbaren Druckschrift selbständig strafbar werden können. Bei der Berathung der deutschen Strafprozeßordnung wird diesem Gegenstand ganz besondere Aufmerksamkeit zu schenken sein, zumal die verschiedenen deutschen und außerdeutschen Gesetzgebungen, auf die man sich etwa berufen wollte, ganz verschiedene Wege gehen.*)

Nach dem französischen Gesetz vom 26. Mai 1819 war bei einer Druckschrift, für welche die vorgeschriebenen Förmlichkeiten betreffs der Pflichtexemplare u. s. w. erfüllt sind, der allein zuständige Richter entweder der Richter des Orts des Depots oder des Wohnorts des

*) In jüngster Zeit hat eine Entscheidung des Kreisgerichts zu Wohlau gegen den Appellationsgerichtspräsidenten v. Gerlach wegen Preßvergehens viel von sich reden machen. Uns liegen die Entscheidungsgründe des Urtheils bezüglich der Zuständigkeitsfrage nicht vor, so daß eine sichere Beurtheilung dieses Punkts hier nicht möglich ist.

Beschuldigten, soweit es sich um die öffentliche Anklage handelt. Waren jene Förmlichkeiten nicht erfüllt, so war der Richter des Wohnorts, sowie überall da, wo die Druckschriften und andere Mittel der Publikation saisirt wurden, zuständig. Bei einer Klage Seitens einer Civilpartei kann auf ihren Antrag die Verfolgung an ihrem — der Beleidigten — Wohnort stattfinden, wenn eine Veröffentlichung daselbst erfolgt ist (Gesetz v. 26. Mai 1819, Art. 12). Für Frankreich ist dieser Artikel der Reaktion nach dem Staatsstreich zum Opfer gefallen, indem der § 27 des organischen Dekrets über die Presse vom 17. Februar 1852 in dem Prozeßgang die allgemeinen Regeln des Code d'Instruction criminelle wieder herstellte. Daß damit auch die örtliche Beschränkung der Verfolgbarkeit von Druckschriften nach dem Art. 12 des Gesetzes vom 26. Mai 1819 aufgehoben wurde, ist unbestritten und namentlich auch durch eine Entscheidung des französischen Kassationshofs vom 30. Januar 1858 anerkannt.

In Belgien hat diese Beschränkung der Zuständigkeit niemals gegolten und die Jurisprudenz läßt überall, wo eine Verbreitung stattgefunden, auch die Zuständigkeit gegen den Verfasser der Druckschrift begründet sein (vgl. Schuermans, Code de la Presse, S. 421 ff.), während nach dem holländischen Gesetz vom 28. September 1816 die Staatsanwaltschaft die Anklage nur da erheben konnte, wo der Verfasser, Redakteur, Herausgeber, Kolporteur, Drucker oder Buchhändler, den man verfolgt, ihr Domizil hatten. Ehe das französische Gesetz vom 26. Mai 1819 die erwähnte Beschränkung einführte, wurde der bis dahin bestandene Rechtssatz folgender Maßen illustrirt: „Danach würden die Gerichtshöfe von Perpignan und Straßburg, Marseille und Dünkirchen, Martinique und Chandenagor, Cayenne und Senegal zuständig geworden sein; wenn die ganze Welt zuständig ist, ist es Niemand."

In England, wo, wie schon bemerkt, die Civilklage die Regel ist, bestimmt der Erscheinungsort der Druckschrift den Gerichtsstand.

Bei Berathung des preußischen Preßgesetzes von 1851 wurde in der Kammer der Abgeordneten der Antrag gestellt, die Zuständigkeitsfrage ähnlich, wie das damals noch geltende französische Recht, zu regeln. Der Wortlaut des Kommissionsantrages war:

> „Hinsichtlich der strafbaren Handlungen, welche von Inländern durch die Presse begangen werden, ist für deren Verfolgung der Gerichtsstand nur da begründet, wo der Beklagte seinen persönlichen Wohnsitz hat, unbeschadet der über die Theilnehmerschaft bestehenden allgemeinen Vorschriften. Für kautionspflichtige Zeitungen jedoch wird ihrem ganzen Inhalte nach und abgesehen von dem Wohnsitz der bei

der Verantwortlichkeit betheiligten Personen der Gerichtsstand an dem Ort begründet, wo die Hinterlegung nach Vorschrift des Gesetzes erfolgen muß. Für die Verfolgung Seitens des Verletzten im Wege des Civilprozesses oder als Civilpartei verbleibt es bei den allgemeinen Grundsätzen."

Diese Formulirung wurde allerdings im Plenum der Kammer der Abgeordneten abgelehnt, aber dagegen auch der Vorschlag der Regierung abgewiesen, wonach es hieß: „Ist die Beschlagnahme einer Druckschrift erfolgt, so ist der Gerichtsstand auch bei demjenigen Gerichte begründet, in dessen Bezirk die Beschlagnahme ausgeführt ist." Das Resultat für Preußen war demnach, daß, abgesehen von dem Fall, wo eine bestimmte verantwortliche Person nicht vorhanden ist (§ 50 des preußischen Preßgesetzes), durch die Beschlagnahme einer Schrift ein Gerichtsstand nicht begründet wird; denn wie Rönne, Kommentar zum Preßgesetz S. 177, richtig bemerkt: das forum deprehensionis beruht auf der Ergreifung des Thäters, nicht aber des corpus delicti. Unter den Antragstellern und Rednern gegen den von der Regierung befürworteten Grundsatz befand sich auch der Abg. v. Gerlach (vgl. die Anmerkung auf S. 235). Kommen aber bei inländischen Verfassern angeblich strafbarer Druckschriften die gemeinrechtlichen und für Preußen die Bestimmungen der allgemeinen Strafprozeßgesetze zur Anwendung, so ergiebt sich, daß gegen den Verfasser, Herausgeber, Drucker u. s. w. der Ort des Erscheinens als forum delicti commissi deshalb gelten muß, weil hier schon das Delikt zur Vollendung kam. Nur die weiteren Verbreiter, nicht aber der Verfasser, können auch an dem Orte, wo durch sie das Werk, die Zeitschrift u. s. w. verbreitet wurde, haftbar und vor dem zuständigen Richter verantwortlich gemacht werden. Eine erschöpfende Darlegung der entscheidenden Gründe für diesen Rechtssatz findet sich in einem Präjudiz des preußischen Obertribunals vom 6. September 1855 in Sachen Brüggemann (Goltdammer, Archiv, Bd. III, S. 825), wo der Versuch gemacht worden war, durch Beschlagnahme der Kölnischen Zeitung in Minden gegen den Chefredakteur vor dem dortigen Richter die Zuständigkeit zu begründen. Die Entscheidungsgründe führen aus, daß, da am Orte ihres Erscheinens die Kölnische Zeitung gleich verbreitet werde, daselbst auch das Forum des vollendeten Verbrechens sei. (Im gleichen Sinn ist ein Urtheil des Obertribunals vom 12. November 1857 in Sachen Thiel ergangen.) Ein Spiel des Zufalls war es, daß in Belgien der entgegengesetzte Grundsatz, den man auch in Frankreich vor Erlaß des Gesetzes vom 26. Mai 1819 befolgte, ebenfalls in einem Prozeß gegen die Kölnische Zeitung bestätigt wurde, vgl. Entscheidung des Tribunals von Antwerpen vom 9. Dezember 1848, Affaire Gazette de Cologne (Belgique judiciaire VII, 633). In Deutschland ist der Versuch, an jedem Orte der Verbreitung die Zuständigkeit gegen den Verfasser zu begründen — abgesehen von den Gerichten, welche das ältere französische Strafprozeßrecht angewendet haben — selten gemacht worden. Jedenfalls ist es eine Neuerung, wenn der Strafprozeßentwurf für das Reich durch die Beschlagnahme das für den Beschlagnahmeort zuständige Gericht, sei es auch nur über die Beschlagnahme selber zuständig machen will. Zu vergleichen sind noch die Ausführungen Thilo's zum § 28 des preußischen Preßgesetzes S. 71 ff. in „Das preußische Gesetz über die Presse" u. s. w.: „Die Beschlagnahme einer Druckschrift begründet eine Kompetenz für das Gericht, in dessen Bezirk die Beschlagnahme ausgeführt ist, nur dann, wenn es im Bereich der richterlichen Gewalt der Monarchie an einer verantwortlichen Person fehlt" (§ 50 des Preßgesetzes). „Dem entsprechend begründet auch die Verbreitung einer eine Beleidigung enthaltenden Druckschrift am Wohnorte des Beleidigten daselbst nicht den Gerichtsstand gegen den Verfasser oder Herausgeber, wenn die Schrift in einem anderen Gerichtsbezirk herausgegeben worden." Es wird dabei auf das citirte Obertribunalserkenntniß Bezug genommen.

3. Wo das bloße Verbreiten einer Druckschrift die zu strafende Handlung ausmacht, ist dagegen derjenige Richter zuständig, in dessen Bezirk die Druckschrift wegen ihrer Verbreitung beschlagnahmt wurde, denn dann ist hier das forum delicti commissi. Das Erscheinen einer solchen ausländischen Zeitschrift am ausländischen Verlagsort hat natürlich mit unserer inländischen Strafgesetzgebung Nichts zu thun. Nicht ihr dortiges Erscheinen, sondern die Verbreitung bei uns ist das Straffällige.

II. Wie die Ausdrucksweise dieses Absatzes zeigt, wird die Anordnung der nichtrichterlichen Beschlagnahme durch die Staatsanwaltschaft als das Regelmäßige betrachtet, aber auch dann soll die gerichtliche Entscheidung mit möglichster Beschleunigung vor sich gehen.

III. 1. Hat die Polizeibehörde die Beschlagnahme selbständig vorgenommen, so muß doch innerhalb der Frist von 24 Stunden die Staatsanwaltschaft, wenn sie nicht selber die Beschlagnahme rückgängig macht, die Bestätigung durch das Gericht nachsuchen. Darüber, daß die Staatsanwaltschaft die von ihren Hülfsorganen ohne ihren Befehl veranlaßte Beschlagnahme selbständig aufheben kann, besteht kein Zweifel. Ebenso kann sie aber die von ihr selbst angeordnete Beschlagnahme selbst wieder rückgängig machen. Werden die vom Gesetz bestimmten Fristen nicht eingehalten, so kann der davon Betroffene die disciplinarische Rüge oder sonstige Bestrafung deshalb anregen. Eine Entschädigungspflicht ist hier so wenig ausdrücklich ausgesprochen, als in dem Fall überhaupt unzulässiger, auf grobem Versehen oder Vorsatz beruhender Beschlagnahme. Theils haben die Erfahrungen solcher Länder, wo Vorschriften über Entschädigungspflicht bestanden, ihre praktische Nutzlosigkeit dargethan (vgl. namentlich Jacques, Abhandlung, S. 59, Note), theils hängt eine prinzipielle und praktisch werthvolle Ordnung dieser Frage mit allgemeinen Grundsätzen der civilrechtlichen Verantwortlichkeit von Beamten zusammen. Weder in der Kommission, noch im Reichstag hat diese Frage zur Zeit Beachtung gefunden.

2. Absendung der Verhandlungen. Die Mittheilung der sämmtlichen beschlagnahmten Exemplare einer Druckschrift ist darunter nicht gemeint, es genügt die nöthige Anzahl von Exemplaren für den Gerichtsgebrauch.

IV. 1. Eine feste Schranke gegen Verschleppung wird dadurch gewährt, daß mit dem Ablauf des fünften Tages von Anordnung der Beschlagnahme dieselbe von selbst erlischt, wenn nicht bis dahin die Bestätigung oder frühere Aufhebung durch das Gericht erfolgt ist. Darin liegt, abgesehen von der gegen fast alle älteren Einzelpreßgesetze kürzer gesteckten Frist, ein wesentlicher Fortschritt, daß dieses Erlöschen von Rechtswegen geschieht. In der Berathung des preußischen Preßgesetzes war ein darauf gerichteter Antrag von der Kommission der II. Kammer ausdrücklich abgelehnt worden (Rönne, S. 183).

2. Da eine Strafverfolgung wegen einer Druckschrift ohne jede Beschlagnahme vor sich gehen kann, hat die Aufhebung einer solchen keinerlei Einfluß auf die sonstige Strafverfolgung der an der Herausgabe oder Verbreitung betheiligten Personen. Die Aufhebung kann außerdem erfolgt sein, weil das Gericht die Beschlagnahme nach seinem Ermessen nicht für nöthig hielt, ohne deshalb ihre Unerlaubtheit im Einzelfall aussprechen zu wollen.

§ 25.

Gegen den Beschluß des Gerichts, welcher die vorläufige Beschlagnahme aufhebt, findet ein Rechtsmittel nicht statt.

1. Diese Bestimmung entspricht ganz dem Grundgedanken, daß die vorläufige Beschlagnahme etwas Exceptionelles ist, das nur da aufrechterhalten werden darf, wo jeder Zweifel über ihre Begründung aus-

geschlossen ist. Hat einmal ein Richterspruch, und sei es auch nur eines Einzelrichters, festgestellt, daß die durch Verwaltungsorgane veranlaßte Beschlagnahme diesen Charakter nicht trägt, so soll jener Ausnahmezustand sofort beseitigt werden. Für Preußen bringt diese Bestimmung des Preßgesetzes einen ganz bedeutenden Fortschritt, da nicht bloß allgemein nach dem geltenden Prozeßrecht die Staatsanwalte zur Einlegung der Beschwerde gegen das nichtbestätigende Urtheil berechtigt waren und mit der Einlegung die angeordnete Freigabe der Exemplare suspendirt wurde, sondern auch die berüchtigte allgemeine Justizministerialverfügung vom 25. Juni 1851 den Staatsanwalten auftrug, nach dem Wunsch der beschlagnehmenden Polizeibehörden, die Rechtsmittel gegen die gerichtlichen Urtheile einzulegen, welche eine provisorische Beschlagnahme aufhoben. Erst im Laufe dieses Jahres (durch Justizministerialerlaß vom 24. Februar 1874) ist diese die Stellung der Staatsanwaltschaft und der Richter geradezu entwürdigende Vorschrift ausdrücklich aufgehoben worden (Justizministerialblatt 1874, S. 46). Uebrigens ist der jetzt für das Reich geltende Satz, daß im Fall der Aufhebung einer vorläufigen Beschlagnahme kein Rechtsmittel dagegen zulässig sein soll, auch für die meisten anderen deutschen Staaten, wo ebenfalls Rechtsmittel gegen die Freigabe bestanden, eine wegen des damit sonst verknüpften Suspensiveffekts, namentlich für die periodische Presse, höchst werthvolle Neuerung. So galt z. B. auch noch in Baden nach §§ 372, 412, Abs. 3 und 413 der Strafprozeßordnung ein allgemeines Beschwerderecht gegen die Verfügungen des Amtsgerichts bei Beschlagnahmen, wovon auch das auf Aufhebung der Beschlagnahme lautende Urtheil nicht ausgenommen war (vgl. Behaghel a. a. O. S. 39). Der Entwurf des sächsischen Preßgesetzes wollte in seinem § 31, Nr. 4 auch gegen das eine Beschlagnahme aufhebende gerichtliche Erkenntniß die Beschwerde mit Suspensiveffekt zulassen, und die jetzige Gestalt des § 31, Nr. 4: „Erlangt die von dem Staatsanwalt oder der Polizeibehörde verfügte Beschlagnahme nicht binnen der unter 1a, Abs. 2 festgestellten Frist die ausdrückliche richterliche Bestätigung, so tritt sie ohne Weiteres wieder außer Kraft" ist der sächsischen II. Kammer zu verdanken.

2. Da nach dem vorliegenden Entwurf der Reichsstrafprozeßordnung (§§ 284, 290, 291) und namentlich auch allgemein in dem Fall von Beschlagnahmen die Beschwerde zugelassen ist, zeigt sich wieder die privilegirte Stellung, welche das Preßgesetz der Presse einräumt. Im § 290 der Strafprozeßordnung wird die Beschwerde „gegen alle von den Gerichten erster Instanz erlassenen Beschlüsse und gegen die Verfügungen des Vorsitzenden, des Untersuchungsrichters, des Amtsrichters

und eines beauftragten oder ersuchten Richters zulässig" erklärt, „soweit das Gesetz dieselben nicht ausdrücklich einer Anfechtung nicht entzieht." Ein solcher Fall zu Ungunsten der Staatsanwaltschaft liegt in der Bestimmung unseres § 25 vor. Bei Anwendung der allgemeinen strafprozessualen Grundsätze würde die Presse dieses Vortheils entbehren.

3. Dagegen enthält das Preßgesetz über die Rechtsmittel gegen eine richterliche Bestätigung einer polizeilichen Beschlagnahme keine besonderen Bestimmungen. Hier finden vorerst noch die Vorschriften der Einzelstaaten Anwendung, gleichviel ob dieselben in den Strafprozeßordnungen oder in den bisherigen Preßgesetzen enthalten sind. Selbstverständlich ist der Inhalt der letzteren nur insoweit aufgehoben, als er mit Bestimmungen des Reichspreßgesetzes in Widerspruch tritt oder materiell durch das letztere ersetzt wird. In Zukunft wird auch für diese Frage die deutsche Strafprozeßordnung maßgebend sein, welche in ihrem Entwurf (vgl. die vorige Nummer), abweichend von den verschiedenen Einzelstaatsbestimmungen, das Rechtsmittel der Beschwerde auch für diesen Fall zulässig macht.

§ 26.

Die vom Gericht bestätigte, vorläufige Beschlagnahme ist wieder aufzuheben, wenn nicht binnen zwei Wochen nach der Bestätigung die Strafverfolgung in der Hauptsache eingeleitet worden ist.

1. Zu diesem Paragraphen bemerken die Motive (S. 22): „Die Fristbestimmung im § 28 (jetzt 26) hat wesentlich nur den Zweck, zu hindern, daß die Sache nicht nach Bestätigung der vorläufigen Beschlagnahme beruhen bleibe. Diese Frist hat geräumiger bemessen werden müssen, um die gehörige Vorbereitung der Anklage nicht zu beschränken." Da die Grundlage dieser Verzögerung immerhin ein richterliches Erkenntniß ist, hat weder in der Kommission, noch im Reichstage diese Fristerstreckung irgend welche Anfechtung gefunden. Auch hier ist das Gesetz ersichtlich bemüht, durch Aufstellung einer peremptorischen Frist dem gerechten Verlangen der Presse nach rascher Erledigung der gegen sie schwebenden Strafprozesse entgegenzukommen.

2. In dem badischen Preßgesetz ist (§ 23) Folgendes bestimmt, das ohne Zweifel für diesen Paragraphen als Vorbild gedient hat: „Wurde wegen des verübten Verbrechens oder Vergehens ein Hauptantrag nicht gleichzeitig mit dem Antrag auf Verfügung oder Bestätigung des Be-

schlags gestellt, so muß derselbe binnen drei Tagen von Eröffnung der richterlichen Verfügung oder Bestätigung des Beschlags an den Staatsanwalt oder Privatankläger nachträglich eingereicht werden, widrigenfalls der Beschlag sofort wieder aufgehoben wird." Der Unterschied ist nur der, daß nach dem badischen Rechte der Antrag auf Untersuchung eingetreten sein muß, während das Reichspreßgesetz die richterliche Einleitung der Strafverfolgung als den maßgebenden Zeitpunkt bezeichnet. Daraus rechtfertigt sich auch die etwas längere Frist, welche hier verstattet ist.

3. Unter Hauptsache ist hier natürlich diejenige Beschuldigung zu verstehen, wegen welcher die Beschlagnahme angeordnet wurde.

4. Es mag noch bemerkt werden, daß hier von einer ipso jure eintretenden Aufhebung der Beschlagnahme nicht gesprochen wird, sondern der Wortlaut dahin geht: „Die — Beschlagnahme ist aufzuheben." Da der Rechtsakt, auf welchem die Fortdauer der Beschlagnahme beruht, die bestätigende Entscheidung des Gerichts ist, wird auch von diesem nach Ablauf der unbenutzt verstrichenen Frist der Aufhebungsbeschluß auszugehen haben.

§ 27.

Die Beschlagnahme von Druckschriften trifft die Exemplare nur da, wo dergleichen zum Zwecke der Verbreitung sich befinden. Sie kann sich auf die zur Vervielfältigung dienenden Platten und Formen erstrecken; bei Druckschriften im engeren Sinne hat auf Antrag des Betheiligten statt Beschlagnahme des Satzes das Ablegen des letztern zu geschehen.

Bei der Beschlagnahme sind die dieselbe veranlassenden Stellen der Schrift unter Anführung der verletzten Gesetze zu bezeichnen. Trennbare Theile der Druckschrift (Beilagen einer Zeitung 2c.), welche nichts Strafbares enthalten, sind von der Beschlagnahme auszuschließen.

I. 1. Nach der Erklärung des Berichterstatters (St. B. S. 502, vgl. mit Kommissionsbericht S. 15) sollen die Bestimmungen der §§ 27 und 28 — der jetzigen Zählung — auch auf den Vollzug der unmittelbar vom Richter angeordneten Beschlagnahme Anwendung finden, was von keiner Seite Widerspruch erfuhr. Da die Beschränkungen des Umfangs der Beschlagnahme, wie sie hier normirt werden, mit dem Zweck des Richters bei der Beschlagnahme durchaus nicht im Gegensatz stehen, würde der verständige Richter auch von selbst diese Grenzen einhalten, aber es war doch wünschenswerth, jenen Grundsatz ausdrücklich zu konstatiren. Auch die Annahme der neuen Strafprozeßordnung für das Reich wird den hier speziell für Preßbeschlagnahmen aufgestellten Regeln nicht derogiren; der Entwurf entählt übrigens gar keine detaillirten Bestimmungen über diese Art der Beschlagnahme.

2. „Zum Zweck der Verbreitung befinden.“ Auf den wahren Sinn dieses Ausdrucks ist schon an anderer Stelle aufmerksam gemacht worden. So unterliegt es keinem Zweifel, daß die beim Verleger aufgespeicherten Exemplare einer Schrift, welche schon verbreitet wurde und dadurch zur Beschlagnahme Anlaß gab, von der Beschlagnahme ergriffen werden. Nicht minder solche, welche sich unter gleicher Voraussetzung bei dem Buchbinder zum Heften u. s. w. befinden. Allgemeiner Gegensatz eines solchen „zum Zweck der Verbreitung“ ist der Privatbesitz, der natürlich nicht mit Eigenthum zu verwechseln ist und z. B. auch den Fall umfaßt, wo ein Privatmann ein ihm vom Verfasser oder Verleger geliehenes Exemplar bei sich hat. Manche unserer Einzelstaatspreßgesetze enthalten ausdrücklich die Klausel: „soweit solche Schriften nicht in Privatbesitz übergegangen sind“ (vgl. sächsisches Preßgesetz § 28, Nr. 4 und § 23, Nr. 4 — badisches Preßgesetz § 19 — „die Beschlagnahme erstreckt sich nicht auf Exemplare, welche bereits in den Besitz von Privatpersonen zum Zweck eigenen Gebrauchs übergegangen sind“) — in anderen Gesetzgebungen, z. B. der bayrischen, läßt sich das Gleiche aus den allgemeinen Bestimmungen über die Grenze der Konfiskation schließen. Man darf ohne Weiteres annehmen, daß dieser Gedanke auch dem Reichspreßgesetz zu Grunde liegt und jene Formulirung „zur Verbreitung bestimmt“ den eigentlichen Privatbesitz ausschließen wollte. Dagegen ist es nicht unbestritten, wie weit dieser Begriff „Privatbesitz“ geht und inwiefern die Ausnahme zu seinem Gunsten durch die Klausel „zur Verbreitung bestimmt“ eingeschränkt wird. Schon die hervorgehobene Bestimmung des badischen Preßgesetzes „zum Zweck eigenen Gebrauchs“ kann hier eine Handhabe bieten. Noch ausdrücklicher äußert sich der § 21 des weimarschen Preßgesetzes: „Die Beschlagnahme erstreckt sich auf alle Exemplare der Druckschrift, die noch nicht in den Besitz solcher Privatpersonen übergegangen sind, welche dieselben lediglich zum eigenen Gebrauch und nicht zur öffentlichen Unterhaltung des Publikums oder zur Weiterbeförderung an sich gebracht, beziehungsweise erhalten haben.“ Noch

mehr spezialisirt der § 23, Nr. 4 des sächsischen Preßgesetzes: „Die Konfiskation erstreckt sich nicht auf solche Exemplare des Preßerzeugnisses, die bereits in den Besitz von Privatpersonen oder juristischer Personen übergegangen sind, welche sie lediglich zum eigenen Gebrauch und nicht etwa auch **mit** zur öffentlichen Unterhaltung des Publikums, wie dies z. B. in Gasthöfen, Schankwirthschaften, Leihbibliotheken, öffentlichen Lesekabinetten und dergleichen der Fall ist, an sich gebracht haben." Daß nach dieser Wortfassung die in Restaurationen, Lesekabinetten u. s. w. aufliegenden Exemplare einer beschlagnahmten Druckschrift ebenfalls weggenommen werden dürfen, kann nicht zweifelhaft sein, aber die Frage ist, ob auch nach dem Wortlaut des Reichspreßgesetzes dasselbe angenommen werden muß. Die bisherige deutsche Gerichtspraxis hat sich die französische Rechtssprechung hier zum nicht gerade löblichen Vorbild genommen, und es ist zu wünschen, daß die restriktive Erklärung aller gegen die Presse für zulässig erkannten Ausnahmsmaßregeln auch in diesem Punkte wieder in den Vordergrund tritt. So sollte z. B. ein in den Besitz einer geschlossenen Lesegesellschaft übergegangenes Exemplar nicht ohne Weiteres als beschlagnahmefähig anerkannt werden. Etwas Anderes ist es, wenn, was häufig geschieht, dergleichen mit einem Gasthofe verbunden ist und jedem Gaste stillschweigend die Benutzung des Lesezirkels verstattet wird.

3. Die Beschlagnahme wird auf die **Platten und Formen**, sofern sich diese noch zur Zeit der Maßregel vorfinden, zu erstrecken sein, wenn zu befürchten steht, daß weitere Abdrücke gemacht werden würden, z. B. in politisch erregten Zeiten bei Flugblättern u. s. w. Die Entscheidung muß nach den Umständen des einzelnen Falls bemessen werden. Gleichgültig ist die technische Natur der zur Vervielfältigung dienenden Originale, und so wird z. B. auch eine Negativplatte für photographische Abzüge darunter fallen können.

4. Wo es sich um **Druckschriften im engern Sinne**, d. h. hier aus beweglichen Lettern zusammengesetzte Formen handelt, kann, entsprechend dem Grundsatz, stets die den Verkehr am wenigsten hemmende, mit dem Zweck der Beschlagnahme vereinbarliche Maßregel zu wählen, statt der Beschlagnahme, wodurch dem Drucker die Benutzung des betreffenden Materials entzogen wird, das **Ablegen** des Satzes, d. h. das Auseinandernehmen und in die Schriftkästen Vertheilen der Einzellettern, stattfinden. In der Regierungsvorlage, wo sich die betreffende Bestimmung im § 23 befand, lautete es: „bei Druckschriften im engeren Sinne kann statt Beschlagnahme des Satzes das Auseinandernehmen des letzteren geschehen." Auf Veranlassung eines sachkundigen Mitgliedes der Kom-

mission, Dr. Brockhaus, welcher geltend machte, daß es im Interesse der Druckereibesitzer liegen würde, in einem solchen Fall, wo der Zweck gleichmäßig auf dem vorgeschlagenen Wege erfüllt wird, statt des Auseinanderwerfens der Lettern das geschäftsmäßige Ablegen derselben vornehmen zu lassen, änderte die Kommission dem entsprechend unter Zustimmung des Regierungskommissars die Gesetzesbestimmung ab. Nach dem jetzigen Wortlaut hat der betreffende Drucker das Recht zu verlangen, daß man ihm das Ablegen gestattet. Es ist selbstverständlich, daß, wenn er den Antrag stellt, er auch für das Dienstpersonal zu sorgen hat, welches diese Manipulation vornimmt, und daß sich die Behörde von der Erfüllung der übernommenen Verpflichtung jederzeit Gewißheit verschaffen darf. In dem Kommissionsbericht heißt es zu dieser Frage (S. 15):

„Die Kommission war der Meinung, daß bei dem provisorischen und immer noch eine letzte Entscheidung voraussetzenden Charakter der Beschlagnahme die damit verknüpfte Belästigung des Betroffenen in möglichst enge Grenzen eingeschlossen werden muß, soweit dies mit dem allgemeinen Zweck der Beschlagnahme vereinbar ist. Selbstverständlich hat der betreffende Geschäftsinhaber das nöthige Personal zu diesem Zweck zu stellen."

II. 1. Wenn auch einzelne Gesetzgebungen schon bisher die Forderung stellten, daß bei Preßbeschlagnahmen sowohl die Anstoß erregenden Stellen, als die darin angeblich übertretenen Gesetzesvorschriften ausdrücklich bezeichnet werden, und anderswo die Praxis auch ohne solche Vorschrift demgemäß handelte, ist es doch von großem Werth, daß diese beiden Erfordernisse jetzt allgemeine Gesetzeskraft erhalten haben. Namentlich für die tägliche Presse, welche dadurch in den Stand gesetzt wird, unter Weglassung der angefochtenen Stellen, rasch neue Auflagen zu veranstalten, ist diese Norm von großer Wichtigkeit. Nach der anderen Seite liegt eine Schutzwehr gegen das blinde und tolle Dreinfahren mit Beschlagnahmen, wo dergleichen noch zu befürchten wäre, darin, daß der Beschlagnehmende sich im Voraus — denn gleich „bei der Beschlagnahme" muß der Nachweis erfolgen — klar gemacht haben muß, welche spezielle Bestimmung des Strafgesetzes in der Aeußerung übertreten worden ist.

2. Trennbare Theile der Druckschrift sind von der Beschlagnahme ausgeschlossen; auch mit dieser Bestimmung wird den Preßgewerbtreibenden und namentlich auch dem Publikum, welchem an dem regelmäßigen und raschen Erscheinen der Tagespresse gelegen ist, eine berechtigte Rücksicht erwiesen. Wenn als Beispiel Beilagen einer

eine beruhigende, aus dem Inhalt des Gesetzentwurfs ohnedies klar zu folgernde Zusicherung gegeben und die Kommission sich damit einverstanden erklärt (Protokoll der Kommission von 1874 vom 7. März), wurde der gleiche Grundsatz auch in der Plenarsitzung des Reichstags vom 23. März (St. B. S. 502) bestätigt.

3. Natürlich folgt daraus, daß andere Stellen nicht gleich mit den später ausgelassenen, als zur Beschlagnahme führend angesehen wurden, keineswegs, daß bei einer neuen Ausgabe nicht wegen anderer, wenn auch im ersten Abdruck enthaltener und übersehener Punkte die Beschlagnahme verfügt werden kann, aber auch hier wird es eine Forderung der Billigkeit sein, daß die betreffende Behörde sich gleich Anfangs mit dem ganzen Inhalt einer Druckschrift bekannt macht und die Beschlagnahmen nicht einander nachhinken.

4. Da die Verbreitung einer beschlagnahmten Druckschrift und eventuell des Wiederabdrucks beschlagnahmter Stellen verboten ist, genügt die bloße Thatsache des Wiederabdrucks ohne solche Verbreitung noch keineswegs, um den Veranstalter strafbar zu machen. Wenn z. B. der Verleger in der sicheren Erwartung, daß die Beschlagnahme aufgehoben werde, eine wichtige Notiz rasch in's Publikum zu bringen wünscht und, ohne die Rückgabe der mit Beschlag belegten Exemplare abzuwarten, eine neue, die kritischen Stellen enthaltende Ausgabe in Bereitschaft hält, aber jede Veröffentlichung derselben unterläßt, fallen diese Vorbereitungen noch nicht unter den vorstehenden Paragraphen.

II. 1. Mit Kenntniß der verfügten Beschlagnahme muß Derjenige gehandelt haben, welcher wegen Verbreitung der beschlagnahmten Schrift strafbar wird. Ob er die betreffende Kenntniß gehabt hat, ist von dem Richter wie jede andere Thatsache festzustellen und, wenn es nicht zugestanden wird, aus den Umständen zu entnehmen. Besteht die Beschlagnahme im Augenblick der Verbreitung nicht mehr zu Recht, einerlei ob der Beschuldigte dies weiß oder nicht, so kann natürlich keine Strafe eintreten, da nach Abs. 1 das Vergehen darin besteht, „während der Dauer der Beschlagnahme" die Schrift oder die beschlagnahmten Stellen aus einer solchen zu verbreiten.

2. Die hier unter Strafe gestellte Handlung wird durch das ihr gedrohte Strafmaß als Vergehen charakterisirt, woraus sich die entsprechenden Konsequenzen für die Kompetenz der Gerichte, Verjährungsfrist u. s. w. ergeben. Wie aus dem Wortlaut ersichtlich, kann auch hier auf das Minimum der betreffenden Strafarten erkannt werden.

3. Ebenso wie der Wiederabdruck eines Artikels, z. B. durch andere Zeitungen mit oder ohne Quellenangabe, an sich nicht ausschließt,

daß wegen des strafbaren Inhalts der den Abdruck Veranstaltende verantwortlich gemacht wird, geht das Verbot des Wiederabdrucks einer beschlagnahmten Stelle nicht bloß gegen den ersten Verbreiter, sondern gegen Alle und Jeden, welche mit Kenntniß der Beschlagnahme eine solche weitere Verbreitung besorgen. Das Gegentheil würde zu einer praktischen Verhöhnung der ganzen Maßregel werden. Allerdings vertheidigt Schuermanns in seinem Code de la Presse, S. 385 ff. die im Prinzip dahin führende Ansicht, daß der ursprüngliche Veröffentlicher ein für alle Mal die Weiterverbreitung seiner Aeußerung durch Dritte gestatte und ihre Handlungen zu den seinigen mache, dieselben deshalb nach dem Prinzip der „ausschließenden" Verantwortlichkeit neben ihm keiner Strafe unterliegen können; aber nicht bloß hat die belgische Rechtsprechung diese sonderbare Theorie verworfen, sondern sie findet auch ihre ausführliche, gründliche Widerlegung in dem schon angeführten Werk von Ch. Laurent: „Études sur les Délits de Presse," S. 86 ff.

4. Ob später wegen des mit Beschlag belegten Artikels eine Verurtheilung oder Freisprechung in der Hauptverhandlung erfolgte, ist für die Bestrafung der Verletzung der Beschlagnahme ebenso gleichgültig als der Umstand, daß in einem späteren Stadium der Verhandlung über die Beschlagnahme selber die Aufhebung derselben ausdrücklich ausgesprochen oder stillschweigend durch Fristablauf herbeigeführt wurde. Als der Betreffende die Schrift u. s. w. verbreitete, war die Beschlagnahme zu Recht bestehend und wegen Verletzung derselben zu dieser Zeit wurde er bestraft.

§ 29.

Zur Entscheidung über die durch die Presse begangenen Uebertretungen sind die Gerichte auch in denjenigen Bundesstaaten ausschließlich zuständig, wo zur Zeit noch deren Aburtheilung den Verwaltungsbehörden zusteht.

Soweit in einzelnen Bundesstaaten eine Mitwirkung der Staatsanwaltschaft bei den Gerichten unterster Instanz nicht vorgeschrieben ist, sind in den Fällen der ohne richterliche Anordnung erfolgten Beschlagnahme die Akten unmittelbar dem Gericht vorzulegen.

1. Zu diesem Paragraphen bemerken die Regierungsmotive:

„Wie bereits erwähnt worden, nimmt der Entwurf zur Voraussetzung, daß bei Einführung des Gesetzes im ganzen Bereiche desselben der Strafprozeß sowohl für Verbrechen und Vergehen, als für Uebertretungen nach dem Anklageprinzip geordnet und daß auch hinsichtlich der Uebertretungen die Entscheidung den Gerichten zugewiesen sein werde. Diese Voraussetzung trifft zur Zeit noch nicht allenthalben zu, indem in einzelnen Bundesstaaten noch die Strafrechtspflege bezüglich der Uebertretungen ganz oder zum Theil von Verwaltungsbehörden ausgeübt wird, bezw. eine Staatsanwaltschaft überhaupt nicht besteht, oder die Mitwirkung der Staatsanwaltschaft bei der Strafrechtspflege nur eine beschränkte ist. Es ist daher nöthig, für die Zeit bis zur einheitlichen Regelung des gesammten Strafprozesses Uebergangsbestimmungen zu treffen, welche dem Strafgesetze eine gleichmäßige Handhabung in den Bundesstaaten sichern. Mit dem Ausdrucke „durch die Presse begangene Uebertretungen" sollen sowohl die durch den Schlußsatz von § 19 unter Strafe gestellten Zuwiderhandlungen, als auch die unter das Strafgesetzbuch fallenden Uebertretungen, sofern die Verübung der letzteren durch Verbreitung von Druckschriften geschieht, getroffen werden."

2. Es ist zu ergänzen, daß die in den eben mitgetheilten Motiven gewählte Ausdrucksweise „die unter das Strafgesetzbuch fallenden Uebertretungen" offenbar zu eng ist, um neben den nach § 19 des Preßgesetzes strafbaren Handlungen den Inhalt des Begriffs der „durch die Presse begangenen Uebertretungen" zu erfüllen. Wir haben schon zum § 20 darauf hingewiesen, daß sich in den meisten deutschen Ländern neben den im Strafgesetzbuch bedrohten Handlungen noch andere Uebertretungen als solche unter Strafe gestellt finden, welche mittelst der Presse begangen werden können, z. B. Aufforderung zum Spiel in auswärtigen Lotterien u. s. w. Die Norm des § 29 soll sich zweifelsohne auch darauf beziehen und der Ausdruck im Gesetzestext ist auch richtig weit genug gegriffen, um dieselben zu umfassen. Die engere Begrenzung in den Motiven beruht wohl nur auf einem Uebersehen.

3. Ueber die Hinzufügung des Worts ausschließlich Seitens der Kommission ist nur zu bemerken, daß dadurch die Absicht des Gesetzes über jeden Zweifel festgestellt wird. Nur die Gerichte sollen fortan über alle durch die Presse begangenen Uebertretungen entscheiden.

VI. Schlußbestimmungen.

Die in den beiden letzten Paragraphen des Gesetzes zusammengestellten Vorschriften haben hauptsächlich den Zweck, etwaigen Zweifeln über den Umfang seiner materiellen Gültigkeit zu begegnen, wobei in erster Reihe die Aufhebung der bisherigen fiskalischen Bedrückungen der Preßgewerbe steht. Bei der etwas heterogenen Natur der darin enthaltenen Einzelbestimmungen wird es sich empfehlen, auch die zur Erläuterung dienenden Momente aus der Entstehungsgeschichte des Gesetzes, statt sie hier zusammenzufassen, an die einzelnen Absätze der Paragraphen anzuknüpfen.

§ 30.

Die für Zeiten der Kriegsgefahr, des Krieges, des erklärten Kriegs- (Belagerungs-) Zustandes oder innerer Unruhen (Aufruhrs) in Bezug auf die Presse bestehenden besonderen gesetzlichen Bestimmungen bleiben auch diesem Gesetze gegenüber bis auf Weiteres in Kraft.

Das Recht der Landesgesetzgebung, Vorschriften über das öffentliche Anschlagen, Anheften, Ausstellen, sowie die öffentliche unentgeltliche Vertheilung von Bekanntmachungen, Plakaten und Aufrufen zu erlassen, wird durch dieses Gesetz nicht berührt.

Dasselbe gilt von den Vorschriften der Landesgesetze über Abgabe von Freiexemplaren an Bibliotheken und öffentliche Sammlungen.

Vorbehaltlich der auf den Landesgesetzen beruhenden allgemeinen Gewerbesteuer findet eine besondere Besteuerung der Presse und der einzelnen Preßerzeugnisse (Zeitungs- und Kalenderstempel, Abgaben von Inseraten ꝛc.) nicht statt.

I. 1. Während der § 15 des Preßgesetzes selber nach einer einzelnen Richtung für Zeiten des Krieges und der Kriegsgefahr Fürsorge trifft, will dieser Absatz ausdrücklich die Suspendirung der im Preßgesetz aufgestellten Beschränkungen der Staatsgewalt zu Gunsten der freien Preßbewegung durch die besonderen gesetzlichen Bestimmungen über den

Belagerungszustand u. s. w., sobald diese in Wirksamkeit treten, aussprechen. Es könnte wenigstens zweifelhaft sein, ob ein später erlassenes Gesetz, welches eine bestimmte Materie ex professo regelt, nicht die in solchen Ausnahmegesetzen über den Belagerungsstand und dergl. enthaltenen Einzelbestimmungen über die Presse ein für alle Mal aufhebt. Daß dies die Absicht weder der Regierungen noch des Reichstags war, steht fest, und so bleiben die betreffenden „besonderen landesgesetzlichen Bestimmungen“ bis auf Weiteres in einem solchen Fall in Wirksamkeit. Allerdings hat die Reichsverfassung im Art. 68 ein die Voraussetzungen, die Form der Verkündigung und die Wirkung einer solchen Erklärung (der Anfang des Art. lautet: „Der Kaiser kann, wenn die öffentliche Sicherheit in dem Bundesgebiete bedroht ist, einen jeden Theil desselben in Kriegszustand erklären“) regelndes Reichsgesetz in Aussicht gestellt, allein dasselbe ist bis jetzt noch nicht erlassen, und es gelten dafür noch, demselben Artikel der Reichsverfassung gemäß, die Vorschriften des preußischen Gesetzes vom 4. Juni 1851 (Gesetzsammlung für 1851 S. 451 ff.). Wie nach dem § 5 desselben bei Erklärung des Belagerungszustandes die Art. 27 und 28 der preußischen Verfassung suspendirt werden können, gilt dies für das Reich inskünftig bezüglich des § 1 des Preßgesetzes, welcher den Grundsatz der Preßfreiheit ausspricht, und der Konsequenzen, welche sich daraus ergeben. Ebenso finden die §§ 16 und 17 des preußischen Gesetzes vom 4. Juni 1851, wovon der erstere bestimmt, daß auch bei nicht erklärtem Belagerungszustande im Fall des Kriegs oder Aufruhrs bei dringender Gefahr für die öffentliche Sicherheit der Art. 27 der preußischen Verfassung (neben anderen) zeit- und distriktsweise außer Kraft gesetzt werden kann und der letztere in allen Fällen die Rechenschaftgebung vor den Kammern verlangt, für das ganze Reich, mit Ausnahme Bayerns, entsprechende Anwendung.

2. Vorläufig gilt für Bayern, worauf der Art. 68 der Reichsverfassung noch keine Anwendung findet, statt dessen noch das Landesrecht auch bezüglich der materiellen Strafbestimmungen. Im § 7 des Reichsgesetzes vom 22. April 1871, die Einführung norddeutscher Bundesgesetze in Bayern betreffend, lautet der ausgesprochene Vorbehalt: „An Stelle der Vorschriften des § 4 des Einführungsgesetzes zum Strafgesetzbuch vom 31. Mai 1870 hat es für Bayern bis auf Weiteres bei den einschlägigen Bestimmungen des Militairstrafrechts, sowie bei den sonstigen gesetzlichen Vorschriften über das Standrecht sein Bewenden.“

Die Nichtanwendung des Art. 68 der Verfassung in Bayern ist

übrigens nur eine interimistische, da der bayerische Vertrag vom 23. November 1870 in Ziffer III, § 5, Nr. VI ausspricht: „Die Voraussetzungen, unter welchen wegen Bedrohung der öffentlichen Sicherheit das Bundesgebiet oder ein Theil desselben durch den Bundesfeldherrn in Kriegszustand erklärt werden kann, die Form der Verkündung und die Wirkungen einer solchen Erklärung werden durch ein Bundesgesetz geregelt." Vgl. Riedel: „Die Reichsverfassungsurkunde" u. s. w. S. 155.

3. Unter den besonderen gesetzlichen Bestimmungen, welche nach diesem Absatz bis auf Weiteres in Kraft bleiben sollen, ist hervorzuheben der § 8 des bayerischen Gesetzes vom 26. Dezember 1871, den Vollzug der Einführung des Strafgesetzbuchs für das deutsche Reich in Bayern betreffend. Inhaltlich giebt er den Art. 120 des bayerischen Strafgesetzbuchs von 1861 wieder und lautet: „Wer den Verordnungen zuwiderhandelt, welche die königliche Staatsregierung bei drohendem oder ausgebrochenem Kriege den Verkehr mit feindlichen Ländern oder feindlich besetzten Theilen des Staats- oder Reichsgebiets verboten, beschränkt oder geregelt, die Sammlung von Nachrichten, die Verbreitung oder Veröffentlichung gewisser Mittheilungen, sowie die Erlassung gewisser Aufforderungen untersagt oder beschränkt oder ähnliche mit der Kriegsgefahr in Zusammenhang stehende Maßregeln angeordnet hat, soll mit Gefängniß oder Festungshaft bis zu drei Monaten oder mit Geldstrafe bis zu 200 Thalern bestraft werden." Da der § 15 des vorliegenden Preßgesetzes schon dem Reichskanzler für bestimmt hierin vorgesehene Maßregeln ein für ganz Deutschland geltendes Verordnungsrecht giebt, kann es geschehen, daß neben einander solche von der Reichsgewalt und Bayern ausgehende Verbote bestehen. Dann entscheidet natürlich der allgemeine Rechtssatz über das Vorgehen und Ausschlaggeben der Reichsgesetzbestimmung vor dem Landesrecht. Zu bemerken ist jedoch, daß sich die jetzt schon vorhandene Befugniß des Reichskanzlers aus § 15 nur auf die Presse bezieht. Auf ähnliche Vorschriften in den älteren Preßgesetzen ist schon zu § 15 hingewiesen worden.

II. 1. Zu den schwierigsten Aufgaben, welche sich bei Berathung des Preßgesetzes sowohl in der Kommission als im Reichstage in den Weg stellten, gehörte das Plakatwesen, welches der ursprüngliche Regierungsentwurf nur in den engen Grenzen der bisherigen preußischen Gesetzgebung zulassen wollte, während in einer Reihe anderer, namentlich süddeutscher Staaten Gesetzgebung und Praxis einen wesentlich anderen Standpunkt einnehmen. Der § 14 der Regierungsvorlage lautete demgemäß:

„Bekanntmachungen, Plakate und Aufrufe dürfen nicht öffentlich angeschlagen, angeheftet oder in sonstiger Weise öffentlich ausgestellt oder auf öffentlichen Straßen, Plätzen oder an anderen öffentlichen Orten unentgeltlich vertheilt werden.

Ausgenommen hiervon sind die amtlichen Bekanntmachungen von Reichs-, Staats- und Gemeindebehörden, sowie solche Bekanntmachungen, Plakate und Aufrufe, welche keinen anderen Inhalt haben, als Ankündigungen über gesetzlich nicht verbotene Versammlungen, über gestohlene, verlorene oder gefundene Sachen, über Verkäufe, Vermiethungen oder andere Nachrichten für häusliche Zwecke und für den gewerblichen Verkehr.

Das Recht zum Erlasse polizeilicher Vorschriften und Anordnungen bezüglich der Art und des Ortes der Anheftung, öffentlichen Ausstellung und Vertheilung von Bekanntmachungen, Plakaten und Aufrufen wird durch dieses Gesetz nicht berührt."

Und die Motive bemerken dazu:

„Das preußische Preßgesetz von 1851 gestattet das öffentliche Anschlagen von Anschlagszetteln und Plakaten nur insoweit, als dieselben Ankündigungen über gesetzlich nicht verbotene Versammlungen, über öffentliche Vergnügungen, über gestohlene, verlorene oder gefundene Sachen, über Verkäufe oder andere Nachrichten für den gewerblichen Verkehr enthalten.

Die meisten anderen deutschen Preßgesetze beschränken die Plakate durch eine an § 3 des Bundesbeschlusses von 1854 sich anlehnende Bestimmung dahin: daß nur mit obrigkeitlicher Erlaubniß das Hausiren mit Druckschriften oder das öffentliche Vertheilen oder Anschlagen derselben stattfinden dürfe. Nachdem diese letztere Bestimmung durch die Gewerbeordnung (§ 43) modifizirt worden ist, wird angenommen werden dürfen, daß der gewerbmäßige Vertrieb von Druckschriften u. s. w. auf öffentlichen Straßen u. s w. — abgesehen von etwaigen straßenpolizeilichen Vorschriften — weiteren als den in dem letzteren Gesetze bestimmten Beschränkungen nicht unterliege.

Das königlich sächsische Preßgesetz — § 15 — giebt Plakate ähnlichen Inhalts, wie oben bei Preußen bemerkt worden ist, frei und schreibt bei anderen die vorgängige Anzeige bei der Ortspolizeibehörde vor. Das Anheften beider Arten von Plakaten soll aber regelmäßig nur an den von der Behörde im Voraus bestimmten Orten geschehen dürfen.

Der gegenwärtige Entwurf hat die strengeren Bestimmungen des preußischen Gesetzes aufgenommen. Es ist dabei von der Auffassung ausgegangen, daß mit den dort gezogenen Grenzlinien der eigentliche Bereich des Plakatenwesens richtig bezeichnet ist und daß die Freiheit der Presse für ihre höheren — politischen und sittlichen — Aufgaben eher eine Beförderung, als eine Beeinträchtigung darin zu erblicken hat, wenn ein Uebergreifen der Plakatenliteratur auf andere Gebiete gehemmt wird. Derselbe Grund spricht dafür, das unentgeltliche Vertheilen von Bekanntmachungen und Aufrufen auf öffentlichen Straßen und Plätzen oder an öffentlichen Orten auf Anzeigen gleichen Inhalts zu beschränken.

Daß durch die letztere Bestimmung der sogenannte fliegende Buchhandel, insbesondere der Zeitungsverkauf auf den Straßen, nicht berührt wird, ergiebt sich aus der Fassung des Entwurfs ohne Weiteres.

Bestimmungen darüber, an welchen Orten das öffentliche Anschlagen von Plakaten u. s. w. gestattet sein soll, sind nicht durch das Preßgesetz zu geben, sondern straßenpolizeiliche Vorschriften, unter den für diese bestehenden Formen, vorzubehalten".

Diesem System trat die Kommission entschieden entgegen und glaubte in dem nachstehenden Vorschlag eine alle berechtigten Interessen befriedigende Lösung gefunden zu haben. Darnach sollten die §§ 15 und 16 lauten:

„§ 15. Von Bekanntmachungen, Plakaten und Aufrufen, welche öffentlich angeschlagen, ausgestellt oder auf Straßen, öffentlichen Plätzen oder an anderen öffentlichen Orten unentgeltlich vertheilt werden sollen, muß, bevor der Anschlag, die Ausstellung oder die Vertheilung beginnt, ein Exemplar an die Ortspolizeibehörde gegen eine auf Verlangen zu ertheilende Bescheinigung unentgeltlich abgeliefert werden.

Ausgenommen hiervon sind die amtlichen Bekanntmachungen von Reichs-, Staats- und Gemeindebehörden, sowie solche Bekanntmachungen, Plakate und Aufrufe, welche keinen andern Inhalt haben, als Ankündigungen über gesetzlich nicht verbotene Versammlungen, über öffentliche Vergnügungen, über gestohlene, verlorene oder gefundene Sachen, über Verkäufe, Vermiethungen oder andere Nachrichten für häusliche Zwecke und für den gewerblichen Verkehr.

§ 16. Das Recht zum Erlasse polizeilicher Vorschriften und Anordnungen bezüglich der Art und des Ortes des Anschlags von Bekanntmachungen, Plakaten und Aufrufen, sowie über die öffentliche Verbreitung von Druckschriften (§ 4 und § 5) aus Rücksicht auf die Ordnung des öffentlichen Verkehrs und auf den Schutz von Privatrechten wird durch dieses Gesetz nicht berührt."

Die hier vorgeschlagenen Anordnungen wurden von dem Berichterstatter in seinem Kommissionsbericht folgender Maßen gerechtfertigt:

„Die Frage, in welchem Umfange das Plakatenwesen und was damit im Zusammenhange steht, als ein Bedürfniß des heutigen Verkehrs betrachtet werden könne, wurde von Seiten der Mehrzahl der Kommissionsmitglieder mit Rücksicht auf die bisherigen Erfahrungen dahin entschieden, daß eine Aufhebung oder weitgehende Beschränkung dieses Mittels der Veröffentlichung als eine wesentliche Lücke empfunden werden würde. In dieser Beziehung fand der Standpunkt der bisherigen preußischen Gesetzgebung, welcher auch zur Grundlage des Regierungsentwurfes gedient hat, die Billigung der Kommission nicht. Es wurde nämlich hervorgehoben, daß z. B. in großen Theilen von Süddeutschland „Plakatanzeiger" eine sehr große Verbreitung gefunden hätten und eine Belästigung des Publikums durch dieselben nicht bemerkbar geworden sei. Die von der Kommission vorgeschlagene Formulirung des § 15 geht von diesen Erfahrungen aus; sie glaubt dem öffentlichen Interesse dadurch völlig genug zu thun, daß bevor der Anschlag, die Ausstellung oder Vertheilung beginnt, ein Exemplar an die Ortspolizeibehörde abgeliefert werden muß. Auf diese Weise ist die Polizei rechtzeitig in Kenntniß gesetzt, um nöthigen Falls Vorkehr zu treffen; und diese vorherige Anzeige und Ueberreichung eines Exemplars gewinnt um so mehr praktische Bedeutung, als nach den Kommissionsvorschlägen bezüglich der Beschlagnahme die vorläufige polizeiliche Beschlagnahme zulässig ist, wenn ein Plakat den Thatbestand eines Verbrechens oder Vergehens begründet.

Als einzelne Aenderung ist hervorzuheben, daß auch Anzeigen über öffentliche Vergnügungen zu den Ausnahmen des Abs. 2 gestellt sind.

Der im § 14 der Regierungsvorlage enthaltene Vorbehalt bezüglich der Art und des Ortes der Anheftung u. s. w. ist hier näher dahin präzisirt, daß das betreffende Einschreiten nur aus Rücksicht auf die Ordnung des öffentlichen Verkehrs oder auf den Schutz von Privatrechten stattzufinden hat. Eine Kontrole des Inhaltes, soweit sie nicht zu einer Beschlagnahme auf Grund des § 27 der Kommissionsbeschlüsse stattfinden soll, ist nach der ausdrücklichen Erklärung der Kommission hier nicht beabsichtigt worden.

Ebensowenig soll die Polizei durch die ihr zustehende Befugniß das Recht des Anschlags u. s. w. illusorisch machen können, indem sie etwa einem Privaten das ausschließliche Privilegium des Plakatenwesens giebt (Littfaßsäulen), wodurch faktisch das ganze Recht unter die Censur und den guten Willen eines Einzelnen gestellt wird." (Komm.-Ber. S. 5.)

Von Seiten des Regierungskommissars war allerdings dem Vorschlage der Kommission lebhaft widersprochen und betont worden, daß nach seiner Ueberzeugung die von der Kommission beliebten Aufstellungen die Zustimmung des Bundesraths nicht finden würden. Auch in dem Plenum des Reichstags fehlte es nicht an lebhaften Debatten. Zwischen dem Berichterstatter und Regierungskommissar, den Abgeordneten Wiggers, v. Minnigerode, Parisius, Braun, Windhorst, Bähr (Kassel), Brockhaus wurde die Materie von den verschiedensten Gesichtspunkten aus erörtert, ohne daß Angesichts der endgültigen Entscheidung ein näheres Eingehen darauf hier noch nöthig wäre (vgl. Sten. Ber. S. 424—431). Unter Ablehnung aller Amendements (das Wegfallen der Worte „auf Verlangen" war nur die Konsequenz eines früheren von der Kommission selber empfohlenen Beschlusses) wurden die betreffenden Paragraphen vom Reichstage nach den Kommissionsbeschlüssen angenommen. Als es sich später darum handelte, zwischen den Reichstagsbeschlüssen in zweiter Berathung und dem Standpunkt der Bundesregierungen das Einverständniß für die dritte Berathung zu gewinnen, stellte es sich als unmöglich heraus, daß in Bezug auf das Plakatenwesen eine materielle Einigung erzielt würde. In den vertraulichen Berathungen der Kommissarien, von deren Resultaten der frühere Berichterstatter Dr. Marquardsen in seinem einleitenden Vortrage zur dritten Berathung Mittheilung machte (Einleitung, oben S. 23 ff.) stand dies fester als irgend Etwas, und unliebsame Erinnerungen an die Vorgänge der Bewegungsjahre von 1848 und 1849 schienen an entscheidender Stelle einen unauslöschlichen Eindruck gemacht zu haben. Auf der anderen Seite wollten und konnten die Kommissarien des Hauses durch das neue vom Reich kommende Preßgesetz nicht in einer Reihe deutscher Einzelstaaten ein Freiheitsgebiet beschränken, welches ohne Nachtheil für die öffentliche Ordnung bestanden und in Fleisch und Blut der Bevölkerungen übergegangen war. An diesem Punkte schien in der That das ganze Gesetz scheitern zu sollen, als der Berichterstatter auf den Vorschlag kam, die ganze Materie, die in der That mehr dem Gebiet der Ordnung des öffentlichen Verkehrs als der Presse im engeren Sinne angehört, nach dem Grundsatz des uti possidetis zu regeln. Man gab den Versuch auf, die in einzelnen Staaten vorhandenen weiteren Beschränkungen durch eine allgemein gültige Norm zu beseitigen, erhielt dagegen für diejenigen deutschen Staaten, welche die engherzigen Vorschriften des preußischen Rechts nicht kennen, die gewohnten freien Bestimmungen. So wünschenswerth es gewesen wäre, eine allgemeine Regelung im letzteren Sinne für das ganze Reich zu erlangen, ist doch nicht zu verkennen, daß lokale Sitte und Gewöhnung bei diesem Gegenstande einen gewissen berechtigten Einfluß üben. So kam die gegenwärtige Fassung des Absatzes II im § 30 zu Stande, welche der Reichstag in der dritten Berathung ohne Diskussion und Widerspruch gegen die Rechtfertigung des Berichterstatters angenommen hat.

2. In Folge dieses Grundsatzes sind die in den deutschen Einzelstaaten zur Zeit bestehenden, das öffentliche Anschlagen, Anheften, Ausstellen, sowie die öffentliche unentgeltliche Vertheilung von Bekanntmachungen, Plakaten und Aufrufen bestehenden Vorschriften aufrecht erhalten, gleichviel, ob dieselben im Wege der Gesetzgebung oder Verordnung erlassen sind. Und außerdem wahrt der Absatz ausdrücklich das Recht weiterer Gesetzgebung der Einzelländer in der betreffenden Materie. Wie schon oben hervorgehoben wurde, ist es gleichgültig, in welcher Gestalt solche Bestimmungen der bisherigen Gesetzgebung angehören, ob sie z. B. in den älteren Landes-Preßgesetzen oder in Einzelverordnungen u. s. w. enthalten sind.

3. Ohne hier eine Vollständigkeit der Uebersicht erreichen zu wollen, wird es sich empfehlen, wenigstens aus einigen deutschen Einzelstaaten den jetzigen Rechtszustand bezüglich dieser Materie zu skizziren. Zunächst für Preußen ist der § 9 des Preßgesetzes vom 12. Mai 1851 aufrecht erhalten, den die Regierungsvorlage zum Reichspreßgesetz im Wesentlichen brachte. Er lautet:

„§ 9. Anschlagezettel und Plakate, welche einen anderen Inhalt haben, als Ankündigungen über gesetzlich nicht verbotene Versammlungen, über öffentliche Vergnügungen, über gestohlene, verlorene oder gefundene Sachen, über Verkäufe oder andere Nachrichten für den gewerblichen Verkehr, dürfen nicht angeschlagen, angeheftet oder in sonstiger Weise öffentlich ausgestellt werden.

Auf die amtlichen Bekanntmachungen öffentlicher Behörden sind die vorstehenden Bestimmungen nicht anwendbar.“

Darauf bezieht sich auch und ist deshalb geltend geblieben der § 41 des preußischen Preßgesetzes:

„§ 41. Wer den Vorschriften der §§ 8, 9 und 10 zuwiderhandelt, hat eine Strafe bis funfzig Thaler oder eine Gefängnißstrafe bis zu sechs Wochen [jetzt Haftstrafe] verwirkt.“

4. Das bayerische Preßgesetz fordert in seinem Art. 39, daß auf einer „Schrift, wenn sie auf Straßen oder öffentlichen Plätzen angeheftet wird, auch (außer Name und Wohnort des Druckers oder Verlegers) der Name des Verfassers beigesetzt werde.“ „Ist diese Beisetzung auf einer Schrift unterlassen worden, so trifft den Inhaber

der Druckerei, sowie den Verbreiter eine Geldbuße bis zu zweihundert Gulden. Zugleich kann das Gericht die Konfiskation einer solchen Schrift aussprechen." Diese Bestimmungen sind sämmtlich aufrechterhalten, namentlich auch die letztere, da die gebotene Einziehung nach § 41 des deutschen Strafgesetzbuchs hier, wo es sich nicht um den strafbaren Inhalt einer Schrift handelt, keine Anwendung findet. Außerdem gelten natürlich auch für Bayern die allgemeinen Bestimmungen der Gewerbeordnung für das gewerbsmäßige Plakatiren. Bemerkenswerth ist bezüglich der Nennung des Verfassers eine Ausführung Brater's in seinem Kommentar zum bayerischen Preßgesetz S. 33: „Die Behörde wird sich häufig veranlaßt sehen, von der zweiten Bestimmung unseres Absatzes (im bayerischen Gesetz Art. 39) Umgang zu nehmen und die Anheftung des Plakates zu gestatten, obwohl auf demselben kein Verfasser genannt ist; denn bei vielen Anschlägen, z. B. Theaterzetteln, Einladungen zu Lustbarkeiten, Miethsanzeigen und dergl. würde die Handhabung obiger Vorschrift nach ihrem Wortlaute zur Absurdität führen. Ist nun eine derartige formelle Uebertretung des Art. 39 von der Polizeibehörde selbst stillschweigend zugelassen worden, so kann sie um so weniger gerichtliche Einschreitung gegen den Drucker und Verbreiter zur Folge haben."

5. Für das Königreich Sachsen ist die Regelung der Materie in dem bisherigen Preßgesetze vom 25. März 1870 enthalten, wo der Art. 15 lautet:

Art. 15. „1. Ankündigungen gesetzlich erlaubter Versammlungen, Wahlbekanntmachungen unter den im Art. 7 für Stimmzettel angegebenen Beschränkungen, sowie Anzeigen über öffentliche Vergnügungen, über gestohlene, verlorene und gefundene Sachen, über Verkäufe und Vermiethungen und sonstige Nachrichten für den gewerblichen Verkehr dürfen ohne vorherige Anzeige an den im Voraus bestimmten Orten und, was die Verkäufe oder Vermiethungen von Grundstücken und gewerbliche Ankündigungen anlangt, auch an den betreffenden Grundstücken und Gewerbslokalen selbst öffentlich angeschlagen werden.

2. Bei Plakaten anderer Art, mit Ausnahme der Bekanntmachungen öffentlicher Behörden, bedarf es der vorgängigen Anzeige bei der Ortspolizeibehörde unter Vorlegung eines Exemplars des betreffenden Plakats. Diese Plakate dürfen ebenfalls blos an den von der Behörde im Voraus bestimmten Orten öffentlich angeheftet oder angeschlagen werden."

Art. 16. enthält dazu die Strafsanktion:

„Zuwiderhandlungen gegen die Vorschriften in Art. 10 bis 15

sind mit einer Geldbuße bis zu 50 Thalern oder Gefängnißstrafe bis zu vier Wochen zu belegen."

Die Ausführungsverordnung für das sächsische Preßgesetz bemerkt zu diesem Artikel:

„Das nach Art. 15, Nr. 2 des Preßgesetzes der Ortsbehörde vorgelegte Exemplar eines Plakats ist von dieser mit Angabe des Tages und der Stunde der Vorlegung zu versehen, sodann aber dem Vorlegenden zum Nachweise der vorschriftsmäßig von ihm bewirkten Anzeige sofort wieder zurückzugeben.

Die Ortspolizeibehörden haben in geeigneter Weise bekannt zu machen, welche Orte zum Anheften oder Anschlagen von Plakaten bestimmt worden sind."

Die Verhandlungen der sächsischen Kammer über die betreffenden Bestimmungen der Gesetzesvorlage enthalten sehr viel Interessantes und finden sich ausführlich neben den Regierungsmotiven bei Bausch, Sächsisches Preßgesetz, S. 76 ff. dargestellt.

6. Was Baden anlangt, so spricht das Preßgesetz vom 2. April 1868 über das Plakatwesen in seinem Tenor gar nicht, es bemerkt jedoch Behaghel in seiner Erläuterung desselben S. 12: „Durch die bisher besprochene Vorschrift ist (in positiver Weise) nur die Herstellung und gewerbsmäßige Verbreitung von Preßerzeugnissen freigegeben; allein es ist hinfort auch jede andere Art der Verbreitung, namentlich auch das bisher nur mit besonderer Erlaubniß der Bezirkspolizeibehörde ausnahmsweise gestattete Anbieten, Vertheilen und Anschlagen von Drucksachen an öffentlichen Orten freigegeben." Selbstverständlich werden hier wie anderswo auch neben dieser Freigebung die der Sicherung des öffentlichen Verkehrs dienenden Vorschriften der Lokalpolizei Anwendung zu finden haben. Ebenso auch der Gesichtspunkt der Wahrung von aus dem Eigenthum fließenden Rechten. Darüber hieß es schon in dem Bericht der Reichstagskommission von 1873, S. 5:

„Was die Orte der Anheftung von Plakaten betrifft, so versteht sich von selbst, daß, abgesehen von den privatrechtlichen Rücksichten wonach z. B. ein Hauseigenthümer die Benutzung seines Hauses zu solchen Anheftungen verwehren kann, auch aus Rücksichten auf den öffentlichen Verkehr (z. B. in engen Passagen, die durch das Stehenbleiben der Vorübergehenden vor Plakaten noch mehr verengt werden könnten) eine Beschränkung in dieser Hinsicht geboten erscheinen kann."

7. Mit dem eben hervorgehobenen Gesichtspunkt stimmt überein das weimarische Preßgesetz vom 25. Juli 1868, welches in Art. 3 vorschreibt:

„Oeffentlich angeschlagene Druckschriften und Plakate müssen den Namen und die Firma der Druckerei angeben, aus welcher sie hervorgegangen sind.

Die straßenpolizeilichen Vorschriften über das Anschlagen von Druckschriften werden hierdurch nicht berührt."

Ueber das Erforderniß der Nennung des Druckers und (?) der Firma ist auf das früher Bemerkte zu verweisen, daß Plakate auch Druckschriften sind und deshalb den dafür im Allgemeinen durch das Reichspreßgesetz aufgestellten Vorschriften unterliegen. Die besonderen und weitergehenden Forderungen der Landesgesetze aus dem Gesichtspunkt der Verkehrspolizei derogiren nicht, sondern ergänzen jene allgemeinen Erfordernisse.

8. Demgemäß bestimmt auch das Lübecker Preßgesetz vom 25. September 1869 im Art. 1 ad finem: „Auch Straßenanschläge müssen den Namen des Druckers enthalten."

9. Daß die Berücksichtigung des Plakatwesens in den Bestimmungen des Reichsgesetzes über die polizeiliche Beschlagnahme, welche nach dem Vorschlag der Kommission bei Plakaten gestattet sein sollte, aus dem betreffenden Paragraphen des Preßgesetzes auszuscheiden war, ergab sich als Konsequenz des Grundsatzes, das Plakatwesen den bisherigen oder künftigen landesgesetzlichen Bestimmungen zu unterstellen.

10. In neuester Zeit ist da, wo das Plakatwesen einschränkenden Vorschriften, wie z. B. in Preußen, unterliegt, die Frage erörtert worden, ob das Anschlagen von Extrablättern einer Zeitung als widerrechtliches Plakatiren angesehen werden muß. Dem Wortlaut des betreffenden Artikels des preußischen Preßgesetzes wird kein anderer Sinn abzugewinnen sein, so häufig auch dadurch dem allgemeinen Interesse, ohne daß anderer Schaden abgewehrt würde, entgegengetreten wird. Allerdings kann hier durch die „amtlichen Bekanntmachungen", freilich auf einem zweifelhaften Umwege, geholfen werden. Etwas Anderes als das Anschlagen von Extrablättern selber ist die Mittheilung, daß ein Extrablatt in der Expedition zu haben sei u. s. w. Hierin liegt eine Anzeige über „Verkäufe" oder „Nachrichten für den gewerblichen Verkehr", welche z. B. das preußische Gesetz (vgl. oben) ausdrücklich ausnimmt.

III. 1. In diesem Absatz werden aufrechterhalten die Vorschriften der Landesgesetze über Abgabe von Freiexemplaren an Bibliotheken und öffentliche Sammlungen. Dieser Vorbehalt hat sowohl in der Kommission als dem Reichstag selber zu den ausführlichsten Debatten Anlaß geboten, weil in dem Verlangen nach der Beseitigung dieser unentgeltlichen Hergabe ein lang gehegter Wunsch der deutschen Verleger zum Ausdruck kommt. Die Regierungsvorlage hatte den Vorbehalt aufrecht erhalten und es hieß dazu in den Motiven (S. 23): „Rücksichtlich der Freiexemplare, welche an Bibliotheken und öffentliche Sammlungen abgegeben werden, ist zu bemerken, daß diese, insofern ihre Abgabe nicht zu preßpolizeilichem Zwecke erfolgt, sehr wesentlich von den Pflichtexemplaren sich unterscheiden. Die bezügliche Verpflichtung der Presse [eigentlich hier des Verlagsgeschäfts] berührt nur partikulare Interessen, und die Frage ihres Fortbestandes erscheint für eine gemeinsame Gesetzgebung über die Presse ohne Bedeutung."

Dieser Theil der Vorlage erregte unter der deutschen Buchhändlerwelt großen Unwillen, welcher in der schon öfter angezogenen Vorstellung des Börsenvereins der deutschen Buchhändler zum Ausdruck kam. Es heißt darin — und das Ansehen dieser Repräsentation des gesammten deutschen Buchhandels rechtfertigt die vollständige Mittheilung — wie folgt:

„Die Abgabe von Pflichtexemplaren an öffentliche Bibliotheken ist seit 20 und mehr Jahren bei allen Berathungen über deutsche Preßgesetze lebhaft erörtert und angefeindet worden. Trotzdem ist die Abschaffung dieser lästigen Versteuerung bis jetzt erst im Königreiche Sachsen, im Großherzogthum Sachsen und in Baden durchgesetzt.

Es verstößt die Verpflichtung zur Abgabe von Pflichtexemplaren zunächst gegen die Vorschriften der Deutschen Gewerbeordnung in § 7 ad 6:

> „Vom 1. Januar 1873 ab sind, soweit die Landesgesetze solches nicht früher verfügen, aufgehoben: vorbehaltlich der an den Staat und die Gemeinde zu entrichtenden Gewerbesteuer, alle Abgaben, welche für den Betrieb eines Gewerbes entrichtet werden, sowie die Berechtigung, dergleichen Abgaben aufzuerlegen."

Ebenso gegen die Vorschrift im § 28 des Entwurfes selbst, denn unmittelbar nach der Verpflichtung zur Abgabe von Pflichtexemplaren steht die Bestimmung, daß eine besondere Besteuerung der Presse und der einzelnen Preßerzeugnisse nicht stattfindet.

Die Abgabe von Pflichtexemplaren trägt aber unter allen Umständen den Charakter einer eigenthümlichen Besteuerung der Preßgewerbe an sich, und zwar wird der Verlagsbuchhandel dadurch in völlig ungleichem Maße besteuert.

Denn während der Verleger von populären, in sehr großer Auflage gedruckten, recht eigentlich zum Massenvertrieb bestimmten Werken so gut wie gar nicht durch Abgabe zweier Exemplare berührt wird, trifft diese Abgabe den Verleger von gediegenen, theuren wissenschaftlichen Werken, die nur in mäßiger Auflage hergestellt werden, recht empfindlich. Einmal wird bei geringer Auflage die Herstellung (zumal unter den seit Jahr und Tag ganz enorm gesteigerten Produktionskosten) pro Exemplar immer schon einen bei der Kalkulation ins Gewicht fallenden Betrag darstellen, dann aber muß sich der Verleger solcher wissenschaftlichen Werke noch sagen, daß er an Stelle der auf seine Kosten hergestellten, gratis abzugebenden zwei Exemplare sicherlich zwei Exemplare der Auflage an eben diese Bibliotheken abgesetzt haben würde. Die ganz allgemein verbreitete Ansicht, daß es dem Verleger auf zwei Exemplare seiner Verlagswerke nicht ankommen könne, wird am besten widerlegt, wenn der Betrag dieser Abgabe in Erwägung genommen wird. Beispielsweise hat eine Hallische Verlagsbuchhandlung im Jahre 1872 wissenschaftliche Bücher im Betrage von 130 Thlr. als Pflichtexemplare abgeliefert, eine Berliner Verlagshandlung im Jahre 1873 für 109 Thlr., eine andere Berliner Verlagshandlung in demselben Jahre für 120 Thlr.

Man wird zugeben müssen, daß diese Art der Extrabesteuerung sehr ins Gewicht fällt und, wie schon bemerkt, nicht nur mit dem im Entwurfe selbst verheißenen Fortfall jeglicher weiteren Besteuerung (außer der Gewerbesteuer) im grellsten Widerspruche steht, sondern auch außer dem Verlagsbuchhändler keinem andern Gewerbtreibenden oder Fabrikanten irgendwo zugemuthet wird.

Dieselben Bedenken treten hinsichtlich der fachwissenschaftlichen Zeitschriften ein, welche oft nur in sehr kleiner Auflage von 200—250 Exemplaren zu ziemlich hohem Preise abgesetzt werden, und bei denen selbstverständlich die Herstellungskosten auf jedes einzelne Exemplar der Auflage bei der Kalkulation in Anschlag gebracht werden müssen.

Nicht minder empfindlich ist diese Abgabe bei besonders werthvoll ausgestatteten Prachtwerken, welche oft nicht einmal für die Zwecke der öffentlichen Bibliotheken von Interesse sind. In Bezug auf solche Prachtwerke hat das österreichische Preßgesetz den Ausweg gewählt, daß 50 pCt. des Ladenpreises dem Verleger zurückvergütet werden. (Cfr. § 18 des österreichischen Preßgesetzes vom 17. Dezember 1862 und § 9 der Amtsinstruktion dazu.)

Hierbei sei noch erwähnt, daß der bei vielen öffentlichen Bibliotheken leider bestehende Unfug des öffentlichen Verkaufens der nicht für die Zwecke der Bibliothek geeigneten Pflichtexemplare als sogenannte „Doubletten“ den Verleger gleichfalls schädigt und seine Werke in den Augen des Publikums entwerthet.

Der schon erwähnte Umstand, daß die königlich sächsische Regierung mit Erlaß des Preßgesetzes vom 24. März 1870 auf die Ablieferung der Pflichtexemplare Verzicht geleistet hat, dürfte um so mehr in's Gewicht fallen, als die sächsische Regierung es von jeher verstanden hat, in Sachen der Presse und des Buchhandels durch eine wohlerwogene Gesetzgebung die Interessen der betreffenden Berufskreise, welche bekanntlich gerade in Leipzig eine überaus wichtige Ausdehnung genommen haben, in jeder Beziehung zu fördern. Es dürfte demnach äußerst mißlich sein, eine im Centralpunkt des deutschen Buchhandels seit vier Jahren durch die Landesgesetzgebung glücklich beseitigte Abgabe jetzt im Wege der Reichsgesetzgebung dort wieder einführen zu wollen. [Dies war ein Mißverständniß, da der Regierungsvorschlag nur die in den Einzelstaaten etwa bestehende Verpflichtung nicht aufheben wollte.]

Einen besonders wichtigen Grund gegen die Abgabe der Pflichtexemplare sehen wir aber endlich noch darin, daß es offenbar der Staatsregierungen durchaus unwürdig ist, die Dotirung ihrer öffentlichen Bibliotheken auf diese Weise, wenn auch nur zum Theil, durch unwillig dargebrachte Geschenke zu bewirken. In dieser Beziehung wolle der hohe Reichstag sich zurückrufen, was vor wenigen Wochen im Hause der Abgeordneten einer der berufensten, mit dem Wesen und Wirken der öffentlichen Bibliotheken durchaus vertrauten Gelehrten über die Dotirung der königlichen Bibliothek in Berlin gesagt hat. Diese treffende Ausführung an so gewichtiger Stelle hat den Regierungen auf's Eindringlichste die Verpflichtung nahe gelegt, im Interesse der öffentlichen Bildung und Humanität für angemessene Dotirung der öffentlichen Bibliotheken Sorge zu tragen und auf den Zuwachs der Sammlungen durch Pflichtexemplare ein für allemal zu verzichten."

Ueber die Verhandlungen in der Kommission heißt es im Kommissionsbericht (S. 16):

„Während der 1. Absatz des § 34 [jetzt 30] zur Erörterung und Meinungsverschiedenheit keinen Anlaß bot, war dies in einem nicht unbedeutenden Grade der Fall bezüglich des Absatzes 2 des Paragraphen, wonach die Vorschriften der Landesgesetze über Abgabe von Freiexemplaren an Bibliotheken und öffentliche Sammlungen durch dieses Gesetz nicht berührt werden. Bekanntlich hat schon seit mehreren Jahren von Seiten der deutschen Buchhändler eine lebhafte Bekämpfung dieser landesgesetzlichen Bestimmungen stattgefunden. Auch die dem Reichstage vorgelegte Petition des Börsenvereins der deutschen Buchhändler ergeht sich in ausführlicher Darstellung über dieses Thema. In den verschiedenen Landesvertretungen hat die Frage gleichfalls gespielt und es ist nicht zu verkennen, daß in den Kreisen der

Verpflichteten das Gefühl vorherrscht, daß hier ein Unrecht, eine rechtlich nicht begründete Forderung auf dem deutschen Buchhandel laste. Wenn nichtsdestoweniger in der Mitte der Kommission die Meinungsverschiedenheit darüber, ob im gegenwärtigen Gesetze der von der Regierung vorgeschlagene Passus stehen bleiben solle, zur völligen Stimmengleichheit führte, so hielten diejenigen, welche nicht für den beantragten Abstrich dieser Klausel waren, zunächst daran fest, daß es nicht wohl Sache der allgemeinen deutschen Gesetzgebung sei, diese Einzelnheiten, die in den verschiedenen Ländern auf verschiedenen Rechts- oder Gewohnheitstiteln ruhen mögen, mit einem Federstrich zu beseitigen. Als weiteres Bedenken gegen ein solches plötzliches Einschreiten der Centralgesetzgebung wurde betont, daß die materielle Einbuße, welche die deutschen Verleger durch die betreffenden landesrechtlichen Bestimmungen erleiden, nicht schwer in's Gewicht fallen könne. Dagegen wurde mit Nachdruck eingewendet, daß, wo kein Rechtsgrund nachweisbar sei, auch keine Rechtspflicht bestehe und bei dieser Empfindung der Ungerechtigkeit das größere oder geringere Maß der materiellen Einbuße nicht in Betracht zu ziehen sei. Was frühere Zeiten anbelange, so möge immerhin in der Gewährung von Privilegien an Buchhändler und Verleger eine Gegenleistung für die jetzt noch geforderten Auflagen bestanden haben, heutzutage sei dies nicht mehr der Fall.

Da bei der Frage des Vorsitzenden, ob der betreffende Absatz 2 des § 34 (§ 29 der ursprünglichen Regierungsvorlage) als Theil der Vorlage eingesetzt werden solle, sich nur 7 Stimmen dafür und ebenso 7 dagegen erklärten, mußte der Absatz als abgelehnt gelten. Dagegen wurde ein anderer Antrag, in dem 3. Absatz nach „Abgabe von Inseraten" zuzusetzen „von Freiexemplaren" mit Stimmenmehrheit abgelehnt."

Aus dem Protokoll der siebenten Sitzung der Kommission vom 5. März ist dazu noch nachzutragen, daß der Abg. Dr. Brockhaus den Antrag stellte, den Absatz II (jetzt III) zu streichen und dagegen in Absatz III (jetzt IV) einzuschalten nach „Zeitungs- und Kalenderstempel: „Freiexemplare an Bibliotheken und öffentliche Sammlungen". „Abg. Jörg wünschte bei Befürwortung des Antrags eine andere Redaktion, da es sich hier um eine eigentliche Besteuerung nicht handele." „Nachdem die Beibehaltung des Absatzes, wie in dem Bericht erwähnt, durch Stimmengleichheit abgelehnt worden, zog der Abg. Brockhaus sein zu Absatz III gestelltes Amendement zurück. Abg. Graf Eulenburg nahm darauf den Antrag des Abg. Brockhaus wieder auf. Dieser Antrag wurde gegen sechs Stimmen abgelehnt. Es wird hierzu bemerkt, daß Graf

Eulenburg, der sich vorher gegen den Antrag ausgesprochen hatte, erklärte, er nehme den Antrag quaest. nur zu dem Zwecke wieder auf, um eine Abstimmung über denselben herbeizuführen (Protokoll der siebenten Sitzung vom 5. März 1874). Darnach ist sowohl die ausdrückliche Beibehaltung der Freiexemplare, so weit sie in den landesgesetzlichen Bestimmungen begründet sind, als auch ihre ausdrückliche Aufhebung durch das Reichsgesetz in der Kommission abgelehnt worden.

Bei den Verhandlungen im Plenum (Stenogr. Ber. S. 504 ff., Sitzung vom 23. März 1874) bemerkte der Berichterstatter:

„Ich werde im Interesse des hohen Hauses handeln, wenn ich mich in dieser Materie auf die Auseinandersetzungen beziehe, die im gedruckten Bericht vor Ihnen liegen. Und wenn ich hinzufüge, daß ich persönlich zur juristischen Minderheit in der Kommission gehörte, so glaube ich verantworten zu können, wenn ich sage, daß die Darstellung eine unparteiische gewesen ist."

Er gab dann noch an, daß sich einer Petition gegen Aufhebung der Freiexemplare für Bibliotheken Zustimmungserklärungen von Universitätsbibliotheken aus Breslau, Bonn, Greifswald, Halle, Königsberg, Kiel u. s. w. angeschlossen haben. Während aus der Reichstagsmitte Dr. Oncken die Beibehaltung der Freiexemplare ganz besonders im Interesse der späteren Geschichtsschreibung, welche nur so das Material für ein getreues Bild der Tagesströmungen erhalten könne, vertheidigte, begründete Dr. Brockhaus ausführlich den von der deutschen Verlegerwelt hierin eingenommenen Standpunkt und die dafür sprechenden Momente. Nachdem noch Abg. Dr. v. Schulte lebhaft für die Beibehaltung der Regierungsvorlage in diesem Punkte sich ausgesprochen, wurde zuerst der Antrag des Abg. Brockhaus, als Absatz II einzufügen:

„Auch werden durch dieses Gesetz die Vorschriften der Landesgesetze über Abgabe von Freiexemplaren an Bibliotheken und öffentliche Sammlungen aufgehoben,"

abgelehnt, ebenso ein Amendement Oncken:

„Von Werken, deren Ladenpreis den Betrag von fünfzehn Mark übersteigt, können Freiexemplare nicht verlangt werden."

Das gleiche Schicksal hatte ein eventuell gestelltes Amendement desselben Abgeordneten, wonach der damalige § 34 den Zusatz erhalten sollte:

„Die in den Landesgesetzen ausgesprochene Verpflichtung zur Abgabe von Freiexemplaren an Bibliotheken und öffentliche Sammlungen haben Verleger und Verfasser, beziehungsweise Herausgeber gemeinsam zu tragen; von Prachtwerken mit Abbildungen können jedoch Freiexemplare nicht verlangt werden."

Auch der letzte Zusatz betreffs der Prachtexemplare, welcher auch als selbstständiges Amendement zur Abstimmung kam, wurde abgelehnt und dann die Wiederherstellung der Regierungsvorlage „mit großer Majorität" (Sten. Ber. S. 512) beschlossen. Eine von Bonner Professoren zu Gunsten dieser Beibehaltung eingereichte Petition vom 7. März 1874, an deren Spitze H. v. Sybel stand, war ersichtlich nicht ohne Eindruck geblieben.

Bei der dritten Berathung des Gesetzes wurde ein weiterer Versuch gemacht, die von den Verlegern so schwer empfundene Verpflichtung wenigstens dem Umfange nach zu beschränken. Der Abg. Reichensperger (Crefeld) beantragte den Zusatz:

„Von Werken, deren Ladenpreis den Betrag von fünfzehn Mark übersteigt, sowie von Werken, welche in neuer, unveränderter Auflage erscheinen, können jedoch Freiexemplare nicht verlangt werden."

Die Motivirung desselben findet sich im Sten. Ber. S. 1116.

Vom Abg. Wehrenpfennig, welcher auf die Unverhältnißmäßigkeit der Gewerbesteuer und der in den Freiexemplaren liegenden Belastung renommirter Verleger hinwies, war der Unterantrag gestellt, statt fünfzehn Mark fünf Mark zu setzen, da für die Sammlung der kleinen zeitgenossischen literarischen Erscheinungen aller Art im Interesse späterer Geschichtsforschung diese Grenze der Freiexemplare vollkommen genüge. Nach Ablehnung dieser Modifikation stimmte das Haus über das Amendement Reichensperger ab. Dasselbe wurde, da die gewöhnliche Abstimmungsweise durch Aufstehen und Sitzenbleiben kein sicheres Resultat ergab, in der neuen Art der Itio in partes und Zählung mit 153 gegen 146 Stimmen abgelehnt. Darnach war die ursprüngliche Stimmengleichheit in der Kommission ein annähernd getreues Abbild des Meinungsstandes im ganzen Hause.

2. Diese Entscheidung weist die Reformbestrebungen in dieser Frage auf das Gebiet der Einzelstaatsgesetzgebung. Der Abg. Hullmann, der sich in der Kommission dem Antrage des Dr. Brockhaus angeschlossen und denselben auch noch in der zweiten Berathung des Plenums unterstützt hatte, bemerkte bei der dritten Berathung mit Recht (St. B. S. 1117):

„Der Kernpunkt der Frage ist: Aufhebung des Rechts auf Freiexemplare durch die Reichsgesetzgebung oder Ueberlassung der ganzen Materie an die Landesgesetzgebung. Ich meine, der Gegenstand ist so unerheblich, daß die außergewöhnliche Form, hier das Recht der Landesgesetzgebung zu beschränken, während sie prinzipiell zugelassen wird, und zu beschränken auch noch durch gewisse willkürliche Griffe, sich nicht wohl ziemt. Die Anträge, welche die Herren Abgeordneten Dr. Reichensperger und Dr. Wehrenpfennig gestellt haben, sind nur geeignet, da vertreten zu werden, wo über die Landesgesetzgebung zu beschließen ist, das ist bei den Kammern der einzelnen Staaten."

3. Ueber den gegenwärtigen Stand der Landesgesetzgebungen, der allerdings bunt genug ist, giebt eine Zusammenstellung in Nr. 78 des Börsenblatts für den deutschen Buchhandel vom 6. April 1870 folgende Auskunft, zu der der Verfasser Herr Buchhändler Bertram später einige Berichtigungen und Ergänzungen geliefert hat. Darnach gelten nachfolgende Vorschriften:

„In Anhalt müssen nach § 7 des provisorischen Preßgesetzes vom 26. December 1850 zwei Exemplare sämmtlicher neuer Verlagsartikel unentgeltlich an die herzogl. Staatsregierung eingeliefert werden. Dazu fordert die Polizei ein drittes Exemplar, welches nicht wieder zurückgegeben wird. Von den beiden ersten geht das eine an die herzogl. Bibliothek zu Dessau.

In Braunschweig ist der Buchhandel gesetzlich nicht verbunden, irgend welche Freiexemplare zu gewähren, doch werden auf jedesmaliges besonderes Ansuchen von einzelnen Verlegern einzelne Verlagsartikel gratis an die Bibliothek zu Wolfenbüttel geliefert.

In Bremen bestand bis 1848 die Verpflichtung zur Abgabe von zwei Exemplaren einer jeden Druckschrift über 20 Bogen, von denen eins gestempelt zurückgegeben wurde, an die Polizeidirektion; seit jener Zeit besteht die Verpflichtung nicht mehr, ohne daß sie jedoch gesetzlich aufgehoben wäre.

In Hamburg ist der Verleger gehalten, von jeder dort entstandenen Druckschrift ein Exemplar an die Stadtbibliothek abzuliefern. Die Zeitschriften erhält die Polizeibehörde. Auf Ersuchen der Stadtbibliothek verpflichteten sich die dortigen Verleger außerdem noch, die etwa auswärts gedruckten Bücher an dieselbe gratis zu geben. Die eingelieferten Exemplare dienten gleichzeitig als Nachweis des Verlagsrechtes bei etwaiger Infragestellung desselben.

In Lippe-Detmold existirt keine gesetzliche Verpflichtung zu dieser Abgabe, doch giebt die einzige dortige Verlagshandlung freiwillig Freiexemplare an die dortige öffentliche Bibliothek und andere Institute des Landes.

In Lippe-Schaumburg gibt es keine Verlagshandlung (bis 1848 auch keine Sortimentsbuchhandlung).

In Lübeck hat nach § 5 des Preßgesetzes vom 22. November 1869 der Drucker beziehentlich der Verleger von jeder dort gedruckten oder verlegten Schrift längstens ein halbes Jahr nach dem Erscheinen ein Exemplar unentgeltlich an die Stadtbibliothek abzuliefern.

In Mecklenburg-Schwerin müssen von allen Druckschriften unter zwanzig Bogen zwei Exemplare an das Polizeiamt abgeliefert werden; wohin dieselben weiter gelangen, ist nicht bekannt, namentlich nicht, daß eine Bibliothek in deren Besitz kommt.

In Mecklenburg-Strelitz werden zwei Exemplare an das Ortsgericht eingereicht. Hiervon geht das eine „zu den Akten", das andere an die großherzogl. Regierung in Neustrelitz.

In Oldenburg ist die Lieferung von Pflichtexemplaren unbekannt. Die Bibliotheken kaufen was sie gebrauchen, namentlich die öffentliche Bibliothek sämmtliche Oldenburgica.

Im Königreich Sachsen hat das Preßgesetz vom 24. März 1870, Art. 10 die Ablieferung der Pflichtexemplare von Büchern ganz aufgehoben; dagegen war, wie schon oben besprochen, die Einlieferung der Zeitschriften und Zeitungen an die Ortspolizeibehörde im preßpolizeilichen Interesse beibehalten.

In Sachsen-Weimar übernahm zur Zeit der „Privilegien" ein jeder Buchhändler und Buchdrucker mit seinem Privilegium die Verpflichtung, „von allen gedruckten Sachen" drei Exempläre an besonders bezeichnete Bibliotheken gratis abzuliefern. Namentlich schrieb das Statut der Universität Jena vom 22. Januar 1591, und das Visitationsdekret vom 21. Juli 1681 für alle Konzessionsinhaber einer Buchhandlung oder Druckerei die Ablieferung von Pflichtexemplaren an die Universitätsbibliothek in Jena, die Bibliotheken zu Weimar und eine dritte öffentliche Bibliothek (Eisenach) vor.

Durch Ministerialreskript vom 31. Dezember 1866 ist diese Bestimmung aufgehoben, dagegen soll den zu Konzessionirenden „anempfohlen" werden, den Bibliotheken zu Weimar und Jena je ein Exemplar ihres Verlages gratis zu liefern.

In Sachsen-Altenburg sind durch das Preßgesetz vom 30. Dezember 1868 sämmtliche Pflichtexemplare von Zeitschriften und Büchern in Wegfall gekommen. Früher mußte von jeder neuen Druckschrift je ein Exemplar an die Polizeidirection und an die Staatsanwaltschaft abgegeben werden.

In Sachsen-Coburg-Gotha besteht eine gesetzliche Verpflichtung zur Ablieferung von Pflichtexemplaren nicht mehr, doch ertheilt ein herzogl. Dekret vom 7. Dezember 1867 den Verwaltungsbehörden die Anweisung, „bei Ertheilung von Konzessionen künftig darauf Bedacht zu nehmen, daß die Verlagsbuchhändler die Verpflichtung übernehmen, ein Exemplar ihrer Verlagsartikel an die Schloßbibliothek zu Gotha abzuliefern.

Selbstverständlich dürfte die Konzession nicht verweigert werden, wenn der Betreffende die Uebernahme der Verpflichtung ablehnt.

In Sachsen-Meiningen waren bis zu Anfang der fünfziger Jahre die Buchhändler verpflichtet, je ein Exemplar ihrer neuen Verlagsartikel an die öffentliche Bibliothek zu Meiningen und an die Universitätsbibliothek zu Jena gratis zu liefern. Seit der Zeit wird diese Verpflichtung nicht mehr ausgeübt; ob sie durch eine öffentliche Verordnung aufgehoben wurde, war dem Referenten nicht bekannt.

In Schwarzburg-Rudolstadt müssen von allen Verlagsartikeln vier Exemplare an die Geheime Kanzlei abgegeben werden, von denen eins an die fürstliche Bibliothek, drei für die „Spitzen der Behörden" bestimmt sind.

In Schwarzburg-Sondershausen ist jeder Verleger verpflichtet, ein Exemplar seines Werkes an die Bibliothek des Ministeriums einzuliefern.

In Reuß ältere Linie besteht keine derartige Abgabe. — In Reuß jüngere Linie sind durch das Preßgesetz vom Juni 1868 die Pflichtexemplare beseitigt.

In Waldeck wird ein Pflichtexemplar an die Gymnasialbibliothek in Corbach geliefert.

In Preußen bestimmt der § 6 des Preßgesetzes vom 12. Mai 1851, welcher noch Kraft hat: „An der bisherigen Verpflichtung des Verlegers, zwei Exemplare seiner Verlagsartikel und zwar eins an die königl. Bibliothek in Berlin, das andere an die Bibliothek derjenigen Provinz, in welcher er wohnt, unentgeltlich einzusenden, wird nichts geändert." Ueber die Entstehung und Geschichte dieser älteren Vorschriften, soweit es sich um die älteren preußischen Provinzen handelt, findet sich eine lesenswerthe Darstellung in dem Börsenblatt für den deutschen Buchhandel von 1869, Nr. 72.

In den neupreußischen Provinzen waren die betreffenden Bestimmungen folgende:

In Hannover mußten früher je zwei Exemplar aller neuen Verlagsartikel an die königl. Bibliothek in Hannover und an die Universitätsbibliothek in Göttingen geliefert werden. An die Stelle der ersteren, welche dem König Georg als Privateigenthum zugesprochen wurde, ist jetzt die königl. Bibliothek in Berlin getreten.

In Hessen-Nassau werden seit 1866 gar keine Pflichtexemplare reklamirt. Früher lieferte man in dem Kurfürstenthum Hessen Exemplare an die Landesbibliothek in Cassel, die Universitätsbibliothek in Marburg und die bischöfliche Bibliothek in Fulda; in Nassau an die herzogl. Bibliothek in Wiesbaden.

In Frankfurt scheint es Tradition gewesen zu sein, daß die Stadtbibliothek in Frankfurt mit einem Freiexemplare bedacht wurde; verlangt hat man ein solches nicht. Zur Zeit des Frankfurter Parlaments beschloß eine Versammlung dort angesessener Buchhändler und buchhändlerischer Parlamentsmitglieder, ein Exemplar ihrer neuen Verlagsartikel an die Reichsbibliothek zu liefern und damit eine genaue Bücherrolle anzubahnen. Nach Auflösung des Parlaments wurde der größte Theil dieser Bibliothek dem Germanischen Museum zu Nürnberg überwiesen.

Gegenwärtig empfängt die königl. Polizeidirektion ansichtsweise ein Exemplar aller gedruckten Bücher.

Im Herzogthum Lauenburg hat nie eine gesetzliche Verordnung zur Ablieferung von Pflichtexemplaren bestanden.

In Schleswig-Holstein mußten zur dänischen Zeit alle in den beiden Herzogthümern gedruckten Bücher an die Universitätsbibliothek nach Kiel geliefert werden. Für anderwärts gedruckte Verlagsartikel galt diese Bestimmung nicht. Seit der Einverleibung in die preußische Monarchie sind weder für Kiel noch etwa nach Berlin Pflichtexemplare reklamirt."

Zur Vervollständigung dieser sich auf die Länder des damaligen norddeutschen Bundes beschränkenden Uebersicht bemerken wir noch über den Rechtszustand in der betreffenden Materie für Süddeutschland:

In Bayern ist der Gegenstand durch den Art. 68 des Gesetzes vom 28. Juni 1865 (Gesetzblatt von 1865, Nr. 10) geregelt, welcher in dem Einführungsgesetze vom 22. April 1871, wodurch auch das Reichsgesetz vom 11. Juni 1870, betr. das Urheberrecht an Schriftwerken u. s. w., in Bayern eingeführt wurde, ausdrücklich aufrecht erhalten worden ist. Derselbe lautet: „Jeder Inländer, der ein literarisches Erzeugniß, eine musikalische Komposition oder ein Werk der zeichnenden Kunst im Inlande verlegt, ist verbunden, bei der Herausgabe zwei Exemplare an das königliche Staatsministerium des Innern für Kirchen- und Schulangelegenheiten abzuliefern und die Ablieferung bei jeder neuen verbesserten Auflage zu wiederholen." In der Sitzung der bayerischen Abgeordnetenkammer vom 19. April 1872 wurde ein Antrag auf Beseitigung dieser Abgabepflicht gestellt, aber abgelehnt. Bei dieser Gelegenheit führte der

Abg. Ruland an, daß schon 1662 von den Herzogen in Bayern eine ähnliche Bestimmung getroffen wurde.

Für Württemberg, wo ebenfalls vor einigen Jahren ein Antrag auf Beseitigung dieser Abgabe in der zweiten Kammer erfolglos blieb, beruht die Pflicht auf einer Bestimmung des Gesetzes vom 30. Januar 1817, wo es im § 17 heißt: „Jeder Buchdrucker ist verbunden, von jeder von ihm gedruckten Schrift der für das Studienwesen niedergesetzten Centralstelle ein von dieser der öffentlichen Bibliothek nachher zuzustellendes Freiexemplar zu übergeben."

Vor dem Erlaß des Preßgesetzes vom 2. April 1868 galt seit Anfang dieses Jahrhunderts in Baden die Bestimmung, daß die inländischen Verleger zur Abgabe von je einem Exemplar jedes verlegten Werks an die großherzogliche Hofbibliothek in Karlsruhe und an jede der beiden Landesuniversitäten zu Heidelberg und Freiburg verpflichtet waren. In Folge des Preßgesetzes von 1868 — hat das Ministerium des Innern durch Erlaß vom 30. Januar 1869 verfügt — seien diese Verpflichtungen als aufgehoben zu betrachten. Dagegen wurde den Bezirksämtern aufgegeben, künftig die gemäß § 6 des badischen Preßgesetzes bei der Polizeibehörde zu hinterlegenden Schriften, mit Ausnahme der Zeitungen und Zeitschriften, sobald sie bei den Aemtern entbehrt werden können, dem großherzoglichen Ministerium vorzulegen. Der angezogene § 6 des badischen Preßgesetzes vom Jahre 1868 — jetzt durch den § 9 des Reichspreßgesetzes aufgehoben — lautete folgendermaßen:

> „Seit dem Beginn der Austheilung einzelner Blätter oder Hefte einer im Großherzogthum erscheinenden Zeitung und Zeitschrift und ebenso von jeder sonstigen Schrift, die nicht über fünf Bogen im Druck beträgt, hat der Drucker ein Exemplar bei der Polizeibehörde zu hinterlegen, welche auf Verlangen hierüber eine Bescheinigung mit Angabe des Tages und der Stunde der Hinterlegung ausstellt.
>
> Ausgenommen von dieser Vorschrift sind Blätter und Schriften rein wissenschaftlichen, artistischen oder technischen Inhalts und amtlich herausgegebene Blätter."

Das Resultat ist jetzt, daß keinerlei Hinterlegung beim Ministerium mehr erfolgt, da das Pflichtexemplar nur bei Zeitungen und Zeitschriften nach § 9 des Reichsgesetzes zu fordern ist.

Im Großherzogthum Hessen gilt eine Ministerialverfügung vom 5. October 1836, welche unter wesentlicher Beibehaltung älterer Bestimmungen vorschreibt, daß von jedem im Großherzogthum Hessen gedruckten Werk 3 Exemplare für die drei Provinzialbibliotheken (eine davon ist die Universitätsbibliothek zu Gießen) abgeliefert werden müssen.

Uebrigens kann die deutlich ausgesprochene Ueberzeugung fast der Hälfte des deutschen Reichstags, daß die betreffenden Ansprüche in den Einzelstaaten ermäßigt werden müssen, wenn man sie nicht ganz aufgeben will, bei künftigen Regulirungen der Frage nicht ohne Einfluß bleiben.

IV. 1. Nach der materiellen Seite ist der letzte Absatz dieses Artikels der wichtigste des Gesetzes und die darin ausgesprochene, den § 1 des Gesetzes näher ausführende Befreiung der deutschen Presse von den ihr bisher auferlegten fiskalischen Fesseln, die dies nicht allein waren, hat deshalb kaum weniger Werth, weil in einem kleineren Theile Deutschlands dergleichen Auflagen nicht oder nicht mehr bestanden. Die betreffende Abgabe kam da, wo sie bestand, nach ihrem finanziellen Ertrag für den Staat gar nicht in Vergleich mit den Uebelständen, welche sie sonst im Gefolge hatte. Wenn man von Seiten der Gegner der Aufhebung der Zeitungssteuer wohl die Befürchtung aussprechen hörte, diese Maßregel werde eine Fluth von kleinen schlecht redigirten Zeitungsblättern nach sich ziehen, so hat sich dies, vielleicht zur Ueberraschung Vieler, bisher in keiner Weise gezeigt.

2. Von der Aufhebung der Kautionen für periodische Druckschriften gewisser Art ist hier, wo nur die Besteuerung in Frage kommt, keine Rede. Die Kautionen sind schon durch § 1 des Gesetzes beseitigt, da sie nicht zu den im Gesetz noch zugelassenen Beschränkungen der Preßfreiheit gehören.

3. Wie übrigens der Absatz IV die bisher bestandenen besonderen Steuern auf die Presse aufhebt — auch die Beseitigung des Kalenderstempels ist für eine freiere Entfaltung des Gewerbebetriebs mit dieser wichtigen Klasse von Volksliteratur sehr hoch anzuschlagen — so schließt er auch aus, daß ein Einzelstaat derartige neue seiner Landespresse auferlegen kann.

4. Darüber, daß Spielkarten nicht unter das Preßgesetz fallen und deshalb auch die bestehenden Stempeltaxen für dieselben nicht durch diesen § 30 aufgehoben sind, herrscht allgemeines Einverständniß. Ob man sie in einem anderen als dem bisherigen Sinne der Preßgesetzgebung „Erzeugniß der Presse" nennen will oder nicht, ist Geschmackssache. Fest steht, daß die Vorschriften des Reichspreßgesetzes auf sie keine Anwendung finden; ebensowenig wie z. B. auf die auf Papier gedruckten Oberflächen von Dominosteinen. Auch die Musikalien ohne Text und Erläuterungen bilden nach § 1 des Preßgesetzes eine Analogie.

§ 31.

Dieses Gesetz tritt am 1. Juli 1874 in Kraft. Seine Einführung in Elsaß-Lothringen bleibt einem besonderen Gesetze vorbehalten.

Urkundlich unter Unserer Höchsteigenhändigen Unterschrift und beigedrucktem Kaiserlichen Insiegel.

Gegeben Berlin, den 7. Mai 1874.

(L. S.) **Wilhelm.**

Fürst v. Bismarck.

1. Uebergangsbestimmungen, wie sie sonst wohl nöthig werden, sind hier nicht getroffen. Mit dem 1. Juli 1874 ist das Gesetz in volle Wirksamkeit getreten und bei seiner Anwendung auf schwebende Fälle mußten und müssen die allgemeinen Regeln zur Geltung kommen. Demgemäß würden, soweit es sich um Fragen des materiellen Strafrechts handelt, etwa günstigere Bestimmungen eines älteren Landesrechts statt der neuen Normen den Urtheilen zu Grunde gelegt werden. Bei den strafprozessualischen Anordnungen des neuen Gesetzes hat dagegen eine solche Rückwirkung nicht statt. Ebenso haben aber die milderen Bestimmungen des Reichspreßgesetzes in Bezug auf Strafbarkeit überhaupt und Art der Strafe auch dann Anwendung zu finden, wenn das Vergehen vor dem 1. Juli 1874 begangen worden war. Bei der kurzen Verjährungsfrist aller durch die Presse begangenen strafbaren Handlungen ist diese Art von Uebergangsstadium in dem Augenblick, wo diese Zeilen geschrieben werden, fast abgelaufen.

2. Es ist schon zu § 14 bemerkt worden, daß die Ausdehnung oder Nichtausdehnung der Gültigkeit dieses Gesetzes auf Elsaß-Lothringen im Reichstage eine vielbestrittene Frage war und man die Entscheidung derselben vielfach als präjudiziell für die Annahme des jetzigen § 14, der deshalb erst nach der hier gefällten Entscheidung zur Abstimmung kam, ansah. Die Motive des Regierungsentwurfs enthalten zur Rechtfertigung der vorläufigen Nichtausdehnnng Folgendes:

„Die Uebertragung des Entwurfs auf Elsaß-Lothringen würde ohne den gleichzeitigen Erlaß ergänzender Bestimmungen nicht zulässig sein, weil die Gewerbeordnung in dem Reichslande noch nicht gilt. Abgesehen hiervon aber gestatten die offenkundigen Bestrebungen, welche daselbst gegen die Vereinigung des Landes mit Deutschland thätig sind, und die mächtigen, in das Gebiet der internationalen Politik zurückgreifenden Anlehnungen, welche diesen Bestrebungen zu Gebote stehen, es gegenwärtig nicht, die Mittel aus der Hand zu geben, welche die französische Preßgesetzgebung zur Verhütung des Mißbrauchs der Presse im Sinne dieser Bestrebungen gewährt. Die Verhältnisse in Elsaß-Lothringen müssen weiter geklärt sein, wenn die Einführung des vorliegenden Gesetzes mit dem Interesse des Reichs vereinbar sein soll. Erst eine weitere Erfahrung wird den sicheren Maßstab für die Beurtheilung der Rückwirkung an die Hand geben, welche dort und von dort her durch die Presse auf die auswärtigen Beziehungen des Reiches geübt werden kann."

Ueber die Verhandlungen in der Kommission bemerkt der Bericht:

„Zur Begründung des Antrags (auf Abstrich der Beschränkung für Elsaß-Lothringen) wurde geltend gemacht, daß nach der Schilderung, welche der neueste Verwaltungsbericht von den Zuständen in Elsaß-Lothringen gebe, man dort mit der größten Beruhigung die durch dieses Gesetz gewährte Preßfreiheit einführen könne. Dagegen wurde eingewendet, daß die so lebhaft befürwortete Aufhebung des § 10 des Verwaltungsgesetzes für Elsaß-Lothringen in den Augen der Regierung um so größere Schwierigkeiten haben werde, wenn mit der Aufhebung der betreffenden Ausnahmsbefugnisse alsbald die volle Preßfreiheit nach Maßgabe dieses Gesetzentwurfs im Reichslande zur Herrschaft gelange; unter diesem Gesichtspunkte empfehle sich in der That, hiermit noch etwas zu warten. Bei der Abstimmung wurde sodann der betreffende Antrag mit 10 gegen 4 Stimmen abgelehnt" (Kommissionsbericht S. 16).

Die sehr heftigen Debatten, welche dieser Meinungsgegensatz bei der zweiten Berathung im Plenum hervorrief, finden sich in den Sten. Ber. S. 512 ff.; da dieselben aber rein politischer Natur waren und für Auslegung und Verständniß des vorliegenden Gesetzes keinerlei Ausbeute geben, muß hier der Hinweis darauf genügen. Bei der Abstimmung wurde der Antrag der Abgeordneten Guerber und v. Hoverbeck, welcher auf Abstrich der Elsaß-Lothringen betreffenden Klausel ging, mit 174 gegen 129 Stimmen abgelehnt. In der dritten Berathung, wo derselbe von dem Abg. Reichensperger (Crefeld) wiederholt wurde, fand er ebenfalls Ablehnung.

3. Die Preßgesetzgebung in Elsaß-Lothringen besteht demnach zur Zeit für sich und beruht im Wesentlichen auf den französischen Bestimmungen über die Presse, wie dieselben im Augenblick des Beginnens der deutschen Herrschaft dort bestanden. Eine vollständige systematische Darlegung des geltenden Preßrechts in Elsaß-Lothringen ist hier deshalb nicht zu geben, weil dasselbe auf einer ganzen Reihe nur stückweise auf-

gehobener Gesetze und Dekrete vom Jahr XIII der Republik an bis auf die Gegenwart beruht, welche in ihrer Trümmerhaftigkeit die Wandelbarkeit der französischen Gesetzgebung zum deutlichen Ausdruck bringen. Hauptsächlich sind es noch die Gesetze von 1819, 1849, das Dekret von 1852 und das Gesetz vom 11. Mai 1868 (sämmtlich sind sie wiederholt im Fortgange dieses Kommentars citirt worden), welche, vorbehaltlich der durch § 10 des Verwaltungsgesetzes für das Reichsland dem Oberpräsidenten gegebenen Befugniß, die Presse in Elsaß-Lothringen regeln. Da schon am 14. August 1870 die deutsche Verwaltung des Elsasses begann und jedenfalls am 5. September, abgesehen von den eingeschlossenen festen Plätzen, ganz Elsaß-Lothringen, wie es jetzt bei Deutschland ist, sich in deutschen Händen befand, würde strenggenommen das Dekret der französischen provisorischen Regierung, welches den Zeitungsstempel aufhob, im Reichslande keine Gültigkeit haben; aber man hat dasselbe stillschweigend zugelassen. Dagegen ist das Dekret derselben Regierung vom 10. Oktober 1870, wodurch die Zeitungskautionen in Frankreich aufgehoben wurden, ohne Einwirkung auf das Elsaß geblieben. Uebrigens wäre, wenn das Reichsland nicht zu Deutschland gekommen wäre, die Freude über diese Aufhebung sehr kurz gewesen, da das Gesetz der Assemblée Nationale vom 6. Juli 1871 die Kautionspflicht der Zeitungen wieder eingeführt hat und zwar z. B. für Paris bei täglich erscheinenden Blättern mit 80,000 Francs. In den Departements ist der Betrag je nach der Bevölkerungszahl des Erscheinungsorts 12—6000 Francs. Eine Zusammenstellung der französischen Bestimmungen über die Presse findet sich in dem nützlichen Sammelwerk: Codes et Lois Usuelles von Roger und Sorel (Paris 1874), Vol. II, S. 695. Die neuesten seit 1870 ergangenen und Elsaß-Lothringen nicht berührenden theilt das Supplement mit. Durch das Bestehen des Belagerungszustandes in einer ganzen Reihe von französischen Departements ist dort jedoch die Bewegung der Presse vollständig in die Hände der Militärdiktatur gegeben und damit verglichen, der Zustand der Presse in Elsaß-Lothringen auch nach dem noch geltenden französischen Recht — trotz der Bestimmung des Verwaltungsgesetzes in § 10 — von ganz anderem Charakter. Die Anerkennung, welche bei Berathung des Reichspreßgesetzes der elsässer Abg. Guerber dem ersteren aussprach, läßt erwarten, man werde es von dieser Seite nicht länger hindern, daß in Elsaß-Lothringen eine solche Stimmung und Haltung der Bevölkerung sich bildet, bei welcher die Reichsregierung mit Vertrauen auch dem Reichslande die Wohlthaten und Rechte des Reichsgesetzes über die Presse zu Theil werden lassen kann.

Register.

Die Ziffern bezeichnen die Seiten.

A.

C siehe K.

D.

E.

F.

G.

V.

Buchdruckerei von Gustav Schade (Otto Francke) in Berlin.

FSC
www.fsc.org
MIX
Papier | Fördert gute Waldnutzung
FSC® C083411

Kolibri 360 GmbH
Ferdinand-Jühlke-Straße 7
99095 Erfurt, Deutschland
produktsicherheit@kolibri360.de